2013

中国社会统计年鉴

China Social Statistical Yearbook

国家统计局社会科技和文化产业统计司　编

Compiled by
Department of Social, Science and Technology, and Cultural Statistics
National Bureau of Statistics of China

图书在版编目（CIP）数据

中国社会统计年鉴. 2013：汉英对照 / 国家统计局社会科技和文化产业统计司编. -- 北京 ：中国统计出版社, 2013.12

ISBN 978-7-5037-7027-2

Ⅰ. ①中… Ⅱ. ①国… Ⅲ. ①社会统计－统计资料－中国－2013－年鉴－汉、英 Ⅳ. ①C832-54

中国版本图书馆 CIP 数据核字(2013)第 283562 号

中国社会统计年鉴—2013

作　者/国家统计局社会科技和文化产业统计司编
责任编辑/徐　涛　张会英
封面设计/李雪燕
出版发行/中国统计出版社
通信地址/北京市西城区月坛南街 57 号　邮政编码/100826
办公地址/北京市丰台区西三环南路甲 6 号　邮政编码/100073
电　话/邮购（010）63376909　书店（010）68783171
网　址/http://csp.stats.gov.cn
印　刷/河北天普润印刷厂
经　销/新华书店
开　本/880×1230 毫米　1/16
字　数/656 千字
印　张/20.5
版　别/2013 年 12 月第 1 版
版　次/2013 年 12 月第 1 次印刷
定　价/280.00 元

本书附同版本 CD-ROM 一张，光盘内容以书面文字为准。
如有印装差错，由本社发行部调换。

《中国社会统计年鉴—2013》

编委会和编辑工作人员

编　委　会

编辑工作人员

《China Social Statistical Yearbook 2013》 Editorial Board and Staff

Editorial Board

Editorial Staff

编 者 说 明

一、《中国社会统计年鉴—2013》是国家统计局编辑的一部反映我国社会发展相关领域基本情况的综合统计资料年刊。本书收录了 2012 年各省、自治区、直辖市社会发展各领域的主要数据和部分年份的全国数据。

二、本书共分 10 个部分。即：1.综合；2.教育；3.卫生；4.社会服务；5.新闻出版、档案；6.广播电视；7.文化；8.体育；9.残疾人事业；10.公共管理和社会组织。附录收集了主要统计指标解释和 2011 年全国教育经费执行情况统计公告。

三、本书资料分别来自于：全国人大、全国政协、最高人民法院、最高人民检察院、司法部、公安部、教育部、卫生和计生委、民政部、人力资源和社会保障部、文化部、新闻出版广电总局、体育总局、文物局、中央统战部、档案局、全国总工会、全国妇联和中国残联等部门。

四、有关符号说明。

"空格"表示该项统计指标数据不详或无该项数据；

"#"表示是其中的主要项。

五、在本书编辑过程中，得到上述有关部门的大力支持与合作，在此我们表示衷心感谢。由于社会统计年鉴内容多、涉及范围广，在资料的整理和编排方面难免存在不足之处，敬请批评指正。

PREFACE

I. *China Social Statistical Yearbook 2013* is the comprehensive statistics yearbook which reflects various aspects related to social development edited by National Bureau of Statistical of China. It is collected main social statistical data on provinces and national total data.

II. The Yearbook includes 10 sections: 1.General Survey, 2.Education, 3.Public Health, 4.Social Service, 5.News Publication and Archive, 6.Radio and Television, 7.Culture, 8.Sports, 9.Undertaking for Disabled Persons, 10.Public Administration and Membership Organization. In addition, explanatory notes on main statistical indicators and Statistical Communique of National Education Funds in 2011 are provided at the end of the Yearbook.

III. Data in the Yearbook are sourced from the following departments: the National People's Congress, National Committee of the Chinese People's Political Consultative Conference, Supreme People's Court, Supreme People's Procuratorate, Ministry of Justice, Ministry of Public Security, Ministry of Education, National Health and Family Planning Commission, Ministry of Civil Affairs, Ministry of Human Resources and Social Security, Ministry of Culture, General Administration of Press and Publication, Radio, Film and Television, General Administration of Sports, the State Archives Administration, the United Front Work Department of CPC Central Committee, All-China Federation of Trade Unions, All-China Women's Federation, China Disabled Persons' Federation, etc.

IV. Notations used in the yearbook.

"blank space" indicates that data are unknown or are not available;

"#" indicates a major breakdown of the total.

VI. Our deep appreciation goes to many departments which provided supports in compiling this Yearbook. It is inevitable that there might be some mistakes in the book because of wide coverage involved in collecting and compiling social statistics. Suggestions from readers are welcome so as to improve the quality of this publication in the future.

目　录

CONTENTS

一、综　合
General Survey

二、教　育
Education

三、卫 生
Public Health

四、社会服务
Social Service

五、新闻出版、档案
News Publication and Archive

六、广播电视
Radio and Television

七、文 化
Culture

八、体 育
Sports

九、残疾人事业
Undertaking for Disabled Persons

十、公共管理和社会组织
Public Administration and Membership Organization

附　录:

Appendix

一、综　合
General Survey

1-1 社会发展主要指标

Major Indicators of Social Development

指 标	Index	1978	1980	1990	2000	2010	2011	2012
教 育	**Education**							
招生数 (万人)	New Students Enrollment (10 000 persons)							
研究生 (人)	Postgraduates (person)	10708	3616	29649	128484	538177	560168	589673
普通高等教育	Regular Higher Education	40.2	28.1	60.9	220.6	661.8	681.5	688.8
成人高等教育	Adult Higher Education				156.2	208.4	218.5	244.0
中等职业教育	Secondary Vocational Education		256.2	286.1	386.8	870.4	813.9	754.1
普通高中	Regular Senior Secondary Schools	692.9	383.4	249.8	472.7	836.2	850.8	844.6
普通初中	Regular Junior Secondary Schools	2006.0	1550.9	1369.9	2263.3	1715.5	1634.0	1570.3
普通小学	Primary Schools	3315.4	2942.3	2064.0	1946.5	1691.7	1736.8	1714.7
在校生数 (万人)	Students Enrollment (10 000 persons)							
研究生 (人)	Postgraduates (person)	10934	21604	93018	301239	1538416	1645845	1719818
普通高等教育	Regular Higher Education	85.6	114.4	206.3	556.1	2231.8	2308.5	2391.3
成人高等教育	Adult Higher Education	140.8	155.4	166.7	353.6	536.0	547.5	583.1
中等职业教育	Secondary Vocational Education		675.6	763.5	1229.5	2238.5	2205.3	2113.7
普通高中	Regular Senior Secondary Schools	1553.1	969.8	717.3	1201.3	2427.3	2454.8	2467.2
普通初中	Regular Junior Secondary Schools	4995.2	4537.8	3868.7	6167.6	5275.9	5064.2	4761.2
普通小学	Primary Schools	14624.0	14627.0	12241.4	13013.3	9940.7	9926.4	9695.9
毕业生数 (万人)	Graduates (10 000 persons)							
研究生 (人)	Postgraduates (person)	9	476	35440	58767	383600	429994	486455
普通高等教育	Regular Higher Education	16.5	14.7	61.4	95.0	575.4	608.2	624.7
成人高等教育	Adult Higher Education			48.9	88.0	197.3	190.7	195.4
中等职业教育	Secondary Vocational Education			240.7	478.7	665.3	660.3	674.9
普通高中	Regular Senior Secondary Schools	682.7	616.2	233.0	301.5	794.4	787.7	791.5
普通初中	Regular Junior Secondary Schools	1692.6	964.7	1109.1	1607.1	1748.6	1735.5	1659.9
普通小学	Primary Schools	2287.9	2053.3	1863.1	2419.2	1739.6	1662.8	1641.6
全国教育经费 (亿元)	Total Funds for Education (100 million yuan)			548.7	3849.1	19561.8	23869.3	
国家财政性教育经费占GDP比重 (%)	Percentage of Government Appropriation for Education to GDP (%)				2.9	3.7	4.2	
文 化	**Culture**							
艺术表演团体 (个)	Arts Performance Troupes (unit)	3150	3533	2805	2619	6864	7055	7321
公共图书馆 (个)	Public Libraries (unit)	1218	1732	2527	2675	2884	2952	3076
博物馆 (个)	Museums (unit)	349	365	1013	1392	2435	2650	3069
国家综合档案馆 (个)	General Archives (unit)				3070	3194	3196	3219
图书出版种数 (种)	Number of Published Books (kind)	14987	21621	80224	143376	328387	369523	414005
报纸出版种数 (种)	Number of Published Newspapers (kind)	186	188	1444	2007	1939	1928	1918
期刊出版种数 (种)	Number of Published Magazines (kind)	930	2191	5751	8725	9884	9849	9867

1-1 续表 1 continued

指 标	Index	1978	1980	1990	2000	2010	2011	2012
图书总印数 (亿册、亿张)	Printed Copies of Books (100 million copies,100 million sheets)	37.7	45.9	56.4	62.7	71.7	77.1	79.2
报纸总印数 (亿份)	Printed Copies of Newspapers (100 million copies)	127.8	140.4	211.3	329.3	452.1	467.4	482.3
期刊总印数 (亿册)	Printed Copies of Magazines (100 million copies)	7.6	11.3	17.9	29.4	32.2	32.9	33.5
故事影片产量 (部)	Number of Feature Films (film)	46	82	134	91	526	558	745
电视节目制作时间 (万小时)	Length of Production of TV Programs (10 000 hours)			9.2	102.6	274.3	295.1	343.6
卫 生	**Health**							
医疗卫生机构数 (个)	Number of Health Institutions (unit)	169732	180553	1012690	1034229	936927	954389	950297
#医院	Hospitals	9293	9902	14377	16318	20918	21979	23170
医疗卫生机构床位数 (万张)	Number of Beds in Health Care Institutions (10 000 beds)	204.2	218.4	292.5	317.7	478.7	516.0	572.5
卫生技术人员 (万人)	Medical and Technical Personnel (10 000 persons)	246.4	279.8	389.8	449.1	587.6	620.3	667.6
#执业(助理)医师	Certified(Assistant)Doctors	97.8	115.3	176.3	207.6	241.3	246.6	261.6
注册护士	Registered Nurses	40.5	46.6	97.5	126.7	204.8	224.4	249.7
每千人口执业(助理)医师数 (人)	Number of Certified(Assistant)Doctors per 1 000 Person (person)	1.08	1.17	1.56	1.68	1.80	1.83	1.94
卫生总费用 (亿元)	Expenditure for Public Health (100 million yuan)	110.2	143.2	747.4	4586.6	19980.4	24345.9	27846.8
卫生总费用占GDP比重 (%)	Percentage of Expenditure for Public Health to GDP (%)	3.02	3.15	4.00	4.62	4.98	5.15	5.36
体 育	**Sports**							
运动员获世界冠军 (个)	World Championships Won by Chinese Athletes (unit)	4	3	54	110	108	138	107
运动员创世界记录 (次)	World Records Broken by Chinese Athletes (time)	3	15	16	30	15	8	14
社会服务	**Social Services**							
社会服务机构床位数 (万张)	Beds of Social Services Institutions with Residential Accomodation (10 000 units)				113.0	349.6	396.4	449.3
社会福利企业 (个)	Social Welfare Enterprises (unit)	920	1309	41827	40670	22226	21507	20232
城市居民最低生活保障人数 (万人)	Number of Persons Receiving Subsistence Allowance in Urban Areas (10 000 persons)				402.6	2310.5	2276.8	2143.5
农村居民最低生活保障人数 (万人)	Number of Persons Receiving Subsistence Allowance in Rural Areas (10 000 persons)					5214.0	5305.7	5344.5
社区服务机构数 (个)	Number of Community Service Facilities (unit)			84757	187888	152941	160352	200162
社会服务经费 (亿元)	Expenditure on Social Service (100 million yuan)	13.7	17.5	51.9	229.7	2697.5	3229.1	3683.7
社会服务经费占财政支出比重 (%)	Percentage of Expenditure on Social Service to Government Expenditure (%)	1.22	1.42	1.68	1.45	3.01	2.96	2.93

1-1　续表 2　continued

指　标	Index	1978	1980	1990	2000	2010	2011	2012
公检法司	**Public Security, Procuratorial,Legal and Judicial Affairs**							
公安机关刑事案件立案数　（万起）	Number of Criminal Cases Registered in Public Security Organs (10 000 cases)				363.7	597.0	600.5	655.1
公安机关治安案件查处数　（万起）	Number of Offense Cases Against Public Order Handled by Public Security Organs (10 000 cases)				382.3	1212.2	1256.4	1331.1
人民检察院立案侦察案件数　（件）	Number of Cases under Direct Investigation by Procurator's Offices (case)				45113	32909	32567	34326
人民检察院批准决定逮捕犯罪嫌疑人　（万人）	Arrests of Criminal Suspects Approved by Procurator's Offices (10 000 persons)				71.6	93.1	92.4	98.6
人民法院审理一审案件数　（万件）	Number of First Trial Cases by Courts (10 000 cases)	44.8	76.4	291.7	535.6	699.9	759.6	844.3
#刑事案件	Criminal Cases	14.7	19.8	46.0	56.0	78.0	84.6	99.7
民事案件	Civil Cases	30.1	56.6	185.2	341.2	609.1	661.4	731.6
行政案件	Administrative Cases			1.3	8.6	12.9	13.6	13.0
年末在押服刑人员　（万人）	Termers in Custody (10 000 persons)					165.7	164.2	165.8
律师事务所　（个）	Number of Law Firms (unit)			3716	9541	17230	18235	19361
专职律师　（万人）	Number of Full-time Lawyers (10 000 persons)			2.4	6.9	17.6	19.3	20.8
公证员　（人）	Number of Notaries (person)			9210	12849	11457	12163	12333
交通事故发生数　（万起）	Number of Traffic Accidents (10 000 cases)			25.0	61.7	22.0	21.1	20.4
交通事故死亡人数　（人）	Deaths in Traffic Accidents (person)			49243	93853	65225	62387	59997
交通事故直接财产损失　（亿元）	Direct Property Losses from Traffic Accidents (100 million yuan)			3.5	26.7	9.3	10.8	11.7
火灾事故发生数　（万起）	Number of Fire Accidents (10 000 cases)			5.7	18.9	13.2	12.5	15.2
火灾事故死亡人数　（人）	Deaths in Fire Accidents (person)			2107	3021	1205	1108	1028
火灾事故直接经济损失　（亿元）	Direct Economic Losses from Fire Accidents (100 million yuan)			5.1	15.2	19.6	20.6	21.8
工会妇联	**Trade Unions and Women's Federations**							
工会基层组织数　（万个）	Number of Grassroot Trade Unions (10 000 units)		37.6	60.6	85.9	197.6	232.0	266.3
全国工会会员人数　（万人）	Membership of Trade Unions (10 000 persons)		6116.5	10135.6	10361.5	23996.5	25885.1	28021.3
工会专职工作人员　（万人）	Number of Full-time Personnel of Trade Unions (10 000 persons)		24.3	55.6	48.2	86.4	99.8	107.9
全国妇联专职干部　（人）	Number of Full-time Cadres of Women's Federations (person)			97566		78122	89951	78074
#少数民族干部	Number of Minority Cadres			14638		12118	14260	13603

二、教　育
Education

2-1 各级各类学校、教职工和专任教师情况（2012年）
Basic Statistics on Schools, Teachers and Staff and Full-time Teachers (2012)

项 目	Item	学校数(所) Number of Schools (unit)	教职工数(人) Teachers and Staff (person)	专任教师(人) Full-time Teachers (person)
高等教育	**Higher Education**			
研究生培养机构	Institutions Providing Postgraduate Programs	(811)		
普通高校	Regular Institutions of Higher Education	(534)		
科研机构	Research Institutions	(277)		
普通高等学校	Regular Institutions of Higher Education	2442	2254372	1440292
本科院校	Universities with Full Undergraduate Courses	1145	1627642	1013957
#独立学院	Independently Established Colleges	303	189194	139657
高职(专科)院校	Colleges with Specialized Courses	1297	622425	423381
其他机构(教学点)	Other Institutions	(36)	4305	2954
成人高等学校	Institutions of Higher Education for Adult	348	65612	39393
民办的其他高等教育机构	Other Private Institutions of Higher Education	(823)	31941	14868
中等教育	**Secondary Education**	**81662**	**7607943**	**5993789**
高中阶段教育	Senior Secondary Education	26868	3659356	2481798
高中	Senior Secondary Schools	14205	2469918	1600836
普通高中	Regular Senior Secondary Schools	13509	2462575	1595035
完全中学	From Grade 7 to 12	6108	1089877	525142
高级中学	From Grade 10 to 12	6547	1214827	1030190
十二年一贯制学校	From Grade 1 to 12	854	157871	39703
成人高中	Adult Senior Secondary Schools	696	7343	5801
中等职业教育	Vocational Secondary Education	12663	1189438	880962
普通中专	Regular Specialized Secondary Schools	3681	430636	305564
成人中专	Adult Specialized Secondary Schools	1564	77482	54207
职业高中	Vocational Senior Secondary Schools	4517	394292	311743
技工学校	Technical Schools	2901	268106	196891
其他机构(教学点)	Other Institutions	(509)	18922	12557
初中阶段教育	Junior Secondary Education	54794	3948587	3511991
初中	Junior Secondary Schools	53216	3939088	3504363
初级中学	Junior Secondary Schools	39592	2943720	2618519
九年一贯制学校	From Grade 1 to 9	13575	993711	431814
十二年一贯制学校	From Grade 1 to 12			39938
完全中学	From Grade 7 to 12			412566
职业初中	Vocational Junior Secondary Schools	49	1657	1526
成人初中	Adult Junior Secondary Schools	1578	9499	7628
初等教育	**Primary Education**	**255400**	**5595781**	**5615781**
普通小学	Regular Primary Schools	228585	5538481	5585476
小学	Primary Schools	228585	5538481	5121626
九年一贯制学校	From Grade 1 to 9			427841
十二年一贯制学校	From Grade 1 to 12			36009
成人小学	Adult Primary Schools	26815	57300	30305
#扫盲班	Literacy Courses	18092	38265	17801
工读学校	**Schools for Juvenile Delinquents**	**79**	**2706**	**1756**
特殊教育	**Special Education**	**1853**	**53615**	**43697**
学前教育	**Pre-school Education**	**181251**	**2489972**	**1479237**

注：1.完全中学的学校数和教职工数计入高中阶段教育，九年一贯制学校的校数和教职工数计入初中阶段教育，十二年一贯制学校的校数和教职工数计入高中阶段教育。专任教师是按照教育层次划分归类。

2.“()”内数据为不计校数。

a) The numbers of Secondary Schools(From Grade 7-12)and their educational personnel are included in the number of senior secondary education,the numbers of 9-Year Schools and their educational personnel are included in the junior secondary education, and the numbers of 12-Year Schools and their educational personnel are included in senior secondary education. The fulltime teachers are classified by educational level.

b) Data in "()" are not included in the number of schools.

2-2 各级各类学历教育学生情况（2012年）
Basic Statistics on Students by Level and Type of Education (2012)

单位：人 (person)

项　目	Item	招生数 New Enrollment	在校生数 Total Enrollment	毕业生数 Graduates	女学生占学生总数的比重(%) Females as % of Total
高等教育	**Students Received Higher Education**				
研究生	Postgraduates	589673	1719818	486455	48.98
博士	Doctor's Degree	68370	283810	51713	36.45
硕士	Master's Degree	521303	1436008	434742	51.46
普通本专科	Regular Undergraduates and College Students	6888336	23913155	6247338	51.35
本科	Enrolled in Full Undergraduate Courses	3740574	14270888	3038473	51.03
专科	Enrolled in Specialized Courses	3147762	9642267	3208865	51.84
成人本专科	Adult Undergraduates and College Students	2439551	5831123	1954357	54.35
本科	Enrolled in Full Undergraduate Courses	984817	2475495	801015	55.55
专科	Enrolled in Specialized Courses	1454734	3355628	1153342	53.47
其他高等学历教育	Other Degree of Higher Education				
在职人员攻读硕士学位	Employees Enrolled in Graduate Programs Leading to Doctor or Master Degrees	140629	489857		34.71
网络本专科生	Students Enrolled in Internet-based Courses	1964468	5704112	1360870	49.48
本科	Enrolled in Full Undergraduate Courses	696698	2002698	477949	52.53
专科	Enrolled in Specialized Courses	1267770	3701414	882921	47.83
中等教育	**Students Received Secondary Education**	**31695120**	**94214196**	**32020579**	**47.39**
高中阶段教育	Senior Secondary Education	15987420	45952782	14780256	47.71
高中	Senior Secondary Schools	8446071	24815911	8031310	49.40
普通高中	Regular Senior Secondary Schools	8446071	24671712	7915046	49.41
完全中学	From Grade 7 to 12	2878240	8278864	2613879	49.23
高级中学	From Grade 10 to 12	5348540	15788100	5119686	49.68
十二年一贯制学校	From Grade 1 to 12	219291	604748	181481	44.90
成人高中	Adult Senior Secondary Schools		144199	116264	48.10
中等职业教育	Vocational Secondary Education	7541349	21136871	6748946	45.54
普通中专	Regular Specialized Secondary Schools	2773643	8125608	2653135	53.65
成人中专	Adult Specialized Secondary Schools	1058110	2542747	716307	45.02
职业高中	Vocational Senior Secondary Schools	2139032	6230465	2174398	46.67
技工学校	Technical Schools	1570564	4238051	1205106	28.63
初中阶段教育	Regular Junior Secondary Schools	15707700	48261414	17240323	47.09
初中	Junior Secondary Schools	15707700	47630607	16607751	47.09
初级中学	Junior Secondary Schools	11484894	35032212	12382897	47.50
九年一贯制学校	From Grade 1 to 9	1822554	5402756	1801127	45.55
十二年一贯制学校	From Grade 1 to 12	218920	633749	197499	40.80
完全中学	From Grade 7 to 12	2176027	6543086	2216885	46.81
职业初中	Vocational Junior Secondary Schools	5305	18804	9343	48.99
成人初中	Adult Junior Secondary Schools		630807	632572	46.91
初等教育	**Primary Education**	**17146640**	**98602286**	**18007271**	**46.37**
普通小学	Regular Primary Schools	17146640	96958985	16415565	46.26
小学	Primary Schools	15697392	88527616	14902844	46.42
九年一贯制学校	From Grade 1 to 9	1342630	7778434	1398080	44.96
十二年一贯制学校	From Grade 1 to 12	106618	652935	114641	40.69
成人小学	Adult Primary Schools		1643301	1591706	52.53
#扫盲班	Literacy Courses		689067	585749	52.98
工读学校	**Schools for Juvenile Delinquents**	**4547**	**10640**	**3653**	**14.12**
特殊教育	**Students Received Special Education**	**65699**	**378751**	**48590**	**35.38**
学前教育	**Students Received Pre-school Education**	**19119154**	**36857624**	**14335717**	**46.32**

注：1.完全中学、九年一贯制学校和十二年一贯制学校的学生数按教育层次分别计入对应教育阶段的学生数中。
2.特殊教育学生数中包括普通中小学随班就读的学生。

a) Number of the students in grade 7-12 schools, 9-year schools, 12-year schools are classified by educational level.
b) Number of the students followed in the regular primary and secondary schools is included in the special education.

2-3 各级各类非学历教育学生情况(2012年)

Basic Statistics on Students by Level and Type of Non-formal Education (2012)

单位：人 (person)

项　目	Item	结业生数 Graduates	注册生数 Registered Students
总　计	**Total**	**63155796**	**53646475**
高等教育	Higher Education	7785349	3948377
研究生课程进修班	Postgraduate Courses for Advanced Study	50284	73796
自考助学班	Classes for Self-learning Programs	184933	397381
普通预科生	College Preparatory Courses		37668
进修及培训	In-service Training Courses	7550132	3439532
#资格证书培训	Training for Qualification Certificates	2250573	1063044
岗位证书培训	Training for Post Certificates	2159604	696245
中等职业教育	Vocational Secondary Education	55370447	49698098
#资格证书培训	Training for Qualification Certificates	8630967	7577578
岗位证书培训	Training for Post Certificates	12272059	10500068
中等职业学校	Vocational Secondary Schools	7136842	4024560
#资格证书培训	Training for Qualification Certificates	2683490	1769758
岗位证书培训	Training for Post Certificates	2088129	1094172
职业技术培训机构	Vocational Training Institutes	48233605	45673538
#资格证书培训	Training for Qualification Certificates	5947477	5807820
岗位证书培训	Training for Post Certificates	10183930	9405896

2-4 各级各类民办教育情况(2012年)

Statistics on Private Schools by Level and Type of School (2012)

单位：人 (person)

项　目	Item	学校数(所) Number of Schools (unit)	教职工数 Teachers and Staff	专任教师 Full-time Teachers	招生数 New Enrollment	在校生数 Total Enrollment	毕业生数 Number of Graduates	其　他 Others
民办高等教育	**Private Higher Education**							
民办高校	Private Institutions of Higher Education	707	387458	267180	1602828	5331770	1305701	220351
硕　士	Master's Degree				155	155		
本　科	Undergraduate Courses				945174	3412257	662629	
专　科	Specialized Courses				657499	1919358	643072	
#独立学院	Independent Institutions	303	189194	139657	756927	2783983	585260	34080
本　科	Undergraduate Courses				702972	2621493	526880	
专　科	Specialized Courses				53955	162490	58380	
民办的其他高等教育机构	Other Private Institutions of Higher Education	(823)	31941	14868				828241
民办中等教育	**Private Secondary Education**							
高中阶段教育	Senior Secondary Education	5020	456322	322168	1658849	4758375	1619990	
民办普通高中	Private Regular Senior Secondary Schools	2371	321834	234048	821302	2349575	734095	
民办中等职业教育	Private Vocational Secondary Education	2649	134488	88120	837547	2408800	885895	348246
初中阶段教育	Junior Secondary Education	4333	314600	237902	1578051	4514091	1341982	
民办普通初中	Private Regular Junior Secondary Schools	4333	314600	237902	1578051	4514091	1341982	
民办职业初中	Private Vocational Junior Secondary Education							
民办普通小学	**Private Regular Primary Schools**	**5213**	**196875**	**143115**	**1044393**	**5978535**	**968714**	
民办幼儿园	**Private Kindergartens**	**124638**	**1633779**	**913395**	**8656223**	**18527444**	**5900634**	
另：民办培训机构	**Private Training Institutions**	**(20155)**	**246257**	**141517**				**8606443**

注：1. “其他”包括：自考助学班学生、预科生、进修及培训学生数。

2. 民办普通高中的教职工和专任教师数中包含民办普通初中的教职工和专任教师数。

3. “()”括号内数据不计校数。

a) Other Students include: diploma exam students, self-learning assistant class students, preparatory students, in-service training students.

b) Staff and teachers and full-time teachers in private regular senior secondary schools include those of private regular junior secondary schools.

c) Data in "()" do not count to number of schools.

2-5 各级各类学校情况

Statistics on Schools by Level and Type of School

单位：所 (unit)

年 份 Year	普通高等学校 Regular Institutions of Higher Education	普通高中 Regular Senior Secondary Schools	中等职业教育 Secondary Vocational Education	初中 Junior Secondary Schools	#职业初中 Vocational	普通小学 Regular Primary Schools	特殊教育 Special Education Schools	学前教育 Pre-school Education Institutions
1978	598	49215		113130		949323	292	163952
1980	675	31300		87077		917316	292	170419
1985	1016	17318		77529	1626	832309	375	172262
1990	1075	15678		73462	1509	766072	746	172322
1995	1054	13991		68564	1535	668685	1379	180438
2000	1041	14564		63898	1194	553622	1539	175836
2001	1225	14907		66590	1065	491273	1531	111706
2002	1396	15406		65645	984	456903	1540	111752
2003	1552	15779		64730	1019	425846	1551	116390
2004	1731	15998		63757	697	394183	1560	117899
2005	1792	16092	14466	62486	601	366213	1593	124402
2006	1867	16153	14693	60885	335	341639	1605	130495
2007	1908	15681	14832	59384	275	320061	1618	129086
2008	2263	15206	14847	57914	213	300854	1640	133722
2009	2305	14607	14401	56320	153	280184	1672	138209
2010	2358	14058	13872	54890	67	257410	1706	150420
2011	2409	13688	13177	54117	54	241249	1767	166750
2012	2442	13509	12663	53216	49	228585	1853	181251

2-6 各级各类学校专任教师情况
Statistics on Full-time Teachers by Level and Type of School

单位：万人 (10 000 persons)

年 份 Year	普通高等学校 Regular Institutions of Higher Education	普通高中 Regular Senior Secondary Schools	中等职业教育 Secondary Vocational Education	初中 Junior Secondary Schools	#职业初中 Vocational	普通小学 Regular Primary Schools	特殊教育 Special Education Schools	学前教育 Pre-school Education Institutions
1978	20.6	74.1		244.1		522.6	0.4	27.7
1980	24.7	57.1		244.9		549.9	0.5	41.1
1985	34.4	49.2		216.0		537.7	0.7	55.0
1990	39.5	56.2		249.9	2.9	558.2	1.4	75.0
1995	40.1	55.1		282.1	3.7	566.4	2.5	87.5
2000	46.3	75.7		328.7	3.8	586.0	3.2	85.6
2001	53.2	84.0		338.6	3.7	579.8	2.9	63.0
2002	61.8	94.6		346.8	3.7	577.9	3.0	57.1
2003	72.5	107.1		349.8	3.1	570.3	3.0	61.3
2004	85.8	119.1		350.1	2.4	562.9	3.1	65.6
2005	96.6	129.9	75.0	349.2	2.0	559.2	3.2	72.2
2006	107.6	138.7	79.9	347.5	1.2	558.8	3.3	77.6
2007	116.8	144.3	85.9	347.3	0.9	561.3	3.5	82.7
2008	123.7	147.6	89.5	347.6	0.7	562.2	3.6	89.9
2009	129.5	149.3	86.9	351.8	0.5	563.3	3.8	98.6
2010	134.3	151.8	87.1	352.5	0.2	561.7	4.0	114.4
2011	139.3	155.7	88.2	352.5	0.2	560.5	4.1	131.6
2012	144.0	159.5	88.1	350.4	0.2	558.5	4.4	147.9

2-7 各级各类学校招生情况

Statistics on New Students Enrollment by Level and Type of School

单位: 万人 (10 000 persons)

年 份 Year	普通本专科 Regular Undergraduates and College Students	普通高中 Regular Senior Secondary Schools	中等职业教育 Secondary Vocational Education	初中 Junior Secondary Schools	#职业初中 Vocational	普通小学 Regular Primary Schools	特殊教育 Special Education Schools	学前教育 Pre-school Education Institutions
1978	40.2	692.9		2006.0		3315.4	0.6	
1980	28.1	383.4		1557.6	6.7	2942.3	0.6	
1985	61.9	257.5		1367.0	17.6	2298.2	0.9	
1990	60.9	249.8		1389.3	19.4	2064.0	1.6	
1995	92.6	273.6		1781.1	28.8	2531.8	5.6	
2000	220.6	472.7		2295.6	32.3	1946.5	5.3	1531.1
2001	268.3	558.0		2287.9	30.0	1944.2	5.6	1398.2
2002	320.5	676.7		2281.8	29.5	1952.8	5.3	1373.6
2003	382.2	752.1		2220.1	24.8	1829.4	4.9	1316.8
2004	447.3	821.5		2094.6	16.4	1747.0	5.1	1350.3
2005	504.5	877.7	655.7	1987.6	11.1	1671.7	4.9	1356.2
2006	546.1	871.2	747.8	1929.5	5.9	1729.4	5.0	1391.3
2007	565.9	840.2	810.0	1868.5	4.7	1736.1	6.3	1433.6
2008	607.7	837.0	812.1	1859.6	3.4	1695.7	6.2	1482.7
2009	639.5	830.3	868.5	1788.5	2.1	1637.8	6.4	1546.9
2010	661.8	836.2	870.4	1716.6	1.1	1691.7	6.5	1700.4
2011	681.5	850.8	813.9	1634.7	0.7	1736.8	6.4	1827.3
2012	688.8	844.6	754.1	1570.8	0.5	1714.7	6.6	1911.9

2-8 各级各类学校在校学生情况

Statistics on Students Enrollment by Level and Type of School

单位: 万人 (10 000 persons)

年 份 Year	普通本专科 Regular Undergraduates and College Students	普通高中 Regular Senior Secondary Schools	中等职业教育 Secondary Vocational Education	初中 Junior Secondary Schools	#职业初中 Vocational	普通小学 Regular Primary Schools	特殊教育 Special Education Schools	学前教育 Pre-school Education Institutions
1978	85.6	1553.1		4995.2		14624.0	3.1	787.7
1980	114.4	969.8		4551.2	13.5	14627.0	3.3	1150.8
1985	170.3	741.1		4010.1	45.2	13370.2	4.2	1479.7
1990	206.3	717.3		3916.6	47.9	12241.4	7.2	1972.2
1995	290.6	713.2		4727.5	69.7	13195.2	29.6	2711.2
2000	556.1	1201.3		6256.3	88.6	13013.3	37.8	2244.2
2001	719.1	1405.0		6514.4	83.3	12543.5	38.6	2021.8
2002	903.4	1683.8		6687.4	83.4	12156.7	37.5	2036.0
2003	1108.6	1964.8		6690.8	72.4	11689.7	36.5	2003.9
2004	1333.5	2220.4		6527.5	52.5	11246.2	37.2	2089.4
2005	1561.8	2409.1	1600.0	6214.9	43.1	10864.1	36.4	2179.0
2006	1738.8	2514.5	1809.9	5958.0	20.6	10711.5	36.3	2263.9
2007	1884.9	2522.4	1987.0	5736.2	15.3	10564.0	41.9	2348.8
2008	2021.0	2476.3	2087.1	5585.0	10.8	10331.5	41.7	2475.0
2009	2144.7	2434.3	2195.2	5440.9	7.3	10071.5	42.8	2657.8
2010	2231.8	2427.3	2238.5	5279.3	3.4	9940.7	42.6	2976.7
2011	2308.5	2454.8	2205.3	5066.8	2.6	9926.4	39.9	3424.5
2012	2391.3	2467.2	2113.7	4763.1	1.9	9695.9	37.9	3685.8

2-9 各级各类学校毕业生情况

Statistics on Graduates by Level and Type of School

单位: 万人 (10 000 persons)

年 份 Year	普通本专科 Regular Undergraduates and College Students	普通高中 Regular Senior Secondary Schools	中等职业教育 Secondary Vocational Education	初中 Junior Secondary Schools	#职业初中 Vocational	普通小学 Regular Primary Schools	特殊教育 Special Education Schools	学前教育 Pre-school Education Institutions
1978	16.5	682.7				2287.9	0.3	
1980	14.7	616.2				2053.3	0.4	
1985	31.6	196.6				1999.9	0.4	
1990	61.4	233.0		1123.0	13.9	1863.1	0.5	
1995	80.5	201.6		1244.4	17.0	1961.5	1.9	
2000	95.0	301.5		1633.5	26.4	2419.2	4.3	
2001	103.6	340.5		1731.5	24.5	2396.9	4.6	1160.2
2002	133.7	383.8		1903.7	23.8	2351.9	4.4	1152.7
2003	187.7	458.1		2018.5	22.9	2267.9	4.5	1072.0
2004	239.1	546.9		2087.3	16.9	2135.2	4.7	1059.7
2005	306.8	661.6	418.2	2123.4	16.9	2019.5	4.3	1025.4
2006	377.5	727.1	479.1	2071.6	9.2	1928.5	4.5	1045.1
2007	447.8	788.3	530.9	1963.7	6.9	1870.2	5.0	1049.1
2008	511.9	836.1	580.7	1868.0	5.1	1865.0	5.2	1040.5
2009	531.1	823.7	625.2	1797.7	3.0	1805.2	5.7	1040.6
2010	575.4	794.4	665.3	1750.4	1.8	1739.6	5.9	1057.6
2011	608.2	787.7	660.3	1736.7	1.2	1662.8	4.4	1184.7
2012	624.7	791.5	674.9	1660.8	0.9	1641.6	4.9	1433.6

2-10 研究生和留学人员情况
Statistics on Postgraduates and Students Studying Abroad

单位：人 (person)

年 份 Year	研究生数 Number of Postgraduates			出 国 留学人员 Number of Students Studying Abroad	学成回国 留学人员 Number of Returned Students
	招生数 New Enrollment	在校学生数 Total Enrollment	毕业生数 Graduates		
1978	10708	10934	9	860	248
1980	3616	21604	476	2124	162
1985	46871	87331	17004	4888	1424
1990	29649	93018	35440	2950	1593
1995	51053	145443	31877	20381	5750
2000	128484	301239	58767	38989	9121
2001	165197	393256	67809	83973	12243
2002	202611	500980	80841	125179	17945
2003	268925	651260	111091	117307	20152
2004	326286	819896	150777	114682	24726
2005	364831	978610	189728	118515	34987
2006	397925	1104653	255902	134000	42000
2007	418612	1195047	311839	144000	44000
2008	446422	1283046	344825	179800	69300
2009	510953	1404942	371273	229300	108300
2010	538177	1538416	383600	284700	134800
2011	560168	1645845	429994	339700	186200
2012	589673	1719818	486455	399600	272900

2-11 分学科研究生情况（2012年）
Number of Postgraduate Students by Field of Study (2012)

单位：人 (person)

项 目	Item	招生数 New Enrollment	硕 士 Master's Degree	博 士 Doctor's Degree	在校学生数 Total Enrollment	硕 士 Master's Degree	博 士 Doctor's Degree	毕业生数 Graduates	硕 士 Master's Degree	博 士 Doctor's Degree
分学科研究生数（总计）	**Total**	**589673**	**521303**	**68370**	**1719818**	**1436008**	**283810**	**486455**	**434742**	**51713**
#女	Female	294711	269222	25489	842417	738981	103436	242030	222780	19250
学术型学位	Academic Degree	390790	324152	66638	1270144	992293	277851	396976	346575	50401
专业学位	Professional Degree	198883	197151	1732	449674	443715	5959	89479	88167	1312
哲 学	Philosophy	4579	3715	864	15082	11470	3612	4859	4124	735
经济学	Economics	27428	24482	2946	73500	60993	12507	20257	17943	2314
法 学	Law	40960	37350	3610	121217	106359	14858	40840	38051	2789
教育学	Education	30239	28900	1339	77763	72682	5081	23420	22412	1008
文 学	Literature	32115	29691	2424	93429	83498	9931	29686	27731	1955
历史学	History	5456	4517	939	17735	13693	4042	5430	4638	792
理 学	Science	58124	44788	13336	180330	131112	49218	50266	40504	9762
工 学	Engineering	209244	183593	25651	616173	499954	116219	168434	150544	17890
农 学	Agriculture	21080	17975	3105	58893	46888	12005	16313	13948	2365
医 学	Medicine	64868	56070	8798	188666	158065	30601	56001	48188	7813
军事学	Military	250	208	42	831	675	156	206	173	33
管理学	Management	78151	73428	4723	227030	203587	23443	58652	54835	3817
艺术学	Art	17179	16586	593	49169	47032	2137	12091	11651	440
分学科研究生数（普通高校）	**Regular Colleges**	**575438**	**511320**	**64118**	**1678607**	**1409806**	**268801**	**476019**	**427881**	**48138**
#女	Female	289087	265114	23973	826794	728416	98378	238177	220097	18080
学术型学位	Academic Degree	378826	316440	62386	1233383	970541	262842	387082	340256	46826
专业学位	Professional Degree	196612	194880	1732	445224	439265	5959	88937	87625	1312
哲 学	Philosophy	4454	3630	824	14690	11213	3477	4760	4052	708
经济学	Economics	26706	24000	2706	71673	59993	11680	19828	17692	2136
法 学	Law	40109	36654	3455	118796	104434	14362	40093	37430	2663
教育学	Education	30239	28900	1339	77763	72682	5081	23420	22412	1008
文 学	Literature	31980	29612	2368	93098	83302	9796	29586	27660	1926
历史学	History	5360	4429	931	17461	13481	3980	5352	4578	774
理 学	Science	54138	42558	11580	168021	125052	42969	47302	39044	8258
工 学	Engineering	203844	179507	24337	600147	488862	111285	164447	147688	16759
农 学	Agriculture	20070	17250	2820	55985	44926	11059	15573	13430	2143
医 学	Medicine	63941	55402	8539	186033	156206	29827	55252	47664	7588
军事学	Military	249	207	42	828	672	156	205	172	33
管理学	Management	77343	72704	4639	225482	202305	23177	58274	54515	3759
艺术学	Art	17005	16467	538	48630	46678	1952	11927	11544	383
分学科研究生数（科研机构）	**Research Institutions**	**14235**	**9983**	**4252**	**41211**	**26202**	**15009**	**10436**	**6861**	**3575**
#女	Female	5624	4108	1516	15623	10565	5058	3853	2683	1170
学术型学位	Academic Degree	11964	7712	4252	36761	21752	15009	9894	6319	3575
专业学位	Professional Degree	2271	2271		4450	4450		542	542	
哲 学	Philosophy	125	85	40	392	257	135	99	72	27
经济学	Economics	722	482	240	1827	1000	827	429	251	178
法 学	Law	851	696	155	2421	1925	496	747	621	126
教育学	Education									
文 学	Literature	135	79	56	331	196	135	100	71	29
历史学	History	96	88	8	274	212	62	78	60	18
理 学	Science	3986	2230	1756	12309	6060	6249	2964	1460	1504
工 学	Engineering	5400	4086	1314	16026	11092	4934	3987	2856	1131
农 学	Agriculture	1010	725	285	2908	1962	946	740	518	222
医 学	Medicine	927	668	259	2633	1859	774	749	524	225
军事学	Military	1	1		3	3		1	1	
管理学	Management	808	724	84	1548	1282	266	378	320	58
艺术学	Art	174	119	55	539	354	185	164	107	57

2-12 高等教育学校(机构)情况(2012年)

Statistics on Schools or Institutions of Higher Education (2012)

单位：所 (unit)

项 目	Item	总 计 Total	中央部委 Central Ministries and Agencies	教育部 Ministry of Education	其他部委 Other Ministries	地方部门 Local Departments	教育部门 Departments of Education	非教育部门 Departments of Non-Education	地方企业 Local Enterprises	民 办 Private
研究生培养机构	**Institutions Providing Postgraduate Programs**	**(811)**	**340**	**73**	**267**	**466**	**400**	**64**	**2**	**5**
普通高校	Regular Institutions of Higher Education	(534)	102	73	29	427	399	27	1	5
科研机构	Research Institutions	(277)	238		238	39	1	37	1	
普通高等学校	**Regular Institutions of Higher Education**	**2442**	**113**	**73**	**40**	**1623**	**967**	**604**	**52**	**706**
本科院校	Universities with Full Undergraduate Courses	1145	109	73	36	646	578	67	1	390
#独立学院	Independent Institutions	303								303
专科院校	Non-university Tertiary	1297	4		4	977	389	537	51	316
成人高等学校	**Adult Institutions of Higher Education**	**348**	**14**	**1**	**13**	**333**	**118**	**170**	**45**	**1**
民办的其他高等教育机构	**Other Private Institutions of Higher Education**	**(823)**								**823**

注：“()”内数据均不计校数。

a) Data in "()" don't count to number of schools.

2-13 高等教育学校(机构)学生数（2012年）

Number of Students in Regular Institutions of Higher Education (2012)

单位：人 (person)

项　目	Item	招生数 New Enrollment	在校生数 Total Enrollment	毕业生数 Graduates	授予学位数 Degrees Awarded
研究生	Postgraduates	589673	1719818	486455	481830
博　士	Doctor's Degrees	68370	283810	51713	50399
硕　士	Master's Degrees	521303	1436008	434742	431431
普通本专科	Regular Undergraduates and College Students	6888336	23913155	6247338	2966148
本　科	Undergraduate Courses	3740574	14270888	3038473	2966148
专　科	Specialized Courses	3147762	9642267	3208865	
成人本专科	Adult Undergraduates and College Students	2439551	5831123	1954357	126570
本　科	Undergraduate Courses	984817	2475495	801015	126570
专　科	Specialized Courses	1454734	3355628	1153342	
在职人员攻读硕士学位	Master's Degree Programs for On-the-job Personnel	140629	489857		104781
网络本专科生	Web-based Undergraduates and College Students	1964468	5704112	1360870	34658
本　科	Undergraduate Courses	696698	2002698	477949	34658
专　科	Specialized Courses	1267770	3701414	882921	
自考助学班	Classes for Self-learning Students		397381	184933	
普通预科生	Regular Preparatory Students		37668		
研究生课程进修班	Postgraduates Courses for Advanced Study		73796	50284	
进修及培训	Further Study and Training		3439532	7550132	
留学生	Foreign Students	102991	157845	83613	18259

注：留学生指来中国学习的留学生数。

a) Foreign students refer to foreign students studying in China.

2-14　普通本科分学科学生情况（2012年）

Statistics on Students in Undergraduate and Junior Colleges by Field of Study (2012)

单位：人　　　　(person)

项　目	Item	招生数 New Enrollment	在校学生数 Total Enrollment	毕业生数 Graduates
总　计	**Total**	**3740574**	**14270888**	**3038473**
#女	Female	2017368	7281963	1517254
#师范	Teacher Training	367421	1443936	328571
哲　学	Philosophy	2335	8840	2038
经济学	Economics	216289	838204	188257
法　学	Law	133717	516789	121634
教育学	Education	142812	517590	103884
文　学	Literature	707543	2668900	588198
#外语	Foreign Languages	205236	810846	201115
艺术	Art	337810	1215535	240957
历史学	History	18926	70769	15588
理　学	Science	344671	1314644	294060
工　学	Engineering	1195234	4522917	964583
农　学	Agriculture	63974	244261	53789
医　学	Medicine	228294	1006410	178085
管理学	Management	686779	2561564	528357

2-15 普通专科分学科学生情况（2012年）
Statistics on Students in Undergraduate and Junior Colleges by Field of Study (2012)

单位：人 (person)

项 目	Item	招生数 New Enrollment	在校学生数 Total Enrollment	毕业生数 Graduates
总 计	**Total**	**3147762**	**9642267**	**3208865**
#女	Female	1700988	4998527	1680943
#师范	Teacher Training	150568	523269	183755
农林牧渔大类	Agriculture, Forestry, Animal Husbandry, and Fishery	56236	169578	58308
交通运输大类	Communication &Transportation	153172	436213	127177
生化与药品大类	Biochemistry and Drugs	70212	226845	81411
资源开发与测绘大类	Exploiture of Resources & Surveying and Mapping	50023	148207	43511
材料与能源大类	Material and Sources of Energy	41412	131878	45115
土建大类	Civil Construction	365236	1050469	271421
水利大类	Water Conservancy	13908	40420	10955
制造大类	Manufacturing	405538	1261946	430682
电子信息大类	Electronic Information	297772	931847	370232
环保、气象与安全大类	Environment Protection, Meteorology and Security	14560	45583	14649
轻纺食品大类	Textile and Food	51904	166629	62363
财经大类	Finance and Economics	691807	2061042	671797
医药卫生大类	Medicine and Health	298521	925804	279290
旅游大类	Tourism	110237	322801	108371
公共事业大类	Public Service	32418	97116	31195
文化教育大类	Culture and Education	297878	1015735	388794
艺术设计传媒大类	Art Design and Media	146639	458232	150028
公安大类	Public Security	11504	32359	16741
法律大类	Law	38785	119563	46825

2-16 成人本科分学科学生情况（2012年）

Statistics on Students in Adult Institutions of Higher Education by Field of Study (2012)

单位：人 (person)

项　目	Item	招生数 New Enrollment	在校学生数 Total Enrollment	毕业生数 Graduates
总　计	**Total**	**984817**	**2475495**	**801015**
#女	Female	547657	1375098	446684
#师范	Teacher Training	106060	269058	118982
哲　学	Philosophy	34	111	24
经济学	Economics	31853	86685	30278
法　学	Law	50605	129498	46785
教育学	Education	61467	136001	47721
文　学	Literature	107527	314366	133280
#外语	Foreign Language	27962	83286	38334
艺术	Art	18033	52833	17371
历史学	History	1852	4722	2257
理　学	Science	22425	61008	27556
工　学	Engineering	244996	606031	166500
农　学	Agriculture	14163	37093	11164
医　学	Medicine	190372	465769	146057
管理学	Management	259523	634211	189393

2-17 成人专科分学科学生情况（2012年）

Statistics on Students in Adult Institutions of Higher Education by Field of Study (2012)

单位：人 (person)

项　目	Item	招生数 New Enrollment	在校学生数 Total Enrollment	毕业生数 Graduates
总　计	**Total**	**1454734**	**3355628**	**1153342**
#女	Female	782441	1794301	597477
#师范	Teacher Training	126655	230017	61581
农林牧渔大类	Agriculture, Forestry, Animal Husbandry, and Fishery	24594	61338	22228
交通运输大类	Communication & Transportation	47582	114125	35088
生化与药品大类	Biochemistry and Drugs	14083	38576	15528
资源开发与测绘大类	Exploiture of Resources & Surveying and Mapping	41473	99539	29354
材料与能源大类	Material and Sources of Energy	13432	37023	15186
土建大类	Civil Construction	111378	240225	73551
水利大类	Water Conservancy	5950	14270	3927
制造大类	Manufacturing	172342	409736	161026
电子信息大类	Electronic Information	94052	238719	104034
环保、气象与安全大类	Environment Protection, Meteorology and Security	2422	5817	2282
轻纺食品大类	Textile and Food	8140	19599	7804
财经大类	Finance and Economics	376418	872292	336934
医药卫生大类	Medicine and Health	209370	530055	140056
旅游大类	Tourism	23585	54136	18429
公共事业大类	Public Service	47056	100658	31545
文化教育大类	Culture and Education	205747	391887	111246
艺术设计传媒大类	Art Design and Media	39301	84757	27609
公安大类	Public Security	1424	4878	2016
法律大类	Law	16385	37998	15499

2-18 网络本科分学科学生情况（2012年）

Statistics on Students Enrolled in Internet-based Courses by Field of Study (2012)

单位：人 (person)

项 目	Item	招生数 New Enrollment	在校学生数 Total Enrollment	毕业生数 Graduates
总 计	**Total**	**696698**	**2002698**	**477949**
#女	Female	372157	1051918	261961
#师范	Teacher Training	28183	71226	28446
哲 学	Philosophy			
经济学	Economics	33746	108384	27376
法 学	Law	64387	224980	55439
教育学	Education	26271	64408	18264
文 学	Literature	45950	174551	51917
#外语	Foreign Language	8954	42680	10970
历史学	History	440	1110	471
理 学	Science	6629	18544	7327
工 学	Engineering	144903	354584	78147
农 学	Agriculture	5186	11958	2638
医 学	Medicine	56247	140322	36025
管理学	Management	312939	903857	200345

2-19 网络专科分学科学生情况（2012年）

Statistics on Students Enrolled in Internet-based Courses by Field of Study (2012)

单位：人 (person)

项 目	Item	招生数 New Enrollment	在校学生数 Total Enrollment	毕业生数 Graduates
总 计	**Total**	**1267770**	**3701414**	**882921**
#女	Female	601284	1770409	439878
#师范	Teacher Training	23770	51977	14641
农林牧渔大类	Agriculture, Forestry, Animal Husbandry, and Fishery	66809	215762	58618
交通运输大类	Communication & Transportation	29477	73178	18058
生化与药品大类	Biochemistry and Drugs	4261	10701	2773
资源开发与测绘大类	Exploiture of Resources & Surveying and Mapping	16709	32203	8325
材料与能源大类	Material and Sources of Energy	5245	10941	4486
土建大类	Civil Construction	119679	283677	56733
水利大类	Water Conservancy	6327	18377	4925
制造大类	Manufacturing	60222	159950	34869
电子信息大类	Electronic Information	51616	170509	44941
环保、气象与安全大类	Environment Protection, Meteorology and Security	3157	6707	1548
轻纺食品大类	Textile and Food	827	2322	380
财经大类	Finance and Economics	385416	1189683	286377
医药卫生大类	Medicine and Health	51305	153389	44939
旅游大类	Tourism	5511	18765	4141
公共事业大类	Public Service	254572	708492	163253
文化教育大类	Culture and Education	122482	360740	71758
艺术设计传媒大类	Art Design and Media	5727	19931	4474
公安大类	Public Security	1081	2153	844
法律大类	Law	77347	263934	71479

2-20 普通高中情况（2012年）

Statistics on Regular Senior Secondary Schools and Students (2012)

项 目	Item	学校数（所）Schools (unit)	完全中学 From Grade 7 to 12	高级中学 From Grade 10 to 12	十二年一贯制学校 From Grade 1 to 12	招生数（人）New Enrollment (person)	在校学生数（人）Total Enrollment (person)	毕业生数（人）Graduates (person)
总计	**Total**	**13509**	**6108**	**6547**	**854**	**8446071**	**24671712**	**7915046**
教育部门	Departments of Education	10948	5039	5682	227	7558773	22129445	7117744
其他部门	Other Department	175	72	68	35	62134	182119	59916
地方企业	Local Enterprises	15	8	4	3	3862	10573	3291
民办	Run by Private Institutions	2371	989	793	589	821302	2349575	734095
城区	Cities	6401	2892	2983	526	3782122	11196088	3606395
教育部门	Departments of Education	4908	2276	2479	153	3335987	9906714	3197311
其他部门	Other Department	84	35	30	19	29115	85672	28835
地方企业	Local Enterprises	7	4	3		1681	4814	1588
民办	Run by Private Institutions	1402	577	471	354	415339	1198888	378661
镇区	Counties and Towns	6390	2842	3284	264	4372203	12641342	4044762
教育部门	Departments of Education	5491	2467	2965	59	3982698	11530198	3700739
其他部门	Other Department	84	34	37	13	29851	89010	29295
地方企业	Local Enterprises	8	4	1	3	2181	5759	1703
民办	Run by Private Institutions	807	337	281	189	357473	1016375	313025
乡村	Rural	718	374	280	64	291746	834282	263889
教育部门	Departments of Education	549	296	238	15	240088	692533	219694
其他部门	Other Department	7	3	1	3	3168	7437	1786
地方企业	Local Enterprises							
民办	Run by Private Institutions	162	75	41	46	48490	134312	42409

2-21 中等职业学校(机构)情况（2012年）

Statistics on Secondary Vocational Schools (2012)

单位：个 (unit)

项 目	Item	总 计 Total	中央部委 Central Ministries and Agencies	地 方 Local	教育部门 Departments of Education	非教育部门 Departments of Non-Education	地方企业 Local Enterprises	民 办 Private
中等职业学校	**Secondary Vocational Schools**	**9762**	**24**	**7089**	**5534**	**1464**	**91**	**2649**
普通中等专业学校	Regular Specialized Secondary School	3681	18	2727	1705	987	35	936
成人中等专业学校	Adult Specialized Secondary School	1564	3	1410	1127	257	26	151
职业高中学校	Vocational Senior Secondary School	4517	3	2952	2702	220	30	1562
其他机构（教学点）（不计校数）	**Other Institutions (Not included in the total number)**	**509**	**3**	**420**	**297**	**115**	**8**	**86**
附设中职班（不计校数）	Affiliated Vocational Secondary Schools (Not included in the total number)	1149	3	948	597	332	19	198

注：中等职业学校未含技工学校数据（相关表同）。

a) Number of secondary vocational schools do not include the number of skilled-worker schools. The same applies to the relevant tables.

2-22 中等职业学校分学科学生情况（2012年）

Statistics on Students in Secondary Vocational Schools by Field of Study (2012)

单位：人 (person)

项 目	Item	招生数 New Enrollment	在校学生数 Total Enrollment	毕业生数 Graduates	#获得职业资格证书 With Certificate on Professional Competence
总 计	**Total**	**5970785**	**16898820**	**5543840**	**3483872**
#女	Female	2928400	8411966	2746535	1657996
#农林牧渔类	Agriculture, Forestry, Animal Husbandry and Fishery	719852	2188579	579046	281080
资源环境类	Resources and Environment	48297	108265	39019	23394
能源与新能源类	Energy and New Energy	26902	80738	30990	19102
土木水利类	Civil and Hydraulic Engineering	225438	611926	162198	103482
加工制造类	Manufacturing	896233	2658500	964112	700805
石油化工类	Petroleum and Chemical	41640	119058	45499	30795
轻纺食品类	Light Industry, Textile, and Food	69093	187715	77067	49001
交通运输类	Transport	428488	1083744	317352	219221
信息技术类	Information Technologies	1048447	2977614	1161673	785308
医药卫生类	Medicine and Health	513420	1539531	534092	231860
休闲保健类	Leisure and Health	31627	84024	21041	12857
财经商贸类	Finance and Trade	650497	1841117	606019	393229
旅游服务类	Tourism Services	270848	729556	235796	164360
文化艺术类	Culture and Arts	276898	794437	247666	150245
体育与健身	Sports and Fitness	52033	128165	36496	17406
教育类	Education	507755	1319091	307139	198340
司法服务类	Justice Services	25448	70268	27393	10807
公共管理与服务类	Public Management and Services	70814	196907	75172	46739
其他	Others	67055	179585	76070	45841

2-23 职业技术培训机构情况（2012年）

Statistics on Vocational/Technical Training Institutions (2012)

单位：人 (person)

项 目	Item	学校数（所） Schools (unit)	教职工数 Teachers and Staff	#专任教师 Full-time Teachers	注册学生数 Registered Students	结业学生数 Graduates
总计	**Total**	**123766**	**506609**	**282233**	**45673538**	**48233605**
职工技术培训学校(机构)	Vocational/Technical Training Schools	2768	59974	43114	2924983	2946075
教育部门办	Run by Education Departments and Collectives	1052	40213	29878	1362131	1403178
其他部门办	Run by Other Departments	1193	12286	8149	1352440	1288111
民办	Run by Private Institutions	523	7475	5087	210412	254786
农村成人文化技术培训学校(机构)	Technical Training Schools for Adult Farmers	100009	170322	87761	31760829	35631908
教育部门办	Run by Education Departments and Collectives	96887	161422	83185	30590268	34076594
#县办	Run by Counties	2280	17208	11067	3362765	3552310
乡办	Run by Townships	16443	60357	34041	14605415	16445494
村办	Run by Villages	78164	83857	38077	12622088	14078790
其他部门办	Run by Other Departments	2553	4139	1970	969879	1334033
民办	Run by Private Institutions	569	4761	2606	200682	221281
其他培训机构(含社会培训机构)	Others	20989	276313	151358	10987726	9655622
教育部门和集体办	Run by Education Departments and Collectives	822	15414	9303	1013464	876231
其他部门办	Run by Other Departments	1104	26878	8231	1778913	1460309
民办	Run by Private Institutions	19063	234021	133824	8195349	7319082

2-24 技工学校情况
Statistics on Technical Schools

年 份 Year	学校数 (所) Schools (unit)	教职工数 (万人) Teachers and Staff (10 000 persons)	招生数 (万人) New Enrollment (10 000 persons)	在校学生数 (万人) Total Enrollment (10 000 persons)	毕业生数 (万人) Graduates (10 000 persons)
1985	3548	21.5	35.5	74.2	22.6
1986	3765	24.4	39.4	89.2	23.3
1987	3952	26.2	42.3	103.1	26.5
1988	3996	28.0	46.1	116.1	31.1
1989	4102	29.6	47.0	125.8	36.8
1990	4184	30.8	50.6	133.2	41.3
1991	4269	32.5	54.4	142.2	45.4
1992	4392	33.6	60.2	155.6	45.7
1993	4477	33.5	66.4	171.7	49.7
1994	4430	34.0	71.4	187.1	55.7
1995	4521	33.7	74.1	188.6	68.2
1996	4467	33.5	72.7	191.8	68.1
1997	4395	31.0	73.4	193.1	69.9
1998	4362	31.0	59.4	181.3	68.2
1999	4098	26.9	51.5	156.0	66.2
2000	3792	24.0	50.4	140.1	64.6
2001	3470	22.0	55.1	134.7	47.7
2002	3075	20.3	73.3	153.0	45.4
2003	2970	20.2	91.6	193.1	45.3
2004	2884	20.5	109.7	234.5	53.5
2005	2855	20.4	118.4	275.3	69.0
2006	2880	21.5	134.8	320.8	86.4
2007	2995	24.0	158.5	367.1	99.7
2008	3075	24.7	161.4	397.5	109.0
2009	3077	26.0	156.7	415.3	115.5
2010	3008	26.6	159.0	422.1	121.6
2011	2924	26.6	163.9	430.4	119.2
2012	2901	26.8	157.1	423.8	120.5

2-25 初中情况（2012年）

Statistics on Junior Secondary Schools (2012)

项目	Item	初中（所）Regular Junior Secondary Schools (unit)	初级中学 Junior Secondary Schools	九年一贯制 From Grade 1 to 9	职业初中 Vocational Junior Secondary Schools	招生数（人）New Enrollment (person)	在校学生数（人）Total Enrollment (person)	毕业生数（人）Graduates (person)
总计	**Total**	**53216**	**39592**	**13575**	**49**	**15707700**	**47630607**	**16607751**
教育部门	Departments of Education	48299	37980	10271	48	14017815	42761096	15150099
其他部门	Other Department	556	192	363	1	105999	337088	109617
地方企业	Local Enterprises	28	8	20		5835	18332	6053
民办	Run by Private Institutions	4333	1412	2921		1578051	4514091	1341982
城区	Cities	10932	7476	3452	4	4819611	14410251	4618755
教育部门	Departments of Education	8761	6826	1932	3	3976777	12009457	3924881
其他部门	Other Department	132	66	65	1	32470	99489	32310
地方企业	Local Enterprises	10	3	7		2661	7671	2570
民办	Run by Private Institutions	2029	581	1448		807703	2293634	658994
镇区	Counties and Towns	22876	18403	4447	26	7703760	23479363	8349423
教育部门	Departments of Education	20910	17708	3176	26	6993593	21408017	7710895
其他部门	Other Department	343	100	243		63973	208672	66900
地方企业	Local Enterprises	14	4	10		3062	10249	3289
民办	Run by Private Institutions	1609	591	1018		643132	1852425	568339
乡村	Rural	19408	13713	5676	19	3184329	9740993	3639573
教育部门	Departments of Education	18628	13446	5163	19	3047445	9343622	3514323
其他部门	Other Department	81	26	55		9556	28927	10407
地方企业	Local Enterprises	4	1	3		112	412	194
民办	Run by Private Institutions	695	240	455		127216	368032	114649

2-26 分年级初中学生情况（2012年）

Number of Students in Junior Schools by Grade (2012)

单位：人 (person)

项目	Item	招生数 New Enrollment	在校生数 Total Enrollment					毕业生数 Graduates
			合计 Total	#女 Female	#一年级 Grade 1	#二年级 Grade 2	#三年级 Grade 3	
总计	**Total**	**15707700**	**47630607**	**22430465**	**15725952**	**15668210**	**15764287**	**16607751**
#女	Female	7353018	22430465		7358201	7360292	7484532	7899380
#少数民族	Minority Students	1635450	4779265	2160663	1638164	1588426	1544787	1587211
#四年制	4-Year	462278	1846279	854925	462549	459060	452948	468528
九年一贯制学校	9-Year Schools	1822554	5402756	2460870	1825774	1777851	1724401	1801127
十二年一贯制学校	12-Year Schools	218920	633749	258597	219002	208182	202702	197499
完全中学	From Grade 7 to 12	2176027	6543086	3062562	2177672	2162630	2164359	2216885
附设普通初中班	Affiliated Junior Schools	102930	312355	141198	103036	104452	102983	113606
附设职业初中班	Affiliated Vocational Junior Schools	91	3221	1725	91	352	2778	2299
独立设置少数民族学校	Independent Junior Schools for Minorities	480899	1418955	686100	482239	470691	464587	473028
进城务工人员随迁子女	Children of Migrant Workers	1292091	3583291	1440171	1294997	1197293	1037399	678030
#外省迁入	From Other Provinces	515350	1343553	542984	516558	453639	349285	229378
本省外县迁入	From Other Counties of the Same Province	776741	2239738	897187	778439	743654	688114	448652
农村留守儿童	Children Left Behind	2502401	7531887	3325856	2507963	2523110	2486164	1829854

2-27 普通小学情况（2012年）

Statistics on Primary Schools (2012)

项 目	Item	学校数（所）Schools (unit)	招生数（人）New Enrollment (person)	在校学生数（人）Total Enrollment (person)	毕业生数（人）Graduates (person)
总计	**Total**	**228585**	**17146640**	**96958985**	**16415565**
教育部门	Departments of Education	222741	16012083	90434874	15334152
其他部门	Other Department	579	85427	515377	107023
地方企业	Local Enterprises	52	4737	30199	5676
民办	Run by Private Institutions	5213	1044393	5978535	968714
城区	Cities	26146	4830142	26884287	4402989
教育部门	Departments of Education	24007	4208696	23592976	3885010
其他部门	Other Department	166	22690	141429	27606
地方企业	Local Enterprises	16	1703	11011	1959
民办	Run by Private Institutions	1957	597053	3138871	488414
镇区	Counties and Towns	47431	5743893	33549812	5770092
教育部门	Departments of Education	45474	5397258	31286429	5359849
其他部门	Other Department	238	51027	305982	66944
地方企业	Local Enterprises	21	2621	16408	3197
民办	Run by Private Institutions	1698	292987	1940993	340102
乡村	Rural	155008	6572605	36524886	6242484
教育部门	Departments of Education	153260	6406129	35555469	6089293
其他部门	Other Department	175	11710	67966	12473
地方企业	Local Enterprises	15	413	2780	520
民办	Run by Private Institutions	1558	154353	898671	140198

2-28 普通小学学生情况（2012年）

Statistics on Students in Primary Schools (2012)

单位：人 (person)

项 目	Item	招生数 New Enrollment	#受过学前教育 Those Received the pre-school Education	在校生数 Total Enrollment	#女 Female	毕业生数 Graduates
总计	**Total**	**17146640**	**16376140**	**96958985**	**44854417**	**16415565**
#女	Female	7981804	7595179	44854417		7634753
#少数民族	Minorities	1834328	1510468	10375371	4809991	1677332
#五年制	5-Year	483817	481151	2333242	1094522	456015
九年一贯制学校	9-Year Schools	1342630	1289758	7778434	3497346	1398080
十二年一贯制学校	12-Year Schools	106618	103315	652935	265649	114641
附设小学班	Affiliated Primary Schools	27391	25709	360733	158834	169981
复式班	Mixed-Grade Schools	52121	42114	173917	82787	3229
小学教学点	Incomplete Primary Schools	961100	867139	3436944	1622179	322959
独立设置少数民族学校	Independent Primary Schools for Minorities	520920	388358	3014524	1436928	498771
进城务工人员随迁子女	Children of Migrant Workers	2008592	1897687	10355426	4118314	1071241
#外省迁入	From Other Provinces	1008570	962800	4986825	2002188	515187
本省外县迁入	From Other Counties of the Same Province	1000022	934887	5368601	2116126	556054
农村留守儿童	Children Left Behind	2638792	2395569	15178772	6577594	1571458

2-29 小学学龄儿童净入学率和各级普通学校毕业生升学率

Net Enrollment Ratio of Primary Schools and Promotion Rate of Various Schools

单位：% (%)

年 份 Year	小学学龄儿童净入学率 Net Enrollment Ratio of Primary Schools	小学升学率 Promotion Rate from Primary Schools to Junior Secondary Schools	初中升学率 Promotion Rate from Junior Secondary Schools to Senior Secondary Schools	高中升学率 Promotion Rate from Senior Secondary Schools to Higher Education
1990	97.8	74.6	40.6	27.3
1991	97.8	77.7	42.6	28.7
1992	97.2	79.7	43.6	34.9
1993	97.7	81.8	44.1	43.3
1994	98.4	86.6	47.8	46.7
1995	98.5	90.8	50.3	49.9
1996	98.8	92.6	49.8	51.0
1997	98.9	93.7	51.5	48.6
1998	98.9	94.3	50.7	46.1
1999	99.1	94.4	50.0	63.8
2000	99.1	94.9	51.2	73.2
2001	99.1	95.5	52.9	78.8
2002	98.6	97.0	58.3	83.5
2003	98.7	97.9	59.6	83.4
2004	98.9	98.1	63.8	82.5
2005	99.2	98.4	69.7	76.3
2006	99.3	100.0	75.7	75.1
2007	99.5	99.9	80.5	70.3
2008	99.5	99.7	82.1	72.7
2009	99.4	99.1	85.6	77.6
2010	99.7	98.7	87.5	83.3
2011	99.8	98.3	88.9	86.5
2012	99.9	98.3	88.4	87.0

注：1.1991年以前的入学率是按7-11周岁统一计算的；从1991年起入学率是按各地不同入学年龄和学制分别计算的。

2.高中升学率为普通高校招生数与普通高中毕业生数之比。

a) Enrolment ratio of school-age children before 1991 was calculated on the basis of primary school pupils aged 7-11 enrolled. From 1991 onwards its calculation has taken account of the age of entry and the length of schooling prevailing.

b) Promotion rate of senior secondary school graduates is the ratio of total number of new entrants

2-30 分地区普通高等学校情况（2012年）

Statistics on Regular Institutions of Higher Education by Region (2012)

单位：人 (person)

地 区	Region	学校数(所) Schools (unit)	招生数 New Enrollment	专 科 Specialized Courses	本 科 Undergraduate Courses	在校学生数 Total Enrollment	专 科 Specialized Courses	本 科 Undergraduate Courses
全 国	**National Total**	**2442**	**6888336**	**3147762**	**3740574**	**23913155**	**9642267**	**14270888**
北 京	Beijing	89	158602	35951	122651	591243	108313	482930
天 津	Tianjin	55	137223	55948	81275	473114	162515	310599
河 北	Hebei	113	321407	165289	156118	1168796	546167	622629
山 西	Shanxi	75	197181	99085	98096	637330	283593	353737
内蒙古	Inner Mongolia	48	105629	49412	56217	391434	169561	221873
辽 宁	Liaoning	112	264385	96223	168162	934078	288262	645816
吉 林	Jilin	57	162602	47142	115460	578953	136626	442327
黑龙江	Heilongjiang	79	196970	69022	127948	704538	203732	500806
上 海	Shanghai	67	136808	47247	89561	506596	147589	359007
江 苏	Jiangsu	153	435047	194760	240287	1671173	686596	984577
浙 江	Zhejiang	102	269127	120021	149106	932292	363104	569188
安 徽	Anhui	118	286246	141866	144380	1023033	470734	552299
福 建	Fujian	86	201200	88983	112217	701392	276261	425131
江 西	Jiangxi	88	237734	116293	121441	851119	392665	458454
山 东	Shandong	136	466695	235159	231536	1658490	757199	901291
河 南	Henan	120	455289	229561	225728	1559025	721945	837080
湖 北	Hubei	122	402055	185126	216929	1386086	565113	820973
湖 南	Hunan	121	311026	146185	164841	1082235	451653	630582
广 东	Guangdong	137	501939	262483	239456	1616838	716486	900352
广 西	Guangxi	70	192144	109818	82326	629243	323115	306128
海 南	Hainan	17	49615	23498	26117	168270	70381	97889
重 庆	Chongqing	60	192940	82504	110436	623605	226356	397249
四 川	Sichuan	99	364488	183224	181264	1223680	509669	714011
贵 州	Guizhou	49	125093	60263	64830	383815	154310	229505
云 南	Yunnan	66	142753	55090	87663	512178	187456	324722
西 藏	Tibet	6	10022	4426	5596	33452	12876	20576
陕 西	Shaanxi	91	312776	125946	186830	1026254	374625	651629
甘 肃	Gansu	42	130153	58515	71638	431069	161602	269467
青 海	Qinghai	9	14634	6181	8453	48668	17006	31662
宁 夏	Ningxia	16	30779	12877	17902	96440	34378	62062
新 疆	Xinjiang	39	75774	39664	36110	268716	122379	146337

2-30 续表 continued

单位：人 (person)

地 区	Region	预计毕业生数 Anticipated Graduates for Next Year	专科 Specialized Courses	本科 Undergraduate Courses	毕业生数 Graduates with Degrees or Diplomas	专科 Specialized Courses	本科 Undergraduate Courses	授予学位数 Degrees Conferred
全 国	**National Total**	**6517623**	**3286498**	**3231125**	**6247338**	**3208865**	**3038473**	**2966148**
北 京	Beijing	156992	119139	37853	155233	41448	113785	111796
天 津	Tianjin	125076	70483	54593	113034	50847	62187	60680
河 北	Hebei	336079	147752	188327	315755	182244	133511	130771
山 西	Shanxi	174001	76477	97524	162571	90331	72240	70430
内蒙古	Inner Mongolia	111603	51664	59939	105054	59343	45711	44824
辽 宁	Liaoning	247722	151866	95856	235984	88513	147471	145610
吉 林	Jilin	147686	104455	43231	146517	48439	98078	93951
黑龙江	Heilongjiang	186698	118255	68443	203792	85844	117948	116672
上 海	Shanghai	141902	90602	51300	136697	50983	85714	83229
江 苏	Jiangsu	486168	245089	241079	470254	238503	231751	222940
浙 江	Zhejiang	252074	133171	118903	247537	121315	126222	123478
安 徽	Anhui	283626	123985	159641	265477	150619	114858	112828
福 建	Fujian	192804	97873	94931	178492	89854	88638	87750
江 西	Jiangxi	246056	103043	143013	232048	138063	93985	92061
山 东	Shandong	482579	215228	267351	474266	268676	205590	203309
河 南	Henan	447586	186821	260765	435308	267507	167801	165295
湖 北	Hubei	365847	182844	183003	353014	184960	168054	164009
湖 南	Hunan	299770	145280	154490	306809	174389	132420	129646
广 东	Guangdong	425324	206174	219150	404011	222678	181333	178731
广 西	Guangxi	175760	67860	107900	162169	100035	62134	60659
海 南	Hainan	44632	20621	24011	40887	22907	17980	16771
重 庆	Chongqing	152844	85045	67799	137635	62633	75002	72020
四 川	Sichuan	326793	169660	157133	286756	133168	153588	150985
贵 州	Guizhou	94510	48380	46130	85285	45605	39680	37207
云 南	Yunnan	129754	66413	63341	118944	60241	58703	56967
西 藏	Tibet	8213	4787	3426	8580	3907	4673	4530
陕 西	Shaanxi	257784	138755	119029	265279	132296	132983	127825
甘 肃	Gansu	110414	61918	48496	102980	45652	57328	55176
青 海	Qinghai	12860	7206	5654	11661	5100	6561	6458
宁 夏	Ningxia	22761	12853	9908	20718	8935	11783	11222
新 疆	Xinjiang	71705	32799	38906	64591	33830	30761	28318

2-31 分地区普通高等学校（机构）教职工情况（2012年）

Situations on Teachers and Staff in Regular Schools (Institutions) of Higher Education by Region (2012)

单位：人 (person)

地区	Region	教职工数 Teachers & Staff	校本部教职工 In Head-quarters	专任教师 Full-time Teachers	正高级 Senior	副高级 Sub-senior	中级 Middle	初级 Junior	无职称 No Rank	行政人员 Admini-strative Personnel	教辅人员 Teaching Assistants	工勤人员 Workers
全　国	**National Total**	**2254372**	**2124081**	**1440292**	**169423**	**412692**	**576013**	**209811**	**72353**	**309534**	**206096**	**168159**
北　京	Beijing	138776	113977	60852	13091	21089	22064	2865	1743	22355	16972	13798
天　津	Tianjin	46513	45189	29929	4405	9673	11594	3423	834	7281	4432	3547
河　北	Hebei	98815	95054	65043	8575	18408	25488	9574	2998	13262	8414	8335
山　西	Shanxi	58146	55469	38124	2883	9820	14098	8378	2945	7412	5207	4726
内蒙古	Inner Mongolia	38057	37001	24654	2342	7523	9138	4057	1594	5712	3924	2711
辽　宁	Liaoning	96584	92198	60502	8271	18885	24334	7323	1689	14490	9156	8050
吉　林	Jilin	62505	58557	37022	5428	11362	14176	5460	596	8561	6100	6874
黑龙江	Heilongjiang	77510	73941	45448	6928	13843	18304	5046	1327	11696	7837	8960
上　海	Shanghai	73348	66910	40118	6781	12610	16498	2877	1352	12194	8493	6105
江　苏	Jiangsu	163592	153178	106023	11964	32457	46353	12314	2935	22143	14600	10412
浙　江	Zhejiang	83843	78717	54154	7196	16437	24111	3908	2502	13199	7561	3803
安　徽	Anhui	75411	72766	53108	4258	14017	20190	11594	3049	8170	6526	4962
福　建	Fujian	62513	59523	41119	4546	11329	15742	7226	2276	9211	5787	3406
江　西	Jiangxi	71620	68293	50205	5033	13715	19828	9074	2555	8557	5404	4127
山　东	Shandong	142370	136716	96058	9952	26465	40535	15958	3148	18755	12374	9529
河　南	Henan	120156	115321	85982	7052	22309	34607	17537	4477	12206	8384	8749
湖　北	Hubei	127921	120141	80665	9998	24373	30244	11883	4167	18263	11972	9241
湖　南	Hunan	96322	91134	62541	6543	18017	25340	8555	4086	13294	9070	6229
广　东	Guangdong	130127	124085	87402	10315	22625	35168	11234	8060	18683	12026	5974
广　西	Guangxi	53344	48366	35027	3445	9160	13456	5286	3680	6240	3820	3279
海　南	Hainan	13188	12942	8290	864	1943	3004	1653	826	2025	1326	1301
重　庆	Chongqing	52932	50939	35744	3757	9940	14706	5261	2080	7554	4058	3583
四　川	Sichuan	110033	104122	73137	7416	18837	29585	13183	4116	13224	8999	8762
贵　州	Guizhou	32153	31796	22803	2148	7040	8595	3266	1754	4565	2718	1710
云　南	Yunnan	44901	43650	31322	3271	8549	12190	5113	2199	5461	3542	3325
西　藏	Tibet	3485	3442	2369	141	647	993	424	164	529	252	292
陕　西	Shaanxi	100881	95401	61500	7459	16590	25434	9999	2018	14075	10429	9397
甘　肃	Gansu	34571	32276	23232	2426	6652	9230	3639	1285	3920	2748	2376
青　海	Qinghai	6668	5899	3717	763	1313	1037	472	132	847	716	619
宁　夏	Ningxia	10202	9744	6632	946	1877	2223	1084	502	1556	878	678
新　疆	Xinjiang	27885	27334	17570	1226	5187	7748	2145	1264	4094	2371	3299

2-32 分地区普通高中情况（2012年）

Statistics on Regular Senior Secondary Schools by Region (2012)

单位：人 (person)

地 区	Region	学校数（所）Schools (unit)	教职工数 Teachers and Staff	#专任教师 Full-time Teachers	招生数 New Enrollment	在校学生数 Total Enrollment	毕业生数 Graduates
全 国	**National Total**	**13509**	**2462575**	**1595035**	**8446071**	**24671712**	**7915046**
北 京	Beijing	289	50748	20623	63381	193505	55657
天 津	Tianjin	202	30254	15440	58012	181235	62257
河 北	Hebei	565	121965	82918	384133	1176885	423748
山 西	Shanxi	511	93617	58088	292630	854986	285255
内蒙古	Inner Mongolia	272	50418	32229	171722	500280	161274
辽 宁	Liaoning	417	62091	47276	228358	695933	237962
吉 林	Jilin	244	41747	27832	160363	476748	154289
黑龙江	Heilongjiang	398	60771	42606	202090	612579	206310
上 海	Shanghai	246	29916	16588	52497	157709	54416
江 苏	Jiangsu	594	135292	97223	376936	1208697	444765
浙 江	Zhejiang	571	88349	64506	277919	875802	297101
安 徽	Anhui	716	116953	71790	439725	1292863	412810
福 建	Fujian	543	96767	52049	218650	690542	225581
江 西	Jiangxi	435	80178	48232	308315	836602	233135
山 东	Shandong	557	149922	115208	581797	1645402	482883
河 南	Henan	785	142786	107347	665703	1926336	640137
湖 北	Hubei	575	93337	70896	327506	1074507	412235
湖 南	Hunan	589	106172	67080	370069	1026563	310055
广 东	Guangdong	1017	234162	141835	773249	2259282	688461
广 西	Guangxi	450	67548	44557	292818	795828	237474
海 南	Hainan	103	22611	10892	62969	175526	52620
重 庆	Chongqing	262	64038	36392	225080	659744	203616
四 川	Sichuan	735	150227	86461	521938	1516531	478101
贵 州	Guizhou	446	62807	41572	318188	772972	195861
云 南	Yunnan	444	73497	45255	261312	706180	196248
西 藏	Tibet	30	4459	3658	17529	47825	13286
陕 西	Shaanxi	530	84883	56218	318788	941528	317300
甘 肃	Gansu	445	60482	40467	226107	664879	213620
青 海	Qinghai	109	12752	7680	38197	106005	35807
宁 夏	Ningxia	63	12566	9742	54814	157521	47693
新 疆	Xinjiang	366	61260	32375	155276	440717	135089

2-33 分地区中等职业学校情况（2012年）

Statistics on Secondary Vocational Schools by Region (2012)

单位：人 (person)

地 区	Region	学校数（所）Schools (unit)	招生数 New Enrollment	在校学生数 Total Enrollment	毕业生数 Graduates	#获得职业资格证书 With Professional Qualification Certificates	预计毕业生数 Graduates for Next Year
全 国	**National Total**	**9762**	**5970785**	**16898820**	**5543840**	**3483872**	**5663952**
北 京	Beijing	96	64076	189740	58915	33608	69983
天 津	Tianjin	88	34835	105735	37107	18277	40604
河 北	Hebei	663	299526	934042	388585	176417	341903
山 西	Shanxi	456	172417	483237	171100	117057	160642
内蒙古	Inner Mongolia	276	96021	275527	109495	50544	97420
辽 宁	Liaoning	317	121355	380601	131308	65801	135443
吉 林	Jilin	300	72100	228866	89817	33902	81190
黑龙江	Heilongjiang	387	100212	292987	124133	62767	94281
上 海	Shanghai	112	49540	156490	44859	35862	42951
江 苏	Jiangsu	285	275225	884549	248643	189166	267884
浙 江	Zhejiang	358	203220	618597	203459	179344	206664
安 徽	Anhui	487	408824	1002374	296110	182493	331375
福 建	Fujian	251	240792	582998	175933	147765	179605
江 西	Jiangxi	446	202862	549084	190635	111883	155110
山 东	Shandong	560	404670	1147012	380451	247022	383290
河 南	Henan	735	522537	1456626	522733	280108	539172
湖 北	Hubei	332	143530	500540	272883	173281	200699
湖 南	Hunan	525	253092	734242	251480	163758	234023
广 东	Guangdong	522	495758	1495738	419163	271335	511788
广 西	Guangxi	319	312754	862445	214890	116957	261830
海 南	Hainan	83	51055	141876	41583	15022	42405
重 庆	Chongqing	155	136624	372049	108446	68602	94473
四 川	Sichuan	515	501110	1262600	359099	322539	445125
贵 州	Guizhou	229	150784	383367	100340	68419	116931
云 南	Yunnan	396	183174	567843	162754	95764	219728
西 藏	Tibet	6	7901	18291	9350	4861	6526
陕 西	Shaanxi	342	196170	526654	201747	123532	175708
甘 肃	Gansu	266	117672	327834	101413	55471	95733
青 海	Qinghai	40	30143	76842	23660	14488	21496
宁 夏	Ningxia	34	36055	104757	32461	17281	32448
新 疆	Xinjiang	181	86751	235277	71288	40546	77522

2-34 分地区中等职业学校(机构)教职工情况(2012年)

Statistics on Teachers and Staff in Secondary Vocational Schools (Institutions) by Region (2012)

单位：人 (person)

地区	Region	教职工数 Teachers and Staff	校本部教职工 Teachers and Staff in Headquarters	专任教师 Full-time Teachers	行政人员 Administrative Personnel	教辅人员 Teaching Assistants	工勤人员 Workers	校办企业职工 Employees in School-run Enterprises	其他附设机构人员 Personnel in Other Subsidiary Units	聘请校外教师 Engaged from Other Schools
全 国	**National Total**	**921332**	**909012**	**684071**	**90036**	**63633**	**71272**	**6152**	**6168**	**106549**
北 京	Beijing	12164	11953	7254	2301	1086	1312	27	184	1451
天 津	Tianjin	10449	10344	7363	1665	591	725	54	51	1098
河 北	Hebei	59944	59666	45704	5635	4226	4101	182	96	3724
山 西	Shanxi	33738	33370	25264	3285	2201	2620	151	217	4893
内蒙古	Inner Mongolia	21120	20870	15325	2121	1883	1541	99	151	1406
辽 宁	Liaoning	31282	31011	21657	4199	2242	2913	161	110	3902
吉 林	Jilin	26357	26272	18513	3447	2662	1650	12	73	1143
黑龙江	Heilongjiang	25240	25087	17891	2982	1920	2294	111	42	1806
上 海	Shanghai	13084	13012	7900	2039	1403	1670	54	18	1306
江 苏	Jiangsu	55140	54749	43828	3231	3499	4191	236	155	6209
浙 江	Zhejiang	38701	38364	32276	2089	2075	1924	162	175	6478
安 徽	Anhui	42636	41758	34314	2964	1963	2517	191	687	7181
福 建	Fujian	22278	22170	17710	1878	1326	1256	16	92	3943
江 西	Jiangxi	24431	23555	17467	2846	1483	1759	699	177	3447
山 东	Shandong	71449	70557	52430	6792	6623	4712	697	195	3525
河 南	Henan	76395	74511	57173	7045	5086	5207	926	958	7913
湖 北	Hubei	33442	32764	23796	3708	2500	2760	452	226	4265
湖 南	Hunan	38410	37777	27293	4433	3009	3042	499	134	3467
广 东	Guangdong	60847	60310	46193	5718	3677	4722	177	360	6730
广 西	Guangxi	30431	28753	20755	2877	2117	3004	367	1311	4141
海 南	Hainan	6755	6676	4579	788	519	790	4	75	612
重 庆	Chongqing	17964	17902	14241	1494	1054	1113	36	26	2979
四 川	Sichuan	53620	53111	40076	4753	3229	5053	297	212	4689
贵 州	Guizhou	16473	16147	12585	1816	610	1136	211	115	4265
云 南	Yunnan	27842	27705	21174	1976	1661	2894	81	56	5563
西 藏	Tibet	746	746	632	50	10	54			118
陕 西	Shaanxi	28143	27914	19515	3945	2330	2124	112	117	3587
甘 肃	Gansu	20856	20696	15805	1822	1334	1735	69	91	1319
青 海	Qinghai	3188	3126	2454	243	132	297	44	18	735
宁 夏	Ningxia	3468	3449	2552	312	249	336	4	15	579
新 疆	Xinjiang	14739	14687	10352	1582	933	1820	21	31	4075

2-35 分地区初中情况（2012年）

Statistics on Regular Junior Secondary Schools by Region (2012)

单位：人 (person)

地 区	Region	学校数（所） Schools (unit)	专任教师 Full-time Teachers	招生数 New Enrollment	在校学生数 Total Enrollment	毕业生数 Graduates
全 国	**National Total**	**53216**	**3504363**	**15707700**	**47630607**	**16607751**
北 京	Beijing	341	31067	108133	305510	95782
天 津	Tianjin	317	26055	83845	256541	84072
河 北	Hebei	2435	167800	777679	2173677	703054
山 西	Shanxi	2023	118231	462450	1502433	578684
内蒙古	Inner Mongolia	763	62154	242465	746308	263265
辽 宁	Liaoning	1607	101083	369537	1134585	410708
吉 林	Jilin	1213	66898	226574	696588	259666
黑龙江	Heilongjiang	1648	100044	345555	1204786	394270
上 海	Shanghai	514	35202	117489	432686	94645
江 苏	Jiangsu	2066	182231	640312	1970169	752183
浙 江	Zhejiang	1735	118855	510594	1492985	514374
安 徽	Anhui	2920	161007	689414	2130347	869576
福 建	Fujian	1240	96638	381878	1120356	404766
江 西	Jiangxi	2107	122771	655925	1945486	651764
山 东	Shandong	2965	261611	1016968	3281023	1049116
河 南	Henan	4551	282413	1581590	4537868	1498054
湖 北	Hubei	2047	141409	510866	1577701	575799
湖 南	Hunan	3296	171197	742493	2111100	688731
广 东	Guangdong	3309	273493	1402496	4424650	1619805
广 西	Guangxi	1860	117478	668655	1966202	643804
海 南	Hainan	388	25075	119426	364677	134944
重 庆	Chongqing	969	76060	340251	1087258	403096
四 川	Sichuan	3908	203905	988311	3041867	1093729
贵 州	Guizhou	2215	114753	731931	2100850	663275
云 南	Yunnan	1691	120817	674396	1954348	666942
西 藏	Tibet	92	8982	43424	130266	46578
陕 西	Shaanxi	1765	112604	411451	1315464	521287
甘 肃	Gansu	1588	84377	375938	1180171	442640
青 海	Qinghai	261	14846	73382	208723	68547
宁 夏	Ningxia	251	19383	99874	292813	95094
新 疆	Xinjiang	1131	85924	314398	943169	319501

2-36 分地区普通小学情况（2012年）

Statistics on Regular Primary Schools by Region (2012)

单位：人 (person)

地 区	Region	学校数（所）Schools (unit)	教职工数 Teachers and Staff	#专任教师 Full-time Teachers	招生数 New Enrollment	在校学生数 Total Enrollment	毕业生数 Graduates
全 国	**National Total**	**228585**	**5538481**	**5585476**	**17146640**	**96958985**	**16415565**
北 京	Beijing	1081	55710	52472	141738	718655	109492
天 津	Tianjin	843	41626	37769	102514	532282	86548
河 北	Hebei	12898	324755	316962	1062931	5622191	796079
山 西	Shanxi	10042	185103	184326	440460	2617602	547270
内蒙古	Inner Mongolia	2443	127745	112898	233545	1365080	242927
辽 宁	Liaoning	4779	135608	144633	353057	2129695	371386
吉 林	Jilin	5186	127992	119274	242215	1423679	230619
黑龙江	Heilongjiang	4834	145978	144208	328950	1867729	346553
上 海	Shanghai	761	48936	48066	172297	760377	129542
江 苏	Jiangsu	4128	252300	252580	794802	4227557	645061
浙 江	Zhejiang	3698	173611	179473	607186	3467269	538276
安 徽	Anhui	12547	233150	241504	693919	4047018	720927
福 建	Fujian	5414	157362	153941	467450	2527264	391264
江 西	Jiangxi	11173	195472	205470	800412	4341438	670134
山 东	Shandong	11573	387203	382562	1095534	6276696	1061562
河 南	Henan	27452	504933	496856	1909667	10791827	1704498
湖 北	Hubei	6614	193609	191699	634766	3267498	513818
湖 南	Hunan	10165	231358	246859	880773	4737920	770212
广 东	Guangdong	13396	422977	432374	1452959	8082401	1499644
广 西	Guangxi	13535	232714	217151	742110	4264831	686423
海 南	Hainan	2036	49314	51243	122521	752187	128221
重 庆	Chongqing	4810	115394	114036	352068	1943177	336066
四 川	Sichuan	8586	262440	304899	1009618	5607407	1001656
贵 州	Guizhou	11529	199179	197983	591024	3800803	760174
云 南	Yunnan	13020	237762	233710	622875	4067038	722779
西 藏	Tibet	857	18966	18853	51552	292016	47537
陕 西	Shaanxi	7994	169723	166822	378875	2346152	448555
甘 肃	Gansu	10336	134514	140235	341155	2063549	398700
青 海	Qinghai	1425	22467	26103	83111	498663	80967
宁 夏	Ningxia	1896	33415	34385	104822	618140	107655
新 疆	Xinjiang	3534	117165	136130	331734	1900844	321020

2-37 分地区特殊教育情况（2012年）

Statistics on Special Education by Region (2012)

单位：人 (person)

地 区	Region	学校数（所）Schools (unit)	教职工数 Teachers and Staff	#专任教师 Full-time Teachers	招生数 New Enrollment	在校学生数 Total Enrollment	毕业生数 Graduates
全 国	**National Total**	**1853**	**53615**	**43697**	**65699**	**378751**	**48590**
北 京	Beijing	22	1231	898	1190	8118	1747
天 津	Tianjin	20	739	575	536	2963	311
河 北	Hebei	151	3553	2912	1913	12408	1202
山 西	Shanxi	53	1583	1316	1215	7873	882
内蒙古	Inner Mongolia	39	1312	1103	874	4455	392
辽 宁	Liaoning	74	2648	1967	905	8593	804
吉 林	Jilin	46	1751	1382	805	6261	574
黑龙江	Heilongjiang	74	2312	1879	1423	11150	894
上 海	Shanghai	29	1580	1177	1202	8138	1455
江 苏	Jiangsu	107	3911	3124	3534	24702	3271
浙 江	Zhejiang	79	2185	1915	2741	14425	1550
安 徽	Anhui	64	1507	1283	2165	9986	1114
福 建	Fujian	73	1863	1636	4350	27291	3604
江 西	Jiangxi	80	1074	961	4094	21510	1751
山 东	Shandong	145	5700	4595	3555	21239	2793
河 南	Henan	132	3767	3211	2994	16689	2381
湖 北	Hubei	77	1826	1560	1483	10557	1292
湖 南	Hunan	61	1673	1349	1812	10184	1058
广 东	Guangdong	94	3329	2527	4632	24485	2917
广 西	Guangxi	62	1516	1105	2538	14270	1441
海 南	Hainan	4	217	160	313	1616	214
重 庆	Chongqing	36	927	804	2090	13083	1836
四 川	Sichuan	113	2220	1941	8398	44287	7969
贵 州	Guizhou	56	1139	996	2904	13657	1389
云 南	Yunnan	47	1140	934	3294	16777	3071
西 藏	Tibet	3	110	92	185	633	39
陕 西	Shaanxi	46	1147	904	1266	6046	1010
甘 肃	Gansu	28	673	572	1434	8337	834
青 海	Qinghai	11	166	140	359	2124	189
宁 夏	Ningxia	8	242	227	358	1985	84
新 疆	Xinjiang	19	574	452	1137	4909	522

2-38 分地区各级学校生师比

Student-Teacher Ratio by Level of Regular Schools by Region

(教师人数=1) (Number of Teachers=1)

年 份 Year 地 区 Region	普通小学 Primary School	初 中 Junior Secondary School	普通高中 Regular Senior Secondary School	中等职业学校 Vocational Senior Secondary School	普通高校 Regular Institution of Higher Education
1995	23.30	16.73	12.95	15.98	9.83
2000	22.21	19.03	15.87	15.24	16.30
2001	21.64	19.24	16.73	15.04	18.22
2002	21.04	19.25	17.80	16.58	19.00
2003	20.50	19.13	18.35	17.63	17.00
2004	19.98	18.65	18.65	19.15	16.22
2005	19.43	17.80	18.54	21.34	16.85
2006	19.17	17.15	18.13	22.65	17.93
2007	18.82	16.52	17.48	23.13	17.28
2008	18.38	16.07	16.78	23.32	17.23
2009	17.88	15.47	16.30	25.27	17.27
2010	17.70	14.98	15.99	25.69	17.33
2011	17.71	14.38	15.77	24.97	17.42
2012	17.36	13.59	15.47	24.19	17.52
北 京 Beijing	13.70	9.83	9.38	25.65	16.70
天 津 Tianjin	14.09	9.85	11.74	13.82	17.29
河 北 Hebei	17.74	12.95	14.19	19.84	17.65
山 西 Shanxi	14.20	12.71	14.72	19.38	18.01
内蒙古 Inner Mongolia	12.09	12.01	15.52	16.31	17.59
辽 宁 Liaoning	14.72	11.22	14.72	16.77	17.17
吉 林 Jilin	11.94	10.41	17.13	11.71	17.20
黑龙江 Heilongjiang	12.95	12.04	14.38	18.68	16.19
上 海 Shanghai	15.82	12.29	9.51	19.63	16.93
江 苏 Jiangsu	16.74	10.81	12.43	20.82	15.45
浙 江 Zhejiang	19.32	12.56	13.58	19.29	17.05
安 徽 Anhui	16.76	13.23	18.01	27.64	18.74
福 建 Fujian	16.42	11.59	13.27	35.02	17.20
江 西 Jiangxi	21.13	15.85	17.35	26.64	17.37
山 东 Shandong	16.41	12.54	14.28	20.80	17.08
河 南 Henan	21.72	16.07	17.94	25.73	17.64
湖 北 Hubei	17.04	11.16	15.16	21.15	17.76
湖 南 Hunan	19.19	12.33	15.30	25.20	18.64
广 东 Guangdong	18.69	16.18	15.93	35.31	18.82
广 西 Guangxi	19.64	16.74	17.86	39.51	17.80
海 南 Hainan	14.68	14.54	16.12	31.25	19.34
重 庆 Chongqing	17.04	14.29	18.13	25.99	17.53
四 川 Sichuan	18.39	14.92	17.54	30.37	18.36
贵 州 Guizhou	19.20	18.31	18.59	29.26	18.19
云 南 Yunnan	17.40	16.18	15.60	26.64	18.50
西 藏 Tibet	15.49	14.50	13.07	28.94	16.17
陕 西 Shaanxi	14.06	11.68	16.75	23.88	18.19
甘 肃 Gansu	14.71	13.99	16.43	22.27	18.99
青 海 Qinghai	19.10	14.06	13.80	23.68	14.74
宁 夏 Ningxia	17.98	15.11	16.17	29.50	17.43
新 疆 Xinjiang	13.96	10.98	13.61	16.27	16.87

注：中等职业学校含技工学校数据。

a) Data on Skilled Workers are included in Secondary Vocational Schools.

2-39 每十万人口各级学校平均在校生数
Number of Students Per 100 000 Population by Level

单位：人 (person)

年 份 地 区	Year Region	学前教育 Pre-education	小 学 Primary Education	初中阶段 Junior Secondary	高中阶段 Senior Secondary	高等教育 Higher Education
	1995	2262	11010	3945	1610	457
	2000	1782	10335	4969	2000	723
	2001	1602	9937	5161	2021	931
	2002	1595	9525	5240	2283	1146
	2003	1560	9100	5209	2523	1298
	2004	1617	8725	5058	2824	1420
	2005	1676	8358	4781	3070	1613
	2006	1731	8192	4557	3321	1816
	2007	1787	8037	4364	3409	1924
	2008	1873	7819	4227	3463	2042
	2009	2001	7584	4097	3495	2128
	2010	2230	7448	3955	3504	2189
	2011	2554	7403	3779	3495	2253
	2012	2736	7196	3535	3411	2335
北 京	Beijing	1643	3560	1513	2114	5534
天 津	Tianjin	1687	3928	1893	2275	4358
河 北	Hebei	2710	7765	3002	3148	2063
山 西	Shanxi	2546	7285	4182	4050	2351
内蒙古	Inner Mongolia	1983	5501	3007	3206	2042
辽 宁	Liaoning	1961	4859	2589	2675	2811
吉 林	Jilin	1574	5178	2534	2730	2889
黑龙江	Heilongjiang	1510	4871	3142	2985	2441
上 海	Shanghai	2047	3239	1843	1389	3481
江 苏	Jiangsu	2791	5352	2494	3014	2786
浙 江	Zhejiang	3453	6347	2733	3020	2288
安 徽	Anhui	2645	6781	3570	3940	2101
福 建	Fujian	3763	6794	3012	3846	2301
江 西	Jiangxi	3389	9672	4334	3422	2295
山 东	Shandong	2613	6513	3405	3325	2238
河 南	Henan	3406	11495	4834	3911	2012
湖 北	Hubei	2354	5675	2740	2984	3078
湖 南	Hunan	2675	7183	3201	2950	2087
广 东	Guangdong	3148	7694	4212	4417	2082
广 西	Guangxi	3572	9182	4233	3790	1834
海 南	Hainan	3073	8573	4157	3965	2218
重 庆	Chongqing	3058	6657	3725	3995	2734
四 川	Sichuan	2724	6966	3779	3585	2037
贵 州	Guizhou	2832	10957	6057	3443	1392
云 南	Yunnan	2424	8783	4220	2975	1566
西 藏	Tibet	2028	9628	4295	2180	1508
陕 西	Shaanxi	3139	6269	3515	4479	3525
甘 肃	Gansu	1873	8048	4603	4246	2145
青 海	Qinghai	2699	8777	3674	3590	1133
宁 夏	Ningxia	2506	9667	4579	4230	2107
新 疆	Xinjiang	3143	8606	4270	3293	1596

注：1.高等教育包括普通高等学校和成人高等学校。
2.高中阶段合计数据包括普通高中、成人高中、普通中专、职业高中、技工学校和成人中专。
3.初中阶段包括普通初中和职业初中。

a) Institutions of higher education include that of regular institutions of higher education and institutions of higher education for adults.

b) Total of senior schools include that of regular senior schools, adult senior schools, regular secondary technical schools, vocational secondary schools, technical worker school, adult technical secondary schools.

c) Junior secondary schools include regular junior schools and junior vocational schools.

2-40 教育经费情况
Basic Statistics on Educational Funds

单位：万元 (10 000 yuan)

年 份 Year 地 区 Region	合 计 Total	国家财政性教育经费 Government Appropriation for Education	#公共财政预算教育经费 Public Expenditure on Education	民办学校中举办者投入 Funds from Investors of Private Schools	社会捐赠经 费 Donations and Fund-raising for Running Schools	事业收入 Income from Teaching Research and Other Auxiliary Activity	#学杂费 Tuition and Miscel-laneous Fees	其他教育经 费 Other Educational Funds
1995	18779501	14115233	10283930	203672	1628414		2012423	
2000	38490806	25626056	20856792	858537	1139557	9382717	5948304	1483939
2001	46376626	30570100	25823762	1280895	1128852	11575137	7456014	1821643
2002	54800278	34914048	31142383	1725549	1272791	14609169	9227792	2278722
2003	62082653	38506237	34538583	2590148	1045927	17218399	11214985	2721943
2004	72425989	44658575	40278158	3478529	934204	20114268	13465517	3240414
2005	84188391	51610759	46656939	4522185	931613	23399991	15530545	3723842
2006	98153087	63483648	57956138	5490583	899078	24073042	15523301	4206736
2007	121480663	82802142	76549082	809337	930584	31772357	21309082	5166242
2008	145007374	104496296	96855602	698479	1026663	33670711	23492983	5115225
2009	165027065	122310935	114193032	749829	1254991	35275939	25155983	5435371
2010	195618471	146700670	134895629	1054254	1078839	41060664	30155593	5724045
2011	238692936	185867009	168045617	1119320	1118675	44246927	33169742	6341005
中 央 Central Government	23356525	15634144	14413470		266793	6096208	2937487	1359380
地 方 Local Governments	215336411	170232866	153632146	1119320	851882	38150719	30232255	4981625
北 京 Beijing	7373843	6277348	5577283	2894	42608	851455	622423	199539
天 津 Tianjin	4136097	3389120	2920631	239	5531	594114	436350	147094
河 北 Hebei	8447882	6844588	6106370	22060	6392	1484576	1302985	90267
山 西 Shanxi	5494903	4451667	4067348	51370	14323	902811	733005	74732
内蒙古 Inner Mongolia	5040005	4463714	4038149	10480	3597	512773	399327	49442
辽 宁 Liaoning	7809413	6325914	5649334	30860	5744	1332250	1121184	114645
吉 林 Jilin	4293877	3543183	3329166	6702	2878	703764	595838	37350
黑龙江 Heilongjiang	4838173	3859462	3573011	2843	869	941146	793588	33855
上 海 Shanghai	7106255	5844327	4795157	5215	6331	1006085	821000	244297
江 苏 Jiangsu	15882132	11768474	9974984	50534	179649	3149370	2437172	734106
浙 江 Zhejiang	12069078	8732600	7081452	20810	154065	2591357	2080309	570246
安 徽 Anhui	8172010	6461027	5903475	57900	20122	1456867	1132576	176095
福 建 Fujian	6344839	4856150	4256932	80851	37395	1286253	983115	84190
江 西 Jiangxi	6307866	5036882	4718264	89662	19066	1056873	878233	105383
山 东 Shandong	13727939	11225099	9869201	40992	22969	2307705	1779356	131174
河 南 Henan	11821418	9292217	8786207	131298	5735	2103536	1881920	288633
湖 北 Hubei	6844038	4787821	4489740	18227	20305	1809429	1337660	208256
湖 南 Hunan	7987607	5846551	5447450	53567	17604	1791759	1394362	278126
广 东 Guangdong	18846365	13592334	12282084	174940	105231	4655227	3769241	318634
广 西 Guangxi	5938482	4905638	4635386	31747	7328	925396	732021	68374
海 南 Hainan	1732237	1370536	1240893	33157	15086	279938	233588	33519
重 庆 Chongqing	5039550	3832059	3590885	24470	45121	926746	679350	211154
四 川 Sichuan	10244130	8017200	7393263	116697	51511	1932562	1279067	126162
贵 州 Guizhou	4510531	3869567	3624514	18762	7811	519550	386485	94842
云 南 Yunnan	6582935	5652685	5235529	18172	23784	767760	604635	120533
西 藏 Tibet	826102	807466	800260	201	683	17622	14318	130
陕 西 Shaanxi	6838342	5249804	4952664	12917	10035	1326983	1072042	238604
甘 肃 Gansu	3608174	3129282	2938828	4558	7347	431519	361413	35468
青 海 Qinghai	1552462	1469582	1398060	1338	3907	63800	48435	13836
宁 夏 Ningxia	1313862	1147144	1075864	4249	1978	119957	93927	40535
新 疆 Xinjiang	4605867	4183426	3879766	1611	6880	301540	227332	112410

注：1."民办学校中举办者投入"数据1992-2006年为社会团体和公民个人办学总经费。

2.按照政府预算体系改革要求，2011年起将原"预算内教育经费"表述为"公共财政预算教育经费"。

a) "Funds from runners of private schools" from 1992 to 2006 equals to funds from social organizations and citizens for running schools.

b) According to the Government reform of the budget system requirements, in 2011 the original "budgetary educational funds" expressed as "public expenditure on education".

2-41 各类学校教育经费情况（2011年）

Educational Funds in Various Schools (2011)

单位：万元 (10 000 yuan)

学校类别	Type of Schools	合计 Total	国家财政性教育经费 Government Appropriation for Education	#公共财政预算教育经费 Public Expenditure on Education	民办学校中举办者投入 Funds from Investors of Private Schools	社会捐赠经费 Donations and Fund-Raising for Running Schools	事业收入 Income from Teaching Research and Other Auxiliary Activity	#学杂费 Tuition and Miscellaneous Fees	其他教育经费 Other Educational Funds
全国总计	**National Total**	**238692936**	**185867009**	**168045617**	**1119320**	**1118675**	**44246927**	**33169742**	**6341005**
按学校类别分组	**Categorized by Type of Schools**								
高等学校	Institutions of Higher Education	70208740	40963277	38303348	332915	434534	24620019	18623612	3857995
普通高等学校	Regular Institutions of Higher Education	68802316	40234989	37632641	332915	431870	24007176	18121026	3795366
成人高等学校	Institutions of Higher Education for Adults	1406423	728288	670707		2664	612843	502586	62629
中等职业学校	Vocational Secondary Schools	16385030	12590644	10379263	128688	24765	3226600	2668384	414334
中等专业学校	Specialized Secondary Schools	7560390	5671922	4728781	58264	9058	1619122	1350180	202024
职业高中	Vocational Senior Secondary Schools	6177797	5062497	4025549	55130	13427	942754	803664	103989
技工学校	Technical Schools	1854712	1236388	1064615	7359	1757	522612	436450	86597
成人中专学校	Specialized Secondary Schools for Adults	792131	619837	560318	7934	523	142113	78090	21724
中学	Secondary Schools	66709034	57114550	50782295	215221	363248	8144614	5770465	871402
普通中学	Regular Secondary Schools	66607151	57023628	50710861	215221	363154	8136799	5769061	868350
普通高中	Regular Senior Secondary Schools	24943611	17999617	15376404	76990	186050	6238204	4546108	442751
普通初中	Regular Junior Secondary Schools	41663540	39024011	35334458	138231	177105	1898595	1222954	425599
#农村	Rural Areas	22879621	22308622	20740121	41211	63884	304463	173901	161440
成人中学	Secondary Schools for Adults	101883	90922	71434		94	7815	1403	3052
小学	Primary Schools	60124183	57599831	53147915	149897	218537	1638763	1141006	517155
普通小学	Regular Primary Schools	60120841	57596542	53144651	149897	218537	1638729	1141006	517137
#农村	Rural Areas	37975040	37249144	35088711	48293	102146	358382	223509	217073
成人小学	Primary Schools for Adults	3342	3289	3264			35		18
特殊教育学校	Special Education Schools	790439	766927	654865	174	5221	7733	1435	10385
幼儿园	Kindergartens	10185761	4156986	3516392	292425	50189	5497586	4927263	188575
教育行政单位	Education Administrative Unit	3281499	2989852	2628782		11909	135171		144567
教育事业单位	Education Institution	8777740	7712373	6676855		9971	785483		269914
其它	Others	2230510	1972571	1955902		303	190958	37577	66679

三、卫　生

Public Health

3-1 医疗卫生机构
Health Care Institutions

单位：个 (unit)

年 份 Year 地 区 Region	合 计 Total	#医 院 Hospitals	#综合医院 General Hospitals	#中医医院 Hospitals Specialized in Traditional Chinese Medicine	#专科医院 Specialized Hospitals	#基层医疗卫生机构 Health Care Institutions at Grass-root Level	社区卫生服务中心(站) Community Health Service Centers	街 道卫生院 Urban Health Centers	乡 镇卫生院 Township Health Centers
1978	169732	9293	7539	447	643				55018
1980	180553	9902	7859	678	694				55413
1985	978540	11955	9197	1485	938			554	47387
1990	1012690	14377	10424	2115	1362			542	47749
1995	994409	15663	11586	2361	1445			563	51797
2000	1034229	16318	11872	2453	1543	1000169		548	49229
2001	1029314	16197	11834	2478	1576	995670		553	48090
2002	1005004	17844	12716	2492	2237	973098	8211	1022	44992
2003	806243	17764	12599	2518	2271	774693	10101	925	44279
2004	849140	18393	12900	2611	2492	817018	14153	845	41626
2005	882206	18703	12982	2620	2682	849488	17128	787	40907
2006	918097	19246	13120	2665	3022	884818	22656	816	39975
2007	912263	19852	13372	2720	3282	878686	27069	803	39876
2008	891480	19712	13119	2688	3437	858015	24260	780	39080
2009	916571	20291	13364	2728	3716	882153	27308	1152	38475
2010	936927	20918	13681	2778	3956	901709	32739	929	37836
2011	954389	21979	14328	2831	4283	918003	32860	667	37295
2012	950297	23170	15021	2889	4665	912620	33562	610	37097
北 京 Beijing	9632	573	301	123	132	8837	1846		
天 津 Tianjin	4551	304	201	31	66	4095	559	1	160
河 北 Hebei	79119	1249	809	175	230	77177	1130		1961
山 西 Shanxi	40192	1215	638	193	369	38443	791	477	1199
内蒙古 Inner Mongolia	23046	519	325	62	77	22009	1162	3	1326
辽 宁 Liaoning	35792	860	537	100	216	34249	1121	24	999
吉 林 Jilin	19734	576	349	72	144	18804	353		771
黑龙江 Heilongjiang	21158	996	684	127	169	19470	776	4	996
上 海 Shanghai	4845	320	186	17	93	4379	1013		
江 苏 Jiangsu	31050	1426	964	89	321	28888	2613	2	1115
浙 江 Zhejiang	30271	782	392	122	248	28939	6622	7	1144
安 徽 Anhui	23275	930	641	91	183	21812	1948	1	1384
福 建 Fujian	27276	519	328	75	106	26374	532		880
江 西 Jiangxi	39509	548	360	98	83	38369	611	5	1582
山 东 Shandong	68840	1549	1016	158	360	66462	2251		1639
河 南 Henan	69258	1285	832	201	243	67252	1135		2072
湖 北 Hubei	35240	650	414	95	126	34063	1220	34	1165
湖 南 Hunan	58612	798	493	128	161	57177	604	3	2299
广 东 Guangdong	46534	1186	727	142	305	44585	2345	25	1227
广 西 Guangxi	34152	469	290	86	79	33257	266		1280
海 南 Hainan	5154	197	152	19	22	4839	141		305
重 庆 Chongqing	17961	463	331	43	80	17310	485	9	933
四 川 Sichuan	76557	1542	1013	173	309	74215	928	1	4606
贵 州 Guizhou	27404	772	600	70	89	26264	469	2	1436
云 南 Yunnan	23395	926	636	107	160	21887	439		1384
西 藏 Tibet	6660	104	84		1	6412	9		673
陕 西 Shaanxi	36271	888	628	140	112	34889	552	2	1630
甘 肃 Gansu	26401	403	264	70	54	25631	616	6	1377
青 海 Qinghai	5948	142	86	13	13	5658	174		405
宁 夏 Ningxia	4140	143	92	19	27	3904	107		230
新 疆 Xinjiang	18320	836	648	50	87	16970	744	4	919

注：1.村卫生室数计入医疗卫生机构数中。

2.2008年社区卫生服务中心(站)减少的原因是江苏省约5000家农村社区卫生服务站划归村卫生室。

a) Number of village clinics was included in health care institutions.

b) The reasons of decrease of community health centers(stations) in 2008 is that 5000 rural community health stations in Jiangsu is divided into village clinics.

3-1 续表 continued

单位：个 (unit)

年份 Year / 地区 Region	村卫生室 Village Clinics	门诊部（所） Outpatient Department	#专业公共卫生机构 Specialized Public Health Institutions	#疾病预防控制中心 Center for Disease Control and Prevention	#专科疾病防治院（所/站） Specialized Disease Prevention & Treatment Institution	#妇幼保健院（所/站） Women and Children Care Agencies	#卫生监督所(中心) Health Inspection Institution (center)
1978		94395		2989	887	2571	
1980		102474		3105	1138	2745	
1985	777674	126604		3410	1566	2996	
1990	803956	129332		3618	1781	3148	
1995	804352	104406		3729	1895	3179	
2000	709458	240934	11386	3741	1839	3163	
2001	698966	248061	11471	3813	1783	3132	
2002	698966	219907	10787	3580	1839	3067	571
2003	514920	204468	10792	3584	1749	3033	838
2004	551600	208794	10878	3588	1583	2998	1284
2005	583209	207457	11177	3585	1502	3021	1702
2006	609128	212243	11269	3548	1402	3003	2097
2007	613855	197083	11528	3585	1365	3051	2553
2008	613143	180752	11485	3534	1310	3011	2675
2009	632770	182448	11665	3536	1291	3020	2809
2010	648424	181781	11835	3513	1274	3025	2992
2011	662894	184287	11926	3484	1294	3036	3022
2012	653419	187932	12083	3490	1289	3044	3088
北京 Beijing	2957	4034	118	32	28	19	18
天津 Tianjin	2157	1218	95	24	17	23	19
河北 Hebei	64513	9573	597	193	8	185	188
山西 Shanxi	28285	7691	457	135	10	132	130
内蒙古 Inner Mongolia	14022	5496	447	119	52	117	111
辽宁 Liaoning	21245	10860	497	130	88	110	118
吉林 Jilin	11475	6205	274	67	52	69	56
黑龙江 Heilongjiang	12316	5378	634	174	112	146	154
上海 Shanghai	1361	2005	101	21	20	21	18
江苏 Jiangsu	15835	9323	505	128	48	110	114
浙江 Zhejiang	13091	8075	377	100	22	86	103
安徽 Anhui	15306	3173	446	121	52	118	116
福建 Fujian	19691	5271	307	96	25	87	82
江西 Jiangxi	32369	3802	512	147	112	113	110
山东 Shandong	51055	11517	677	182	134	158	155
河南 Henan	57112	6933	581	180	20	165	168
湖北 Hubei	24976	6668	438	111	83	100	109
湖南 Hunan	44376	9895	528	146	86	139	130
广东 Guangdong	29086	11902	661	138	147	127	122
广西 Guangxi	23323	8388	387	109	41	103	105
海南 Hainan	2752	1641	107	28	24	24	23
重庆 Chongqing	10642	5241	167	42	16	42	40
四川 Sichuan	54601	14079	713	204	37	200	204
贵州 Guizhou	21463	2894	340	101	7	96	101
云南 Yunnan	13317	6747	519	150	30	147	145
西藏 Tibet	5254	476	142	82		57	2
陕西 Shaanxi	26883	5822	387	122	6	117	118
甘肃 Gansu	16711	6921	335	103	6	99	92
青海 Qinghai	4314	765	145	56	1	21	55
宁夏 Ningxia	2431	1136	83	25		22	24
新疆 Xinjiang	10500	4803	506	224	5	91	158

3-2 卫生人员
Employed Persons in Health Care Institutions

单位：人 (person)

年 份 Year 地 区 Region	卫生人员 Medical Personnel	卫生技术人员 Medical Technical Personnel	#执业(助理)医师 Licensed (Assistant) Doctors	#执业医师 Licensed Doctor	#注册护士 Registered Nurse	#药师(士) Pharmacist	乡村医生和卫生员 Village Doctors and Assistants	其他技术人员 Other Technical Personnel	管理人员 Administrative Personnel	工勤技能人员 Logistics Technical Workers
1978	7883041	2463931	978152	609608	405223	266570	4777469	22950	298104	320587
1980	7355483	2798241	1153234	709473	465798	308438	3820776	27834	310805	397827
1985	5606105	3410910	1413281	724238	636974	365145	1293094	46052	358812	497237
1990	6137711	3897921	1763086	1302997	974541	405978	1231510	85504	396694	526082
1995	6704395	4256923	1917772	1454926	1125661	418520	1331017	120782	450013	545660
2000	6910383	4490803	2075843	1603266	1266838	414408	1319357	157533	426789	515901
2001	6874527	4507700	2099658	1637337	1286938	404087	1290595	157961	412757	505514
2002	6528674	4269779	1843995	1463573	1246545	357659	1290595	179962	332628	455710
2003	6216971	4380878	1942364	1534046	1265959	357378	867778	199331	318692	450292
2004	6332739	4485983	1999457	1582442	1308433	355451	883075	209422	315595	438664
2005	6447246	4564050	2042135	1622684	1349589	349533	916532	225697	312826	428141
2006	6681184	4728350	2099064	1678031	1426339	353565	957459	235466	323705	436204
2007	6964389	4913186	2122925	1715460	1558822	325212	931761	243460	356569	519413
2008	7251803	5174478	2201904	1791881	1678091	330525	938313	255149	356854	527009
2009	7781448	5535124	2329206	1905436	1854818	341910	1050991	275006	362665	557662
2010	8207502	5876158	2413259	1972840	2048071	353916	1091863	290161	370548	578772
2011	8616040	6202858	2466094	2020154	2244020	363993	1126443	305981	374885	605873
2012	9115705	6675549	2616064	2138836	2496599	377398	1094419	319117	372997	653623
北 京 Beijing	253164	196234	74380	69810	79534	11578	3659	13436	13948	25887
天 津 Tianjin	104201	77076	30690	28200	27621	4843	4811	4980	9390	7944
河 北 Hebei	463283	314933	142989	108771	101988	14040	84779	19780	14782	29009
山 西 Shanxi	279466	199601	87319	73507	70337	9973	41626	10935	10725	16579
内蒙古 Inner Mongolia	183875	139876	59528	50100	46774	9496	19318	6865	7289	10527
辽 宁 Liaoning	329679	246808	100972	89892	98036	13273	27147	12026	16423	27275
吉 林 Jilin	196395	144065	61400	53949	50975	7964	19128	6734	11571	14897
黑龙江 Heilongjiang	270687	201155	78589	66821	70073	11141	25398	8870	14771	20493
上 海 Shanghai	183416	147807	55797	51722	63245	8281	771	8404	9448	16986
江 苏 Jiangsu	519709	395961	157902	134800	155247	23308	44906	16606	21236	41000
浙 江 Zhejiang	400094	329565	129973	109459	121313	21613	9778	15937	13099	31715
安 徽 Anhui	334842	236188	92061	71181	95046	11817	53180	12423	12315	20736
福 建 Fujian	236756	176074	66740	57885	71124	11767	28183	7895	6287	18317
江 西 Jiangxi	259552	179705	67077	56444	72055	13013	48773	7117	7672	16285
山 东 Shandong	738868	530082	200465	168111	191721	30315	131914	26598	19080	31194
河 南 Henan	652564	428508	167608	116270	156041	21401	123888	24838	25286	50044
湖 北 Hubei	386415	288695	109149	90105	115745	17377	42990	15306	16650	22774
湖 南 Hunan	403546	296857	116440	86469	112906	19639	47594	14442	17607	27046
广 东 Guangdong	662462	518414	198966	159428	199534	33910	34656	20903	27429	61060
广 西 Guangxi	303759	220761	78043	61340	85515	11893	37432	7556	10903	27107
海 南 Hainan	59285	45060	15525	12244	19432	2354	2853	1817	3148	6407
重 庆 Chongqing	184055	131658	51990	38790	49823	6884	23320	5567	8718	14792
四 川 Sichuan	549023	389440	162877	129605	139810	20421	74418	16062	26376	42727
贵 州 Guizhou	191079	129772	49179	39528	48646	5448	36749	7022	8303	9233
云 南 Yunnan	233361	166764	68466	56617	60755	7285	35308	8479	7840	14970
西 藏 Tibet	21558	9336	4043	2897	1732	428	10223	667	503	829
陕 西 Shaanxi	293775	216293	69471	56957	79390	12133	37113	3797	18160	18412
甘 肃 Gansu	151899	111609	42956	34896	37202	5588	21398	4028	4681	10183
青 海 Qinghai	40831	29311	11918	10162	10026	1550	6568	1415	1107	2430
宁 夏 Ningxia	44021	34250	13011	11518	12504	2108	3682	1640	1619	2830
新 疆 Xinjiang	177085	136691	50540	41358	52449	6557	12856	6972	6631	13935

注：卫生人员和卫生技术人员包括公务员中卫生监督员7000名。

a) Medical personnel and medical technical personnel include 7000 health supervisors in civil servants.

3-3 每千人口卫生技术人员
Medical Technical Personnel in Health Care Institutions per 1000 Persons

单位：人 (person)

年 份 Year / 地 区 Region	卫生技术人员 Medical Technical Personnel			执业(助理)医师 Licensed (Assistant) Doctors			注册护士 Registered Nurses		
	合计 Total	城市 City	农村 Rural	合计 Total	城市 City	农村 Rural	合计 Total	城市 City	农村 Rural
1980	2.85	8.03	1.81	1.17	3.22	0.76	0.47	1.83	0.20
1985	3.28	7.92	2.09	1.36	3.35	0.85	0.61	1.85	0.30
1990	3.45	6.59	2.15	1.56	2.95	0.98	0.86	1.91	0.43
1995	3.59	5.36	2.32	1.62	2.39	1.07	0.95	1.59	0.49
2000	3.63	5.17	2.41	1.68	2.31	1.17	1.02	1.64	0.54
2001	3.62	5.15	2.38	1.69	2.32	1.17	1.03	1.65	0.54
2002	3.41			1.47			1.00		
2003	3.48	4.88	2.26	1.54	2.13	1.04	1.00	1.59	0.50
2004	3.53	4.99	2.24	1.57	2.18	1.04	1.03	1.63	0.50
2005	3.50	5.82	2.69	1.56	2.46	1.26	1.03	2.10	0.65
2006	3.60	6.09	2.70	1.60	2.56	1.26	1.09	2.22	0.66
2007	3.72	6.44	2.69	1.61	2.61	1.23	1.18	2.42	0.70
2008	3.90	6.68	2.80	1.66	2.68	1.26	1.27	2.54	0.76
2009	4.15	7.15	2.94	1.75	2.83	1.31	1.39	2.82	0.81
2010	4.39	7.62	3.04	1.80	2.97	1.32	1.53	3.09	0.89
2011	4.61	6.68	2.66	1.83	2.62	1.10	1.67	2.62	0.79
2012	4.94	8.55	3.41	1.94	3.19	1.40	1.85	3.65	1.09
北 京 Beijing	9.48	15.51	7.81	3.59	5.85	3.57	3.84	6.33	2.36
天 津 Tianjin	5.45	8.25	5.42	2.17	3.14	2.79	1.95	3.09	1.33
河 北 Hebei	4.32	9.71	3.06	1.96	4.00	1.48	1.40	4.06	0.79
山 西 Shanxi	5.53	10.60	3.80	2.42	4.32	1.79	1.95	4.43	1.07
内蒙古 Inner Mongolia	5.62	10.93	3.94	2.39	4.28	1.80	1.88	4.37	1.08
辽 宁 Liaoning	5.62	8.73	3.43	2.30	3.40	1.54	2.23	3.81	1.09
吉 林 Jilin	5.24	7.36	4.37	2.23	3.18	1.85	1.85	2.93	1.39
黑龙江 Heilongjiang	5.25	8.33	3.58	2.05	3.05	1.51	1.83	3.42	0.96
上 海 Shanghai	6.21	10.50	7.57	2.34	3.89	4.32	2.66	4.55	2.18
江 苏 Jiangsu	5.00	7.90	3.87	1.99	2.89	1.68	1.96	3.42	1.35
浙 江 Zhejiang	6.02	10.14	5.34	2.37	3.77	2.21	2.21	4.14	1.78
安 徽 Anhui	3.94	5.54	2.51	1.54	2.00	1.04	1.59	2.57	0.86
福 建 Fujian	4.70	9.46	3.31	1.78	3.55	1.27	1.90	4.10	1.24
江 西 Jiangxi	3.99	7.58	2.83	1.49	2.64	1.10	1.60	3.53	1.02
山 东 Shandong	5.47	7.59	4.68	2.07	2.97	1.73	1.98	3.18	1.51
河 南 Henan	4.56	8.68	2.85	1.78	3.03	1.20	1.66	3.96	0.86
湖 北 Hubei	5.00	7.92	3.30	1.89	2.89	1.30	2.00	3.57	1.16
湖 南 Hunan	4.47	8.64	3.11	1.75	3.07	1.30	1.70	4.06	1.00
广 东 Guangdong	4.89	10.43	3.10	1.88	3.79	1.33	1.88	4.33	0.99
广 西 Guangxi	4.72	6.93	3.12	1.67	2.46	1.10	1.83	3.04	1.08
海 南 Hainan	5.08	9.19	3.65	1.75	3.03	1.30	2.19	4.28	1.47
重 庆 Chongqing	4.47	4.42	3.39	1.77	1.63	1.47	1.69	1.89	1.03
四 川 Sichuan	4.82	6.95	3.30	2.02	2.63	1.49	1.73	3.00	1.00
贵 州 Guizhou	3.72	7.94	2.30	1.41	2.99	0.87	1.40	3.55	0.76
云 南 Yunnan	3.58	8.97	2.82	1.47	3.78	1.14	1.30	3.51	0.99
西 藏 Tibet	3.03	10.40	2.52	1.31	4.63	1.08	0.56	3.16	0.38
陕 西 Shaanxi	5.76	8.39	4.06	1.85	2.82	1.24	2.12	3.57	1.24
甘 肃 Gansu	4.33	6.42	3.13	1.67	2.55	1.17	1.44	2.58	0.85
青 海 Qinghai	5.11		3.14	2.08		1.39	1.75		0.86
宁 夏 Ningxia	5.29	8.44	2.91	2.01	2.99	1.26	1.93	3.40	0.84
新 疆 Xinjiang	6.12	15.33	4.82	2.26	5.80	1.76	2.35	6.50	1.76

注：1.2002年以前，执业(助理)医师数系医生，执业医师数系医师，注册护士数系护师(士)。
2.城市包括直辖市区和地级市辖区，农村包括县及县级市。
3.合计以常住人口为分母，城市、农村以户籍人口为分母。
4.2005年以前合计分母为户籍人口，2005年起合计分母为常住人口。按城市农村分分母为户籍人口。

a) Before 2002, licensed (assistant) doctors referred to doctors, licensed doctors referred to doctors, registered nurses referred to nurses.
b) City includes district of municipalities and prefecture-level city, rural area include county and city at county level.
c) Total population used in this table are resident population, urban and rural population are registered population.
d) Figure of total before 2005 are from household registration, and are usual population since 2005. Figures of urban or rural areas are household registration.

3-4 村卫生室情况
Statistics on Village Clinics

年 份 Year / 地 区 Region	村卫生室(个) Village Clinics (unit)						设卫生室的村数占行政村数% Villages with Clinics as % of Total
	合计 Total	村办 Run by Village	乡卫生院设点 Township Hospitals	联合办 Jointly Run	私人办 Run by Private	其他 Others	
1985	777674	305537	29769	88803	323904	29661	87.4
1990	803956	266137	29963	87149	381844	38863	86.2
1995	804352	297462	36388	90681	354981		88.9
2000	709458	300864	47101	89828	255179	16486	89.8
2005	583209	313633	32396	38561	180403	18216	85.8
2006	609128	333790	34803	36805	186524	17206	88.1
2007	613855	340082	33633	33649	186841	19650	88.7
2008	613143	342692	40248	31698	180157	18348	89.4
2009	632770	350515	45434	31035	183699	22087	90.4
2010	648424	365153	49678	32650	177080	23863	92.3
2011	662894	372661	56128	33639	175747	24719	93.4
2012	653419	370099	58317	32278	167025	25700	93.3
北 京 Beijing	2957	2577	5	4	345	26	75.1
天 津 Tianjin	2157	878	338	189	252	500	57.0
河 北 Hebei	64513	29356	1916	1166	30809	1266	100.0
山 西 Shanxi	28285	21407	901	884	3520	1573	100.0
内蒙古 Inner Mongolia	14022	6493	1776	339	5070	344	100.0
辽 宁 Liaoning	21245	10537	347	948	9227	186	100.0
吉 林 Jilin	11475	4321	948	1328	4402	476	100.0
黑龙江 Heilongjiang	12316	9604	691	223	1323	475	100.0
上 海 Shanghai	1361	1000	185	37	1	138	84.4
江 苏 Jiangsu	15835	8690	4451	2239	49	406	100.0
浙 江 Zhejiang	13091	9069	1162	220	2214	426	45.5
安 徽 Anhui	15306	7658	4046	1097	1011	1494	100.0
福 建 Fujian	19691	12827	357	264	4870	1373	100.0
江 西 Jiangxi	32369	14876	282	1623	13656	1932	100.0
山 东 Shandong	51055	26670	15469	4739	2947	1230	71.3
河 南 Henan	57112	36151	542	3304	16358	757	100.0
湖 北 Hubei	24976	15785	3920	2576	1950	745	97.7
湖 南 Hunan	44376	34014	1186	1081	7310	785	100.0
广 东 Guangdong	29086	23276	1304	202	3753	551	100.0
广 西 Guangxi	23323	8349	807	863	12305	999	100.0
海 南 Hainan	2752	727	93	22	1477	433	100.0
重 庆 Chongqing	10642	6318	1161	412	1959	792	100.0
四 川 Sichuan	54601	26568	1751	2862	20187	3233	100.0
贵 州 Guizhou	21463	8653	1973	511	8578	1748	100.0
云 南 Yunnan	13317	9271	1755	963	564	764	100.0
西 藏 Tibet	5254	1737	2721	171		625	99.9
陕 西 Shaanxi	26883	20031	634	804	4842	572	100.0
甘 肃 Gansu	16711	8555	1304	1098	5369	385	100.0
青 海 Qinghai	4314	2069	457	724	915	149	100.0
宁 夏 Ningxia	2431	876	181	118	1163	93	100.0
新 疆 Xinjiang	10500	1756	5654	1267	599	1224	100.0

3-5 各类医疗卫生机构医疗服务及床位利用情况(2012年)

Number of Visits and Inpatients in Medical Institutions (2012)

机构名称	Institutions	诊疗人次数 (万人次) Visits (10 000 person-times)	入院人数 (万人) Inpatients (10 000 persons)	医师日均担负诊疗人次(人次) Daily Visits Each Doctor (person-time)	实际开放总床日数 (日) Days of Total Beds Actually Opened(day)	平均开放病床 (张) Average Beds Opened (bed)
总计	**Total**	**688833**	**17857**	**8.3**	**1986683159**	**5428096**
医院	Hospitals	254162	12727	7.2	1456856660	3980483
综合医院	General Hospitals	187353	9915	7.3	1044807614	2854666
中医医院	Hospitals Specialized in Traditional Chinese Medicine	40705	1642	7.9	192032007	524678
中西医结合医院	Hospital of Integrated Traditional Chinese with Western Medicine	3769	130	8.2 4.8	17205708	47010
民族医院	Nationalities Hospitals	646	34	6.2	5045096	13784
专科医院	Specialized Hospitals	21634	1004	3.5	193921233	529839
护理院	Nursing Hospital	55	3	10.0	3845002	10505
基层医疗卫生机构	Basic Medical Institutions	410921	4254	14.6	448272393	1224788
社区卫生服务中心(站)	Community Health Service Centers	59869	309	9.2	62322668	170281
卫生院	Health Centers	97767	3931	9.8	385905915	1054388
街道卫生院	Urban Health Centers	1009	23	9.1	3463777	9464
乡镇卫生院	Township Health Centers	96758	3908		382442138	1044924
村卫生室	Village Clinics	192708				
门诊部	Outpatient Department	7540	14	8.2		
专业公共卫生机构	Specialized Public Health Institutions	22736	825	5.2	68384126	186842
专科疾病防治院(所、站)	Specialized Disease Prevention & Treatment Institution	2125		8.9	11909924	32541
妇幼保健院(所、站)	Women and Children Care Agencies	20148	782		56474202	154301
其他机构	Other Institutions	1014	51	10.0	13169980	35984
疗养院	Sanatoriums	245	51	2.6	13169980	35984
临床检验中心	Clinical Laboratory Center	464				

3-5 续表 continued

机构名称	Institutions	病床周转次数 (次) Turnover of Beds (time)	病床工作日 (日) Working Days of Beds (day)	病床使用率 (%) Utilization Rate of Beds (%)	平均住院日 (日) Average Stay Days in Hospital (day)
总计	**Total**	**32.9**	**303.0**	**82.8**	**8.8**
医院	Hospitals	31.9	329.7	90.1	10.0
综合医院	General Hospitals	34.7	333.1	91.0	9.4
中医医院	Hospitals Specialized in Traditional Chinese Medicine	31.2	324.1	88.6	10.2
中西医结合医院	Hospital of Integrated Traditional Chinese with Western Medicine	27.4	314.4	85.9	10.8
民族医院	Nationalities Hospitals	24.4	273.2	74.6	11.2
专科医院	Specialized Hospitals	18.9	320.6	87.6	15.5
护理院	Nursing Hospital	2.6	288.5	78.8	72.6
基层医疗卫生机构	Basic Medical Institutions	34.8	223.3	61.0	5.9
#社区卫生服务中心(站)	Community Health Service Centers	18.2	199.8	54.6	9.2
卫生院	Health Centers	37.3	227.1	62.1	5.7
街道卫生院	Urban Health Centers	25.3	221.6	60.5	7.8
乡镇卫生院	Township Health Centers	37.4	227.2	62.1	5.7
村卫生室	Village Clinics				
门诊部	Outpatient Department				
专业公共卫生机构	Specialized Public Health Institutions	44.1	278.2	76.0	6.0
专科疾病防治院(所、站)	Specialized Disease Prevention & Treatment Institution	13.2	263.2	71.9	16.9
妇幼保健院(所、站)	Women and Children Care Agencies	50.6	281.4	76.9	5.4
其他机构	Other Institutions	14.6	194.1	53.0	8.8
疗养院	Sanatoriums	14.6	194.1	53.0	8.8
临床检验中心	Clinical Laboratory Center				

3-6 医疗卫生机构床位
Number of Beds in Health Care Institutions

单位：万张 (10 000 beds)

年份 Year 地区 Region	合计 Total	#医院 Hospitals	#基层医疗卫生机构 Health Care Institutions at Grass-root Level	#社区卫生服务中心(站) Health Service Centers for Community (stations)	#乡镇卫生院 Township Health Centers	#专业公共卫生机构 Specialized Public Health Institutions	#妇幼保健院(所、站) Maternity and Child Care Centers (Institutions, Stations)	#专科疾病防治院(所、站) Specialized Prevention & Treatment Centers (Institutions, Stations)
1978	204.17	110.00			74.73		1.16	2.63
1980	218.44	119.58			77.54		1.64	2.73
1985	248.71	150.86			72.06		3.46	2.95
1990	292.54	186.89			72.29		4.66	3.10
1995	314.06	206.33			73.31		5.13	3.07
2000	317.70	216.67	76.65		73.48	11.86	7.12	2.84
2001	320.12	215.56	77.14		74.00	12.02	7.40	2.70
2002	313.61	222.18	71.05	1.20	67.13	12.37	7.98	3.18
2003	316.40	226.95	71.05	1.21	67.27	12.61	8.09	3.38
2004	326.84	236.35	71.44	1.81	66.89	12.73	8.70	3.12
2005	336.75	244.50	72.58	2.50	67.82	13.58	9.41	3.34
2006	351.18	256.04	76.19	4.12	69.62	13.50	9.93	2.80
2007	370.11	267.51	85.03	7.66	74.72	13.29	10.62	2.59
2008	403.87	288.29	97.10	9.80	84.69	14.66	11.73	2.64
2009	441.66	312.08	109.98	13.13	93.34	15.40	12.61	2.71
2010	478.68	338.74	119.22	16.88	99.43	16.45	13.44	2.93
2011	515.99	370.51	123.37	18.71	102.63	17.81	14.59	3.14
2012	572.48	416.15	132.43	20.32	109.93	19.82	16.16	3.57
北京 Beijing	10.02	9.26	0.47	0.47		0.23	0.18	0.06
天津 Tianjin	5.35	4.48	0.70	0.29	0.41	0.13	0.06	0.07
河北 Hebei	28.44	20.33	6.91	0.90	5.95	1.05	0.96	0.08
山西 Shanxi	16.53	11.99	4.00	0.52	2.84	0.37	0.35	0.02
内蒙古 Inner Mongolia	11.08	8.22	2.45	0.67	1.75	0.34	0.31	0.03
辽宁 Liaoning	23.10	18.56	3.65	0.72	2.81	0.29	0.12	0.16
吉林 Jilin	12.78	10.02	2.16	0.31	1.82	0.32	0.22	0.10
黑龙江 Heilongjiang	17.82	14.12	2.84	0.73	2.05	0.69	0.35	0.34
上海 Shanghai	10.98	9.02	1.74	1.73		0.15	0.13	0.02
江苏 Jiangsu	33.31	25.59	6.95	1.74	5.18	0.50	0.36	0.13
浙江 Zhejiang	21.33	18.07	2.39	0.85	1.48	0.72	0.66	0.06
安徽 Anhui	22.23	15.78	5.78	0.89	4.83	0.56	0.34	0.22
福建 Fujian	13.93	10.20	2.99	0.26	2.73	0.50	0.40	0.10
江西 Jiangxi	16.37	10.32	4.93	0.82	4.09	0.94	0.72	0.22
山东 Shandong	47.38	32.20	12.59	1.72	10.76	1.98	1.51	0.43
河南 Henan	39.40	27.45	10.12	0.91	9.12	1.74	1.62	0.11
湖北 Hubei	25.30	17.38	6.83	1.11	5.58	1.09	0.85	0.24
湖南 Hunan	28.70	18.81	8.61	0.65	7.79	1.27	0.92	0.35
广东 Guangdong	35.53	27.29	5.95	0.72	5.06	2.11	1.62	0.49
广西 Guangxi	16.87	10.74	5.03	0.08	4.93	1.00	0.96	0.05
海南 Hainan	3.03	2.29	0.59	0.04	0.54	0.12	0.12	0.01
重庆 Chongqing	13.08	8.61	4.11	0.55	3.46	0.28	0.27	0.01
四川 Sichuan	39.01	25.73	12.27	1.05	11.15	0.98	0.88	0.10
贵州 Guizhou	13.92	9.69	3.78	0.43	3.31	0.42	0.38	0.04
云南 Yunnan	19.47	14.35	4.44	0.44	3.98	0.56	0.51	0.04
西藏 Tibet	0.84	0.54	0.26		0.26	0.03	0.03	
陕西 Shaanxi	16.92	12.69	3.37	0.43	2.92	0.73	0.64	0.08
甘肃 Gansu	11.23	7.64	3.19	0.89	2.28	0.32	0.32	
青海 Qinghai	2.60	2.07	0.51	0.10	0.41	0.03	0.02	
宁夏 Ningxia	2.78	2.39	0.28	0.02	0.26	0.09	0.09	
新疆 Xinjiang	13.16	10.31	2.55	0.31	2.20	0.27	0.25	0.01

3-7 分城乡医疗卫生机构床位数

Number of Beds in Health Institutions by Urban and Rural Areas

单位：张 (bed)

年份 Year 地区 Region	医疗卫生机构床位数 Beds of Medical Institutions			每千人口医疗卫生机构床位 Beds of Medical Institutions per 1000 Population			医院和卫生院床位 Hospitals and Health Centers	每千人口医院和卫生院床位 Hospitals and Health Centers per 1000 Population	每千农业人口乡镇卫生院床位数 Beds of Township Health Centers per 1000 Rural Population
	合计 Total	城市 Urban	农村 Rural	合计 Total	城市 Urban	农村 Rural			
2007	3701076	1831308	1869768	2.83	4.90	2.00	3438260	2.63	0.85
2008	4038707	1963581	2075126	3.05	5.17	2.20	3748245	2.83	0.96
2009	4416612	2126302	2290310	3.32	5.54	2.41	4080662	3.06	1.05
2010	4786831	2302297	2484534	3.58	5.94	2.60	4401512	3.29	1.12
2011	5159889	2475222	2684667	3.84	6.24	2.80	4742330	3.53	1.16
2012	5724775	2733403	2991372	4.23	6.88	3.11	5271300	3.90	1.24
北京 Beijing	100167	97601	2566	4.84	7.94	3.61	92610	4.48	
天津 Tianjin	53509	46686	6823	3.79	5.72	3.77	48896	3.46	1.06
河北 Hebei	284359	109032	175327	3.90	8.26	2.88	262793	3.61	1.19
山西 Shanxi	165309	79475	85834	4.58	8.13	3.40	153930	4.26	1.21
内蒙古 Inner Mongolia	110788	53105	57683	4.45	8.65	3.13	99761	4.01	1.20
辽宁 Liaoning	230962	152052	78910	5.26	7.97	3.38	214126	4.88	1.35
吉林 Jilin	127756	62771	64985	4.64	7.25	3.54	118424	4.31	1.28
黑龙江 Heilongjiang	178210	106867	71343	4.65	7.85	2.91	161750	4.22	1.04
上海 Shanghai	109784	106712	3072	4.61	7.86	4.48	90151	3.79	
江苏 Jiangsu	333118	168014	165104	4.21	6.54	3.31	307648	3.88	1.50
浙江 Zhejiang	213286	109189	104097	3.89	7.16	3.18	195615	3.57	0.45
安徽 Anhui	222315	104377	117938	3.71	5.03	2.44	206146	3.44	0.91
福建 Fujian	139341	61107	78234	3.72	6.53	2.96	129293	3.45	1.16
江西 Jiangxi	163721	62632	101089	3.64	6.80	2.60	144117	3.20	1.18
山东 Shandong	473768	181941	291827	4.89	6.47	4.31	429587	4.44	1.91
河南 Henan	393993	160261	233732	4.19	7.96	2.62	365695	3.89	1.07
湖北 Hubei	252991	129435	123556	4.38	7.03	2.86	230864	3.99	1.38
湖南 Hunan	287013	106908	180105	4.32	7.90	3.12	266803	4.02	1.41
广东 Guangdong	355274	235489	119785	3.35	6.89	2.30	324744	3.07	1.22
广西 Guangxi	168691	65927	102764	3.60	4.74	2.58	156681	3.35	1.14
海南 Hainan	30289	12777	17512	3.42	5.84	2.56	28373	3.20	0.97
重庆 Chongqing	130813	72699	58114	4.44	4.09	3.71	121319	4.12	1.68
四川 Sichuan	390147	150177	239970	4.83	6.17	3.60	368883	4.57	1.69
贵州 Guizhou	139211	42816	96395	4.00	6.96	2.74	130071	3.73	0.93
云南 Yunnan	194707	53273	141434	4.18	8.69	3.57	183361	3.94	1.05
西藏 Tibet	8352	1248	7104	2.72	6.39	2.45	7958	2.59	1.03
陕西 Shaanxi	169230	83789	85441	4.51	6.37	3.27	156066	4.16	1.16
甘肃 Gansu	112296	52529	59767	4.36	6.47	3.14	99310	3.85	1.13
青海 Qinghai	26018	11002	15016	4.54		2.86	24726	4.31	1.10
宁夏 Ningxia	27765	18518	9247	4.29	6.79	2.39	26535	4.10	0.65
新疆 Xinjiang	131592	34994	96598	5.89	12.48	4.96	125064	5.60	1.75

注：人口数采用年末常住人口。

a) Figures of population come from usual population at year-end.

3-8 分地区医院床位利用情况(2012年)
Utilization of Beds in Hospitals by Region (2012)

地 区	Region	病床工作日(日) Work Day of Beds (day)			病床使用率(%) Utilization Rate of Beds (%)			出院者平均住院日(日) Average Say Days in Hospital (day)		
		合计 Total	公立 State	民营 Private	合计 Total	公立 State	民营 Private	合计 Total	公立 State	民营 Private
全 国	**National Total**	**329.7**	**344.9**	**231.3**	**90.1**	**94.2**	**63.2**	**10.0**	**10.2**	**8.3**
北 京	Beijing	308.5	328.2	195.2	84.3	89.7	53.3	12.8	13.1	10.8
天 津	Tianjin	320.6	338.5	200.3	87.6	92.5	54.7	11.0	11.5	6.5
河 北	Hebei	323.5	338.0	218.7	88.4	92.3	59.7	9.1	9.2	7.8
山 西	Shanxi	293.0	304.1	212.7	80.0	83.1	58.1	11.2	11.6	8.4
内蒙古	Inner Mongolia	303.2	312.5	200.7	82.8	85.4	54.8	10.6	10.8	8.3
辽 宁	Liaoning	319.1	328.6	232.2	87.2	89.8	63.5	11.7	11.8	10.6
吉 林	Jilin	290.6	309.9	164.1	79.4	84.7	44.8	10.1	10.3	8.2
黑龙江	Heilongjiang	300.3	313.2	173.8	82.0	85.6	47.5	11.3	11.4	10.4
上 海	Shanghai	360.0	370.4	248.4	98.4	101.2	67.9	11.5	11.4	13.9
江 苏	Jiangsu	336.3	357.8	265.6	91.9	97.8	72.6	10.5	11.0	8.8
浙 江	Zhejiang	349.2	364.9	247.7	95.4	99.7	67.7	11.2	11.2	11.1
安 徽	Anhui	322.6	341.6	248.1	88.1	93.3	67.8	9.3	9.4	8.7
福 建	Fujian	337.0	356.2	197.0	92.1	97.3	53.8	8.7	9.0	6.1
江 西	Jiangxi	346.1	356.1	265.3	94.6	97.3	72.5	9.1	9.5	6.0
山 东	Shandong	313.2	331.8	199.9	85.6	90.6	54.6	9.5	9.6	8.4
河 南	Henan	335.1	342.8	258.9	91.5	93.7	70.7	10.2	10.3	9.1
湖 北	Hubei	363.4	376.0	223.5	99.3	102.7	61.1	10.1	10.3	7.9
湖 南	Hunan	351.5	360.7	235.8	96.0	98.6	64.4	9.6	9.8	6.8
广 东	Guangdong	318.8	332.9	219.8	87.1	91.0	60.1	8.7	8.8	7.6
广 西	Guangxi	350.0	357.3	229.6	95.6	97.6	62.7	9.3	9.3	8.8
海 南	Hainan	309.3	315.6	166.6	84.5	86.2	45.5	9.9	10.0	5.0
重 庆	Chongqing	336.2	352.9	243.5	91.9	96.4	66.5	10.5	11.0	7.7
四 川	Sichuan	356.6	381.5	258.4	97.4	104.2	70.6	10.3	10.9	8.1
贵 州	Guizhou	326.2	352.4	251.3	89.1	96.3	68.7	8.9	9.8	6.6
云 南	Yunnan	326.2	354.9	223.6	89.1	97.0	61.1	9.7	10.0	8.1
西 藏	Tibet	263.7	263.7	262.8	72.0	72.1	71.8	11.1	11.2	9.8
陕 西	Shaanxi	328.8	345.8	216.4	89.8	94.5	59.1	10.1	10.3	8.9
甘 肃	Gansu	313.2	316.6	267.8	85.6	86.5	73.2	10.1	10.2	8.8
青 海	Qinghai	322.1	331.2	219.5	88.0	90.5	60.0	10.8	11.0	8.1
宁 夏	Ningxia	337.3	352.8	210.1	92.2	96.4	57.4	10.4	10.5	8.5
新 疆	Xinjiang	337.1	357.7	195.9	92.1	97.7	53.5	9.8	10.1	6.9

3-9 分地区按床位数分组的社区卫生服务中心(站)(2012年)

Community Health Service Centers (Stations) by Grouping of Beds and Region(2012)

单位：个 (unit)

地区	Region	社区卫生服务中心 Community Health Service Centers							社区卫生服务站 Community Health Service Stations			
		总计 Total	无床 No Bed	1-9张 1-9 Beds	10-29张 10-29 Beds	30-49张 30-49 Beds	50-99张 50-99 Beds	100张及以上 100 Beds and Above	总计 Total	无床 No Bed	1-9张 1-9 Beds	10张及以上 10 Beds and Above
全国	**National Total**	**8182**	**3676**	**506**	**1795**	**1037**	**913**	**255**	**25380**	**22129**	**2263**	**988**
北京	Beijing	315	153	34	75	26	20	7	1531	1531		
天津	Tianjin	97	33		13	14	36	1	462	462		
河北	Hebei	256	57	34	93	42	28	2	874	488	223	163
山西	Shanxi	201	61	14	70	33	19	4	590	471	82	37
内蒙古	Inner Mongolia	275	80	51	109	20	12	3	887	493	314	80
辽宁	Liaoning	327	209	14	47	20	21	16	794	627	90	77
吉林	Jilin	187	91	17	35	20	23	1	166	118	45	3
黑龙江	Heilongjiang	410	189	38	94	47	38	4	366	221	93	52
上海	Shanghai	309	108	4	16	42	78	61	704	704		
江苏	Jiangsu	497	124	9	109	126	100	29	2116	2009	97	10
浙江	Zhejiang	483	197	47	120	70	43	6	6139	6131	4	4
安徽	Anhui	410	141	35	123	66	41	4	1538	1256	239	43
福建	Fujian	217	123	7	52	19	16		315	313	2	
江西	Jiangxi	163	45	26	56	22	11	3	448	283	135	30
山东	Shandong	488	199	27	94	68	70	30	1763	1416	230	117
河南	Henan	346	114	12	95	70	50	5	789	681	73	35
湖北	Hubei	331	120	5	60	52	74	20	889	805	66	18
湖南	Hunan	267	69	17	103	42	30	6	337	255	65	17
广东	Guangdong	1003	820	17	63	48	44	11	1342	1340	1	1
广西	Guangxi	128	102	3	13	4	5	1	138	132	4	2
海南	Hainan	21	12		4	2	3		120	109	8	3
重庆	Chongqing	173	70	1	32	25	29	16	312	304	6	2
四川	Sichuan	361	137	12	93	58	51	10	567	442	66	59
贵州	Guizhou	140	48	13	48	18	11	2	329	129	127	73
云南	Yunnan	143	47	8	43	24	18	3	296	191	69	36
西藏	Tibet	7	6	1					2	1	1	
陕西	Shaanxi	236	126	23	39	29	17	2	316	236	27	53
甘肃	Gansu	198	90	28	53	17	8	2	418	292	85	41
青海	Qinghai	16	4	3	5		3	1	158	74	69	15
宁夏	Ningxia	12	10	1	1				95	71	20	4
新疆	Xinjiang	165	91	5	37	13	14	5	579	544	22	13

3-10 分地区医疗卫生机构门诊服务情况(2012年)

Outpatient Services of Health Institutions by Region (2012)

地 区 Region	诊疗人次数(亿人次) Visits (100 million person-times)	#门急诊 Outpatients with Emergency Treatment	观察室留观病例数(万人) Cases in Observation Room (10 000 persons)	健康检查人数(万人) Number of Health Examinations (10 000 persons)	急诊病死率(%) Fatality Rate among Emergency Admissions (%)	观察室病死率(%) Fatality Rate in Observation Room (%)
全 国 National Total	**68.88**	**65.30**	**6498.01**	**36702.68**	**0.07**	**0.05**
北 京 Beijing	1.85	1.83	296.55	542.31	0.08	0.06
天 津 Tianjin	0.96	0.92	173.90	285.85	0.08	0.04
河 北 Hebei	3.68	3.26	218.38	1505.65	0.18	0.08
山 西 Shanxi	1.19	1.07	74.14	874.33	0.18	0.08
内蒙古 Inner Mongolia	0.93	0.86	43.82	562.33	0.13	0.21
辽 宁 Liaoning	1.75	1.59	300.84	804.48	0.14	0.06
吉 林 Jilin	0.97	0.86	53.65	438.40	0.11	0.11
黑龙江 Heilongjiang	1.15	1.04	54.40	686.74	0.12	0.20
上 海 Shanghai	2.21	2.17	33.26	630.25	0.13	1.54
江 苏 Jiangsu	4.51	4.35	208.74	2309.33	0.04	0.05
浙 江 Zhejiang	4.52	4.43	114.94	2072.58	0.04	0.15
安 徽 Anhui	2.35	2.23	190.94	1378.37	0.08	0.02
福 建 Fujian	1.92	1.85	101.99	911.23	0.03	0.02
江 西 Jiangxi	1.90	1.79	235.07	1181.51	0.03	0.01
山 东 Shandong	5.83	5.48	476.91	2884.58	0.18	0.10
河 南 Henan	4.97	4.61	195.82	2664.61	0.09	0.06
湖 北 Hubei	3.06	2.91	398.02	1732.32	0.06	0.04
湖 南 Hunan	2.29	2.14	450.68	1658.73	0.03	0.03
广 东 Guangdong	7.15	6.94	803.24	3657.96	0.03	0.03
广 西 Guangxi	2.32	2.24	225.05	1417.57	0.03	0.02
海 南 Hainan	0.39	0.38	11.33	148.39	0.05	0.01
重 庆 Chongqing	1.33	1.25	361.04	758.82	0.08	0.01
四 川 Sichuan	4.24	4.06	360.90	2946.57	0.07	0.04
贵 州 Guizhou	1.15	1.09	224.19	933.01	0.05	0.02
云 南 Yunnan	2.00	1.94	437.36	944.47	0.04	0.03
西 藏 Tibet	0.10	0.10	2.21	72.46	0.05	0.11
陕 西 Shaanxi	1.61	1.53	41.14	798.93	0.09	0.11
甘 肃 Gansu	1.19	1.10	197.88	929.50	0.11	0.03
青 海 Qinghai	0.21	0.20	55.43	154.08	0.17	0.03
宁 夏 Ningxia	0.31	0.30	65.01	244.34	0.14	0.02
新 疆 Xinjiang	0.84	0.81	91.17	572.99	0.17	0.10

3-11　分地区医疗卫生机构住院服务情况(2012年)

Hospitalization Services in Health Institutions by Region (2012)

地 区	Region	入院人数 (万人) Number of Inpatients (10 000 persons)	出院人数 (万人) Patients Discharged (10 000 persons)	住院病人手术人次 (万人次) Surgical Operation of Hospitalized (10 000 person-times)	病死率 (%) Fatality Rate (%)	每床出院人数 (人) Patients Discharged per Beds (person)	每百门急诊入院人数 (人) Inpatients per 100 Outpatient and Emergency Visits (person)
全 国	**National Total**	**17857.10**	**17840.33**	**3690.25**	**0.31**	**31.20**	**4.23**
北 京	Beijing	225.01	224.92	90.13	1.28	22.46	1.36
天 津	Tianjin	132.15	132.38	42.50	0.63	24.75	1.64
河 北	Hebei	869.60	870.78	161.14	0.20	30.65	5.77
山 西	Shanxi	349.06	348.47	74.68	0.18	21.11	5.28
内蒙古	Inner Mongolia	258.63	256.89	51.68	0.36	23.25	4.59
辽 宁	Liaoning	550.44	549.44	108.34	0.72	23.82	5.11
吉 林	Jilin	302.45	301.43	63.08	0.66	23.70	5.36
黑龙江	Heilongjiang	420.09	421.11	103.78	0.71	23.64	5.83
上 海	Shanghai	276.73	276.71	115.52	1.70	25.21	1.38
江 苏	Jiangsu	952.90	950.45	244.72	0.17	28.55	2.89
浙 江	Zhejiang	626.35	629.10	204.29	0.23	29.50	1.65
安 徽	Anhui	711.65	708.90	138.60	0.23	31.97	5.29
福 建	Fujian	510.16	509.81	103.98	0.12	36.63	4.16
江 西	Jiangxi	657.87	661.61	95.61	0.13	40.43	7.50
山 东	Shandong	1397.48	1399.23	252.98	0.25	29.65	5.20
河 南	Henan	1273.14	1265.06	227.44	0.16	32.12	5.54
湖 北	Hubei	862.08	867.40	164.12	0.29	34.30	4.87
湖 南	Hunan	1053.42	1047.58	158.83	0.12	36.50	8.39
广 东	Guangdong	1215.80	1228.01	413.25	0.40	34.67	2.39
广 西	Guangxi	699.52	696.32	104.47	0.34	41.28	5.20
海 南	Hainan	84.15	83.90	13.27	0.15	27.70	3.01
重 庆	Chongqing	449.74	448.17	75.55	0.32	34.26	5.75
四 川	Sichuan	1383.11	1376.22	231.99	0.43	35.28	5.77
贵 州	Guizhou	563.32	562.06	81.76	0.12	40.46	9.60
云 南	Yunnan	621.18	619.65	112.58	0.26	31.83	5.31
西 藏	Tibet	14.55	14.40	2.33	0.07	17.26	2.36
陕 西	Shaanxi	497.92	496.65	106.06	0.27	29.37	5.71
甘 肃	Gansu	292.90	290.92	46.24	0.13	25.94	4.87
青 海	Qinghai	75.96	74.42	11.66	0.26	28.64	5.53
宁 夏	Ningxia	82.00	81.87	17.83	0.18	29.49	3.90
新 疆	Xinjiang	447.78	446.46	71.82	0.23	33.94	7.28

3-12 社区卫生服务中心(站)医疗服务情况

Medical Services of Community Health Service Centers (Stations)

年 份 Year 地 区 Region	社区卫生服务中心 Community Health Service Centers						社区卫生服务站 Community Health Service Stations	
	诊疗人次 (万人次) Number of Visits (10 000 person-times)	入院人数 (人) Number of Inpatients (person)	病床使用率 (%) Utilization Rate of Beds (%)	平均住院日 (日) Average Duration of Hospitalization (day)	医师日均担负诊疗人次(人次) Daily Visits Per Doctor (person-time)	医师日均担负住院床日(日) Daily Inpatients Each Doctor (day)	诊疗人次 (万人次) Visits of Community Health Service Stations (10 000 person-times)	医师日均担负诊疗人次(人次) Daily Visits Per Doctor (person-time)
2004	4615.6	151965	61.2	21.0			5095.5	
2005	5938.5	266215	60.7	17.2			6281.5	
2006	8285.5	436288	57.9	15.5			9378.9	
2007	12712.4	743186	59.6	13.1			9875.0	
2008	17247.3	1032788	58.7	13.4	12.9	0.8	8425.1	12.5
2009	26080.2	1642427	59.8	10.6	14.0	0.7	11617.3	13.7
2010	34740.4	2180577	56.1	10.4	13.6	0.7	13711.1	13.6
2011	40950.0	2473426	54.4	10.2	14.0	0.7	13703.8	13.7
2012	45475.1	2686554	55.5	10.1	14.8	0.7	14393.6	14.0
北 京 Beijing	3615.1	36494	37.7	15.2	15.0	0.2	468.4	20.3
天 津 Tianjin	1458.2	11950	18.9	12.0	27.0	0.2	7.8	44.7
河 北 Hebei	543.8	61731	51.2	8.0	7.7	0.7	941.9	11.2
山 西 Shanxi	353.8	45763	51.1	13.3	5.2	0.7	397.7	7.7
内蒙古 Inner Mongolia	390.6	47290	45.7	7.9	5.7	0.5	454.9	8.4
辽 宁 Liaoning	774.4	69421	48.8	9.9	8.8	0.7	502.5	10.6
吉 林 Jilin	288.0	28671	34.6	8.5	5.3	0.4	54.2	11.0
黑龙江 Heilongjiang	519.5	39114	45.7	15.5	4.8	0.5	208.7	8.8
上 海 Shanghai	7544.2	101392	88.7	46.7	26.1	1.3		
江 苏 Jiangsu	4906.3	279413	48.7	9.5	17.2	0.7	1288.4	22.4
浙 江 Zhejiang	7392.2	82841	42.8	13.6	22.7	0.3	776.0	22.5
安 徽 Anhui	864.2	118301	40.3	7.0	9.5	0.7	963.3	11.1
福 建 Fujian	910.6	66531	48.0	6.2	13.2	0.4	304.3	13.0
江 西 Jiangxi	303.1	54512	53.0	6.7	6.7	0.8	308.4	9.9
山 东 Shandong	1392.7	208252	47.2	8.2	8.5	0.9	1326.9	12.4
河 南 Henan	781.2	124906	46.0	8.8	8.0	0.9	823.1	14.2
湖 北 Hubei	1356.3	261418	69.6	9.0	10.5	1.3	642.1	18.3
湖 南 Hunan	569.5	122124	53.6	7.5	6.7	0.8	192.1	7.0
广 东 Guangdong	7382.7	153389	51.0	8.1	22.0	0.3	2255.6	33.1
广 西 Guangxi	464.1	13421	52.0	10.3	11.6	0.2	147.6	11.4
海 南 Hainan	69.0	11401	97.7	6.9	11.2	1.3	186.9	15.3
重 庆 Chongqing	566.6	184914	74.2	7.3	8.9	1.5	128.9	16.4
四 川 Sichuan	1491.9	235961	65.3	8.3	12.3	1.1	415.3	12.4
贵 州 Guizhou	142.7	101053	63.4	3.6	6.8	1.4	215.0	8.9
云 南 Yunnan	316.1	67959	63.0	11.1	11.0	1.5	251.1	12.3
西 藏 Tibet	2.4				6.4		0.6	11.3
陕 西 Shaanxi	394.8	55991	51.4	9.0	8.3	0.8	247.6	11.1
甘 肃 Gansu	289.1	42809	57.6	5.0	7.9	0.7	314.1	10.0
青 海 Qinghai	51.8	4275	72.4	10.3	10.2	1.0	140.3	13.9
宁 夏 Ningxia	10.2	261	48.5	9.2	5.3	0.1	88.6	13.3
新 疆 Xinjiang	330.1	54996	50.3	7.6	9.1	0.9	341.4	11.0

3-13 乡镇卫生院医疗服务情况

Situations of Medical Services in Township Health Centers

年 份 Year 地 区 Region	诊疗人次 (亿人次) Number of Visits (100 million person-times)	入院人数 (万人) Number of Inpatients (10 000 persons)	病床使用率 (%) Utilization Rate of Beds (%)	平均住院日 (日) Average Duration of Hospitalization (day)
1981	14.38	2123	53.5	6.3
1985	11.00	1771	46.0	5.9
1990	10.65	1958	43.4	5.2
1995	9.38	1960	40.2	4.6
2000	8.24	1708	33.2	4.6
2001	8.24	1700	31.3	4.5
2002	7.10	1625	34.7	4.0
2003	6.91	1608	36.2	4.2
2004	6.81	1599	37.1	4.4
2005	6.79	1622	37.7	4.6
2006	7.01	1836	39.4	4.6
2007	7.59	2662	48.4	4.8
2008	8.27	3313	55.8	4.4
2009	8.77	3808	60.7	4.8
2010	8.74	3630	59.0	5.2
2011	8.66	3449	58.1	5.6
2012	9.68	3908	62.1	5.7
北 京 Beijing				
天 津 Tianjin	0.06	10.93	45.9	5.2
河 北 Hebei	0.41	157.38	57.9	6.8
山 西 Shanxi	0.16	48.98	45.0	7.0
内蒙古 Inner Mongolia	0.12	32.56	38.4	5.2
辽 宁 Liaoning	0.17	62.51	46.1	6.2
吉 林 Jilin	0.10	30.48	34.2	5.5
黑龙江 Heilongjiang	0.11	57.23	52.7	5.4
上 海 Shanghai				
江 苏 Jiangsu	0.74	140.12	58.1	6.9
浙 江 Zhejiang	0.75	19.36	33.5	7.6
安 徽 Anhui	0.42	165.68	59.9	5.9
福 建 Fujian	0.21	118.13	63.3	5.0
江 西 Jiangxi	0.26	235.32	76.3	4.3
山 东 Shandong	0.80	319.03	56.9	6.2
河 南 Henan	0.81	317.19	65.0	6.3
湖 北 Hubei	0.56	206.80	74.9	6.7
湖 南 Hunan	0.42	330.11	74.3	5.6
广 东 Guangdong	0.66	174.64	52.5	4.9
广 西 Guangxi	0.45	245.92	67.2	4.6
海 南 Hainan	0.10	8.76	30.9	6.0
重 庆 Chongqing	0.24	155.90	76.4	5.8
四 川 Sichuan	0.90	489.52	71.9	5.7
贵 州 Guizhou	0.21	199.72	70.3	3.8
云 南 Yunnan	0.37	137.44	59.9	5.7
西 藏 Tibet	0.03	2.87	25.8	4.7
陕 西 Shaanxi	0.19	73.63	51.3	6.6
甘 肃 Gansu	0.21	62.38	59.4	6.3
青 海 Qinghai	0.03	17.58	60.6	4.2
宁 夏 Ningxia	0.05	5.70	53.1	6.6
新 疆 Xinjiang	0.12	81.65	68.0	6.0

3-14 甲乙类法定报告传染病发病人数及死亡人数排序(2012年)

Ranking List of Infectious Diseases Reported and Number of Deaths of Class A and B (2012)

单位：人 (person)

顺位 No.	发病 Diseases			死亡 Death		
	疾病名称	Diseases	发病人数 Persons	疾病名称	Diseases	死亡人数 Persons
1	病毒性肝炎	Viral Hepatitis	1380800	艾滋病	AIDS	11575
2	肺结核	Pulmonary Tuberculosis	951508	肺结核	Pulmonary Tuberculosis	2662
3	梅 毒	Syphilis	410074	狂犬病	Hydrophobia	1361
4	痢 疾	Dysentery	207429	病毒性肝炎	Viral Hepatitis	747
5	淋 病	Gonorrhea	91853	出 血 热	Hemorrhage Fever	104
6	猩 红 热	Scarlet Fever	46459	梅 毒	Syphilis	79
7	艾滋病	AIDS	41929	乙脑	Encephalitis B	59
8	布 病	Brucellosis	39515	新生儿破伤风	Newborn Tetanus	51
9	出 血 热	Hemorrhage Fever	13308	流 脑	Epidemic Encephalitis	24
10	伤寒和副伤寒	Typhoid and Paratyphoid Fever	11998	疟疾	Malaria	15
11	麻 疹	Measles	6183	痢 疾	Dysentery	13
12	血吸虫病	Schistosomiasis	4802	麻 疹	Measles	8
13	疟疾	Malaria	2451	钩 体 病	Leptospirosis	5
14	百 日 咳	Pertussis	2183	血吸虫病	Schistosomiasis	4
15	乙脑	Encephalitis B	1763	伤寒和副伤寒	Typhoid and Paratyphoid Fever	3
16	狂 犬 病	Hydrophobia	1425	甲型H1N1流感	A(H1N1)Flu	3
17	甲型H1N1流感	A(H1N1)Flu	1072	猩 红 热	Scarlet Fever	2
18	新生儿破伤风	Newborn Tetanus	656	鼠 疫	The Plague	1
19	登革热	Dengue Fever	575	淋 病	Gonorrhea	1
20	钩 体 病	Leptospirosis	440	百 日 咳	Pertussis	1
21	炭 疽	Anthrax	237	布 病	Brucellosis	1
22	流 脑	Epidemic Encephalitis	195	炭 疽	Anthrax	1
23	霍 乱	Cholera	75	人禽流感	HpAI	1
24	鼠 疫	The Plague	1	霍 乱	Cholera	
25	人禽流感	HpAI	1	登革热	Dengue Fever	
26	传染性非典	SARS		传染性非典	SARS	
27	脊 灰	Poliomyelitis		脊 灰	Poliomyelitis	
28	白 喉	Diphtheria		白 喉	Diphtheria	

注：①艾滋病发病人数包括17894例既往HIV转化病例；②空格系无报告发病或死亡病例。

a) Number of diseases of AIDS include 17894 cases converted from HIV. b) Space means no reported disease or death.

3-15 甲乙类法定报告传染病发病率、死亡率及病死率排序(2012年)
List of Incidence, Death and Mortality Rates of Class A and B Infectious Diseases Reported (2012)

顺位 No.	发病 Disease Incidence		死亡 Death		病死 Mortality Rate	
	疾病名称 Diseases	发病率 (1/10万) Incidence (1/100 000)	疾病名称 Diseases	死亡率 (1/10万) Death Rate (1/100 000)	疾病名称 Diseases	病死率 (%) Mortality Rate(%)
1	病毒性肝炎 Viral Hepatitis	102.48	艾滋病 AIDS	0.8591	鼠疫 The Plague	100.00
2	肺结核 Pulmonary Tuberculosis	70.62	新生儿破伤风 Newborn Tetanus	0.0036	人禽流感 HpAI	100.00
3	梅毒 Syphilis	30.44	肺结核 Pulmonary Tuberculosis	0.1976	狂犬病 Hydrophobia	95.51
4	细菌性和阿米巴性痢疾 Dysentery	15.40	狂犬病 Hydrophobia	0.1010	艾滋病 AIDS	27.61
5	淋病 Gonorrhea	6.82	病毒性肝炎 Viral Hepatitis	0.0554	流脑 Epidemic Encephalitis	12.31
6	猩红热 Scarlet Fever	3.45	出血热 Hemorrhage Fever	0.0077	新生儿破伤风 Newborn Tetanus	7.77
7	新生儿破伤风 Newborn Tetanus	0.05	梅毒 Syphilis	0.0059	乙脑 Encephalitis B	3.35
8	布鲁氏菌病 Brucellosis	3.11	乙脑 Encephalitis B	0.0044	钩体病 Leptospirosis	1.14
9	艾滋病 AIDS	2.93	流脑 Epidemic Encephalitis	0.0018	出血热 Hemorrhage Fever	0.78
10	伤寒和副伤寒 Typhoid and Paratyphoid Fever	0.99	疟疾 Malaria	0.0011	疟疾 Malaria	0.61
11	流行性出血热 Hemorrhage Fever	0.89	痢疾 Dysentery	0.0010	炭疽 Anthrax	0.42
12	麻疹 Measles	0.46	麻疹 Measles	0.0006	甲型H1N1流感 A(H1N1)Flu	0.28
13	甲型H1N1流感 H1N1 influenza A	0.36	钩体病 Leptospirosis	0.0004	肺结核 Pulmonary Tuberculosis	0.28
14	血吸虫病 Schistosomiasis	0.18	血吸虫病 Schistosomiasis	0.0003	麻疹 Measles	0.13
15	疟疾 Malaria	0.16	伤寒和副伤寒 Typhoid and Paratyphoid Fever	0.0002	血吸虫病 Schistosomiasis	0.08
16	百日咳 Pertussis	0.13	甲型H1N1流感 A(H1N1)Flu	0.0002	病毒性肝炎 Viral Hepatitis	0.05
17	狂犬病 Hydrophobia	0.11	猩红热 Scarlet Fever	0.0001	百日咳 Pertussis	0.05
18	流行性乙型脑炎 Encephalitis B	0.08	鼠疫 The Plague	0.0001	伤寒和副伤寒 Typhoid and Paratyphoid Fever	0.03
19	钩端螺旋体病 Leptospirosis	0.04	淋病 Gonorrhea	0.0001	梅毒 Syphilis	0.02
20	炭疽 Anthrax	0.03	百日咳 Pertussis	0.0001	痢疾 Dysentery	0.01
21	流行性脑脊髓膜炎 Epidemic Encephalitis	0.02	布病 Brucellosis	0.0001	猩红热 Scarlet Fever	
22	登革热 Dengue Fever	0.01	炭疽 Anthrax	0.0001	布病 Brucellosis	
23	霍乱 Cholera	0.01	人禽流感 HpAI	0.0001	淋病 Gonorrhea	
24	脊髓灰质炎 Poliomyelitis		霍乱 Cholera		霍乱 Cholera	
25	鼠疫 The Plague	0.0001	登革热 Dengue Fever		登革热 Dengue Fever	
26	人感染高致病性禽流感 HpAI	0.0001	传染性非典 SARS		传染性非典 SARS	
27	传染性非典型肺炎 SARS		脊灰 Poliomyelitis		脊灰 Poliomyelitis	
28	白喉 Diphtheria		白喉 Diphtheria		白喉 Diphtheria	

注：新生儿破伤风发病率和死亡率单位为‰。

a) Units of incidence and death of newborn tetanus are ‰.

3-16 城市居民主要疾病死亡率及死因构成(2012年)

Death Rate of Major Diseases in Urban Areas (2012)

疾病名称	Category of Diseases	粗死亡率(1/10万) Crude Mortality Rate(1/100 000)			构成(%) Percentage(%)			位次 Rank		
		合计 Total	男 Male	女 Female	合计 Total	男 Male	女 Female	合计 Total	男 Male	女 Female
传染病(不含呼吸道结核)	Infectious Disease(not Including Respiratory Tuberculosis)	4.17	5.66	2.65	0.68	0.81	0.51	11	11	11
呼吸道结核	Respiratory Tuberculosis	1.90	2.96	0.82	0.31	0.42	0.16	14	13	18
寄生虫病	Parasitic Disease	0.14	0.14	0.14	0.02	0.02	0.03	19	19	20
恶性肿瘤	Malignant Tumour	164.51	208.11	120.12	26.81	29.64	22.95	1	1	2
血液,造血器官及免疫疾病	Diseases of the Blood and Blood-forming Organs and Immunodeficiency	1.31	1.34	1.27	0.21	0.19	0.24	18	17	17
内分泌,营养和代谢疾病	Endocrine, Nutritional & Metabolic Diseases	17.32	15.96	18.69	2.82	2.27	3.57	7	8	7
精神障碍	Mental Disorders	2.00	2.04	1.97	0.33	0.29	0.38	13	16	12
神经系统疾病	Diseases of the Nervous System	6.86	7.28	6.43	1.12	1.04	1.23	9	9	9
心脏病	Heart Diseases	131.64	136.38	126.80	21.45	19.42	24.22	2	2	1
脑血管病	Cerebrovascular Disease	120.33	130.68	109.80	19.61	18.61	20.97	3	3	3
呼吸系统疾病	Diseases of the Respiratory System	75.59	87.55	63.41	12.32	12.47	12.11	4	4	4
消化系统疾病	Diseases of the Digestive System	15.25	18.78	11.65	2.48	2.67	2.23	8	7	8
肌肉骨骼和结缔组织疾病	Diseases of the Musculoskeletal System and Connective Tissue	1.41	1.03	1.79	0.23	0.15	0.34	17	18	13
泌尿生殖系统疾病	Diseases of the Genitourinary System	6.30	7.01	5.58	1.03	1.00	1.07	10	10	10
妊娠,分娩产褥期并发症	Pregnancy, Childbirth and the Puerperium	0.09		0.16	0.01		0.03	20		19
围生期疾病	Perinatal Diseases	1.86	2.23	1.48	0.30	0.32	0.28	15	14	16
先天畸形,变形和染色体异常	Congenital Malformations, Deformations and Chromosomal Abnormalities	1.81	2.07	1.55	0.29	0.29	0.30	16	15	15
诊断不明	Undiagnosed Diseases	2.57	3.45	1.68	0.42	0.49	0.32	12	12	14
其他疾病	Other Diseases	23.82	23.85	23.78	3.88	3.40	4.54	6	6	5
损伤和中毒外部原因	External Causes of Injury and Poison	34.79	45.66	23.72	5.67	6.50	4.53	5	5	6

3-17 农村居民主要疾病死亡率及死因构成(2012年)

Death Rate of Major Diseases in Rural Areas (2012)

疾病名称	Category of Diseases	粗死亡率(1/10万) Crude Mortality Rate (1/100 000)			构成(%) Percentage (%)			位次 Rank		
		合计 Total	男 Male	女 Female	合计 Total	男 Male	女 Female	合计 Total	男 Male	女 Female
传染病(不含呼吸道结核)	Infectious Disease(not including Respiratory Tuberculosis)	5.69	7.78	3.53	0.86	1.01	0.64	11	9	11
呼吸道结核	Respiratory Tuberculosis	2.08	3.12	1.01	0.32	0.41	0.18	16	14	17
寄生虫病	Parasitic Disease	0.05	0.05	0.05	0.01	0.01	0.01	20	19	20
恶性肿瘤	Malignant Tumour	151.47	198.65	102.78	22.96	25.91	18.71	1	1	3
血液,造血器官及免疫疾病	Diseases of the Blood and Blood-forming Organs and Immunodeficiency	0.99	1.03	0.96	0.15	0.13	0.17	18	18	18
内分泌营养和代谢疾病	Endocrine, Nutritional & Metabolic Diseases	10.66	9.92	11.42	1.62	1.29	2.08	8	8	8
精神障碍	Mental Disorders	3.10	3.14	3.05	0.47	0.41	0.55	12	13	12
神经系统疾病	Diseases of the Nervous System	6.26	6.60	5.90	0.95	0.86	1.07	10	11	9
心脏病	Heart Diseases	119.50	123.51	115.36	18.11	16.11	21.00	3	3	2
脑血管病	Cerebrovascular Disease	135.95	150.62	120.80	20.61	19.65	21.99	2	2	1
呼吸系统疾病	Diseases of the Respiratory System	103.90	114.53	92.93	15.75	14.94	16.91	4	4	4
消化系统疾病	Diseases of the Digestive System	16.79	21.95	11.46	2.54	2.86	2.09	7	7	7
肌肉骨骼和结缔组织疾病	Diseases of the Musculoskeletal System and Connective Tissue	1.40	1.19	1.61	0.21	0.16	0.29	17	17	16
泌尿生殖系统疾病	Diseases of the Genitourinary System	6.62	7.72	5.48	1.00	1.01	1.00	9	10	10
妊娠分娩产褥期并发症	Pregnancy, Childbirth and the Puerperium	0.15		0.30	0.02		0.06	19	20	19
围生期疾病	Perinatal Diseases	2.72	3.29	2.14	0.41	0.43	0.39	13	12	13
先天畸形,变性和染色体异常	Congenital Malformations, Deformations and Chromosomal Abnormalities	2.11	2.35	1.86	0.32	0.31	0.34	14	15	14
诊断不明	Undiagnosed Diseases	2.09	2.33	1.83	0.32	0.30	0.33	15	16	15
其他疾病	Other Diseases	29.34	29.91	28.75	4.45	3.90	5.23	6	6	6
损伤和中毒外部原因	External Causes of Injury and Poison	58.86	78.92	38.17	8.92	10.29	6.95	5	5	5

3-18 监测地区5岁以下儿童和孕产妇死亡率

Mortality Rate of the Maternal and Children Aged under 5 in Surveillance Areas

年 份 Year	新生儿死亡率(‰) Newborn Mortality Rate (‰)			婴儿死亡率(‰) Infant Mortality Rate (‰)			5岁以下儿童死亡率(‰) Mortality Rate of Children under 5(‰)			孕产妇死亡率(1/10万) Maternal Mortality Rate (1/100 000)		
	合计 Total	城市 Urban	农村 Rural	合计 Total	城市 Urban	农村 Rural	合计 Total	城市 Urban	农村 Rural	合计 Total	城市 Urban	农村 Rural
1991	33.1	12.5	37.9	50.2	17.3	58.0	61.0	20.9	71.1	80.0	46.3	100.0
1992	32.5	13.9	36.8	46.7	18.4	53.2	57.4	20.7	65.6	76.5	42.7	97.9
1993	31.2	12.9	35.4	43.6	15.9	50.0	53.1	18.3	61.6	67.3	38.5	85.1
1994	28.5	12.2	32.3	39.9	15.5	45.6	49.6	18.0	56.9	64.8	44.1	77.5
1995	27.3	10.6	31.1	36.4	14.2	41.6	44.5	16.4	51.1	61.9	39.2	76.0
1996	24.0	12.2	26.7	36.0	14.8	40.9	45.0	16.9	51.4	63.9	29.2	86.4
1997	24.2	10.3	27.5	33.1	13.1	37.7	42.3	15.5	48.5	63.6	38.3	80.4
1998	22.3	10.0	25.1	33.2	13.5	37.7	42.0	16.2	47.9	56.2	28.6	74.1
1999	22.2	9.5	25.1	33.3	11.9	38.2	41.4	14.3	47.7	58.7	26.2	79.7
2000	22.8	9.5	25.8	32.2	11.8	37.0	39.7	13.8	45.7	53.0	29.3	69.6
2001	21.4	10.6	23.9	30.0	13.6	33.8	35.9	16.3	40.4	50.2	33.1	61.9
2002	20.7	9.7	23.2	29.2	12.2	33.1	34.9	14.6	39.6	43.2	22.3	58.2
2003	18.0	8.9	20.1	25.5	11.3	28.7	29.9	14.8	33.4	51.3	27.6	65.4
2004	15.4	8.4	17.3	21.5	10.1	24.5	25.0	12.0	28.5	48.3	26.1	63.0
2005	13.2	7.5	14.7	19.0	9.1	21.6	22.5	10.7	25.7	47.7	25.0	53.8
2006	12.0	6.8	13.4	17.2	8.0	19.7	20.6	9.6	23.6	41.1	24.8	45.5
2007	10.7	5.5	12.8	15.3	7.7	18.6	18.1	9.0	21.8	36.6	25.2	41.3
2008	10.2	5.0	12.3	14.9	6.5	18.4	18.5	7.9	22.7	34.2	29.2	36.1
2009	9.0	4.5	10.8	13.8	6.2	17.0	17.2	7.6	21.1	31.9	26.6	34.0
2010	8.3	4.1	10.0	13.1	5.8	16.1	16.4	7.3	20.1	30.0	29.7	30.1
2011	7.8	4.0	9.4	12.1	5.8	14.7	15.6	7.1	19.1	26.1	25.2	26.5
2012	6.9	3.9	8.1	10.3	5.2	12.4	13.2	5.9	16.2	24.5	22.2	25.6

3-19 新型农村合作医疗情况

Conditions of New Cooperative Medical System

指 标	Indicator	2006	2007	2008	2009	2010	2011	2012
开展新农合县(区、市)数 (个)	Number of Counties Implementing of NCMS (unit)	1451	2451	2729	2716	2678	2637	2566
参加新农合人数(亿人)	Number of Enrollees (100 million persons)	4.10	7.26	8.15	8.33	8.36	8.32	8.05
参合率 (%)	Enrollment Rate (%)	80.7	86.2	91.5	94.2	96.0	97.5	98.3
人均筹资 (元)	Per Capita Premiums (yuan)	52.1	58.9	96.3	113.4	156.6	246.2	308.5
当年基金支出 (亿元)	Payout at Current Year (100 million yuan)	155.8	346.6	662.3	922.9	1187.8	1710.2	2408.0
补偿受益人次(亿人次)	Number of Beneficiaries from Reimbursement(100 million person-times)	2.72	4.53	5.85	7.59	10.87	13.15	17.45

3-20 分地区新型农村合作医疗情况(2012年)

Conditions of New Cooperative Medical System by Region (2012)

地 区	Region	县(市、区)数(个) Number of Counties (unit)	开展新农合县(市、区)(个) Number of Counties Implementing of NCMS(unit)	参加新农合人数(万人) Number of Enrollees (10 000 persons)	人均筹资(元) Per Capita Premiums (yuan)	本年度筹资总额(亿元) Premiums This Year (100 million yuan)	补偿受益人次(万人次) Number of Beneficiaries from Reimbursement (10 000 person-times)
全 国	**National Total**	**2852**	**2566**	**80530.9**	**308.5**	**2484.7**	**174507.3**
北 京	Beijing	16	13	267.4	707.3	18.9	565.6
天 津	Tianjin	16					
河 北	Hebei	172	164	5037.0	294.7	148.5	12406.7
山 西	Shanxi	119	115	2194.0	294.1	64.5	3598.4
内蒙古	Inner Mongolia	101	92	1233.6	308.3	38.0	823.1
辽 宁	Liaoning	100	94	1958.6	295.5	57.9	2151.2
吉 林	Jilin	60	60	1328.2	290.5	38.6	977.8
黑龙江	Heilongjiang	128	122	1447.3	295.3	42.7	1960.7
上 海	Shanghai	17	9	113.2	1232.5	14.0	1570.8
江 苏	Jiangsu	102	81	4089.3	327.8	134.1	12271.6
浙 江	Zhejiang	90	81	2876.2	480.4	138.2	11231.6
安 徽	Anhui	105	94	5043.8	294.9	148.7	10071.6
福 建	Fujian	85	74	2444.1	298.8	73.0	831.7
江 西	Jiangxi	100	96	3293.8	294.2	96.9	4079.9
山 东	Shandong	138	135	6465.8	307.2	198.6	23243.4
河 南	Henan	159	157	7965.1	293.4	233.7	19766.6
湖 北	Hubei	103	93	3877.6	298.0	115.5	13854.6
湖 南	Hunan	122	111	4671.2	291.6	136.2	5617.7
广 东	Guangdong	121	10	200.0	271.7	5.4	279.7
广 西	Guangxi	109	106	3974.8	292.8	116.4	5209.5
海 南	Hainan	20	20	481.5	300.1	14.5	827.2
重 庆	Chongqing	38	37	2162.9	296.4	64.1	3127.3
四 川	Sichuan	181	175	6224.1	295.9	184.2	14476.1
贵 州	Guizhou	88	88	3112.2	291.5	90.7	4887.9
云 南	Yunnan	129	127	3467.9	295.8	102.6	9190.4
西 藏	Tibet	74	73	237.8	324.0	7.7	477.6
陕 西	Shaanxi	107	104	2649.7	311.9	82.6	4544.3
甘 肃	Gansu	86	86	1921.5	292.6	56.2	3901.5
青 海	Qinghai	43	39	352.6	408.3	14.4	335.2
宁 夏	Ningxia	22	21	361.5	385.1	13.9	837.7
新 疆	Xinjiang	101	89	1078.3	315.1	34.0	1390.0

3-21 卫生总费用
Total Health Expenditure

年份 Year	卫生总费用(亿元) Total Health Expenditure (100 million yuan)	政府卫生支出 Government Health Expenditure		社会卫生支出 Social Health Expenditure		个人现金卫生支出 Out-of-pocket Health Expenditure		人均卫生费用(元) Per Capita Health Expenditure (yuan)			卫生总费用占GDP比重(%) Health Expenditure as Percentage of GDP (%)
		绝对数(亿元) Level (100 million yuan)	占卫生总费用比重(%) As Percentage of Health Expenditure (%)	绝对数(亿元) Level (100 million yuan)	占卫生总费用比重(%) As Percentage of Health Expenditure (%)	绝对数(亿元) Level (100 million yuan)	占卫生总费用比重(%) As Percentage of Health Expenditure (%)	合计 Total	城市 Urban	农村 Rural	
1978	110.21	35.44	32.16	52.25	47.41	22.52	20.43	11.50			3.02
1979	126.19	40.64	32.21	59.88	47.45	25.67	20.34	12.90			3.11
1980	143.23	51.91	36.24	60.97	42.57	30.35	21.19	14.50			3.15
1981	160.12	59.67	37.27	62.43	38.99	38.02	23.74	16.00			3.27
1982	177.53	68.99	38.86	70.11	39.49	38.43	21.65	17.50			3.33
1983	207.42	77.63	37.43	64.55	31.12	65.24	31.45	20.10			3.48
1984	242.07	89.46	36.96	73.61	30.41	79.00	32.64	23.20			3.36
1985	279.00	107.65	38.58	91.96	32.96	79.39	28.46	26.40			3.09
1986	315.90	122.23	38.69	110.35	34.93	83.32	26.38	29.40			3.07
1987	379.58	127.28	33.53	137.25	36.16	115.05	30.31	34.70			3.15
1988	488.04	145.39	29.79	189.99	38.93	152.66	31.28	44.00			3.24
1989	615.50	167.83	27.27	237.84	38.64	209.83	34.09	54.60			3.62
1990	747.39	187.28	25.06	293.10	39.22	267.01	35.73	65.40	158.80	38.80	4.00
1991	893.49	204.05	22.84	354.41	39.67	335.03	37.50	77.10	187.60	45.10	4.10
1992	1096.86	228.61	20.84	431.55	39.34	436.70	39.81	93.60	222.00	54.70	4.07
1993	1377.78	272.06	19.75	524.75	38.09	580.97	42.17	116.30	268.60	67.60	3.90
1994	1761.24	342.28	19.43	644.91	36.62	774.05	43.95	146.90	332.60	86.30	3.65
1995	2155.13	387.34	17.97	767.81	35.63	999.98	46.40	177.90	401.30	112.90	3.54
1996	2709.42	461.61	17.04	875.66	32.32	1372.15	50.64	221.40	467.40	150.70	3.81
1997	3196.71	523.56	16.38	984.06	30.78	1689.09	52.84	258.60	537.80	177.90	4.05
1998	3678.72	590.06	16.04	1071.03	29.11	2017.63	54.85	294.90	625.90	194.60	4.36
1999	4047.50	640.96	15.84	1145.99	28.31	2260.55	55.85	321.80	702.00	203.20	4.51
2000	4586.63	709.52	15.47	1171.94	25.55	2705.17	58.98	361.90	813.74	214.65	4.62
2001	5025.93	800.61	15.93	1211.43	24.10	3013.89	59.97	393.80	841.20	244.77	4.58
2002	5790.03	908.51	15.69	1539.38	26.59	3342.14	57.72	450.70	987.07	259.33	4.81
2003	6584.10	1116.94	16.96	1788.50	27.16	3678.66	55.87	509.50	1108.91	274.67	4.85
2004	7590.29	1293.58	17.04	2225.35	29.32	4071.35	53.64	583.90	1261.93	301.61	4.75
2005	8659.91	1552.53	17.93	2586.41	29.87	4520.98	52.21	662.30	1126.36	315.83	4.68
2006	9843.34	1778.86	18.07	3210.92	32.62	4853.56	49.31	748.80	1248.30	361.89	4.55
2007	11573.97	2581.58	22.31	3893.72	33.64	5098.66	44.05	875.96	1516.29	358.11	4.35
2008	14535.40	3593.94	24.73	5065.60	34.85	5875.86	40.42	1094.52	1861.76	455.19	4.63
2009	17541.92	4816.26	27.46	6154.49	35.08	6571.16	37.46	1314.26	2176.63	561.99	5.15
2010	19980.39	5732.49	28.69	7196.61	36.02	7051.29	35.29	1490.06	2315.48	666.30	4.98
2011	24345.91	7464.18	30.66	8416.45	34.57	8465.28	34.77	1806.95	2697.48	879.44	5.15
2012	27846.84	8365.98	30.04	9916.31	35.61	9564.55	34.35	2056.57	2969.01	1055.89	5.36

注：1.本表系按当年价格计算核算数，2012年为初步测算数。

2.2001年起卫生总费用不含高等医学教育经费，2006年起包括城乡医疗救助经费。

a) Data in this table are at current prices. Data of 2011 are preliminary data.

b) Since 2011, total health expenditure does not include that of educational expenditure of higher education. Since 2006, it included medical aid expenditure in urban and rural areas.

四、社会服务
Social Service

4-1 行政区划
Division of Administrative Areas

单位：个 (unit)

项　目	Item	2011	2012	2012年比2011年增减% Change in 2012 over 2011
地级行政区划合计	**Total Number of Administrative Areas at Prefecture Level**	**332**	**333**	**0.30**
地级市	Cities at Prefecture Level	284	285	0.35
地区	Prefectures	15	15	
自治州	Autonomous Prefectures	30	30	
盟	Leagues	3	3	
县级行政区划合计	**Total Number of Administrative Areas at County Level**	**2853**	**2852**	**-0.04**
市辖区	Districts under the Jurisdiction of Cities	857	860	0.35
县级市	Cities at County Level	369	368	-0.27
县	Counties	1456	1453	-0.21
自治县	Autonomous Counties	117	117	
旗	Banners	49	49	
自治旗	Autonomous Banners	3	3	
特区	Special Zones	1	1	
林区	Forestry Districts	1	1	
乡镇、街道级行政区划合计	**Total Number of Administrative Areas** at Townships and Streets Level	**40466**	**40466**	
镇	Towns	19683	19881	1.01
乡	Townships	12395	13281	7.15
苏木	Sumu	106	151	42.45
民族乡	Ethnic Townships	1085	1064	-1.94
民族苏木	Ethnic Sumu	1	1	
街道办事处	Street Communities	7194	7282	1.22
区公所	District Communities	2	2	

4-2 历年县及以上行政区划

Division of Administrative Areas at County Level and Above

单位：个 (unit)

年 份 Year	省 级 Provinces, Autonomous Regions and Municipalities	地 级 (不含地级市) Administrative Areas at Prefecture Level (Excluding Cities at Prefecture Level)	县 级 (不含县级市、市辖区) Administrative Areas at County Level (Excluding Cities at County level and Districts under the Jurisdiction of Cities)	市 Cities	#地 级 Cities at Prefecture Level	#县 级 Cities at County Level	市辖区 Districts under the Jurisdiction of Cities
1978	30	212	2153	193	98	92	408
1979	30	211	2153	216	104	109	428
1980	30	211	2151	223	107	113	511
1981	30	208	2144	233	108	122	514
1982	30	210	2140	245	112	130	527
1983	30	178	2091	289	144	142	552
1984	30	175	2069	300	147	150	595
1985	30	165	2046	324	162	159	621
1986	30	159	2017	353	166	184	629
1987	30	156	1986	381	170	208	632
1988	31	151	1936	434	183	248	647
1989	31	151	1919	450	185	262	648
1990	31	151	1903	467	185	279	651
1991	31	151	1894	479	187	289	650
1992	31	148	1848	517	191	323	662
1993	31	139	1795	570	196	371	669
1994	31	127	1735	622	206	413	697
1995	31	124	1716	640	210	427	706
1996	31	117	1696	666	218	445	717
1997	33	110	1693	668	222	442	727
1998	33	104	1689	668	227	437	737
1999	34	95	1682	667	236	427	749
2000	34	74	1674	663	259	400	787
2001	34	67	1660	662	265	393	808
2002	34	57	1649	660	275	381	830
2003	34	51	1642	660	282	374	845
2004	34	50	1636	661	283	374	852
2005	34	50	1636	661	283	374	852
2006	34	50	1635	656	283	369	856
2007	34	50	1635	655	283	368	856
2008	34	50	1635	655	283	368	856
2009	34	50	1636	654	283	367	855
2010	34	50	1633	657	283	370	853
2011	34	48	1627	657	284	369	857
2012	34	48	1624		285	368	860

4-3 历年乡镇级行政区划

Division of Administrative Areas at Townships Level

单位：个 (unit)

年份 Year	乡镇级合计 Total Number of Administrative Areas at Townships Level	镇 Towns	乡级 Townships Level	#民族乡 Ethnic Townships	区公所 District Communities	街道办事处 Street Communities
1978	6195	2173			4022	
1979	10424	2361			3619	4444
1980						
1981	11434	2678			3791	4965
1982						
1983	49695	2968	35514		5909	5304
1984	106439	7186	85290		8119	5844
1985	104900	9140	82450	3144	7908	5402
1986	83954	10718	61353	2936	6165	5718
1987	81025	11103	58739	3020	5503	5680
1988	65345	11481	45195	1571	3570	5099
1989	65419	11873	44624	1755	3502	5420
1990	65188	12084	44397	1980	3438	5269
1991	63391	12455	42654	1403	3096	5186
1992	54830	14539	33827	1348	1231	5233
1993	54863	15805	32445	1351	1143	5470
1994	54605	16702	31463	1322	1068	5372
1995	53360	17532	29502	1330	730	5596
1996	51336	18171	27056	1383	544	5565
1997	50967	18925	25966	1545	398	5678
1998	50999	19216	25712	1517	339	5732
1999	50750	19756	24745	1222	345	5904
2000	51024	20312	24555	1356	255	5902
2001	46369	20358	20012	1165	27	5972
2002	44822	20600	18640	1162	66	5516
2003	44067	20226	18064	1149	26	5751
2004	43275	19892	17534	1127	20	5829
2005	41636	19522	15951	1093	11	6152
2006	41040	19369	15306	1089	10	6355
2007	40813	19249	15120	1094	10	6434
2008	40828	19234	15067	1097	3	6524
2009	40858	19322	14848	1098	2	6686
2010	40906	19410	14571	1096	2	6923
2011	40466	19683	13587	1086	2	7194
2012	40466	19881	13281	1064	2	7282

注：民族乡中含1个民族苏木。

a) The data of ethnic townships includes one ethnic sumu

4-4 "七五"—"十二五"时期社会服务业发展速度
Increase Rate of Key Indicators on Development of Social Service from the 7th Five Year Plan to the 12th Five Year Plan

单位: % (%)

项 目	Item	"七五"时期年平均增长速度 Average Annual Increase Rate During the 7th Five Year Plan Period	"八五"时期年平均增长速度 Average Annual Increase Rate During the 8th Five Year Plan Period	"九五"时期年平均增长速度 Average Annual Increase Rate During the 9th Five Year Plan Period
综合	**General**			
行政区划	Division of Administrative Areas			
乡	Townships	-11.6	-7.8	-4.7
镇	Towns	5.7	7.7	3.0
60岁及以上老年人口	Population Aged 60 and Over			
民政事业费支出	Operating Costs of Civil Affairs	11.9	14.8	17.3
固定资产	Fixed Assets	20.8	22.5	53.1
社会工作	**Social Work**			
社会服务床位	Number of Beds in Social Service Institutions	9.7	4.6	3.0
#养老床位	Beds for Aged and Disabled			
智障和精神疾病床位	Beds for Mental Retardation and Mental Disease			
儿童床位	Beds for Children			
家庭收养儿童	Children Adopted by Families			
安置残疾人的福利企业	Social Welfare Enterprises	23.0	7.6	-7.6
为弱势群体筹集资金的福利彩票	Sales of Welfare Lottery		54.5	14.6
享受最低生活保障城市居民	Number of Persons Receiving Subsistence Allowance in Urban Areas			
抚恤补助优抚对象	Beneficiaries of State Pension or Subsidies with Preferential Treatment	8.5	1.1	-0.3
伤残人员抚恤水平	Pension of Disabled Veterans			27.1
烈属和牺牲病故军人家属抚恤水平	Pension for Families Members of Martyrs and Veterans Sacrificed or Died of Illness			6.7
社区服务中心	Community Services Centers			8.0
成员组织	**Membership Organizations**			
社会组织	NGOs		75.5	-3.2
社会团体	Social Organizations			
基金会	Foundations			
民办非企业单位	Non-enterprise Units Run by NGO			
自治组织	Autonomy Organizations			
村民委员会	Villagers' Committees	1.1	-6.9	-4.7
社区居委会	Community Neighborhood Committees	4.1	2.5	-0.6
其他社会服务	**Other Social Services**			
婚 姻	Marriage			
办理结婚登记	Registered Marriages	2.7	-0.4	-0.2
办理离婚登记	Registered Divorces	11.7	5.7	2.8
殡 葬	Funeral and Interment			
处理遗体数	Cremated Remains During the Year	5.3	5.5	7.3

4-4 续表 continued

单位：% (%)

项 目	Item	"十五"时期年平均增长速度 Average Annual Increase Rate During the 10th Five Year Plan Period	"十一五"时期年平均增长速度 Average Annual Increase Rate During the 11th Five Year Plan Period	"十二五"时期前2年平均增长速度 Average Annual Increase Rate 2 Years Before During the 12th Five Year Plan Period
综合	**General**			
行政区划	Division of Administrative Areas			
乡	Townships	-7.2	-1.8	-4.5
镇	Towns	-0.8	-0.1	1.2
60岁及以上老年人口	Population Aged 60 and Over		4.3	4.5
民政事业费支出	Operating Costs of Civil Affairs	25.6	30.3	16.9
固定资产	Fixed Assets	9.9	16.3	0.7
社会工作	**Social Work**			
社会服务床位	Number of Beds in Social Service Institutions	7.7	13.8	13.4
#养老床位	Beds for Aged and Disabled	5.0	15.3	14.8
智障和精神疾病床位	Beds for Mental Retardation and Mental Disease	10.0	8.8	4.8
儿童床位	Beds for Children	11.7	11.5	25.8
家庭收养儿童	Children Adopted by Families	-2.0	-7.5	-12.2
安置残疾人的福利企业	Social Welfare Enterprises	-5.2	-6.6	-4.7
为弱势群体筹集资金的福利彩票	Sales of Welfare Lottery	29.4	18.7	24.9
享受最低生活保障城市居民	Number of Persons Receiving Subsistence Allowancc in Urban Areas	40.9	0.7	-3.7
抚恤补助优抚对象	Beneficiaries of State Pension or Subsidies with Preferential Treatment	0.8	6.3	10.8
伤残人员抚恤水平	Pension of Disabled Veterans	18.2	18.5	15.0
烈属和牺牲病故军人家属抚恤水平	Pension for Families Members of Martyrs and Veterans Sacrificed or Died of Illness	13.5	14.9	21.9
社区服务中心	Community Services Centers	5.6	8.2	13.2
成员组织	**Membership Organizations**			
社会组织	NGOs	15.8	6.9	5.8
社会团体	Social Organizations	5.6	7.5	5.2
基金会	Foundations		17.7	17.3
民办非企业单位	Non-enterprise Units Run by NGO	45.5	6.1	6.6
自治组织	Autonomy Organizations			
村民委员会	Villagers' Committees	-3.0	-1.1	-0.6
社区居委会	Community Neighborhood Committees	-5.9	1.7	2.3
其他社会服务	**Other Social Services**			
婚 姻	Marriage			
办理结婚登记	Registered Marriages	-0.6	8.6	3.3
办理离婚登记	Registered Divorces	8.0	8.5	7.7
殡 葬	Funeral and Interment			
处理遗体数	Cremated Remains During the Year	3.8	1.0	0.4

4-5 社会服务发展情况

Development of Social Service

项　目		Item		1985	1990	1995	2000	2005	2010	2012
综　合		**General**								
乡	(个)	Townships Level	(unit)	82450	44397	29502	24555	15951	14571	13281
镇	(个)	Towns	(unit)	9140	12084	17532	20312	19522	19410	19881
65岁及以上老年人口	(万人)	Population Aged 65 and over	(10 000 persons)		6368	7510	8821	10055	11894	12714
社会服务经费	(亿元)	Expenditure on Social Service	(100 million yuan)	29.6	51.9	103.5	229.7	718.4	2697.5	3683.7
固定资产	(亿元)	Fixed Assets	(100 million yuan)	20.1	51.7	142.6	1199.3	3097.8	6589.3	7019.5
社会工作		**Social Work**								
社会服务床位数	(万张)	Number of Beds in Social Service Institutions	(10 000 beds)	49.1	78.0	97.6	113.0	180.7	349.6	449.4
#儿童床位		Welfare Homes for Children		0.5	0.8	1.1	1.8	3.2	5.5	8.7
老年及残疾人床位		Beds for Aged and Disabled		45.7	73.5	92.5	104.5	158.1	316.1	416.5
智障和精神疾病床位		Beds for Mental Retardation and Mental Disease		2.9	3.7	4.0	4.1	4.4	6.1	6.7
社区服务中心数	(个)	Number of Community Services Centers	(unit)			4380	6444	8479	12720	16306
城镇居民最低生活保障人数	(万人)	Number of Persons Receiving Subsistence Allowance in Urban Areas	(10 000 persons)				402.6	2234.2	2310.5	2143.5
农村居民最低生活保障人数	(万人)	Number of Persons Receiving Subsistence Allowance in Rural Areas	(10 000 persons)					825.0	5214.0	5344.5
家庭儿童收养登记总数	(件)	Number of Adoption Registration of Children Adopted by Femilies	(case)				55802	49506	34529	27278
社会福利企业	(个)	Social Welfare Enterprises	(unit)	14872	41827	60237	40670	31211	22226	20232
福利彩票销售额	(亿元)	Sales of Welfare Lottery	(100 million yuan)		6.5	57.3	89.9	411.2	968.0	1510.3
国家重点优抚对象	(万人)	Beneficiaries of State Pension or Subsidies with Preferential Treatment	(10 000 persons)	283.3	425.7	448.8	442.4	460.3	625.0	944.4
成员组织		**Membership Organizations**								
社会组织	(个)	NGOs	(unit)		10855	180583	153322	319762	445631	499268
村民委员会	(万个)	Villagers' Committees	(10 000 units)	94.9	100.1	93.2	73.2	62.9	59.5	58.8
社区居委会	(万个)	Community Neighbourhood Committees	(10 000 units)	8.1	9.9	11.2	10.8	8.0	8.7	9.1
其他社会服务		**Other Social Service**								
办理结婚登记	(万对)	Registered Marriages	(10 000 couples)	831.3	951.1	934.1	848.5	823.1	1241.0	1323.6
办理离婚登记	(万对)	Registered Divorces	(10 000 couples)	45.8	80.0	105.6	121.3	178.5	267.8	310.4
火化遗体数	(万具)	Cremated Remains During the Year	(10 000 bodies)	155.2	201.3	262.7	373.7	450.2	474.1	477.7

4-6 社会服务发展主要指标比较

Key Statistics on Development of Social Service

项 目	Item	2011	2012	2012年比2011年增减% Change in 2012 over 2011
综 合	**General**			
行政区划 (个)	Division of Administrative Areas (unit)			
镇	Towns	19683	19881	1.0
乡 级	Townships Level	13587	13281	-2.3
#民族乡	Ethnic Townships	1086	1064	-2.0
街道办事处	Street Communities	7194	7282	1.2
区公所	District Communities	2	2	
老龄人口	Aging Population			
60岁及以上老年人口 (万人)	Population Aged 60 and Over (10 000 persons)	18499	19390	4.8
60岁及以上老年人口占全国总人口比重 (%)	Percentage of Population Aged 60 and Over to Total Population (%)	13.7	14.3	4.4
65岁及以上老年人口 (万人)	Population Aged 65 and Over (10 000 persons)	12288	12714	3.5
65岁及以上老年人口占全国总人口比重 (%)	Percentage of Population Aged 65 and Over to Total Population (%)	9.1	9.4	3.3
社会服务经费 (亿元)	Expenditure on Social Service (100 million yuan)	3229.1	3683.7	14.1
抚 恤	Pension for Families of the Disabled Veterans and the Bereaved	428.3	517.0	20.7
退役安置	Pension for Retired Servicemen and Resettlement	302.3	372.1	23.1
社会福利	Social Welfare Expenses	232.2	319.5	37.6
社会救助	Social Relief	1766.3	1866.1	5.7
自然灾害生活救助	Natural Disaster Relief	128.7	163.4	27.0
离退休人员经费	Pension for Civilian Retired Persons	35.3	39.0	10.5
其 他	Other Civil Affairs Expenditure	336.0	406.7	21.0
基本建设支出 (亿元)	Expenses for Capital Construction (100 million yuan)	218.5	234.7	7.4
固定资产 (亿元)	Fixed Assets (100 million yuan)	6989.8	7019.5	0.42
社会工作	**Social Work**			
提供住宿的社会服务机构	Social Welfare Residential Institutions			
单位数 (万个)	Number of Units (10 000 units)	4.6	4.8	4.3
床位数 (万张)	Number of Beds (10 000 beds)	396.4	449.4	13.4
收养人数 (万人)	Number of Persons Adopted (10 000 persons)	293.4	309.5	5.5
社区服务机构 (个)	Community Service Facilities (unit)	160352	200162	24.8
社区服务指导中心	Community Service Guidance Centers		809	
社区服务中心	Community Service Centers	14391	15497	7.7
社区服务站	Community Service Stations	56156	87931	56.6
其他社区服务机构	Other Community Service Facilities	89805	95925	6.8
社区服务机构覆盖率 (%)	Coverage Rate of Community Services Facilities (%)	23.6	29.5	
便民、利民服务网点 (个)	Number of Convenience Networks Stores (unit)	452868	397222	-12.3

4-6 续表 1 continued

项　　目	Item	2011	2012	2012年比2011年增减% Change in 2012 over 2011
社会救助	**Social Relief**			
城　市	Urban Area			
城市居民最低生活保障人数 (万人)	Number of Persons Receiving Subsistence Allowance in Urban Areas (10 000 persons)	2276.8	2143.5	-5.9
城市居民最低生活保障户数 (万户)	Number of Households Receiving Subsistence Allowance in Urban Areas (10 000 households)	1145.7	1114.9	-2.7
城市最低生活保障平均标准 (元/人、月)	Average Standard of Subsistence Allowance in Urban Areas (yuan per capita per month)	287.6	330.1	14.8
农　村	Rural Area			
农村居民最低生活保障人数 (万人)	Number of Persons Receiving Subsistence Allowance in Rural Areas (10 000 persons)	5305.7	5344.5	0.7
农村居民最低生活保障户数 (万户)	Number of Households Receiving Subsistence Allowance in Rural Areas (10 000 households)	2672.8	2814.9	5.3
农村最低生活保障平均标准 (元/人、年)	Average Standard of Subsistence Allowance in Rural Areas (yuan per capita per month)	1718.4	2067.8	20.3
农村集中供养五保户救济人数 (万人)	Number of Persons Entitled to Centralized "Five Guarantees" in Rural Areas (10 000 persons)	184.5	185.3	0.4
农村集中供养五保户救济户数 (万户)	Number of Households Entitled to Centralized "Five Guarantees" in Rural Areas (10 000 households)	179.9	181.5	0.9
农村集中供养五保户平均标准 (元/人、年)	Average Standard of Subsidies to Centralized "Five Guarantees" in Rural Areas (yuan per capita per month)	3399.7	4060.9	19.4
农村分散供养五保户救济人数 (万人)	Number of Persons Entitled to Decentralized "Five Guarantees" in Rural Areas (10 000 persons)	366.5	360.3	-1.7
农村分散供养五保户救济户数 (万户)	Number of Households Entitled to Decentralized "Five Guarantees" in Rural Areas (10 000 households)	350.4	347.7	-0.8
农村分散供养五保户平均标准 (元/人、年)	Average Standard of Subsidies to Decentralized "Five Guarantees" in Rural Areas (yuan per capita per month)	2470.5	3008.0	21.8
医疗救助	**Medical Assistance**			
城市医疗救助 (万人次)	Urban Medical Assistance (10 000 persons-time)	672.2	689.9	2.6
民政部门资助参加医疗保险人数 (万人)	Number of Persons Participated in Medical Insurance Donated by Civil Affairs Departments (10 000 persons)	1549.8	1387.1	-10.5
农村医疗救助 (万人次)	Rural Medical Assistance (10 000 person-times)	1471.8	1483.8	0.8
农村资助参加合作医疗人数 (万人)	Number of Persons Participated in Rural Cooperative Medical System Donated by Civil Affairs Departments (10 000 persons)	4825.3	4490.4	-6.9
家庭收养儿童 (万人)	Children Adopted by Families (10 000 persons)	3.1	2.7	-12.9
社会福利企业	Social Welfare Enterprises			
福利企业数 (万个)	Number of Social Welfare Enterprises (10 000 units)	2.2	2.0	-9.1
残疾职工 (万人)	Disabled Staff and Workers (10 000 persons)	62.8	59.7	-4.9

4-6 续表 2 continued

项　目	Item	2011	2012	2012年比2011年增减% Change in 2012 over 2011
福利彩票　(亿元)	Welfare Lottery　(100 million yuan)			
销售福利彩票	Sales of Welfare Lottery	1278.0	1510.3	18.2
筹集社会福利基金	Public Fund Raised from Welfare Lottery	388.7	449.4	15.6
优抚安置　(万人)	Preferential Treatment and Resettlement (10 000 persons)			
国家重点优抚对象	Beneficiaries of State Pension or Subsidies with Preferential Treatment	852.5	944.4	10.8
安置义务兵、士官人数	Number of Resettled Conscripts and Non-commissioned Officers	39.1	39.3	0.5
接收军队离退休人员人数	Number of Resettled Retired Veterans	1.5	1.9	24.0
社会捐赠	Social Donations			
社会捐赠款数　(亿元)	Donated Fund　(100 million yuan)	96.6	101.7	5.3
捐赠衣被总数　(亿件)	Donated Clothes and Quilts　(100 million pieces)	0.3	1.3	329.6
捐赠其他物资价值　(亿元)	Value of Other Materials Donated　(100 million yuan)	4.8	6.3	31.3
受益人次数　(万人次)	Total Number of Beneficiaries　(10 000 person-times)	1459.7	1325.0	-9.2
社会捐赠接收站、点数(个)	Number of Work Stations and Spots Receiving Social Donations　(unit)	34106	30920	-9.3
成员组织	**Membership Organizations**			
社会组织　(万个)	NGOs　(10 000 uints)	46.2	49.9	8.0
社会团体	Social Organizations	25.5	27.1	6.3
民办非企业单位	Non-enterprise Units Run by NGO	20.4	22.5	10.3
基金会　(个)	Foundations　(unit)	2614	3029	15.9
自治组织　(万个)	Autonomy Organizations　(10 000 units)	67.9	68.0	0.1
村民委员会	Villagers' Committees	59.0	58.8	-0.3
社区居委会	Community Neighborhood Committees	8.9	9.1	2.2
其他社会服务	**Other Social Service**			
婚　姻	Marriage			
结婚登记　(万对)	Registered Marriages　(10 000 couples)	1302.4	1323.6	1.6
#涉外及港澳台	Registered Marriages with Foreigner and the Citizen of Hong Kong, Macao and Taiwan	4.9	5.3	8.2
每千居民结婚宗数　(‰)	Crude Marriage Rate　(‰)	9.7	9.8	1.0
离婚办理　(万对)	Registered Divorces　(10 000 couples)	287.4	310.4	8.0
每千居民离婚宗数　(‰)	Crude Divorce Rate　(‰)	2.1	2.3	9.5
殡　葬	Funeral and Interment			
处理遗体数　(万具)	Cremated Remains During the Year (10 000 bodies)	468.1	477.7	2.1
火化率　(%)	Cremated Rate　(%)	48.8	49.5	1.4

注：民族乡中含1个民族苏木。

a) The data of ethnic townships includes one ethnic sumu.

4-7 社会服务机构基本情况
Statistics on Social Service Institutions

项 目	Item	单位数（个）Number of Enterprises (unit)		职工人数（万人）Number of Staff and Workers (10 000 persons)	
		2011	2012	2011	2012
一、社会服务	**Social Services**	**1293986**	**1366650**	**1120.8**	**1144.7**
(一)社会工作	**Social Work**	**146451**	**181471**	**235.7**	**243.6**
提供住宿的社会服务机构	Social Welfare Institutions with Accommodations	45973	48078	37.4	39.7
老年人与残疾人服务机构	Institutions for the Aged and Disabled	42828	44304	**31.2**	**33.1**
城市养老服务机构	For the Aged in Urban Areas	5616	6464	8.1	9.3
农村养老服务机构	For the Aged in Rural Areas	32140	32787	15.2	15.9
社会福利院	Social Welfare Homes	1597	1719	3.9	4.2
光荣院	Homes for Disabled Veterans	1389	1399	1.2	1.2
荣誉军人康复医院	Convalescent Hospitals for Honorable Servicemen	42	43	0.5	0.5
复员军人疗养院	Sanatoriums for Ex-serviceman	40	41	0.3	0.3
军休所	Convalescent Home for Retired Military Officers	1960	1851	1.9	1.7
社区养老服务机构	Community Pension Service Institutions	44		0.1	
智障与精神疾病服务机构	Social Welfare Institutions for Mental Retardation and Mental Diseases	251	257	2.3	2.3
复退军人精神病院	Mental Hospitals for Ex-serviceman	96	101	1.0	1.0
社会福利医院	Social Welfare Hospitals	155	156	1.3	1.3
儿童收养救助服务机构	Social Welfare Institutions for Children	638	724	1.2	1.3
儿童福利机构	Welfare Institutions for Children	397	463	1.0	1.1
流浪儿童救助保护中心	Centers for Rescuing Street Children	241	261	0.2	0.2
其他提供住宿的服务机构	Other Social Welfare Institutions with Accommodations	2256	2793	2.7	3.0
生活无着人员救助管理站	Salvation Stations	1547	1770	1.6	1.7
其他收养机构	Other Residential Institutions	382	328	0.6	0.6
军供站	Serviceman Supply Stations	327	695	0.5	0.7
不提供住宿的社会服务机构	Social Welfare Institutions without Accommodations	100478	133393	198.3	203.9
老龄机构	Institutions for the Aged	2503	2583	1.0	1.1
社会福利企业	Social Welfare Enterprises	21507	20232	158.9	150.0
救灾储备仓库	Relief Reserve Units	553	665	0.2	0.2
福利彩票发行单位	Welfare Lottery Issuing Institutions	974	955	0.9	0.9
军队离退休人员管理中心	Management Centers for Retired Military Officers		121		0.2
军队离退休人员活动中心	Activity Centers for Retired Military Officers		25		0.1
烈士纪念建筑物管理单位	Martyr Memorial Building Management Units	1227	1306	0.9	1.0
社区服务中心(站)	Community Centers (Stations)	70547	104237	33.7	47.6
捐赠、救助等其他事业单位	Institutions for Donations and Relief Management	3167	3269	2.7	2.8
(二)成员组织和其他社会服务机构	**Membership Organizations and Other Social Service Institutions**	**1147535**	**1185179**	**885.1**	**901.1**
成员组织	Membership Organizations	1141104	1178896	876.6	892.5
社会组织	Social Organization	461971	499268	599.3	613.3
社会团体	Social Organizations	254969	271131	363.0	346.9
基金会	Foundations	2614	3029	1.4	1.9
民办非企业	Non-enterprise Units Run by NGO	204388	225108	234.9	264.5
自治组织	Autonomy Organizations	679133	679628	277.3	279.2
居委会	Neighborhood Committee	89480	91153	45.4	46.9
村委会	Village Committee	589653	588475	231.9	232.3
其他社会服务	Other Social Service Institutions	6431	6283	8.5	8.6
婚姻	Marriage	2328	1926	0.9	0.9
婚姻登记服务机构	Marriage Registration Institutions	2328	1926	0.9	0.9
殡葬	Funeral and Interment Institutions	4103	4357	7.6	7.7
殡仪馆	Funeral Home	1745	1782	4.5	4.5
公墓	Cemetery	1406	1597	2.2	2.3
殡葬管理机构	Funeral and Interment Management Institutions	952	978	0.9	0.9
二、行政机关	**Administration**	**3483**	**3493**	**9.0**	**9.3**

4-8 历年社会服务机构情况

Statistics on Social Service Institutions

单位：万个 (10 000 units)

年 份 Year	合 计 Total	社会工作 Social Work	成员组织 Membership Organizations	社会组织 Social Organizations	自治组织 Autonomy Organizations	其他社会服务机构 Other Social Service Institutions	民政行政机关 Administrative Institutions
1978	1.1	0.8				0.3	
1979	1.3	1.0				0.3	
1980	1.4	1.1				0.3	
1981	1.5	1.2				0.3	
1982	1.7	1.4				0.3	
1983	40.2	2.2	37.7		37.7	0.3	
1984	103.6	3.0	100.3		100.3	0.3	
1985	107.7	4.5	103.0		103.0	0.3	
1986	101.2	5.6	95.3		95.3	0.3	
1987	100.1	6.6	93.2		93.2	0.3	
1988	106.7	8.1	98.3	0.4	97.8	0.3	
1989	111.8	8.3	103.3	0.5	102.8	0.3	
1990	119.8	8.4	111.1	1.1	110.0	0.3	
1991	129.2	8.7	120.2	8.3	111.9	0.3	
1992	136.1	9.5	126.3	15.5	110.8	0.3	
1993	139.7	10.7	128.7	16.8	112.0	0.3	
1994	140.3	10.9	129.1	17.4	111.7	0.3	
1995	133.6	10.9	122.4	18.1	104.4	0.3	
1996	133.9	10.9	122.7	18.5	104.2	0.3	
1997	131.4	10.6	120.5	18.1	102.4	0.3	
1998	122.2	10.2	111.8	16.6	95.2	0.3	
1999	115.7	9.5	105.9	14.3	91.6	0.3	
2000	109.5	9.8	99.3	15.3	84.0	0.3	
2001	110.4	9.2	100.3	21.1	79.2	0.3	0.6
2002	111.0	9.1	101.2	24.5	76.7	0.3	0.5
2003	110.3	8.9	100.7	26.7	74.0	0.3	0.4
2004	111.5	9.6	101.1	28.9	72.2	0.3	0.4
2005	113.0	9.5	102.9	32.0	70.9	0.3	0.4
2006	116.0	9.2	105.9	35.4	70.5	0.5	0.4
2007	118.0	9.0	108.2	38.7	69.5	0.5	0.3
2008	119.6	8.4	110.2	41.4	68.8	0.6	0.4
2009	126.2	13.8	111.5	43.1	68.4	0.6	0.3
2010	126.9	13.2	112.7	44.6	68.2	0.6	0.3
2011	129.4	14.6	114.1	46.2	67.9	0.6	0.3
2012	136.7	18.1	117.9	49.9	68.0	0.6	0.3

4-9 历年社会服务机构职工情况

Staff and Workers in Social Service Institutions

单位：万人 (10 000 units)

年 份 Year	合 计 Total	社会工作 Social Work	成员组织 Membership Organizations	社会组织 Social Organizations	自治组织 Autonomy Organizations	其他社会服务机构 Other Social Service Institutions	民政行政机关 Administrative Institutions
1978	19.7	19.7					
1979	21.9	21.9					
1980	25.3	25.3					
1981	27.8	27.8					
1982	29.1	29.1					
1983	41.5	41.5					
1984	48.0	48.0					
1985	497.9	83.4	414.5		414.5		
1986	506.2	104.1	402.1		402.1		
1987	529.1	132.2	396.9		396.9		
1988	569.6	166.9	402.7		402.7		
1989	587.5	171.5	416.0		416.0		
1990	631.8	179.3	452.5		452.5		
1991	661.2	192.7	468.5		468.5		
1992	691.3	213.9	477.4		477.4		
1993	733.9	230.0	503.9		503.9		
1994	749.6	243.1	506.5		506.5		
1995	694.2	245.7	448.5		448.5		
1996	676.0	229.2	446.8		446.8		
1997	681.1	238.2	428.6		428.6		14.3
1998	649.2	225.0	409.4		409.4		14.8
1999	629.9	213.7	401.4		401.4		14.8
2000	580.3	203.4	363.4		363.4		13.5
2001	577.3	202.4	362.8		362.8		12.1
2002	537.4	192.4	333.8		333.8		11.2
2003	562.6	193.0	358.8		358.8		10.8
2004	543.7	197.8	334.6		334.6		11.3
2005	509.0	189.5	311.1		311.1		8.4
2006	903.8	183.0	712.5	425.2	287.3		8.3
2007	938.4	190.4	739.6	456.9	282.7		8.4
2008	967.4	206.9	751.8	475.8	276.0		8.7
2009	1038.1	207.5	821.8	544.7	277.1		8.8
2010	1138.4	225.6	895.5	618.2	277.3	8.4	8.9
2011	1120.8	235.7	876.6	599.3	277.3	8.5	9.0
2012	1144.7	243.6	892.5	613.3	279.2	8.6	9.3

4-10 历年社会服务机构固定资产原价情况
Original Value of Fixed Assets in Civil Affairs Institutions

单位：亿元 (100 million yuan)

年 份 Year	合 计 Total	社会工作 Social Work	成员组织 Membership Organizations	社会组织 Social Organizations	自治组织 Autonomy Organizations	其他社会服务机构 Other Social Service Institutions	民政行政机关 Administrative Institutions
1983	13.0	13.0					
1984	14.9	14.9					
1985	20.1	20.1					
1986	24.2	24.2					
1987	28.7	28.7					
1988	40.8	40.8					
1989	44.1	44.1					
1990	51.7	51.7					
1991	63.6	63.6					
1992	75.6	75.6					
1993	100.3	100.3					
1994	119.0	119.0					
1995	142.6	142.6					
1996	168.1	168.1					
1997	211.5	211.5					
1998	962.4	962.4					
1999	1017.3	1017.3					
2000	1199.3	1199.3					
2001	1317.0	1317.0					
2002	1394.9	1394.9					
2003	1644.3	1644.3					
2004	1818.4	1755.6					62.8
2005	3097.8	1858.0	1174.9		1174.9		64.9
2006	4066.7	2103.0	1869.4	423.0	1446.4		94.3
2007	3973.0	1934.3	1905.9	682.0	1223.9		132.8
2008	4592.8	2186.8	2273.1	805.8	1467.3		132.9
2009	5198.0	2326.4	2752.4	1030.0	1722.4		119.2
2010	6589.3	2671.9	3795.6	1864.1	1931.5		121.8
2011	6989.8	2790.4	3684.2	1885.0	1799.2	231.0	284.2
2012	7019.5	2945.9	3477.7	1425.4	2052.3	251.8	344.1

4-11 各项社会服务经费情况
Expenditure on Social Service by Item

单位：亿元 (100 million yuan)

项 目	Item	2011	2012	2012年比2011年增减% Change in 2012 over 2011
社会服务经费合计	**Total Expenditure on Social Service**	**3229.1**	**3683.7**	**14.1**
占国家财政支出比重(%)	Percentage to Total Government Expenditure (%)	3	3	
#中央转移支付的事业费	Central Government Transfer Payment for Local Civil Affairs	1808.0	1794.6	-0.7
占社会服务经费的比重(%)	Percentage to Total Expenditure on Social Service (%)	56.0	48.7	-13.0
国家基本建设投资	State Capital Construction	78.5	104.2	32.7
公益金支出	Expenditure of Public Fund	127.9	159.0	24.3
按项目分	**by Item**			
抚恤	Pension for Families of the Disabled Veterans and the Bereaved	428.3	517.0	20.7
退役安置	Pension for Retired Servicemen and Resettlement	302.3	372.1	23.1
社会福利	Social Welfare Expenses	232.2	319.5	37.6
社会救助	Social Relief	1766.3	1866.1	5.7
#城市最低生活保障	Expenses for Subsistence Allowance in Urban Area	659.9	674.3	2.2
农村最低生活保障	Expenses for Subsistence Allowance in Rural Area	667.7	718.0	7.5
其他社会救济	Social Relief Funds in Rural Areas	222.4	243.2	9.4
医疗救助	Medical Aid	216.3	230.6	6.6
自然灾害生活救助	Natural Disaster Relief	128.7	163.4	27.0
离退休人员费	Pension for Civilian Retirees	35.3	39.0	10.5
其他	Other Civil Affairs Expenditure	336.0	406.7	21.0

4-12 历年社会服务经费及财政支出情况
Expenditure on Social Service and Government Expenditure

单位：亿元 (100 million yuan)

年份 Year	社会服务经费 Expenditure on Social Service	抚恤费 State Pension	离休费 Retirement Pension Category I	社会福利及其他社会救济费 Social Welfare and Relief Funds	#最低生活保障事业费 Subsistence Allowance and Its Operating Costs	自然灾害救济费 Natural Disaster Relief	退休费 Retirement Pension Category II	其他民政事业费 Other Operating Costs of Civil Affairs
1978	13.7	2.8		4.4		4.2	2.3	
1979	18.4	3.5		5.2		6.8	2.9	
1980	17.5	4.4		5.2		4.5	3.4	
"六五"时期 The 6th Five-year Plan Period	**114.2**	**27.3**	**0.9**	**32.1**		**35.2**	**16.8**	**1.7**
1981	19.2	4.4		5.1		6.3	3.4	
1982	19.6	4.8		5.1		6.0	3.5	
1983	21.6	5.3		6.5		6.4	3.4	
1984	24.2	6.1	0.2	8.0		6.9	3.0	
1985	29.6	6.7	0.7	7.4		9.6	3.5	1.7
"七五"时期 The 7th Five-year Plan Period	**208.4**	**59.2**	**11.4**	**46.7**		**56.4**	**22.0**	**12.8**
1986	34.4	8.4	1.2	8.3		10.7	3.8	1.9
1987	35.9	9.6	1.8	8.6		9.9	4.1	2.0
1988	39.6	11.0	2.3	9.0		10.4	4.3	2.5
1989	46.6	14.0	2.9	10.0		12.3	4.6	2.9
1990	51.9	16.2	3.2	10.8		13.1	5.2	3.5
"八五"时期 The 8th Five-year Plan Period	**386.6**	**107.8**	**23.2**	**75.6**		**94.1**	**45.5**	**40.5**
1991	62.5	16.8	3.6	11.7		20.9	5.4	4.2
1992	63.7	18.0	4.2	12.4		17.1	6.6	5.4
1993	69.9	20.1	3.6	14.5		14.9	8.3	8.4
1994	87.0	24.4	5.5	17.3		17.7	12.1	10.1
1995	103.5	28.5	6.3	19.7		23.5	13.1	12.4
"九五"时期 The 9th Five-year Plan Period	**840.9**	**220.6**	**76.9**	**201.8**	**48.7**	**171.5**	**58.0**	**112.2**
1996	121.2	31.9	6.2	22.8	3.0	30.8	13.9	15.5

注：离休费适用于1949年前参加革命工作的退休人员，退休费适用于其他退休人员。

Note: Retirement pension category Ⅰ applies to retirees who took part in revolutionary work before 1949,while retirement pension category Ⅱ applies to all other retirees.

4-12 续表 1 continued

单位：亿元 (100 million yuan)

年 份 Year	社会服务经费 Expenditure on Social Service	抚恤费 State Pension	军队离退休、退职费 Pensions for Retired Servicemen	社会福利及其他社会救济费 Social Welfare and Relief Funds	#最低生活保障事业费 Subsistence Allowance and Its Operating Costs	农村及其他社会救济费 Rural and Other Social Relief Funds	自然灾害救济费 Natural Disaster Relief	地方离、退休人员费 Local Retirement Pension Category I & II	其他民政事业费 Other Operating Costs of Civil Affairs
1997	133.5	36.1	12.4	27.1	2.9		28.7	10.3	19.0
1998	161.8	39.4	15.2	34.0	7.1		41.2	10.9	21.3
1999	194.7	49.7	18.4	52.5	13.8		35.6	11.2	27.2
2000	229.7	63.5	24.7	65.4	21.9		35.2	11.7	29.2
"十五"时期 The 10th Five-year Plan Period	**2471.8**	**479.8**	**302.7**	**444.7**	**668.0**	**127.6**	**247.6**	**66.9**	**284.7**
2001	284.8	69.5	31.2	90.6	41.6		41.0	13.0	39.5
2002	392.3	74.7	49.5	167.5	108.7		40.0	13.2	47.3

4-12 续表 2 continued

单位：亿元 (100 million yuan)

年 份 Year	社会服务经费 Expenditure on Social Service	抚恤费 State Pension	军队离退休、退职费 Pensions for Retired Servicemen	社会福利费 Social Welfare Funds	城市低保及其他城市社会救济 Urban Subsistence Allowance and Social Relief	农村低保及其他农村社会救济 Rural Subsistence Allowance and Social Relief	医疗救助 Medical Aid	自然灾害生活救助 Natural Disaster Relief	地方离、退休人员费 Local Retirement Pension Category I & II	其他民政事业费 Other Operating Costs of Civil Affairs
2003	498.9	87.9	59.0	78.9	153.1			52.9	13.1	54.0
2004	577.4	104.1	74.1	52.1	172.7	47.7		51.1	13.9	61.7
2005	718.4	143.6	88.9	55.6	191.9	79.9		62.6	13.7	82.2
"十一五"时期 The 11th Five-year Plan Period	**9156.8**	**1316.2**	**956.0**	**490.0**	**1941.7**	**1731.9**	**157.8**	**1205.0**	**125.7**	**1232.6**
2006	915.4	178.8	115.7	65.3	224.2	147.8		79.0	14.0	90.6
2007	1215.5	210.8	165.0	87.6	277.4	189.8		79.8	24.8	180.3
2008	2146.5	253.6	180.6	103.1	393.4	326.8		609.8	26.5	252.7
2009	2181.9	310.3	225.7	124.1	482.1	487.9		199.2	30.0	322.7
2010	2697.5	362.7	269.0	109.9	564.6	579.6	157.8	237.2	30.4	386.3

4-12 续表 3 continued

单位：亿元 (100 million yuan)

年 份 Year	社会服务经费 Expenditure on Social Service	抚恤 State Pension	退役安置 Retired Resettled	社会福利 Social Welfare	社会救助 Social Aid	城乡低保 Expenses for Subsistence Allowance in Urban and Rural Areas	其他社会救助 Other Social Aid	医疗救助 Medical Aid	自然灾害生活救助 Life Aid for Natrual Disasters	离退休人员经费 Expenditure for Retired	其他 Others
"十二五"时期 The 12th Five-year Plan Period	**6912.8**	**945.3**	**674.4**	**551.7**	**3632.4**	**2719.9**	**465.6**	**446.9**	**292.1**	**74.3**	**742.7**
2011	3229.1	428.3	302.3	232.2	1766.3	1327.6	222.4	216.3	128.7	35.3	336.0
2012	3683.7	517.0	372.1	319.5	1866.1	1392.3	243.2	230.6	163.4	39.0	406.7

4-13 基本建设投资情况
Investment of Capital Construction

单位：亿元 (100 million yuan)

项 目	Item	2011	2012	2012年比2011年增减% Change in 2012 over 2011
计划总投资	Total Planned Investment	**566.7**	**727.9**	**28.4**
本年计划投资	Planned Investment in Reference Year	**217.3**	**222.3**	**2.3**
优抚安置机构	Social Welfare Institutions for Martyrs and Resettlement	12.7	16.9	33.1
社区服务机构	Community Service Institutions	44.0	32.6	-25.9
收养性机构	Adopting Social Welfare Institutions	91.2	101.4	11.2
殡葬服务机构	Funeral and Interment Institutions	24.9	26.8	7.6
救助类机构	Units Providing Assistance	8.5	8.9	4.7
其 他	Others	36.0	35.7	-0.8
自开始建设至本年底累计完成投资	Accumulative Investment Actually Made From the Starting of Construction to the End of Reference Year	**311.2**	**359.3**	**15.5**
本年完成投资	Actual Investment in Reference Year	218.5	234.7	7.4
优抚安置机构	Social Welfare Institutions for Martyrs and Resettlement	13.3	19.0	42.9
社区服务机构	Community Service Institutions	45.0	34.7	-22.9
收养性机构	Adopting Social Welfare Institutions	92.5	104.6	13.1
殡葬服务机构	Funeral and Interment Institutions	23.4	27.1	15.8
救助类机构	Units Providing Assistance	7.7	10.4	35.1
其 他	Others	36.6	38.8	6.0
本年完工项目个数(个)	Number of Completed Projects in Reference Year (unit)	**4533.0**	**6095.0**	**34.5**

4-14 历年基本建设投资情况
Investment of Capital Construction

年 份 Year	本年计划投资（亿元） Planned Investment in Reference Year (100 million yuan)	本年完成投资（亿元） Investment Completed in Reference Year (100 million yuan)	国家投资 State Investment	国内贷款 Domestic Loans	自 筹 Self-raising Fund	#福利彩票公益金 Public Fund from Welfare Lottery	其 他 Others	本年完工项目个数（个） Number of Projects under Construction in Reference Year (unit)
1989	5.8	2.0	0.8	0.1	0.8		0.2	
1990	6.9	2.4	1.0	0.1	1.0		0.3	
“八五”时期 The 8th Five-year Plan Period	**63.4**	**27.6**	**10.1**	**1.2**	**13.4**		**2.8**	
1991	7.0	3.0	1.1	0.1	1.5		0.3	
1992	7.3	3.2	0.8	0.1	1.9		0.4	
1993	12.8	5.6	1.3	0.2	3.4		0.7	
1994	15.5	6.2	2.3	0.5	2.9		0.6	
1995	20.9	9.6	4.6	0.3	3.8		0.9	
“九五”时期 The 9th Five-year Plan Period	**237.9**	**89.8**	**21.3**	**5.9**	**54.3**	**6.8**	**8.3**	**2793**
1996	29.8	10.1	2.1	0.4	6.4		1.1	
1997	35.7	13.8	2.7	0.8	8.6		1.6	
1998	41.0	16.6	2.8	0.8	11.1		1.9	
1999	63.2	24.7	6.0	2.3	14.6	3.5	1.8	1456
2000	68.2	24.7	7.7	1.6	13.6	3.3	1.9	1337
“十五”时期 The 10th Five-year Plan Period	**376.9**	**151.7**	**47.9**	**8.8**	**78.4**	**21.0**	**16.6**	**22117**
2001	77.5	30.8	10.4	2.2	15.1	3.6	3.1	1360
2002	88.7	30.1	9.5	1.4	15.9	3.3	3.3	3659
2003	87.3	30.0	9.9	1.7	15.1	3.5	3.3	3867
2004	89.7	29.2	8.9	2.4	14.4	4.7	3.5	8982
2005	33.8	31.6	9.1	1.0	17.9	5.8	3.5	4249
“十一五”时期 The 11th Five-year Plan Period	**485.6**	**487.8**	**210.7**	**12.4**	**148.8**	**96.8**	**82.3**	**62453**
2006	34.8	33.5	9.9	0.9	19.9	8.4	2.5	3626
2007	47.6	47.7	14.5	3.0	26.9	13.0	2.9	2446
2008	63.5	66.6	26.6	1.9	34.6	16.5	3.2	3906
2009	166.5	157.0	70.6	3.7	67.4	26.6	15.3	6457

年 份 Year	本年计划投资（亿元） Planned Investment in Reference Year (100 million yuan)	本年完成投资（亿元） Investment Completed in Reference Year (100 million yuan)	国家投资 State Investment	国内贷款 Domestic Loans	利用外资 Foreign Investment	福利彩票公益金 Public Fund from Welfare Lottery	其 他 Others	本年完工项目个数（个） Number of Completed Projects in Reference Year (unit)
2010	173.2	183.0	89.1	2.9	0.2	32.3	58.5	46018
“十二五”时期 The 12th Five-year Plan Period	**439.6**	**453.2**	**182.7**	**10.0**	**1.6**	**104.4**	**154.5**	**10628.0**
2011	217.3	218.5	78.5	6.2	0.5	53.4	79.9	4533
2012	222.3	234.7	104.2	3.8	1.1	51.0	74.6	6095

4-15 历年提供住宿的社会服务机构情况
Social Welfare Residential Institutions

年 份 Year	单位数 (个) Number of Institutions (unit)	床位数 (万张) Number of Beds (10 000 units)	收养人数 (万人) Inmates (10 000 persons)
1978	8571	16.3	16.3
1979	8988	22.6	18.6
1980	9669	24.2	19.1
1981	10031	25.3	19.7
1982	12275	28.2	22.5
1983	15807	32.4	25.9
1984	22796	42.5	34.1
1985	29100	49.1	40.8
1986	35008	58.7	47.4
1987	37372	64.9	51.8
1988	39030	69.5	54.8
1989	39743	73.8	56.9
1990	40583	78.0	59.9
1991	42264	82.8	64.6
1992	43319	89.8	69.6
1993	43681	92.7	72.4
1994	43240	95.5	73.6
1995	43074	97.6	74.7
1996	42829	100.8	76.9
1997	42385	103.1	78.5
1998	42131	105.8	80.0
1999	40430	108.9	82.7
2000	40491	113.0	85.4
2001	38785	140.7	88.5
2002	38200	141.5	91.6
2003	37294	142.9	96.5
2004	38593	157.2	110.9
2005	42487	180.7	123.6
2006	43187	204.5	147.0
2007	44958	269.6	200.0
2008	41099	300.3	240.0
2009	43944	326.5	256.0
2010	44482	349.6	278.2
2011	45973	396.4	293.4
2012	48078	449.3	309.5

4-16 社会服务床位和收养人员情况

Social Welfare Institutions with Accommodation by Type

项目	Item	床位数(万张) Number of Beds (10 000 beds)			收养救助人数(万人) Inmates (10 000 persons)			年末床位利用率(%)
		2011	2012	2012年比2011年增减% Change in 2012 over 2011	2011	2012	2012年比2011年增减% Change in 2012 over 2011	Bed Utilization Rate (year-end) (%)
合　计	**Total**	**396.4**	**449.3**	**13.3**	**293.4**	**309.5**	**5.5**	**68.9**
老年人与残疾人服务机构	Institutions for Aged and Disabled	369.2	416.5	12.8	279.7	293.6	4.9	70.5
城市养老服务机构	Urban Institutions for the Aged	63.0	78.2	24.1	38.8	44.9	15.8	57.4
农村养老服务机构	Rural Institutions for the Aged	242.1	261.0	7.8	192.5	200.0	3.9	76.6
社会福利院	Social Welfare Homes	27.2	30.9	13.6	19.0	20.3	6.8	65.7
光荣院	Homes for Disabled Veterans	8.1	8.4	3.7	5.3	5.3		63.1
荣誉军人康复医院	Convalescent Hospitals for Honorable Serveiceman	0.8	0.8		0.5	0.6	20.0	75.0
复员军人疗养院	Sanatoriums for Ex-serviceman	0.7	0.7		0.5	0.4	-20.0	57.1
军休所	Serviceman Recreation Habitation	16.0	16.7	4.4	19.3	18.5	-4.1	110.8
社区养老服务机构	Community Institutions for the Aged	0.4			0.3			
社区服务机构提供的养老服务	Care Service for the Aged Provided by Community Services Facilities	10.9	19.8	81.7	3.6	3.6		18.2
智障与精神疾病服务机构	**Mental Retardation and Mental Disease Institutions**	**6.5**	**6.7**	**3.1**	**5.5**	**5.8**	**5.5**	**86.6**
复退军人精神病院	Mental Hospitals for Ex-serviceman	2.5	2.6	4.0	2.0	2.2	10.0	84.6
社会福利医院	Social Welfare Hospitals	4.0	4.1	2.5	3.5	3.6	2.9	87.8
儿童收养救助服务机构	**Social Welfare Institutions for Children**	**6.8**	**8.7**	**27.9**	**4.6**	**5.4**	**17.4**	**62.1**
儿童福利院	Welfare Homes for Children	6.0	7.7	28.3	4.5	5.2	15.6	67.5
流浪儿童救助保护中心	Centers for Rescuing Street Children	0.8	1.0	25.0	0.1	0.2	100.0	20.2
其他提供住宿的服务机构	**Other Social Welfare Residential Institutions**	**13.9**	**17.4**	**25.2**	**3.6**	**4.7**	**30.6**	**27.0**
生活无着人员救助管理站　(万户)	Salvation Stations (10 000 households)	7.1	9.0	26.8	1.9	2.1	10.5	23.3
军供站	Serviceman Supply Stations	3.8	3.8					
其他	Other Residential Institutions	3.0	4.6	53.3	1.7	2.6	52.9	56.5

注：床位利用率=救助人天数/(年末床位数*365)

a) Bed utilization rate=day of aided person/beds at the end of year×365.

4-17 历年家庭收养儿童登记情况
Registration of Children Adopted by Families

年 份 Year	收养登记 总 数 (件) Total Number of Registered Adoption (case)	中国公民收养登记 Adoption Registered by Chinese Citizens	外国公民收养登记 Adoption Registered by Foreigners	被收养人 合 计 (人) Total Number of Adopted Children (person)	#福利机构抚养的孤儿 Orphans Fostered by Welfare Institutions	被中国公民收养 Children Adopted by Chinese Citizens	被外国人收养 Children Adopted by Foreigners
1996	18896	14804	4092	20389	2201		
1997	21548	17193	4355	21548	975		
1998	26498	20611	5887	26498	677		
1999	38074	31916	6158	38019	1670	31882	6137
2000	55802	49037	6765	56191	1847	49500	6691
2001	44706	36089	8617	45844	1908	37200	8644
2002	45336	35372	9964	47860	2404	37642	10218
2003	54159	44884	9275	54159	3427	44884	9275
2004	52603	40084	12519	55572	3189	44708	10864
2005	49506	35470	14036	50921	3564	38057	12864
2006	48178	38393	9785	49148	2867	39424	9724
2007	45192	36893	8299	46047	1146	37790	8257
2008	42550	37009	5541	44115	1846	38617	5498
2009	44260	39801	4459	44359	1605	39964	4395
2010	34529	29618	4911	34473	1878	29978	4495
2011	31424	27579	3845	31329	1679	28117	3212
2012	27278	23157	4121	27310	1760	23189	4121

4-18 历年社区服务机构情况

Basic Statistics on Community Services Facilities

单位：个 (unit)

年 份 Year	社区服务机构数 Number of Community Service Facilities	社区服务中心 Community Service Centers	社区服务站 Community Service Stations	其他社区服务机构 Other Community Service Facilities	便民、利民网点 Number of Convenience Stores	社区服务机构覆盖率(%) Coverage Rate of Community Service Facilities (%)
1988	69699			69699		7.1
1989	71357			71357		6.9
1990	84757			84757		7.7
1991	89918			89918		8.0
1992	112171			112171		10.1
1993	92946	3711		89235	169503	8.3
1994	98679	4034		94645	204229	8.8
1995	115175	4380		110795	234024	11.0
1996	132309	5055		127254	259201	12.7
1997	138366	5113		133253	307226	13.5
1998	154196	6154		148042	345075	16.2
1999	164962	7623		157339	405740	18.0
2000	187888	6444		181444	451567	22.4
2001	201758	6179		195579	539544	25.5
2002	206743	7898		198845	622986	26.9
2003	203945	7520		196425	668418	27.5
2004	205926	7804		198122	703760	28.5
2005	203275	8479		194796	664764	28.7
2006	160007	8565		151442	457896	22.7
2007	172002	9319	50116	112567	892656	24.7
2008	162976	9873	30021	123082	748684	23.7
2009	174976	10003	53170	111803	692625	25.6
2010	152941	12720	44237	95984	539136	22.4
2011	160352	14391	56156	89805	452868	23.6
2012	200162	15497	87931	95925	397222	29.5

4-19 历年城市传统救济和居民最低生活保障情况

Traditional Relief and Subsistence Allowance for Urban Residents

单位：万人 (10 000 persons)

年 份 Year	城市居民传统救济总人数 Total Number of Urban Residents Receiving Traditional Relief	城市居民传统定救人数 Number of Urban Residents Receiving Traditional Regular and Fixed Relief	城市精简退职老职工人数 Number of Laid-off, Retired and Disabled Staff and Workers in Urban Areas	享受40%人数 Number of Persons Receiving 40% of Their Original Wages	定量救济人数 Number of Persons Receiving Fixed Relief
1978					
1979	33.6	23.7	9.9		
1980	32.9	22.9	10.0		
1981	31.5	21.5	10.0		
1982	34.7	21.4	13.3		
1983	47.1	22.6	24.5		
1984	207.4	160.6	46.8	25.3	
1985	30.0	18.2	11.8	6.4	5.4
1986	49.0	35.6	13.4	7.1	6.3
1987	29.8	16.2	13.6	7.2	6.4
1988	32.9	17.6	15.3	7.7	7.6
1989	30.5	16.2	14.3	7.1	7.2
1990	41.8	16.4	25.4	16.4	9.0
1991	33.7	16.1	17.6	8.5	9.0
1992	39.5	19.2	20.3	9.7	10.6
1993	24.6	13.8	10.8	5.0	5.8
1994	23.0	12.4	10.6	4.9	5.7
1995	109.0	55.2	53.8	23.9	29.9
1996	120.1	66.5	53.6	23.6	30.0

注：1984年的精简退职老职工人数含农村的数据。

a) Number of laid-off,retired and disabled staff and workers in 1984 included those in rural areas.

4-19 续表 1 continued

单位：万人 (10 000 persons)

年 份 Year	城市最低生活保障人数 Number of Persons Receiving Subsistence Allowance in Urban Areas	在职人员 Staff and Workers	下岗人员 Laid-off Workers	退休人员 Retirees	失业人员 Unemployed Persons	"三无"人员 "Three-without" Persons	其他人员 Others
1996	84.9						
1997	87.9						
1998	184.1						
1999	256.9						
2000	402.6						
2001	1170.7						
2002	2064.7	186.8	554.5	90.8	358.3	91.9	783.1
2003	2246.8	179.3	518.4	90.7	409.0	99.9	949.3
2004	2205.0	141.0	468.9	73.1	423.1	95.4	1003.5
2005	2234.2	114.1	430.7	61.3	410.1	95.8	1122.1
2006	2240.1	97.6	350.0	53.2	420.8	93.1	1225.3

4-19 续表 2 continued

单位：万人 (10 000 persons)

年 份 Year	城市最低生活保障人数 Number of Persons Receiving Subsistence Allowance in Urban Areas	#残疾人 Disabled Persons	#"三无"人员 "Three-without" Persons	老年人 Aged Persons	在职人员 On-job Persons	灵活就业 Flexibly Employed Persons	登记失业 Unemployed Persons with Registration	未登记失业 Unemployed Persons without Registration	在校生 Students	其他 Others
2007	2272.1	161.0	125.8	298.4	93.9	343.8	627.2	364.3	321.6	223.0
2008	2334.8	169.1	106.9	316.7	82.2	381.7	564.3	402.2	358.1	229.6
2009	2345.6	181.0	94.1	333.5	79.0	432.2	510.2	410.9	369.1	210.7
2010	2310.5	180.7	89.3	338.6	68.2	432.4	492.8	420.0	357.3	201.2
2011	2276.8	184.1	80.3	346.9	61.5	429.7	472.5	426.7	348.5	191.0
2012	2143.5	174.5	64.9	339.3	49.6	459.3	400.4	422.1	318.3	154.5

4-20 历年农村社会救济和居民最低生活保障情况

Social Relief and Subsistence Allowance for Rural Residents

单位：万人 (10 000 persons)

年 份 Year	农村社会救济总人数 Total Number of Rural Residents Receiving Social Relief	农村定期定量救济人数 Number of Rural Residents Receiving Regular and Fixed Relief	农村精简退职老职工人数 Number of Laid-off, Retired and Disabled Workers in Rural Areas	享受40%人数 Number of Persons Receiving 40% of Their Original Wages	定量救济人数 Number of Persons Receiving Fixed Relief
1978					
1979	6847.6	6837.7	9.9		
1980	4651.8	4641.8	10.0		
1981	4265.1	4255.1	10.0		
1982	4270.7	4257.4	13.3		
1983	3526.7	3502.2	24.5		
1984	3842.7	3795.9	46.8	25.3	
1985	116.7	75.1	41.6	18.1	23.5
1986	103.0	63.1	39.9	18.1	21.7
1987	92.2	53.2	39.0	17.7	21.3
1988	93.0	54.1	38.9	17.6	21.4
1989	75.7	35.0	40.7	18.3	22.3
1990	100.2	46.7	53.5	23.6	29.9
1991	97.0	43.8	53.2	23.5	29.8
1992	97.5	45.6	51.9	23.3	28.6
1993	80.1	36.3	43.8	19.5	24.3
1994	82.1	38.5	43.6	19.2	24.3
1995	98.3	55.2	43.1	19.0	24.1
1996	109.2	66.5	42.7	18.6	24.1
1997	104.5	51.4	53.1	23.2	29.8
1998	120.5	65.6	54.9	24.9	30.0
1999	107.1	55.6	51.5	22.5	28.7
2000	112.2	62.5	49.7	22.1	27.6
2001	130.5	80.7	49.8	21.3	27.8
2002	138.7	90.0	48.7	20.9	27.8

注：1984年以前含应得未得的农村救济人数。

a)Number of Rual residents receiving regular and fixed relief before 1984 included fhose should get relief but not.

4-20 续表 1 continued

单位：万人 (10 000 persons)

年份 Year	农村困难群众救助总人数 Total Number of Rural Poor Residents Receiving Subsidies	农村居民最低生活保障人数 Number of Rural Residents Receiving Subsistence Allowance	农村特困户救助人数 Number of Persons in Rural Destitute Households Receiving Subsidies	农村困难群众救助户数 Number of Rural Poor Households Receiving Subsidies	农村居民最低生活保障户数 Number of Rural Households Receiving Subsistence Allowance	困难户 Poor Households	其他 Others	农村特困户救助户数 Number of Destitute Households Receiving Subsidies	困难户 Poor Households	其他 Others	五保户供养户数 Number of Households Entitled to the "Five Guarantees"
2001	385.3	304.6	80.7								
2002	497.8	407.8	90.0	156.7	156.7						
2003	1160.5	367.1	793.4	632.8	146.5	114.5	32.0	282.1	192.7	89.3	204.2
2004	1402.1	488.0	914.1	780.8	197.9	165.2	33.6	317.1	260.4	56.6	265.8
2005	1891.8	825.0	1066.8	1061.0	356.5	298.8	57.7	354.8	290.4	64.4	349.7
2006	2987.8	1593.1	775.8	1606.3	777.2			325.8			503.3

4-20 续表 2 continued

单位：万人 (10 000 persons)

年份 Year	农村救助总人数 Total Number of Rural Residents Receiving Relief	农村居民最低生活保障人数 Number of Rural Residents Receiving Subsistence Allowance	农村集中供养五保人数 Rural Households with Centralized Livelihood Guaranteed in Five Aspects	农村分散供养五保人数 Rural Households with Decentralized Livelihood Guaranteed in Five Aspects	传统救济人数 Number of Persons Receiving Traditional Relief	农村临时救济人次数（万人次） Number of Rural Residents Receiving Temporary Relief (10 000 person-times)
2007	4172.6	3566.3	138.0	393.3	75.0	646.0
2008	4926.3	4305.5	155.6	393.0	72.2	831.0
2009	5375.6	4760.0	171.8	381.6	62.2	546.4
2010	5829.8	5214.0	177.4	378.9	59.5	613.7
2011	5925.4	5305.7	184.5	366.5	68.7	596.8
2012	5969.7	5344.5	185.3	360.3	79.6	

4-21 历年社会福利企业情况

Social Welfare Enterprises

年 份 Year	单位数 (个) Number of Social Welfare Enterprises (unit)	残疾职工人数 (万人) Number of Disabled Persons Employed (10 000 persons)	利润额 (亿元) Profits (100 million yuan)
1978	920	3.5	0.8
1979	1106	4.8	0.8
1980	1309	5.5	0.9
1981	1574	6.1	0.7
1982	1704	6.4	0.8
1983	5930	9.6	0.9
1984	6710	11.6	1.3
1985	14872	23.2	5.1
1986	19865	31.4	4.2
1987	27793	43.3	8.8
1988	40496	55.9	16.5
1989	41565	60.5	16.1
1990	41827	63.8	17.8
1991	43805	70.1	21.3
1992	49836	77.8	32.6
1993	56881	84.5	44.7
1994	60233	90.9	44.1
1995	60237	93.9	49.1
1996	59397	93.6	45.1
1997	55509	91.0	66.3
1998	50514	85.6	63.9
1999	44628	79.0	76.7
2000	40670	72.5	99.0
2001	37980	69.9	119.5
2002	35758	68.3	148.3
2003	33976	67.9	189.9
2004	32410	66.2	219.0
2005	31211	63.7	225.2
2006	30199	55.9	237.8
2007	24974	56.3	169.3
2008	23780	61.9	119.2
2009	22783	62.7	125.4
2010	22226	62.5	150.8
2011	21507	62.8	140.1
2012	20232	59.7	118.4

4-22 历年中国福利彩票销售情况

China Welfare Lottery

年 份 Year	福利彩票发行单位 (个) Welfare Lottery Issuing Units (unit)	福利彩票销售额 (亿元) Sales of Welfare Lottery (100 million yuan)	提取公益金 (亿元) Public Fund from Welfare Lottery (100 million yuan)	公益金支出 (亿元) Expenditure of Public Fund from Welfare Lottery (100 million yuan)
"七五"时期 The 7th Five-year Plan Period		**14.2**	**4.6**	
1986				
1987		0.2	0.1	
1988		3.8	1.2	
1989		3.8	1.3	
1990		6.5	2.0	
"八五"时期 The 8th Five-year Plan Period		**115.2**	**34.3**	
1991		7.7	2.5	
1992		13.8	4.1	
1993		18.4	5.5	
1994		18.0	5.3	
1995		57.3	16.9	
"九五"时期 The 9th Five-year Plan Period		**358.7**	**103.5**	**72.7**
1996		64.8	19.1	
1997		36.4	10.1	
1998		63.2	19.6	14.1
1999	1169	104.4	30.5	19.9
2000	1253	89.9	24.2	38.7
"十五"时期 The 10th Five-year Plan Period		**1145.2**	**393.6**	**161.9**
2001	1185	139.6	41.9	19.7
2002	1121	168.0	58.8	25.5
2003	1145	200.1	70.0	30.6
2004	1128	226.4	79.2	33.8
2005	1113	411.2	143.7	52.3
"十一五"时期 The 11th Five-year Plan Period		**3455.3**	**1145.1**	**484.0**
2006	989	495.7	171.6	52.6
2007	985	631.6	217.0	77.6
2008	999	604.0	211.4	119.2
2009	988	756.0	248.0	113.4
2010	993	968.0	297.1	121.2
"十二五"时期 The 12th Five-year Plan Period		**2788.3**	**838.1**	**286.9**
2011	974	1278.0	388.7	127.9
2012	955	1510.3	449.4	159.0

4-23 社会捐赠情况
Social Donations

单位: 亿元 (100 million yuan)

项 目	Item	2011	2012	2012年比2011年增减% Change in 2012 over 2011
社会捐赠合计	Total Social Donations	495.0	578.8	16.9
民政部门直接接收的捐赠	Social Donations Received by Civil Affairs Department Directly	101.5	108.0	6.4
直接接收捐赠情况	Social Donations Received Directly			
捐赠款数额	Donated Fund	96.6	101.7	5.3
捐赠衣被合计(万件)	Donated Clothes and Quilts (10 000 pieces)	2918.5	12538.2	329.6
#棉衣被	Cotton-padding Clothes and Quilts	1647.1	1570.8	-4.6
捐赠其他物资价值	Value of Other Materials Donated	4.8	6.3	31.3
间接接收捐赠情况	Social Donations Received Indirectly			
捐赠款数额	Donated Fund	3.8	5.0	31.6
捐赠衣被合计(万件)	Donated Clothes and Quilts (10 000 pieces)	588.4	485.6	-17.5
#棉衣被	Cotton-padding Clothes and Quilts	410.2	49.0	-88.1
捐赠其他物资价值	Value of Other Materials Donated	0.3	5.5	1937.0
受益人次数 (万人次)	Number of Beneficiaries (10 000 person-times)	1459.7	1325.0	-9.2
社会捐赠接收工作站点数 (个)	Number of Work Stations and Spots Receiving Social Donations (unit)	34106	30920	-9.3
#社会捐赠接收工作站数	Number of Work Stations Receiving Social Donations	16736	15355	-8.3
慈善超市数	Number of Charity Supermarkets	8802	9053	2.9
各类社会组织接收捐赠	Social Donations Received by Foundations	393.5	470.8	19.6

4-24 历年社会捐赠情况

Social Donations

单位：亿元 (100 million yuan)

年 份 Year	社会捐赠款物金额合计 Total Value of Social Donations in Cash and Kind	社会捐赠款 Donated Fund	民政部门 Civil Affairs Departments	社会组织 Social Organization	社会捐赠衣被物资折款 Total Value of Clothes and Quilts Donated (cash equivalent)
1997	14.0	4.2			9.9
1998	113.2	50.2	50.2		63.0
1999	17.8	6.9	5.0	2.0	10.8
2000	16.3	9.3	5.4	3.9	7.0
2001	20.0	11.7	7.6	4.1	8.3
2002	20.8	19.0	11.1	7.9	1.8
2003	43.4	41.0	29.2	11.9	2.4
2004	35.1	34.0	17.1	16.9	1.2
2005	61.9	60.3	31.3	29.0	1.6
2006	89.5	83.1	43.0	40.1	6.4
2007	148.4	132.8	50.9	81.9	15.6
2008	764.0	744.5	479.3	265.2	19.6
2009	485.9	483.7	66.5	417.2	2.2
2010	601.7	596.8	179.8	417.0	4.9
2011	494.9	490.1	96.6	393.5	4.8
2012	578.8	572.5	101.7	470.8	6.3

注：社会捐赠衣被物资折款指民政部门接收的捐赠衣被和物资。

a)Total value of clothes and quilts donated (cash equivalent) only refers to those received by civil affairs departments.

4-25 历年人口受灾和救灾情况

Population Affected by Disasters and Disaster Relief

年份 Year	受灾人口 (万人次) Population Affected by Disasters (10 000 person-times)	因灾死亡人口 (人) Number of Persons Died in Disasters (person)	紧急转移人口 (万人) Population Evacuated in Emergency (10 000 persons)
1978		4965	
1979		6962	
1980		6821	
1981	26710.0	7422	
1982	22900.7	7935	
1983	22439.0	10952	
1984	20894.0	6927	
1985	26446.0	4394	290.5
1986	29928.0	5410	345.8
1987	23512.0	5495	348.0
1988	36169.0	7306	582.9
1989	34569.0	5952	365.3
1990	29348.0	7338	579.2
1991	41941.0	7315	1308.5
1992	37174.0	5741	303.6
1993	37541.0	6125	307.7
1994	43799.0	8549	1054.0
1995	24215.0	5561	1064.0
1996	32305.0	7273	1216.0
1997	47886.0	3212	511.3
1998	35216.0	5511	2082.4
1999	35319.0	2966	664.8
2000	45652.3	3014	467.1
2001	37255.9	2583	211.1
2002	37841.8	2840	471.8
2003	49745.9	2259	707.3
2004	33920.6	2250	563.2
2005	40653.7	2475	1570.3
2006	43453.3	3186	1384.5
2007	39777.9	2325	1499.1
2008	47795.0	88928	2682.2
2009	47933.5	1528	709.9
2010	42610.2	7844	1858.4
2011	43290.0	1126	939.4
2012	29421.7	1530	1109.6

4-26 历年因灾造成物资损失情况
Loss of Materials Caused by Disasters

年 份 Year	直接经济损失 (亿元) Direct Economic Loss (100 million yuan)	倒塌房屋 (万间) Collapsed Houses (10 000 rooms)	农作物受灾面积 (万公顷) Crops Areas Affected by Disaster (10 000 hectares)	死亡大牲畜 (万头) Number of Livestock Died in Disasters (10 000 heads)
1978		73.1	4844	226
1979		152.1	3937	
1980		137.3	5003	73
1981		261.5	3979	171
1982		320.3	3313	199
1983	260.9	345.4	3471	115
1984		274.7	3189	37
1985	410.4	224.9	4437	323
1986		209.7	4714	79
1987	326.3	180.0	4207	100
1988		258.0	5087	249
1989	525.0	194.1	4699	450
1990	616.0	247.4	3847	166
1991	1215.1	581.5	5547	98
1992	853.9	196.6	5133	171
1993	933.2	271.6	4867	151
1994	1876.0	512.1	5504	238
1995	1863.0	439.3	4587	245
1996	2882.0	809.0	5975	619
1997	1975.0	288.0	5343	34
1998	3007.4	821.4	2229	689
1999	1962.4	174.5	4998	82
2000	2045.3	147.3	5469	162
2001	1942.0	92.2	5215	63
2002	1717.4	175.7	4712	75
2003	1884.2	343.0	5439	81
2004	1602.3	155.0	3711	170
2005	2042.1	226.4	3882	113
2006	2528.1	193.3	4109	126
2007	2363.0	146.7	4899	_
2008	11752.4	1097.8	3999	_
2009	2523.7	83.8	4721	1099
2010	5339.9	273.3	3743	_
2011	3096.4	93.5	3247	_
2012	4185.5	90.6	2496	_

4-27 国家优抚安置情况

Beneficiaries of Preferential Treatment and Resettlement of Demobilized Veterans

单位：人 (person)

项　目	Item	2011	2012	2012年比2011年增减% Change in 2012 over 2011
重点优抚对象人数	**Total Number of Beneficiaries Enjoying State Pension or Subsidies with Preferential Treatment**	**8525358**	**9444470**	**10.8**
抚　恤	Beneficiaries of State Pension	1281652	1260777	-1.6
烈士家属抚恤	Family Members of Martyrs	286449	277712	-3.1
因公牺牲抚恤	Family Members of Veterans Sacrificed	60534	59478	-1.7
病故军人家属抚恤	Family Members of Veterans Died of Illness	75456	74521	-1.2
伤残人员抚恤	Disabled Veterans	859213	849066	-1.2
补　助	Beneficiaries of Subsidies	7243706	8183693	13.0
在乡复员军人	Demobilized Soldiers in the Countryside	1587006	1474790	-7.1
带病回乡退伍军人	Veterans in the Countryside	1321786	1324325	0.2
60岁以上农村籍退伍军人	Rural Veterans over 60	2373772	3210986	35.3
在乡红军老战士	Red Army Soldiers in the Countryside	911	757	-16.9
在乡西路军红军老战士	West Road Army of the Red Army in the Countryside	190	164	-13.7
红军失散人员	Scattered Red Army Soldiers	29208	25961	-11.1
其他补助人数	Other Regular Beneficiaries of Subsidies	1930833	2146710	11.2
接收离退休人员数	Number of Retired and Resigned Servicemen	14530	18570	27.8
军队干部(含地方)	Cadres of the Army (Including Local)	12496	14341	14.8
军队退休士官	Retired Non-commissioned Officers	1405	1047	-25.5
军队无军籍职工	Employees without Military Status from the Army	629	2847	352.6
安　置	Resettlement			
退伍士兵	Demobilized Conscripts	325289	321142	-1.3
转业、复员士官	Demobilized Non-commissioned Officers	65483	71308	8.9
复员干部	Demobilized Officers	646	889	37.6
当年批准的烈士	Martyrs Approved During the Year	233	172	-26.2
零散烈士纪念建筑物 (个)	Scattered Martyr Memorial Buildings (unit)	12378	13151	6.2
优　待	Preferential Treatment of Martyrs			
优待优抚对象 (万户)	Number of Households with Preferential Treatment (10 000 households)	333	347	4.2
#军属	Families of Servicemen	105	101	-4.1
优待金 (亿元)	Total Pension of Preferential Treatment (100 million yuan)	97	112	15.8
#军属	Family members of Servicemen	56	52	-6.1

4-28 历年定期抚恤优抚对象情况
Regular Beneficiaries of State Pension with Preferential Treatment

年 份 Year	定期抚恤人数 (人) Regular Beneficiaries of State Pension (person)	烈 属 Family Members of Martyrs	牺牲、病故军人家属 Family Members of Veterans Sacrificed or Died of Illness	伤残人员 (万人) Disabled Veterans (10 000 persons)
1978				73.4
1979				75.6
1980				78.6
1981				79.6
1982	590104	541516	48588	81.6
1983	577791	526826	50965	83.0
1984	585403	536523	48880	84.4
1985	518566	440000	78566	85.3
1986	533245	446209	87036	86.5
1987	548063	453480	94583	88.0
1988	537472	429271	108201	88.7
1989	525134	422656	102478	89.1
1990	516638	407276	109362	87.4
1991	614945	504462	110483	87.5
1992	602163	492457	109706	87.6
1993	495994	383924	112070	88.3
1994	487256	372850	114406	88.5
1995	486250	370685	115565	88.8
1996	484270	366216	118054	89.3
1997	480464	362086	118378	89.5
1998	473901	357492	116409	89.2
1999	458079	336587	121492	88.7
2000	448276	325116	123160	88.1

4-28 续表 continued

年 份 Year	定期抚恤人数 (人) Regular Beneficiaries of State Pension (person)	烈 属 Family Members of Martyrs	牺牲军人家属 Family Members of Sacrificed Veterans	病故军人家属 Family Members of Veterans Sacrificed or Died of Illness	伤残人员 (万人) Disabled Veterans (10 000 persons)
2001	480852	348521	60081	72250	85.5
2002	480466	341109	63953	75404	85.8
2003	488820	345141	65303	78376	86.0
2004	485733	339817	65695	80221	85.6
2005	492517	349253	63603	79661	84.5
2006	491320	346089	64248	80983	86.0
2007	488675	342101	64478	82096	86.5
2008	478880	332390	65001	81489	87.2
2009	458578	317675	62304	78599	87.2
2010	447824	307587	62338	77899	86.7
2011	422439	286449	60534	75456	85.9
2012	411711	277712	59478	74521	84.9

4-29 历年定期补助优抚对象情况

Regular Beneficiaries of Subsidies with Preferential Treatment

单位：人 (person)

年份 Year	定期补助总人数 Regular Beneficiaries of Subsidies	在乡红军老战士 Red Army Soldiers in the Countryside	西路军 West Road Army of the Red Army	红军失散人员 Scattered Red Army Soldiers	在乡复员军人 Demobilized Soldiers in the Countryside	带病回乡退伍军人 Veterans in the Countryside	60岁以上农村籍退伍军人 Rural Veterans over 60	其他 Others
1978	9251	9251						
1979	7872	7872						
1980	6922	6922						
1981	6567	6567						
1982	1002181	6383			859055	136743		
1983	1104586	6142			952993	145451		
1984	1243633	6159			1081350	156124		
1985	1461180	6329			1185502	183129		86220
1986	1999872	6315			1673990	210445		109122
1987	2230873	7466			1833402	241290		148715
1988	2360462	7415			1950641	247009		155397
1989	2715258	6628			2272639	283075		152916
1990	2866579	7514			2373873	305045		180147
1991	2939074	7015			2419453	346021		166585
1992	2975175	6599			2402869	373989		191718
1993	2947209	5531	2997	105200	2424984	408497		
1994	2963965	5058	2430	104566	2424435	427476		
1995	2987751	4659	2318	101507	2423191	456076		
1996	3018047	4480	2303	108534	2421517	481213		
1997	3037367	4195	2214	115706	2396017	519235		
1998	3033826	3996	2157	112092	2367266	548315		
1999	3056727	3687	2106	105303	2363466	582165		
2000	3057257	3326	1997	100309	2320739	630886		
2001	3170877	3325	1889	93131	2246954	782802		42776
2002	3251971	3136	1691	90021	2274657	882090		376
2003	3300232	2893	1610	86264	2262264	919349		27852
2004	3277914	2701	1454	83366	2214467	950428		25498
2005	3265797	2681	1370	75588	2145421	977424		63313
2006	3274059	2417	1220	68070	2064713	1072684		64955
2007	4870800	2049	966	63205	1988977	1134414		1681189
2008	4981893	1622	440	47136	1920235	1193622		1818838
2009	4976839	1351	322	41272	1809019	1219752		1905123
2010	4935399	1226	273	37131	1703396	1265664		1927709
2011	7243706	911	190	29208	1587006	1321786	2373772	1930833
2012	8183693	757	164	25961	1474790	1324325	3210986	2146710

4-30 历年烈士褒扬和优待情况

Commendation and Preferential Treatment of Martyrs

年 份 Year	本年批准烈士人数（人） Number of Martyrs Approved During the Year (person)	零散烈士纪念建筑物（个） Scattered Martyr Memorial Buildings (unit)	优待优抚对象户数（户） Number of Households with Preferential Treatment (household)	#优待军属 Families of Servicemen Entitled to Preferential Treatment	优待总金额（万元） Total Pension of Preferential Treatment (10 000 yuan)	#固 定优待军属 Fixed Pensions for Family Members of Servicemen
1978		5347				
1979		3779			20393	
1980		2825			31459	
1981		2915			47255	
1982	8601	3592	4730756		58750	
1983	11024	3826	4387292		59588	
1984	8478	3953	4102419		62263	
1985	5887	3716	3567165	2884906	71655	577018
1986	11758	3871	3355694	2710272	75243	62205
1987	10644	4121	3223550	2562036	80915	66321
1988	9035	4236	3225253	2477699	87160	71735
1989	3960	4466	3086285	2423418	92169	77764
1990	3067	6065	2941486	2522476	99535	86739
1991	1556	6474	2967881	2540714	106354	93069
1992	1338	6957	2967002	2535037	116573	102008
1993	1467	6956	3009163	2470099	131555	113330
1994	1215	7279	3027420	2462671	155627	133070
1995	1277	7067	3051322	2476261	194379	166414
1996	1187	7020	3040439	2449077	251798	217527
1997	888	7048	3334000	2427586	321741	261865
1998	749	7322	3250395	2415838	356413	292305
1999	616	7252	3818210	2380675	402998	305386
2000	468	7427	3855797	2282584	469054	363675
2001	460	7802	3973085	2086464	385859	275456
2002	403	8051	4130817	1929011	374819	251854
2003	461	7781	3962425	1672205	391581	239410
2004	316	7425	3632630	1430630	418499	267458
2005	314	7483	3393218	1224036	379631	213968
2006	265	7414	3220933	1183674	421010	224354
2007	168	7186	3277318	1145223	454090	233479
2008	297	7569	3301682	1108878	666011	267750
2009	213	7622	3280522	1190816	751065	297448
2010	173	9729	3308766	1169833	671536	340382
2011	233	12378	3330859	1050918	968175	555402
2012	172	13151	3471611	1008477	1121135	520520

4-31 社会组织发展情况
Development of NGOs

单位：个 (unit)

项　目	Item	2011	2012	2012年比2011年增减% Change in 2012 over 2011
社会组织合计	Total Number of NGOs	**461971**	**499268**	**8.1**
社会团体	Social Organizations	254969	271131	**6.3**
按活动区域分	by Range of Activity			
中央级	Central Government Level	1834	1873	2.1
省级	Provincial Level	24963	25817	3.4
地级	Prefecture Level	66163	69905	5.7
县级	County Level	162009	173536	7.1
民办非企业单位	Non-enterprise Units Run by NGO	204388	225108	10.1
按性质分类	by Character			
法人	Legal Entity	147202	167028	13.5
合伙	Partnership	7265	7105	-2.2
个体	Individual	49921	50975	2.1
基金会	Foundations	2614	3029	15.9
按性质分类	by Character			
公募性	Public Foundations	1218	1316	8.0
非公募性	Non-public Foundations	1370	1694	23.6
境外代表机构	Representative Offices of Foreign Foundations	26	19	-26.9

注：2011年以前将涉外基金会划归境外代表机构，2012年开始划归为非公募性基金会。
a)Foreign foundation will be as foreign representative offices 2011 years ago, since 2012 it will be as non-public foundation.

4-32 历年社会组织情况
Number of NGOs

单位：个 (unit)

年份 Year	社会组织合计 Total Number of NGOs	社会团体 Social Organizations	民办非企业 Non-enterprise Units Run by NGO	基金会 Foundations
1988	4446	4446		
1989	4544	4544		
1990	10855	10855		
1991	82814	82814		
1992	154502	154502		
1993	167506	167506		
1994	174060	174060		
1995	180583	180583		
1996	184821	184821		
1997	181318	181318		
1998	165600	165600		
1999	142665	136764	5901	
2000	153322	130668	22654	
2001	210939	128805	82134	
2002	244509	133297	111212	
2003	266612	141167	124491	954
2004	289432	153359	135181	892
2005	319762	171150	147637	975
2006	354393	191946	161303	1144
2007	386916	211661	173915	1340
2008	413660	229681	182382	1597
2009	431069	238747	190479	1843
2010	445631	245256	198175	2200
2011	461971	254969	204388	2614
2012	499268	271131	225108	3029

注：2001年以前的基金会含在社会团体内。
a)Data of social organizations included foundations before 2001.

4-33 自治组织发展情况

Development of Autonomy Organizations

单位：个、人 (unit, person)

项　目	Item	2011	2012	2012年比2011年增减% Change in 2012 over 2011
城　市	Urban Areas			
社区居委会	Community Neighbourhood Committees	89480	91153	1.9
居民小组	Neighbourhood Groups	1340414	1334923	-0.4
居民委员会成员人数	Members of Neighbourhood Committees	453914	468786	3.3
#女　性	Female	224337	228933	2.0
#中共党员	Members of CPC	246295	253447	2.9
居委会选举情况	Election of Neighbourhood Committees			
当年进行选举的居委会	Number of Neighbourhood Committees Conducting Election During the Year	26790	27898	4.1
当年参选人口数	Total Population Participating in Election During the Year	65395650	66888743	2.3
#登记选民数	Number of Registered Voters	53938125	56201179	4.2
参选人数	Actual Number of Voters Participating in Election	40986263	41714870	1.8
农　村	Rural Areas			
村民委员会	Villagers' Committees	589653	588475	-0.2
村民小组	Villagers' Groups	4763680	4693825	-1.5
村民委员会成员人数	Members of Villagers' Committees	2319406	2322731	0.1
#女　性	Female	509487	512780	0.6
#中共党员	Members of CPC	1338531	1340391	0.1
村委会选举情况	Election of Villagers' Committees			
当年进行选举的村委会	Number of Villagers' Committees Conducting Election During the Year	331007	81469	-75.4
当年参选村人口数	Total Population of Villages Participating in Election During the Year	387427082	88279294	-77.2
#登记选民数	Number of Registered Voters	347942238	76688850	-78.0
参选人数	Actual Number of Voters Participating in Election	314740486	70099796	-77.7

4-34 历年自治组织发展情况
Number of Autonomy Organizations

年 份 Year	社区居委会 (个) Number of Neighbourhood Committees (unit)	居民小组 (万个) Number of Neighbourhood Groups (10 000 units)	社区居委会成员 (万人) Membership of Neighbourhood Committees (10 000 persons)	村民委员会 (万个) Number of Villagers' Committees (10 000 units)	村民小组 (万个) Number of Villagers' Groups (10 000 units)	村民委员会成员 (万人) Membership of Villagers' Committees (10 000 persons)
1979	46810					
1980						
1981	57169					
1982						
1983	65519			31.2		
1984	75609			92.7		
1985	80943		34.9	94.9		379.6
1986	86824		36.2	86.6		365.9
1987	86799		37.0	84.5		359.9
1988	95684		36.1	88.3		366.6
1989	93691		36.6	93.4		379.4
1990	98814		43.1	100.1		409.4
1991	100347		44.1	101.9		424.4
1992	104136		46.5	100.4		430.9
1993	107173		47.9	101.3		456.0
1994	110112		48.0	100.7		458.5
1995	111860		48.0	93.2		400.5
1996	113690		49.3	92.8		397.5
1997	117915	108.3	49.8	90.6	535.8	378.8
1998	119042	117.2	50.8	83.3	537.1	358.6
1999	114815	124.7	50.1	80.1	555.7	351.3
2000	108424	127.2	48.4	73.2	553.4	315.0
2001	91893	125.9	46.4	70.0	541.9	316.4
2002	86087	124.4	39.6	68.1	528.6	294.2
2003	77431	122.2	39.7	66.3	519.2	319.1
2004	77884	129.6	42.5	64.4	507.9	292.1
2005	79947	123.3	45.4	62.9	490.5	265.7
2006	80717	123.5	44.3	62.4	453.3	243.0
2007	82006	122.3	41.6	61.3	466.9	241.1
2008	83413	128.7	42.2	60.4	480.9	233.9
2009	84689	129.5	43.1	59.9	480.5	234.0
2010	87057	130.7	43.9	59.5	479.1	233.4
2011	89480	134.0	45.4	59.0	476.4	231.9
2012	91153	133.5	46.9	58.8	469.4	232.3

4-35 历年结婚登记情况
Registered Marriages

年 份 Year	结婚登记总数 (万对) Total Number of Registered Marriages (10 000 couples)	内地居民登记结婚数 Registered Marriages of the Mainland	涉外华侨港澳台登记结婚数 Registered Marriages with Foreigners, Overseas Chinese and Citizens of Hong Kong, Macao and Taiwan	每千居民结婚宗数 (粗结婚率) (‰) Number of Marriages per 1000 Population (Crude Marriage Rate) (‰)
1978	597.8	597.8		6.2
1979	637.1	636.3	0.8	6.7
1980	720.9	719.8	1.1	7.3
1981	1041.7	1040.3	1.4	10.4
1982	836.9	835.5	1.4	8.3
1983	765.4	764.2	1.3	7.5
1984	784.8	783.4	1.4	7.5
1985	831.3	829.1	2.2	7.9
1986	884.0	882.3	1.7	8.2
1987	926.7	924.7	2.0	8.6
1988	899.2	897.2	2.0	8.3
1989	937.2	935.2	2.0	8.4
1990	951.1	948.7	2.4	8.2
1991	953.6	951.0	2.6	8.3
1992	957.5	954.5	3.0	8.3
1993	915.4	912.2	3.3	7.8
1994	932.4	929.0	3.4	7.8
1995	934.1	929.7	4.4	7.7
1996	938.7	934.0	4.7	7.7
1997	914.1	909.1	5.1	7.4
1998	891.7	886.7	5.0	7.2
1999	885.3	879.9	5.4	7.1
2000	848.5	842.0	6.5	6.7
2001	805.0	797.1	7.9	6.3
2002	786.0	778.8	7.3	6.1
2003	811.4	803.5	7.8	6.3
2004	867.2	860.8	6.4	6.7
2005	823.1	816.6	6.4	6.3
2006	945.0	938.2	6.8	7.2
2007	991.4	986.3	5.1	7.5
2008	1098.3	1093.2	5.1	8.3
2009	1212.4	1207.5	4.9	9.1
2010	1241.0	1236.1	4.9	9.3
2011	1302.4	1297.5	4.9	9.7
2012	1323.6	1318.3	5.3	9.8

注：1.每千居民结婚宗数(粗结婚率)计算方法：

$$每千居民结婚宗数=\frac{结婚宗数}{(当年期初人口数+当年期末人口数)/2}\times1000‰$$

a) Method to compile number of marriages per 1 000 population (crude marriage rate):

$$\text{Number of marriages per 1000 population}=\frac{\text{Number of marriages}}{(\text{Beginning population + Ending population})/2}\times1000‰$$

4-36 历年离婚办理情况
Registration of Divorces

年 份 Year	离婚总数（万对） Total Number of Divorces (10 000 couples)	民政部门登记离婚数 Number of Divorces Registered in Civil Affairs Departments	内地居民登记离婚数 Registered Divorces of the Mainland	涉外华侨港澳台登记离婚数（对） Registered Divorces with Foreigners, Oversesa Chinese and Citizens of Hong Kong, Macao and Taiwan (couple)	法院部门办理离婚数 Number of Divorces Registered in Courts	每千居民离婚宗数（粗离婚率）（‰） Number of Divorces per 1000 Population (Crude Divorce Rate) (‰)
1978	28.5	17.0	17.0		11.5	0.18
1979	31.9	19.3	19.3	82	12.6	0.33
1980	34.1	18.0	18.0	330	16.1	0.35
1981	38.9	18.7	18.7	46	20.2	0.39
1982	42.8	21.1	21.1	116	21.7	0.42
1983	41.8	19.7	19.7	126	22.1	0.42
1984	45.4	19.9	19.9	110	25.5	0.40
1985	45.8	19.6	19.6	108	26.2	0.44
1986	50.6	21.4	21.4	205	29.2	0.47
1987	58.1	23.6	23.6	220	34.5	0.55
1988	65.5	26.4	26.4	310	39.1	0.60
1989	75.3	28.8	28.7	518	46.5	0.68
1990	80.0	30.1	30.0	602	49.9	0.69
1991	83.1	30.1	30.0	588	53.0	0.72
1992	85.0	31.6	31.5	833	53.4	0.74
1993	91.0	33.6	33.5	968	57.4	0.77
1994	98.2	35.5	35.4	737	62.7	0.82
1995	105.6	36.8	36.7	813	68.8	0.88
1996	113.4	39.4	39.3	1175	74.0	0.93
1997	119.9	44.0	43.9	1385	75.9	0.97
1998	119.2	46.6	46.5	948	72.6	0.96
1999	120.2	47.8	47.7	975	72.4	0.96
2000	121.3	48.9	48.8	1075	72.4	0.96
2001	125.0	52.8	52.5	2856	72.2	0.98
2002	117.7	57.3	56.8	5221	60.4	0.90
2003	133.0	69.0	68.7	3333	64.0	1.05
2004	166.5	104.6	104.0	5830	61.9	1.28
2005	178.5	118.4	117.5	8267	60.1	1.37
2006	191.3	129.1	128.3	8414	62.2	1.46
2007	209.8	145.7	144.8	8852	64.1	1.59
2008	226.9	161.0	160.0	9470	65.9	1.71
2009	246.8	180.2	179.6	5747	66.6	1.85
2010	267.8	201.0	200.4	5783	66.8	2.00
2011	287.4	220.7	220.2	5761	66.7	2.13
2012	310.4	242.3	241.7	6161	68.1	2.29

注：1.每千居民离婚宗数(粗离婚率)计算方法：

$$\text{每千居民离婚宗数}=\frac{\text{离婚宗数}}{(\text{当年期初人口数}+\text{当年期末人口数})/2}\times 1000‰$$

Note: a) Method to compile number of divorces per 1 000 population (crude divorce rate):

$$\text{Number of divorces per 1000 population} = \frac{\text{Number of marriages}}{(\text{Beginning population} + \text{Ending population})/2}\times 1000‰$$

4-37 历年殡葬服务情况
Statistics on Funeral Services

年 份 Year	殡仪馆 (个) Funeral Homes (unit)	公墓 (个) Public Cemeteries (unit)	殡葬管理单位 (个) Funeral Management Units (unit)	火化炉数 (台) Number of Cremators (set)	全年处理遗体数 (万具) Cremated Remains During the Year (10 000 bodies)	火化率 (%) Cremation Rate (%)
1978				1712	117.5	
1979				2300	102.1	
1980				2510	98.7	
1981				2586	85.4	
1982				2622	96.2	
1983				2622	108.0	
1984				2686	128.2	
1985	9	24	122	2729	155.2	
1986	5	25	143	2745	155.5	26.2
1987	6	29	195	2752	162.0	27.0
1988	14	37	219	2729	180.9	29.5
1989	17	50	217	2768	182.3	30.1
1990	1260	73	211	2795	201.3	31.5
1991	1283	84	234	2714	215.6	34.0
1992	1288	88	228	2852	242.6	31.2
1993	1264	136	296	2891	247.6	31.6
1994	1272	163	284	2882	257.1	33.4
1995	1281	209	302	2927	262.7	33.2
1996	1283	256	313	3005	282.7	35.2
1997	1289	359	340	2959	295.0	36.8
1998	1310	425	374	3157	319.7	39.6
1999	1318	624	402	3340	336.4	41.5
2000	1363	692	466	3565	373.7	46.0
2001	1415	757	540	4299	386.7	47.3
2002	1486	854	542	3945	415.2	50.6
2003	1515	855	599	4159	434.9	52.7
2004	1549	937	633	4792	436.9	52.5
2005	1594	1009	681	5037	450.2	53
2006	1635	1109	805	5649	430.2	48.2
2007	1708	1162	799	4838	442.1	48.4
2008	1692	1209	853	4789	453.4	48.5
2009	1729	1266	901	5123	454.2	48.2
2010	1724	1308	919	5229	474.1	49.0
2011	1745	1406	952	5209	468.1	48.8
2012	1782	1597	978	5539	477.7	49.5

4-38 分地区城市最低生活保障支出水平

Expenditure on Urban Subsistence Security by Region

单位：元/人、月 (yuan per capita per month)

地 区	Region	2011	2012	2012年比2011年增减% Change in 2012 over 2011
全 国	**National Average**	**240.3**	**239.1**	**-0.5**
北 京	Beijing	457.0	463.0	1.3
天 津	Tianjin	537.4	435.0	-19.0
河 北	Hebei	208.2	217.0	4.2
山 西	Shanxi	247.2	221.9	-10.2
内蒙古	Inner Mongolia	325.4	329.3	1.2
辽 宁	Liaoning	255.7	296.3	15.9
吉 林	Jilin	249.0	254.4	2.2
黑龙江	Heilongjiang	250.4	261.7	4.5
上 海	Shanghai	347.3	404.4	16.4
江 苏	Jiangsu	261.7	251.7	-3.8
浙 江	Zhejiang	391.5	378.9	-3.2
安 徽	Anhui	261.4	257.3	-1.6
福 建	Fujian	207.0	199.6	-3.6
江 西	Jiangxi	219.1	202.0	-7.8
山 东	Shandong	209.8	250.2	19.3
河 南	Henan	199.4	189.3	-5.0
湖 北	Hubei	247.9	218.7	-11.8
湖 南	Hunan	220.7	236.8	7.3
广 东	Guangdong	203.4	196.6	-3.4
广 西	Guangxi	204.0	212.3	4.0
海 南	Hainan	234.5	233.3	-0.5
重 庆	Chongqing	237.1	234.7	-1.0
四 川	Sichuan	202.2	192.0	-5.0
贵 州	Guizhou	220.6	222.2	0.7
云 南	Yunnan	194.3	205.1	5.6
西 藏	Tibet	327.7	357.1	9.0
陕 西	Shaanxi	276.0	261.0	-5.4
甘 肃	Gansu	233.2	223.8	-4.0
青 海	Qinghai	263.3	248.5	-5.6
宁 夏	Ningxia	209.6	203.5	-2.9
新 疆	Xinjiang	250.3	244.1	-2.5

4-39 分地区城市最低生活保障平均标准

Average Standard of Subsistence Allowance in Urban Areas by Region

单位：元/人、月 (yuan per capita per month)

地区	Region	2011	2012	2012年比2011年增减% Change in 2012 over 2011
全国	National Average	**287.6**	**330.1**	**14.8**
北京	Beijing	500.0	520.0	4.0
天津	Tianjin	480.0	520.0	8.3
河北	Hebei	310.0	335.0	8.1
山西	Shanxi	268.6	308.5	14.9
内蒙古	Inner Mongolia	343.5	407.7	18.7
辽宁	Liaoning	311.7	366.6	17.6
吉林	Jilin	254.2	291.1	14.5
黑龙江	Heilongjiang	277.8	323.7	16.5
上海	Shanghai	505.0	570.0	12.9
江苏	Jiangsu	385.8	434.3	12.6
浙江	Zhejiang	429.2	462.7	7.8
安徽	Anhui	296.7	339.4	14.4
福建	Fujian	274.4	324.1	18.1
江西	Jiangxi	308.1	345.9	12.3
山东	Shandong	314.2	364.1	15.9
河南	Henan	233.2	271.8	16.6
湖北	Hubei	293.8	334.5	13.9
湖南	Hunan	243.2	304.5	25.2
广东	Guangdong	285.9	314.0	9.8
广西	Guangxi	241.3	270.5	12.1
海南	Hainan	299.9	316.2	5.4
重庆	Chongqing	298.3	326.0	9.3
四川	Sichuan	242.1	276.7	14.3
贵州	Guizhou	270.9	308.0	13.7
云南	Yunnan	248.3	284.4	14.5
西藏	Tibet	355.8	399.7	12.4
陕西	Shaanxi	306.2	363.1	18.6
甘肃	Gansu	207.4	251.3	21.2
青海	Qinghai	235.8	310.8	31.8
宁夏	Ningxia	244.3	252.5	3.3
新疆	Xinjiang	200.4	261.0	30.3

4-40 分地区社会服务机构固定资产原值（2012年）

Total Investment of fixed assets in Social Service by Region（2012）

单位: 亿元 (100 million yuan)

地 区	Region	合 计 Total	社会工作 Social Works	成员组织 Member Organization	社会组织 Social Organization	自治组织 Autonomy Organization	其他社会服务 Other Social Service	行政机关 Administration
全 国	**National Total**	**7019.5**	**2945.9**	**3477.7**	**1425.4**	**2052.3**	**251.8**	**344.1**
中央级		85.6	20.3	61.4	61.4			3.8
北 京	Beijing	430.6	79.7	336.9	96.4	240.6	10.8	3.1
天 津	Tianjin	67.9	37.6	26.0	7.3	18.8	3.5	0.7
河 北	Hebei	240.6	107.8	120.4	52.7	67.7	7.5	4.9
山 西	Shanxi	150.2	53.8	90.9	20.2	70.7	2.4	3.2
内蒙古	Inner Mongolia	46.4	23.5	17.4	5.6	11.8	2.5	2.9
辽 宁	Liaoning	287.4	130.7	111.1	42.0	69.1	12.8	32.8
吉 林	Jilin	109.0	36.2	7.0	2.3	4.7	3.5	62.3
黑龙江	Heilongjiang	129.1	38.5	79.3	26.3	53.0	8.6	2.6
上 海	Shanghai	294.9	133.6	136.5	29.6	106.9	23.1	1.8
江 苏	Jiangsu	945.7	490.7	429.7	193.9	235.8	18.9	6.5
浙 江	Zhejiang	1222.3	657.1	541.9	146.1	395.8	18.1	5.2
安 徽	Anhui	172.2	57.3	102.8	54.9	47.9	6.9	5.2
福 建	Fujian	97.6	37.7	49.0	25.4	23.6	8.4	2.6
江 西	Jiangxi	76.1	34.3	34.2	22.9	11.3	4.5	3.1
山 东	Shandong	401.7	198.9	184.5	52.7	131.8	9.4	9.0
河 南	Henan	132.7	66.0	56.4	24.1	32.4	6.9	3.4
湖 北	Hubei	176.7	74.0	85.9	42.0	43.9	8.6	8.2
湖 南	Hunan	136.1	59.8	53.1	29.1	24.0	16.4	6.9
广 东	Guangdong	620.3	88.2	489.6	222.9	266.7	28.0	14.5
广 西	Guangxi	183.9	24.6	37.0	20.8	16.2	3.9	118.5
海 南	Hainan	19.1	4.5	11.7	9.1	2.6	1.8	1.1
重 庆	Chongqing	157.5	85.0	62.4	42.9	19.5	6.9	3.3
四 川	Sichuan	215.0	112.1	82.8	54.2	28.7	12.2	7.8
贵 州	Guizhou	74.2	26.7	35.2	22.5	12.8	8.5	3.8
云 南	Yunnan	269.8	143.2	111.1	44.2	67.0	7.1	8.3
西 藏	Tibet	12.4	6.9	3.0	0.3	2.7	0.2	2.3
陕 西	Shaanxi	111.0	40.8	63.5	47.1	16.4	2.9	3.8
甘 肃	Gansu	44.8	16.6	24.7	10.2	14.5	1.6	1.8
青 海	Qinghai	11.2	4.2	4.7	2.4	2.2	0.7	1.6
宁 夏	Ningxia	32.7	17.6	11.6	8.0	3.5	0.7	2.7
新 疆	Xinjiang	64.7	37.8	16.0	6.0	10.0	4.7	6.1

4-41 分地区社会服务事业费（2012年）

Social Service Expenditure by Region（2012）

单位：亿元 (100 million yuan)

地 区	Region	社会服务事业费总支出 Total Expenditure of Social Service	抚恤 Pension	退役安置 Retired Resettled	社会福利 Social Welfare	社会救助 Social Aid	自然灾害生活救助 Life Aid for Natural Disasters	离退休人员经费 Expenditure for Retirees	其他 Others
全 国	**National Total**	**3683.7**	**517.0**	**372.1**	**319.5**	**1866.1**	**163.4**	**39.0**	**406.7**
北 京	Beijing	126.1	8.9	54.1	15.2	16.2	1.6	5.2	24.8
天 津	Tianjin	44.4	5.9	7.4	6.5	17.4	0.1	0.5	6.6
河 北	Hebei	143.9	27.8	19.8	10.3	65.8	5.8	1.8	12.5
山 西	Shanxi	93.6	14.4	6.2	7.3	54.7	3.7	0.9	6.5
内蒙古	Inner Mongolia	112.7	7.4	4.3	11.3	74.4	4.6	1.3	9.5
辽 宁	Liaoning	156.8	17.1	30.3	10.4	69.2	7.2	2.0	20.6
吉 林	Jilin	76.5	9.5	5.5	3.3	51.6	2.2	0.4	4.0
黑龙江	Heilongjiang	115.2	9.6	7.1	5.0	84.7	2.7	0.7	5.4
上 海	Shanghai	72.8	6.6	11.2	10.1	31.0	0.1	0.7	13.1
江 苏	Jiangsu	197.1	34.7	27.5	29.4	74.9	2.3	2.6	25.8
浙 江	Zhejiang	125.4	19.2	9.4	21.5	42.1	2.4	2.3	28.5
安 徽	Anhui	142.2	22.9	12.9	11.2	83.1	2.8	1.3	8.0
福 建	Fujian	61.5	10.2	6.3	7.2	23.9	2.4	2.4	9.2
江 西	Jiangxi	107.5	19.1	3.8	6.8	66.1	6.2	0.8	4.9
山 东	Shandong	218.4	61.7	31.9	16.0	81.7	6.1	1.1	19.8
河 南	Henan	174.1	36.5	12.7	11.7	97.0	3.1	1.7	11.3
湖 北	Hubei	153.1	25.5	14.4	12.4	80.8	6.9	1.3	11.8
湖 南	Hunan	200.3	34.2	8.3	8.0	102.7	8.3	0.8	38.1
广 东	Guangdong	166.9	25.1	21.1	27.6	60.8	3.0	3.1	26.0
广 西	Guangxi	117.4	12.1	3.7	11.6	72.7	5.6	1.1	10.5
海 南	Hainan	24.0	2.0	1.4	1.6	12.7	0.9	0.2	5.2
重 庆	Chongqing	90.8	13.8	7.6	9.0	47.7	4.7	0.9	7.0
四 川	Sichuan	237.6	38.8	20.9	12.8	126.9	15.3	1.9	20.8
贵 州	Guizhou	124.9	11.1	2.7	7.5	84.8	9.3	0.3	9.2
云 南	Yunnan	173.0	14.5	11.1	11.6	92.9	22.4	1.2	19.3
西 藏	Tibet	15.5	0.6	0.9	1.3	7.3	3.0	0.1	2.3
陕 西	Shaanxi	142.4	17.1	14.3	9.5	80.3	7.1	0.7	13.4
甘 肃	Gansu	105.2	4.9	6.3	5.3	74.3	7.9	0.5	5.9
青 海	Qinghai	34.2	1.1	1.5	2.8	18.4	2.6	0.2	7.6
宁 夏	Ningxia	22.0	0.8	0.9	1.5	12.9	1.8	0.3	3.8
新 疆	Xinjiang	98.3	3.7	6.6	14.0	57.1	9.6	0.3	7.1

五、新闻出版、档案

News Publication and Archive

5-1 图书出版情况（2012年）

Statistics on Books Published in China by Categories (2012)

类　别	Category	种　数（种）Number of Publications (item)	印　数（万册）Printed Copies (10 000 copies)	印　张（千印张）Printed Sheets (1 000 sheets)
图书总计	**Total**	**414005**	**792464**	**66699442**
使用“中国标准书号”部分合计	**Publications with "China International Standard Book Number"**	**413313**	**788951**	**66482327**
马列主义、毛泽东思想	Marxism-Leninism, Mao Zedong Thought	594	1596	216972
哲学	Philosophy	8338	5853	840613
社会科学总论	General Social Sciences	5163	3338	517049
政治、法律	Politics and Law	16791	15551	1988298
军事	Military Affairs	1279	948	129515
经济	Economics	29681	15285	2582612
文化、科学、教育、体育	Culture, Science, Education and Sports	159190	593715	41077233
语言、文字	Languages	20923	21211	3319899
文学	Literature	42148	48661	5517309
艺术	Arts	22832	16761	1521605
历史、地理	History and Geography	16916	12583	1492909
自然科学总论	General Natural Sciences	846	736	69844
数理科学、化学	Mathematics and Chemistry	7143	4163	684962
天文学、地球科学	Astronomy and Geology	2438	1213	134489
生物科学	Biology	2442	1653	186112
医学、卫生	Medicine and Health Care	16855	15254	1788489
农业科学	Agricultural Science	5883	3806	338950
工业技术	Industrial Technology	43964	20423	3306328
交通运输	Transportation	4224	2586	352218
航空、航天	Aeronautics and Aerospace	461	200	25344
环境科学	Environmental Science	1781	906	100547
综合性图书	General Books	3421	2509	291030
不使用“中国标准书号”部分合计	**Publications without "China International Standard Book Number"**	**692**	**3513**	**217115**
图片	Pictures	692	848	21914
国标(GB)、部标(BB)等标准类文件印品	Standards Publications such as National Standards, Ministry Standards		1683	156117
活页文选、活页歌篇、小件印品等	Loose-leaf Collectanea, Loose-leaf Song and Prints of Small Volume		982	39084

5-2 图书、期刊和报纸出版情况
Number of Books, Magazines and Newspapers Published in China

年份 Year 地区 Region	图书 Books Published				期刊 Magazines Published				报纸 Newspapers Published			
	种数 (种) Number of Publication (kind)	#新出版 New Publication	总印数 (亿册、亿张) Printed Copies (100 million copies)	总印张数 (亿印张) Printed Sheets (100 million sheets)	种数 (种) Number of Publication (kind)	平均期印数 (万册) Average Printed Copies per Issue (10 000 copies)	总印数 (亿册) Total Printed Copies (100 million copies)	总印张数 (亿印张) Printed Sheets (100 million sheets)	种数 (种) Number of Publication (kind)	平均期印数 (万份) Average Printed Copies per Issue (10 000 copies)	总印数 (亿份) Total Printed Copies (100 million copies)	总印张数 (亿印张) Printed Sheets (100 million sheets)
1978	14987	11888	37.7	135.4	930	6200	7.6	22.7	186	4280	127.8	113.5
1980	21621	17660	45.9	195.7	2191	10298	11.3	36.7	188	6236	140.4	141.7
1985	45603	33743	66.7	282.8	4705	23952	25.6	77.3	1445	19107	246.8	202.8
1990	80224	55245	56.4	232.1	5751	16156	17.9	48.1	1444	14670	211.3	182.8
1995	101381	59159	63.2	316.8	7583	19794	23.4	67.0	2089	17644	263.3	359.6
1996	112813	63647	71.6	360.5	7916	19300	23.1	68.1	2163	17877	274.3	392.4
1997	120106	66585	73.1	364.0	7918	20046	24.4	73.3	2149	18259	287.6	459.8
1998	130613	74719	72.4	373.6	7999	20928	25.4	79.9	2053	18211	300.4	540.0
1999	141831	83095	73.2	391.4	8187	21845	28.5	96.8	2038	18632	318.4	636.7
2000	143376	84235	62.7	376.2	8725	21544	29.4	100.0	2007	17914	329.3	799.8
2001	154526	91416	63.1	406.1	8889	20697	28.9	100.9	2111	18130	351.1	938.9
2002	170962	100693	68.7	456.4	9029	20406	29.5	106.4	2137	18721	367.8	1067.4
2003	190391	110812	66.7	462.2	9074	19909	29.5	109.1	2119	19072	383.1	1235.6
2004	208294	121597	64.1	465.6	9490	17208	28.3	110.5	1922	19522	402.4	1524.8
2005	222473	128578	64.7	493.3	9468	16286	27.6	125.3	1931	19549	412.6	1613.1
2006	233971	160757	64.1	512.0	9468	16435	28.5	136.9	1938	19703	424.5	1658.9
2007	248283	136226	62.9	486.5	9468	16697	30.4	157.9	1938	20545	438.0	1700.8
2008	274123	148978	70.6	561.1	9549	16767	31.0	158.0	1943	21155	442.9	1930.6
2009	301719	168296	70.4	565.5	9851	16457	31.5	166.2	1937	20837	439.1	1969.4
2010	328387	189295	71.7	606.3	9884	16349	32.2	181.1	1939	21438	452.1	2148.0
2011	369523	207506	77.1	634.5	9849	16880	32.9	192.7	1928	21517	467.4	2272.0
2012	414005	241986	79.2	667.0	9867	16767	33.5	196.0	1918	22762	482.3	2211.0
中央 Central Level	170203	101402	21.2	237.3	2894	5746	10	74	220	3219	76.7	218.7
北京 Beijing	9431	5611	1.3	13.4	170	194	0.4	2.72	37	505	12.8	81.4
天津 Tianjin	5319	3886	0.5	4.0	251	252	0.4	1.93	27	325	9.1	51.8
河北 Hebei	3976	2340	2.0	13.4	229	248	0.5	2.43	66	872	15.0	43.9
山西 Shanxi	3403	1911	1.5	14.0	198	182	0.4	2.37	60	2210	21.1	28.5
内蒙古 Inner Mongolia	2863	1648	0.6	4.3	148	127	0.3	1.40	61	127	2.7	7.1
辽宁 Liaoning	9998	5596	1.2	9.6	320	551	1.0	4.17	69	948	16.6	99.0
吉林 Jilin	22263	13803	2.9	25.8	240	390	1.1	5.12	52	1093	11.1	38.7
黑龙江 Heilongjiang	4218	3113	0.6	5.3	315	291	0.6	2.96	69	378	7.9	31.1
上海 Shanghai	23777	13133	3.4	31.3	635	938	1.8	9.67	72	662	14.5	68.0
江苏 Jiangsu	20407	11318	5.4	35.6	467	488	1.3	4.78	81	1236	28.9	140.5
浙江 Zhejiang	11478	5935	3.7	23.6	222	539	0.8	4.29	71	1188	34.7	162.8
安徽 Anhui	9094	5202	2.4	17.4	186	405	0.6	2.57	51	514	12.6	52.7
福建 Fujian	3413	2329	0.9	6.8	176	202	0.4	1.62	43	575	11.9	53.9
江西 Jiangxi	5127	3495	1.8	11.8	161	269	0.7	2.33	41	323	7.6	31.4
山东 Shandong	11654	5428	4.3	27.7	269	485	1.1	6.01	87	1170	34.0	185.1
河南 Henan	6314	3377	2.3	16.5	246	405	1.0	4.41	78	1519	21.5	71.7
湖北 Hubei	14145	8362	2.6	20.8	422	1280	3.4	18.66	74	836	20.5	93.0
湖南 Hunan	10821	5753	3.6	23.7	248	557	1.2	5.49	50	620	13.1	52.5
广东 Guangdong	9851	7454	3.0	22.3	389	863	1.9	11.21	101	1830	45.3	413.2
广西 Guangxi	8667	4289	2.9	19.3	186	193	0.5	1.80	54	265	7.0	25.6
海南 Hainan	3315	1484	0.8	4.8	43	49	0.1	0.61	12	92	2.4	7.6
重庆 Chongqing	5052	2155	1.4	8.8	137	266	0.5	3.50	26	321	6.9	35.4
四川 Sichuan	7794	4235	2.4	17.7	348	470	0.9	6.52	88	661	17.3	86.6
贵州 Guizhou	966	575	0.7	4.8	88	86	0.1	0.71	31	164	4.2	17.8
云南 Yunnan	7901	5430	1.7	12.8	127	222	0.4	2.41	42	228	6.5	31.2
西藏 Tibet	546	259	0.1	1.1	35	16	0.0	0.11	23	37	0.7	2.0
陕西 Shaanxi	8468	4470	2.0	16.8	283	334	0.7	4.53	44	304	7.1	45.4
甘肃 Gansu	2617	1453	0.7	5.5	134	507	1.1	4.91	50	217	5.0	11.1
青海 Qinghai	557	319	0.1	0.9	53	31	0.0	0.27	27	46	1.1	3.6
宁夏 Ningxia	1676	1224	0.3	2.4	37	63	0.2	1.78	14	46	1.1	3.1
新疆 Xinjiang	8691	4997	1.1	7.7	210	119	0.2	0.78	97	231	5.4	16.5

5-3 分地区少年儿童读物和课本出版情况（2012年）

Number of Books Published for Children and Textbooks by Region (2012)

地区	Region	种数(种) Number of Publications (kind)		总印数（万册） Printed Copies (10 000 copies)		总印张(千印张) Printed Sheets (1 000 sheets)	
		儿童读物 Books for Children	课本 Textbooks	儿童读物 Books for Children	课本 Textbooks	儿童读物 Books for Children	课本 Textbooks
全国	**National Total**	**30965**	**81271**	**47702**	**347458**	**2853998**	**27078790**
中央	Central Level	6242	48418	8748	99625	527636	9933578
地方	Local Level	24723	32853	38954	247833	2326362	17145212
北京	Beijing	2458	748	3093	1398	250248	115972
天津	Tianjin	652	667	804	1501	39889	117421
河北	Hebei	90	350	155	13803	3281	934173
山西	Shanxi	592	24	2229	5560	127529	377630
内蒙古	Inner Mongolia	431	869	330	4591	19371	329347
辽宁	Liaoning	1165	2489	1376	2883	95513	236197
吉林	Jilin	4039	1387	3788	5405	238838	448615
黑龙江	Heilongjiang	385	473	469	3037	24379	203447
上海	Shanghai	1612	5110	3943	15097	172543	1237583
江苏	Jiangsu	1461	3004	2634	21438	171437	1386553
浙江	Zhejiang	2287	1120	4457	12568	362768	840405
安徽	Anhui	1256	602	1076	10705	82108	804688
福建	Fujian	309	450	391	4173	28127	292780
江西	Jiangxi	1375	230	2801	7341	136063	532201
山东	Shandong	918	1543	2406	20847	118199	1177423
河南	Henan	262	777	273	15045	14038	987984
湖北	Hubei	436	2242	984	8387	68182	606224
湖南	Hunan	1392	905	1611	14686	99097	814311
广东	Guangdong	507	1371	699	19236	20893	1351027
广西	Guangxi	988	417	1878	8750	92354	595445
海南	Hainan	149	17	892	1042	42229	70889
重庆	Chongqing	49	1534	207	5890	3633	405258
四川	Sichuan	650	1670	611	10358	32571	835511
贵州	Guizhou	113	99	319	5697	10920	397298
云南	Yunnan	92	213	215	7685	5340	524372
西藏	Tibet	15	152	7	1079	407	78311
陕西	Shaanxi	378	1857	741	7800	31127	605269
甘肃	Gansu	154	102	285	3774	11400	292054
青海	Qinghai	17	235	7	923	293	67074
宁夏	Ningxia	38		44	868	1097	62640
新疆	Xinjiang	453	2196	229	6266	22488	417110

5-4 课本出版情况(2012年)

Publication of Textbooks (2012)

项　目	Item	种数 (种) Number of Items (number)	#新出版 New Publication	总印数 (万册) Printed Copies (10 000)	总印张 (千印张) Printed Sheets (1 000)	定价总金额 (万元) Total Priced Value (10 000 yuan)
总计	**Total**	**81271**	**28363**	**347458**	**27078790**	**3511310**
大专及以上课本	Textbooks for Colleges and Universities	50270	19655	32190	5600646	989365
中专、技校课本	Textbooks for Secondary Technical Schools	5805	1767	6883	880433	146904
中学课本	Textbooks for Secondary Schools	7137	1457	169956	12755821	1316655
小学课本	Textbooks for Primary Schools	5821	1078	125010	6374192	717726
业余教育课本	Textbooks for Spare-time Education	5655	2306	4576	728378	159039
扫盲课本	Textbooks for Eliminating Illiteracy	6	4	13	970	139
教学用书	Teaching Materials	6577	2096	8830	738350	181482

5-5 音像制品及电子出版物情况（2012年）

Statistics on Number of Publication of Audio-Video and Electronic Products (2012)

项　目	Item	全国 National Total	中央 Central Level	地方 Local Government
录像制品出版品种 （种）	Number of Publication of Video Products (kind)	8894	4164	4730
激光数码视盘	VCD	2207	960	1247
高密度激光视盘	DVD-V	6553	3158	3395
录像带及其他	VT and Others	134	46	88
其中：新版录像制品	of Which:New Publication of Video Products	6652	2780	3872
激光数码视盘	VCD	1124	276	848
高密度激光视盘	DVD-V	5399	2459	2940
录像带及其他	VT and Others	129	45	84
录像制品出版数量(万盒、万张)	Volume of Publication of Video Products(10 000 cassettes,10 000 discs)	16576.00	6569.80	10006.20
激光数码视盘	VCD	4850.65	3261.17	1589.48
高密度激光视盘	DVD-V	11592.68	3288.38	8304.30
录像带及其他	VT and Others	132.67	20.25	112.42
其中：新版录像制品	of Which:New Publication of Video Products	12413.93	3724.34	8689.59
激光数码视盘	VCD	2244.28	1474.81	769.47
高密度激光视盘	DVD-V	10037.98	2230.08	7807.90
录像带及其他	VT and Others	131.67	19.45	112.22
录像制品发行数量	Number Published	11723.28	6349.64	5373.64
录音制品出版品种 （种）	Number of Publication of Audio Products (kind)	9591	4129	5462
录音带	AT	2681	1250	1431
激光唱盘	CD	5029	1958	3071
高密度激光唱盘及其他	DVD-A and Others	1881	921	960
其中：新版录音制品	of Which:New Publication of Audio Products	5048	1743	3305
录音带	AT	1013	247	766
激光唱盘	CD	3085	1091	1994
高密度激光唱盘及其他	DVD-A and Others	950	405	545
录音制品出版数量(万盒、万张)	Volume of Publication of Audio Products(10 000 cassettes,10 000 discs)	22789.81	16244.04	6545.77
录音带	AT	17265.30	13899.83	3365.47
激光唱盘	CD	3545.61	1285.86	2259.75
高密度激光唱盘及其他	DVD-A and Others	1978.90	1058.35	920.55
其中：新版录音制品	of Which:New Publication of Audio Products	7006.11	4380.90	2625.21
录音带	AT	4466.99	3504.41	962.58
激光唱盘	CD	1840.24	542.13	1298.11
高密度激光唱盘及其他	DVD-A and Others	698.88	334.36	364.52
录音制品发行数量	Volume Issued	23248.17	13748.45	9499.72
电子出版物出版品种 （种）	Electronic Publications (kind)	11822	7896	3926
只读光盘	CD-ROM	7620	4614	3006
高密度只读光盘	DVD-ROM	3352	2599	753
交互式光盘及其他	CD-I	850	683	167
其中：新版电子出版物	of Which:New Edition of Electronic Publications	7821	5011	2810
只读光盘	CD-ROM	4685	2668	2017
高密度只读光盘	DVD-ROM	2609	1980	629
交互式光盘及其他	CD-I	527	363	164
电子出版物出版数量 （万张）	Electronic Publications (10 000 discs)	26344.86	18644.99	7699.87
只读光盘	CD-ROM	20335.38	13935.13	6400.25
高密度只读光盘	DVD-ROM	5058.44	3816.76	1241.68
交互式光盘及其他	CD-I	951.04	893.10	57.94
其中：新版电子出版物	of Which:New Edition of Electronic Publications	9633.45	7245.16	2388.29
只读光盘	CD-ROM	5330.97	3512.27	1818.70
高密度只读光盘	DVD-ROM	3918.35	3405.73	512.62
交互式光盘及其他	CD-I	384.13	327.16	56.97

5-6 全国图书、期刊、报纸进出口情况（2012年）
Statistics on Imports and Exports of Books, Magazines and Newspapers (2012)

项　目	Item	出　口 Exports		进　口 Imports	
		数量（万册、份） Number (10 000 copies)	金额（万美元） Value (10 000 USD)	数量（万册、份） Number (10 000 copies)	金额（万美元） Value (10 000 USD)
总计	**Total**	**2061.77**	**7282.58**	**3138.07**	**30121.65**
图书	Books Published	1677.17	6582.78	743.51	13707.99
哲学、社会科学	Philosophy, Social Science	173.44	1222.09	45.93	1861.68
文化、教育	Culture and Education	350.60	1494.57	138.78	2420.40
文学、艺术	Literature and Art	233.41	1269.97	165.18	1861.16
自然、科学技术	Natural Science and S&T	85.49	428.58	107.74	3593.28
少儿读物	For Children	538.23	632.49	76.14	440.31
综合性图书	General Books	295.99	1535.08	209.74	3531.16
期刊	Magazines Published	291.33	642.74	490.33	14120.03
报纸	Newspapers Published	93.27	57.06	1904.23	2293.63

5-7 全国音像、电子出版物进出口情况(2012年)
Statistics on Audio-Video Products and Electronic Publications (2012)

项　目	Item	出　口 Exports		进　口 Imports	
		数量（盒、张） Number (disc)	金额（万美元） Value (10 000 USD)	数量（盒、张） Number (disc)	金额（万美元） Value (10 000 USD)
总计	**Total**	**261539**	**2191.50**	**185646**	**16685.95**
录音合计	Audio Products	25766	15.59	123396	103.73
录音带	AT	233	0.07		
激光唱片	CDs	25533	15.52	123396	103.73
数码激光唱盘	CDs				
录像合计	Video Products	214165	135.93	62093	42.37
VT	VT				
DVD—V	DVD-V	207587	128.36	62093	42.37
VCD	VCD	6578	7.57		
电子出版物	Electronic Publications	21608	98.86	157	106.73
数字出版物	Digital Publications		1941.12		16433.12

5-8 版权合同登记及引进和输出情况（2012年）

Basic Statistics on Registration of Copyright Contracts and Copyright Import and Export (2012)

单位：项 (item)

项 目	Item	合 计 Total	图 书 Books	录 音 制 品 Audio Products	录 像 制 品 Video Products	电 子 出版物 Electronic Publications	软 件 Software	电 影 Films	电 视 节 目 TV Programs	其 他 Others
版权合同登记	**Registration of Copyright Contracts**	**18645**	**16554**			**417**	**1085**	**24**	**14**	**33**
本年引进版权总数	**Total Number of Copyright Import During the Year**	**17589**	**16115**	**475**	**503**	**100**	**189**	**12**	**190**	**5**
美 国	United States	5606	4944	128	444	13	34		42	1
英 国	United Kingdom	2739	2581	42	34	3	4		73	2
德 国	Germany	941	874	38	1	10	16		2	
法 国	France	846	835	3	1	1	4		2	
俄罗斯	Russia	61	48		1			12		
加拿大	Canada	138	122	11			5			
新加坡	Singapore	293	265	2					26	
日 本	Japan	2079	2006	23	7	25	15		1	2
韩 国	South Korea	1232	1209	6		10	3		4	
香港地区	Hong Kong, China	590	413	85	5	1	62		24	
澳门地区	Macao, China	5	5							
台湾地区	Taiwan, China	1558	1424	108	8	15	3			
其 他	Others	1501	1389	29	2	22	43		16	
本年输出版权总数	**Total Number of Copyright Export During the Year**	**9365**	**7568**	**97**	**51**	**115**	**2**		**1531**	**1**
美 国	United States	1259	1021	5	23	18			192	
英 国	United Kingdom	606	606							
德 国	Germany	354	352						1	1
法 国	France	130	130							
俄罗斯	Russia	104	104							
加拿大	Canada	122	104		14	1			3	
新加坡	Singapore	292	173	2		16			101	
日 本	Japan	405	401	3					1	
韩 国	South Korea	310	282	24		4				
香港地区	Hong Kong, China	511	440	2	1	2			66	
澳门地区	Macao, China	1	1							
台湾地区	Taiwan, China	1796	1781			12			3	
其 他	Others	3475	2173	61	13	62	2		1164	

5-9 分地区出版物发行机构数和网点数（2012年）

Issuing Institutions and Spots of Publication by Region (2012)

单位：处 (unit)

地区	Region	发行机构合计 Issuing Institutions	国有书店及国有发行点 State-owned Book Store and Issuing Spots	供销社 Supply and Marketing Coopera-tives	出版社 Press	网上书店 Online Bookstore	文化教育广电邮政系统 Cultural, Educational Broad-casting and Postal Systems	新华书店系统外批发网点 Wholesale Spots Outside Xinhua Bookstore	集体个体零售 Collective and Personal Retail	国有书店及国有发行点 State-owned Bookstores and Issuing Spots
全　国	**National Total**	**172633**	**9403**	**748**	**446**	**619**	**37821**	**7505**	**116091**	**140268**
中　央	Central Level	131	3		128					1304
地　方	Local Government	172502	9400	748	318	619	37821	7505	116091	138964
北　京	Beijing	8998	124		17	538	2053	1773	4493	3951
天　津	Tianjin	3060	71		13			158	2818	1703
河　北	Hebei	7272	376		7		2107	214	4568	7585
山　西	Shanxi	2945	396	12			445	123	1969	5579
内蒙古	Inner Mongolia	1942	227		7			49	1659	2121
辽　宁	Liaoning	5964	294		12		487	284	4887	5899
吉　林	Jilin	2600	113		4	16	243	227	1997	2869
黑龙江	Heilongjiang	3031	239	59	5	1	582	138	2007	3880
上　海	Shanghai	8526	144		71	24	2285	345	5657	2484
江　苏	Jiangsu	14497	875		18	2	2470	232	10900	6028
浙　江	Zhejiang	11057	558		10	1	2607	321	7560	7036
安　徽	Anhui	8588	649		11	12	3560	306	4050	4773
福　建	Fujian	4387	233		5	9	1083	437	2620	3802
江　西	Jiangxi	3414	326	28	6		21	157	2876	3074
山　东	Shandong	7127	520		5		905	161	5536	7822
河　南	Henan	8938	1068		12		2310	280	5268	12479
湖　北	Hubei	4933	236		16	6	664	404	3607	4888
湖　南	Hunan	7711	390		14		4682	125	2500	9778
广　东	Guangdong	13180	398	568	19			453	11742	9410
广　西	Guangxi	5007	255	81	20		1924	78	2649	4293
海　南	Hainan	723	28		4		371	45	275	957
重　庆	Chongqing	3486	267		3		601	127	2488	2658
四　川	Sichuan	10565	214			1	3270	240	6840	9370
贵　州	Guizhou	3736	221		2	1	839	132	2541	1617
云　南	Yunnan	8769	241		8		1812	121	6587	3591
西　藏	Tibet	131	52		1		8		70	295
陕　西	Shaanxi	4680	205		25		1600	240	2610	4073
甘　肃	Gansu	2203	295		2		82	210	1614	2830
青　海	Qinghai	1052	55				183	28	786	624
宁　夏	Ningxia	989	31		1	6	457	42	452	726
新　疆	Xinjiang	2991	299			2	170	55	2465	2769

5-10 分地区出版印刷生产情况（2012年）

Conditions of Printing by Region (2012)

地区	Region	企业数（个）Number of Enterprises (unit)	工业销售产值（万元）Industrial Sales Value (10 000 yuan)	印刷产量 Output of Printing		装订产量（万令）Output of Bookbinding (10 000 ream)	用纸量（万令）Amount of Paper Used (10 000 ream)
				黑白（万令）Black and White (10 000 ream)	彩色（万对开色令）Color (10 000 bisect color ream)		
全国	**National Total**	**8714**	**14098802.15**	**32654.34**	**164712.99**	**29740.21**	**63821.20**
北京	Beijing	796	1058827.33	3020.90	15955.78	3144.66	5665.38
天津	Tianjin	122	134910.57	2374.30	3550.50	150.36	2341.90
河北	Hebei	586	724624.82	1687.37	2816.79	2253.49	3159.61
山西	Shanxi	179	152669.75	345.48	1920.58	312.91	659.01
内蒙古	Inner Mongolia	95	43816.00	71.35	374.79	88.70	212.23
辽宁	Liaoning	215	221938.07	2037.78	2768.10	757.72	431.35
吉林	Jilin	246	327966.65	1434.27	2601.91	543.78	1272.39
黑龙江	Heilongjiang	177	140202.25	320.07	2203.74	392.32	707.93
上海	Shanghai	279	934797.05	1027.19	14616.92	608.85	1356.66
江苏	Jiangsu	415	849501.25	1295.08	7108.53	1213.33	3642.74
浙江	Zhejiang	805	2016466.92	1634.31	22451.03	1807.05	5234.60
安徽	Anhui	268	430320.71	1011.90	2774.73	1292.13	1472.60
福建	Fujian	312	305127.00	472.63	1713.79	293.09	658.60
江西	Jiangxi	136	240413.43	868.73	1534.32	849.93	698.45
山东	Shandong	460	982939.83	2590.50	25169.90	3729.30	7505.50
河南	Henan	410	418250.81	1026.41	3271.12	1116.91	2254.73
湖北	Hubei	349	431073.78	1628.28	3488.98	1377.46	2770.93
湖南	Hunan	484	770757.45	1143.06	4325.29	1509.23	7978.86
广东	Guangdong	859	2267226.91	3792.54	30368.45	4264.01	8170.06
广西	Guangxi	185	205048.47	1852.67	3271.15	722.88	2364.78
海南	Hainan	27	12923.00	77.54	425.26	52.59	109.29
重庆	Chongqing	184	225973.11	356.01	875.80	332.94	519.64
四川	Sichuan	206	254623.69	1146.96	4383.89	1384.89	1662.28
贵州	Guizhou	178	78617.47	170.20	1885.24	154.09	369.33
云南	Yunnan	145	202689.15	273.51	1282.73	237.84	622.84
西藏	Tibet	12	12814.50	28.71	59.52	16.92	34.71
陕西	Shaanxi	215	462400.43	554.85	2035.62	622.42	1095.45
甘肃	Gansu	102	79022.43	257.67	463.20	244.70	368.63
青海	Qinghai	50	26050.39	31.67	165.02	33.42	107.10
宁夏	Ningxia	92	25563.89	36.84	100.17	43.85	80.75
新疆	Xinjiang	125	61245.05	85.56	750.13	188.42	292.86

5-11 国家综合档案馆基本情况
Basic Statistics on National Comprehensive Archives

年 份 Year	馆藏档案 (万卷、万件) Number of Archives (10 000 volumes, 10 000 pieces)	照片档案 (万张) Photos (10 000 sheets)	开放档案 (万卷、万件) Archives Open to Public (10 000 volume, 10 000 pieces)	利用档案 (万卷、万件次) Utilized Archives (10 000 volume-times, 10 000 piece-times)	档案馆建筑面积 (万平方米) Floor Space of Archive Institutions (10 000 sq.m)
1991	9637.4	371.0	2094.3	937.0	348.1
1992	10003.5	402.4	2018.7	773.8	255.7
1993	10726.8	435.5	2140.7	891.9	275.9
1994	10782.9	449.6	2454.6	674.4	268.3
1995	11318.3	485.5	2790.3	529.3	282.5
1996	11341.4	494.6	2939.2	485.4	297.5
1997	12222.9	553.0	3304.6	501.0	347.6
1998	12276.5	579.7	3556.5	446.5	310.7
1999	12866.8	584.5	3808.2	508.5	328.4
2000	13314.0	631.7	4072.0	494.4	336.2
2001	13756.6	642.8	4129.7	575.4	342.0
2002	14790.7	720.5	4301.1	548.8	351.0
2003	15945.9	797.4	4618.4	602.6	361.4
2004	17601.5	827.9	4868.3	813.9	376.8
2005	18688.7	908.8	5132.3	868.0	393.1
2006	21656.5	1277.2	5746.3	1166.4	406.1
2007	23675.3	1393.3	5875.5	1244.9	421.9
2008	25051.0	1505.3	6072.2	1257.4	465.4
2009	28089.2	1646.3	6687.4	1308.0	473.3
2010	32198.6	1809.2	7428.6	1417.3	504.4
2011	35445.5	1965.8	7828.4	1564.5	551.1
2012	39076.0	1762.8	7957.4	1467.4	601.9

5-12 档案馆机构和人员情况
Statistics on Archive Institutions and Personnel

单位：个、人 (unit, person)

年 份 Year	国家综合档案馆 National Comprehensive Archives		国家专门档案馆 National Special Archives		部门档案馆 Department Archives		企业档案馆数 Enterprise Archive Institutions	文化事业档案馆数 Culture Archive Institutions	科技事业单位档案馆数 Science and Technology Archive Institutions
	馆数 Number of Institutions	专职人员 Full-time Personnel	馆数 Number of Institutions	专职人员 Full-time Personnel	馆数 Number of Institutions	专职人员 Full-time Personnel			
1991	2957	21657	211	2038	128	2171	229	19	28
1992	2962	22226	206	2082	122	2258	231	19	28
1993	2980	23624	200	2245	122	1448	221	20	31
1994	2983	23568	205	2294	136	2160	209	20	36
1995	3024	24777	216	2484	144	2168	213	27	38
1996	3011	24542	226	2658	134	2072	232	23	44
1997	3021	24904	223	2578	162	2521	228	26	46
1998	3034	24197	232	3200	149	2411	245	27	46
1999	3046	23530	225	3436	142	2123	304	40	59
2000	3070	23701	234	3319	141	1865	307	53	80
2001	3100	23652	243	3448	142	2086	286	47	84
2002	3110	22825	253	3435	148	2109	299	75	93
2003	3121	23086	260	3514	141	1770	300	75	85
2004	3127	23401	258	3591	149	1932	300	79	99
2005	3142	23413	238	3452	145	2020	301	105	63
2006	3154	22689	239	3537	137	1699	216	110	95
2007	3161	21399	245	3737	146	1985	215	126	94
2008	3170	21414	240	3663	154	1886	241	141	87
2009	3191	20949	241	3626	149	1814	233	167	96
2010	3194	19750	252	3833	167	1747	223	160	111
2011	3196	19985	255	3843	170	2121	183	179	124
2012	3219	17331	223	3249	175	2044	192	258	

注：2012年新修订的《全国档案事业统计年报制度》不再细分事业单位的属性，统称“省部属事业单位档案馆”。省部属事业单位包括文化事业档案馆数，科技事业单位档案馆数。

a) The newly revised Annual Report of National Archive Statistics in 2012 does not further subcategorize public institutions by their attributes, but generally called public archive institutions affiliated to ministries or provincial governments. Public institutions affiliated to ministries or provincial governments include cultural archive institutions, and science and technology archive institutions.

六、广播电视

Radio and Television

6-1 分地区广播和电视节目综合人口覆盖情况（2012年）

Population Coverage of Radio and TV Program by Region (2012)

单位：% (%)

地 区	Region	广播节目综合人口覆盖率 Population Coverage Rate of Radio Programs	#中央 Central Radio Station	电视节目综合人口覆盖率 Population Coverage Rate of TV Programs	#中央 CCTV
全 国	**National Total**	**97.51**	**96.75**	**98.20**	**97.48**
北 京	Beijing	100.00	100.00	100.00	100.00
天 津	Tianjin	100.00	100.00	100.00	100.00
河 北	Hebei	99.33	98.90	99.26	99.14
山 西	Shanxi	95.36	95.34	98.10	98.08
内蒙古	Inner Mongolia	97.92	97.43	96.84	96.37
辽 宁	Liaoning	98.59	97.54	98.68	97.84
吉 林	Jilin	98.55	97.67	98.69	96.77
黑龙江	Heilongjiang	98.58	98.54	98.78	98.78
上 海	Shanghai	100.00	100.00	100.00	100.00
江 苏	Jiangsu	99.99	99.84	99.88	99.41
浙 江	Zhejiang	99.54	98.81	99.60	98.91
安 徽	Anhui	97.85	96.43	98.10	97.47
福 建	Fujian	98.04	97.61	98.58	98.28
江 西	Jiangxi	97.23	96.93	98.40	98.14
山 东	Shandong	98.33	95.86	98.03	95.97
河 南	Henan	97.89	97.74	97.94	97.79
湖 北	Hubei	98.72	98.51	98.75	98.55
湖 南	Hunan	92.95	92.16	97.17	96.79
广 东	Guangdong	99.47	99.33	99.43	99.30
广 西	Guangxi	96.05	94.55	97.74	94.57
海 南	Hainan	96.48	96.42	95.45	95.20
重 庆	Chongqing	98.16	97.26	98.76	98.25
四 川	Sichuan	96.78	96.20	97.75	97.28
贵 州	Guizhou	88.46	85.42	92.99	90.00
云 南	Yunnan	96.03	95.69	97.04	97.00
西 藏	Tibet	93.38	83.94	94.51	84.40
陕 西	Shaanxi	97.15	96.67	98.12	97.78
甘 肃	Gansu	96.89	95.37	97.56	95.96
青 海	Qinghai	94.14	94.14	96.33	96.33
宁 夏	Ningxia	95.20	95.20	98.90	98.90
新 疆	Xinjiang	95.34	94.31	95.62	94.33
计划单列市	**Cities Specifically Designated in State Plan**	**99.50**	**99.50**	**99.59**	**99.59**
大 连	Dalian	99.35	99.35	99.85	99.85
宁 波	Ningbo	100.00	100.00	100.00	100.00
厦 门	Xiamen	99.26	99.26	100.00	100.00
青 岛	Qingdao	98.62	98.62	98.41	98.41
深 圳	Shenzhen	100.00	100.00	100.00	100.00

6-2 分地区有线广播电视传输干线网络及用户情况（2012年）
Transmission Trunk and Users of Cable Radios and TVs by Region (2012)

地区	Region	有线广播电视传输干线网络总长（公里）Total Length of Transmission Trunk for Cable Radios and TVs (km)	有线广播电视用户数（户）Users of Cable Radios and TVs (household)	#数字电视用户数 Users of Digital TV Programs	#付费电视用户数 Users of Pay TV
全国	**National Total**	**3761206**	**215089705**	**143030715**	**25011234**
国家广电总局直属	Directly under the State Administration of Radio, Film and Television	41861			
北京	Beijing	169041	4986002	3788317	9390
天津	Tianjin	6731	2779400	2415900	189848
河北	Hebei	169315	7926073	5829341	132317
山西	Shanxi	98087	4747610	3059448	91104
内蒙古	Inner Mongolia	38029	3198267	2238463	148688
辽宁	Liaoning	125044	9215862	5374464	132826
吉林	Jilin	92280	5121737	4042648	795981
黑龙江	Heilongjiang	178545	6132402	3721533	995905
上海	Shanghai	39805	6479881	4090344	478636
江苏	Jiangsu	351388	21778633	14495278	2985636
浙江	Zhejiang	251594	13573437	11797870	2682719
安徽	Anhui	48612	5188256	2938979	320595
福建	Fujian	156981	6596659	3839518	559506
江西	Jiangxi	91932	5398445	3229654	517089
山东	Shandong	324644	18354028	10916046	1864085
河南	Henan	151084	8504419	1455810	79529
湖北	Hubei	236467	10483786	8246865	1375935
湖南	Hunan	111451	7458816	5943336	867902
广东	Guangdong	207540	19130087	14328683	1875870
广西	Guangxi	76602	6229860	3499782	661823
海南	Hainan	8661	950772	758938	82203
重庆	Chongqing	143371	5092712	2971028	393737
四川	Sichuan	306410	13926785	6600409	2308636
贵州	Guizhou	52301	3966106	3576919	995598
云南	Yunnan	90833	5519015	4044172	2561190
西藏	Tibet	3655	185925	68377	6885
陕西	Shaanxi	70640	5962828	4711877	1505899
甘肃	Gansu	47159	2011749	1617618	276966
青海	Qinghai	5098	609210	594124	93947
宁夏	Ningxia	13050	832135	832135	
新疆	Xinjiang	35546	2168088	2002839	20789
新疆生产建设兵团	Xinjiang Production and Construction Corps.	17450	580720		
计划单列市	**Cities Specifically Designated in State Plan**	**108608**	**7643684**	**6586770**	**621556**
大连	Dalian	13461	685500	365000	9300
宁波	Ningbo	41223	2278730	1915650	179615
厦门	Xiamen	4700	727712	619607	49125
青岛	Qingdao	25007	1519646	1259830	36953
深圳	Shenzhen	24217	2432096	2426683	346563

6-3 分地区广播节目播出情况（2012年）
National Radio Programs by Region (2012)

单位：小时 (hour)

地　区	Region	公共广播节目套数（套）Number of Public Radio Programs (set)	全年公共广播节目播出时间 Broadcasting Hours of Public Radio Programs	#转中央台节目 Relaying Programs of Central Radio Station	#播出自制节目 Own-produced Programs
全　国	**National Total**	**2627**	**13383651**	**1383869**	**8803756**
国家广电总局直属	Directly under the State Administration of Radio, Film and Television	27	292063	463	282868
北　京	Beijing	25	172170	2319	139461
天　津	Tianjin	22	144377	2614	85965
河　北	Hebei	131	636623	41010	408952
山　西	Shanxi	108	377520	49800	221761
内蒙古	Inner Mongolia	124	667460	138206	329822
辽　宁	Liaoning	115	700601	32543	496685
吉　林	Jilin	69	451659	23282	320326
黑龙江	Heilongjiang	102	416169	38567	242136
上　海	Shanghai	21	138385	3768	112351
江　苏	Jiangsu	126	794598	52565	612298
浙　江	Zhejiang	108	714622	46948	531311
安　徽	Anhui	106	523253	50129	338026
福　建	Fujian	89	513651	102752	316986
江　西	Jiangxi	105	361177	62140	216293
山　东	Shandong	157	870889	67554	570143
河　南	Henan	151	642467	70801	425983
湖　北	Hubei	86	461346	44194	303121
湖　南	Hunan	99	370308	56248	221731
广　东	Guangdong	130	798899	46647	611234
广　西	Guangxi	63	313741	25760	242047
海　南	Hainan	24	118479	18872	68901
重　庆	Chongqing	34	139700	17866	96374
四　川	Sichuan	122	579580	97868	310947
贵　州	Guizhou	39	208683	18253	152874
云　南	Yunnan	49	280542	27233	207767
西　藏	Tibet	8	42242	1638	32916
陕　西	Shaanxi	107	417566	53114	256282
甘　肃	Gansu	87	295006	57078	161514
青　海	Qinghai	10	60735	9394	44596
宁　夏	Ningxia	24	101933	11866	68751
新　疆	Xinjiang	159	777207	112381	373335
计划单列市	**Cities Specifically Designated in State Plan**	**47**	**337938**	**16473**	**272558**
大　连	Dalian	11	79415	5603	59367
宁　波	Ningbo	13	90170	3947	73256
厦　门	Xiamen	6	41460	365	37530
青　岛	Qingdao	12	87054	6158	66540
深　圳	Shenzhen	5	39840	400	35866

6-3 续表 continued

单位：小时 (hour)

地区	Region	按节目类型分 by Type of Programs					
		新闻资讯类节目 News Programs	专题服务类节目 Special Subject Programs	综艺类节目 General Entertainment Programs	广播剧类节目 Radio Play Programs	广告类节目 Advertising Programs	其他类节目 Others
全国	**National Total**	**2709968**	**3033050**	**3664874**	**699153**	**1274836**	**2001769**
国家广电总局直属	Directly under the State Administration of Radio, Film and Television	91256	111099	64295	2815	14984	7615
北京	Beijing	18951	39666	73536	8535	14753	16728
天津	Tianjin	19948	26791	47570	1984	22071	26014
河北	Hebei	110753	156341	256552	18411	54133	40433
山西	Shanxi	82164	85021	99516	27452	21941	61425
内蒙古	Inner Mongolia	110732	151422	214164	38769	51469	100904
辽宁	Liaoning	95513	187256	226493	43398	73063	74879
吉林	Jilin	57662	117161	181527	22226	53688	19395
黑龙江	Heilongjiang	78628	99522	88760	16867	48316	84077
上海	Shanghai	36564	32680	45486	6277	15053	2325
江苏	Jiangsu	152969	185546	184794	40826	99816	130648
浙江	Zhejiang	145666	174486	179962	26663	72741	115105
安徽	Anhui	92017	113275	104914	36610	60795	115642
福建	Fujian	121751	107368	146218	14927	31086	92300
江西	Jiangxi	86801	82908	88069	25174	27527	50699
山东	Shandong	145141	164712	236900	68912	99961	155262
河南	Henan	114570	133326	201760	41849	61833	89128
湖北	Hubei	93959	106876	131175	27877	67017	34442
湖南	Hunan	86207	61159	78096	19143	34178	91524
广东	Guangdong	162814	156662	197072	29162	69999	183190
广西	Guangxi	75583	54418	102849	8551	30885	41456
海南	Hainan	29678	22713	26856	9184	9688	20359
重庆	Chongqing	35366	34635	26522	12188	7519	23470
四川	Sichuan	135641	131527	128667	25042	44447	114255
贵州	Guizhou	37863	50770	56683	11313	22276	29779
云南	Yunnan	69943	59887	62636	17097	29716	41264
西藏	Tibet	8473	12507	15843	1493	2824	1102
陕西	Shaanxi	94451	90215	83313	31853	54182	63550
甘肃	Gansu	82337	62669	62848	15218	26185	45749
青海	Qinghai	10220	10321	22025	4013	3376	10781
宁夏	Ningxia	26227	20594	30502	6969	12015	5627
新疆	Xinjiang	200123	189517	199270	38357	37299	112642
计划单列市	**Cities Specifically Designated in State Plan**	**63489**	**95560**	**72272**	**16165**	**41171**	**49280**
大连	Dalian	15396	23799	16103	4752	9949	9418
宁波	Ningbo	13260	30053	22524	4001	10583	9749
厦门	Xiamen	8410	16487	5996	287	1925	8356
青岛	Qingdao	17519	16273	15721	6667	10156	20718
深圳	Shenzhen	8905	8949	11928	460	8559	1040

6-4 分地区省级广播节目播出情况（2012年）

Provincial Radio Programs by Region (2012)

单位：小时 (hour)

地　区	Region	公共广播节目套数（套）Number of Public Radio Programs (set)	全年公共广播节目播出时间 Broadcasting Hours of Public Radio Programs	#转中央台节目 Relaying Programs of Central Radio Station	#播出自制节目 Own-produced Programs
全　国	**National Total**	**265**	**1929158**	**33888**	**1731971**
北　京	Beijing	16	122013	730	104692
天　津	Tianjin	10	75403	1278	71972
河　北	Hebei	8	68705	372	60933
山　西	Shanxi	7	57670	1278	51999
内蒙古	InnerMongolia	8	59776	1460	47445
辽　宁	Liaoning	9	78479	713	70899
吉　林	Jilin	8	70080	588	62444
黑龙江	Heilongjiang	26	53872	730	45994
上　海	Shanghai	11	81821	270	80078
江　苏	Jiangsu	11	83537	1643	77330
浙　江	Zhejiang	6	52560	786	50315
安　徽	Anhui	9	69182	950	64795
福　建	Fujian	6	50061	2662	46122
江　西	Jiangxi	6	47157	584	44705
山　东	Shandong	8	67756	366	60014
河　南	Henan	10	87600	1106	73643
湖　北	Hubei	10	83279	1719	72571
湖　南	Hunan	7	57670	913	53169
广　东	Guangdong	9	77600	732	76868
广　西	Guangxi	6	43925	913	41155
海　南	Hainan	4	28384	1095	22730
重　庆	Chongqing	6	51243	663	47644
四　川	Sichuan	8	60756	469	57596
贵　州	Guizhou	7	60225	236	51228
云　南	Yunnan	9	58752	1106	52606
西　藏	Tibet	4	29352	1278	24968
陕　西	Shaanxi	10	75390	1657	64695
甘　肃	Gansu	6	40356	548	38291
青　海	Qinghai	4	24771	2536	19502
宁　夏	Ningxia	5	36682	1377	28886
新　疆	Xinjiang	11	75105	3137	66688

6-4 续表 continued

单位: 小时 (hour)

地 区	Region	按节目类型分 by Type of Programs					
		新闻资讯类节目 News Programs	专题服务类节目 Special Subject Programs	综艺类节目 General Entertainment Programs	广播剧类节目 Radio Play Programs	广告类节目 Advertising Programs	其他类节目 Others
全 国	**National Total**	**311059**	**501813**	**539047**	**73154**	**281840**	**222246**
北 京	Beijing	12832	30138	56296	913	10979	10856
天 津	Tianjin	11467	13006	34211	50	16668	
河 北	Hebei	16417	22853	23371	1947	2984	1134
山 西	Shanxi	6748	13577	10549	736	8004	18056
内蒙古	InnerMongolia	9022	19448	13317	9363	8237	390
辽 宁	Liaoning	7559	29484	17407	1019	10989	12021
吉 林	Jilin	6722	13604	18544	8118	16943	6150
黑龙江	Heilongjiang	6221	18008	8918	860	18161	1704
上 海	Shanghai	19425	23914	27550	753	9839	340
江 苏	Jiangsu	13034	15534	26069	550	22932	5419
浙 江	Zhejiang	13470	12819	14345	1644	7006	3277
安 徽	Anhui	5033	20619	8033	2631	21133	11732
福 建	Fujian	11859	8982	9829	887	3888	14617
江 西	Jiangxi	5353	20882	7457	2650	5987	4828
山 东	Shandong	5743	18935	12087	2449	10332	18210
河 南	Henan	10092	16100	32324	9185	13745	6155
湖 北	Hubei	9237	24547	28073	2859	12030	6533
湖 南	Hunan	5547	10790	2704	918	2470	35242
广 东	Guangdong	16776	16180	32122	1938	6235	4349
广 西	Guangxi	11958	11851	14547	56	5514	
海 南	Hainan	5889	8340	4767	183	2637	6569
重 庆	Chongqing	12154	19031	9517	3646	3298	3598
四 川	Sichuan	12126	15668	24429	31	7369	1133
贵 州	Guizhou	4429	17307	17105	3103	7537	10746
云 南	Yunnan	18521	13397	11178	3679	8674	3304
西 藏	Tibet	4745	9794	11335	923	2555	
陕 西	Shaanxi	13463	13164	12505	1701	14142	20415
甘 肃	Gansu	5891	10717	10154	20	8890	4685
青 海	Qinghai	3561	3965	5138	1093	1862	9153
宁 夏	Ningxia	7453	8448	11316	3842	4903	721
新 疆	Xinjiang	18317	20715	23850	5412	5899	912

6-5 分地区地市级广播节目播出情况（2012年）

Radio Programs at Prefecture Level by Region (2012)

单位：小时 (hour)

地 区	Region	公共广播节目套数（套）Number of Public Radio Programs (set)	全年公共广播节目播出时间 Broadcasting Hours of Public Radio Programs	#转中央台节目 Relaying Programs of Central Radio Station	#播出自制节目 Own-produced Programs
全 国	**National Total**	**751**	**5080624**	**247376**	**3979216**
河 北	Hebei	42	276476	7845	211220
山 西	Shanxi	21	126526	9443	92712
内蒙古	Inner Mongolia	41	277022	14520	211913
辽 宁	Liaoning	47	331530	8422	254661
吉 林	Jilin	29	220769	7905	172095
黑龙江	Heilongjiang	27	178128	6429	140200
江 苏	Jiangsu	49	362712	17074	306106
浙 江	Zhejiang	36	263651	10057	223593
安 徽	Anhui	36	241347	11215	178325
福 建	Fujian	24	179401	8429	160050
江 西	Jiangxi	20	132769	7638	100000
山 东	Shandong	52	355041	18273	269902
河 南	Henan	35	220717	10909	181587
湖 北	Hubei	24	166002	9710	128764
湖 南	Hunan	21	147894	12436	113384
广 东	Guangdong	52	353729	6345	296422
广 西	Guangxi	24	164152	5005	140027
海 南	Hainan	4	29076	1278	22623
四 川	Sichuan	36	227050	15361	168057
贵 州	Guizhou	19	116943	10300	84307
云 南	Yunnan	26	163691	10136	131072
西 藏	Tibet	4	12890	360	7948
陕 西	Shaanxi	25	168665	8204	124381
甘 肃	Gansu	14	88466	6888	60800
青 海	Qinghai	5	29395	2478	22904
宁 夏	Ningxia	6	39447	2570	31294
新 疆	Xinjiang	32	207136	18148	144871
计划单列市	**Cities Specifically Designated in State Plan**	**25**	**192880**	**4745**	**168996**
大 连	Dalian	6	48154	183	44922
宁 波	Ningbo	5	35514	913	30384
厦 门	Xiamen	5	35438	365	32968
青 岛	Qingdao	5	42182	3103	32683
深 圳	Shenzhen	4	31593	182	28040

6-5 续表 continued

单位：小时 (hour)

地 区	Region	按节目类型分 by Type of Programs 新闻资讯类节目 News Programs	专题服务类节目 Special Subject Programs	综艺类节目 General Entertainment Programs	广播剧类节目 Radio Play Programs	广告类节目 Advertising Programs	其他类节目 Others
全 国	**National Total**	**882318**	**1260345**	**1312987**	**259476**	**622014**	**743485**
河 北	Hebei	35642	86291	91987	5866	32763	23928
山 西	Shanxi	27243	34272	32582	7782	10552	14095
内蒙古	Inner Mongolia	38793	79365	96366	14392	34723	13383
辽 宁	Liaoning	50281	94585	96471	21091	45555	23547
吉 林	Jilin	25985	65303	90248	5899	25829	7506
黑龙江	Heilongjiang	24660	51969	37120	8716	27820	27843
江 苏	Jiangsu	70919	93099	64439	19204	47163	67888
浙 江	Zhejiang	49015	72575	62707	7115	28650	43590
安 徽	Anhui	32478	43879	44784	22087	25899	72221
福 建	Fujian	35893	46091	48311	7458	21189	20459
江 西	Jiangxi	21562	28015	35405	7261	12241	28286
山 东	Shandong	63740	68691	77631	27056	52756	65169
河 南	Henan	31683	59426	59822	7864	25415	36508
湖 北	Hubei	34228	37820	37846	10126	32849	13133
湖 南	Hunan	27231	21116	37679	8734	21453	31682
广 东	Guangdong	67479	82349	68538	10802	40157	84404
广 西	Guangxi	30745	28386	58314	3726	18004	24977
海 南	Hainan	5130	7349	4250	730	4549	7068
四 川	Sichuan	48255	64194	45981	11244	20580	36797
贵 州	Guizhou	20076	28849	34911	6020	13260	13827
云 南	Yunnan	35797	36247	36832	9223	18358	27234
西 藏	Tibet	3728	2713	4508	570	269	1102
陕 西	Shaanxi	29535	41411	38767	15575	21538	21840
甘 肃	Gansu	17085	18352	24972	5601	14425	8031
青 海	Qinghai	6293	5991	11802	2555	1514	1240
宁 夏	Ningxia	8539	7599	12066	1950	6539	2756
新 疆	Xinjiang	40303	54410	58650	10834	17966	24973
计划单列市	**Cities Specifically Designated in State Plan**	**43802**	**56180**	**39916**	**5733**	**22876**	**24373**
大 连	Dalian	12120	13789	13353	889	7668	335
宁 波	Ningbo	6206	16669	7609	1460	3388	183
厦 门	Xiamen	7376	12959	4536	287	1925	8356
青 岛	Qingdao	9933	5440	3950	2738	5170	14952
深 圳	Shenzhen	8167	7324	10468	360	4727	548

6-6 分地区县级广播节目播出情况（2012年）

Radio Programs at County Level by Region (2012)

单位：小时 (hour)

地　区	Region	公共广播节目套数（套） Number of Public Radio Programs (set)	全年公共广播节目播出时间 Broadcasting Hours of Public Radio Programs	#转中央台节目 Relaying Programs of Central Radio Station	#播出自制节目 Own-produced Programs
全　国	**National Total**	**1584**	**6081806**	**1102142**	**2809702**
北　京	Beijing	9	50158	1589	34768
天　津	Tianjin	12	68974	1336	13993
河　北	Hebei	81	291441	32793	136799
山　西	Shanxi	80	193323	39080	77051
内蒙古	Inner Mongolia	75	330662	122226	70465
辽　宁	Liaoning	59	290592	23409	171125
吉　林	Jilin	32	160810	14789	85787
黑龙江	Heilongjiang	49	184169	31408	55942
上　海	Shanghai	10	56565	3498	32274
江　苏	Jiangsu	66	348349	33849	228862
浙　江	Zhejiang	66	398411	36105	257404
安　徽	Anhui	61	212725	37964	94907
福　建	Fujian	59	284190	91661	110815
江　西	Jiangxi	79	181251	53918	71588
山　东	Shandong	97	448093	48915	240227
河　南	Henan	106	334150	58786	170753
湖　北	Hubei	52	212065	32766	101786
湖　南	Hunan	71	164744	42899	55179
广　东	Guangdong	69	367570	39570	237944
广　西	Guangxi	33	105664	19842	60866
海　南	Hainan	16	61019	16499	23549
重　庆	Chongqing	28	88457	17203	48731
四　川	Sichuan	78	291773	82038	85294
贵　州	Guizhou	13	31515	7718	17340
云　南	Yunnan	14	58098	15991	24089
陕　西	Shaanxi	72	173510	43253	67206
甘　肃	Gansu	67	166184	49642	62424
青　海	Qinghai	1	6570	4380	2190
宁　夏	Ningxia	13	25804	7919	8571
新　疆	Xinjiang	116	494966	91096	161775
计划单列市	**Cities Specifically Designated in State Plan**	**22**	**145058**	**11728**	**103561**
大　连	Dalian	5	31262	5420	14445
宁　波	Ningbo	8	54655	3035	42872
厦　门	Xiamen	1	6022		4562
青　岛	Qingdao	7	44872	3056	33857
深　圳	Shenzhen	1	8247	218	7826

6-6 续表 continued

单位：小时 (hour)

地 区	Region	按节目类型分 by Type of Programs					
		新闻资讯类节目 News Programs	专题服务类节目 Special Subject Programs	综艺类节目 General Entertainment Programs	广播剧类节目 Radio Play Programs	广告类节目 Advertising Programs	其他类节目 Others
全 国	**National Total**	**1425336**	**1159794**	**1748546**	**363708**	**355998**	**1028424**
北 京	Beijing	6119	9528	17240	7623	3775	5873
天 津	Tianjin	8480	13785	13359	1934	5403	26014
河 北	Hebei	58695	47197	141194	10599	18387	15370
山 西	Shanxi	48173	37173	56384	18934	3385	29274
内蒙古	Inner Mongolia	62917	52610	104481	15014	8509	87131
辽 宁	Liaoning	37673	63186	112615	21289	16519	39311
吉 林	Jilin	24956	38254	72736	8209	10916	5739
黑龙江	Heilongjiang	47747	29545	42722	7292	2335	54530
上 海	Shanghai	17139	8766	17936	5524	5214	1985
江 苏	Jiangsu	69016	76913	94286	21072	29721	57341
浙 江	Zhejiang	83182	89092	102910	17904	37085	68238
安 徽	Anhui	54506	48777	52097	11893	13762	31689
福 建	Fujian	74000	52295	88079	6582	6009	57224
江 西	Jiangxi	59886	34012	45207	15263	9299	17585
山 东	Shandong	75658	77087	147183	39408	36873	71884
河 南	Henan	72796	57800	109614	24800	22674	46466
湖 北	Hubei	50494	44510	65257	14891	22138	14775
湖 南	Hunan	53430	29253	37713	9492	10256	24601
广 东	Guangdong	78559	58133	96413	16422	23607	94437
广 西	Guangxi	32880	14181	29988	4770	7366	16479
海 南	Hainan	18659	7025	17840	8271	2503	6722
重 庆	Chongqing	23212	15605	17005	8543	4221	19872
四 川	Sichuan	75261	51664	58257	13768	16498	76325
贵 州	Guizhou	13358	4614	4668	2190	1479	5207
云 南	Yunnan	15625	10243	14626	4195	2684	10726
陕 西	Shaanxi	51454	35641	32042	14577	18502	21295
甘 肃	Gansu	59361	33601	27721	9597	2870	33034
青 海	Qinghai	365	365	5086	365		389
宁 夏	Ningxia	10236	4548	7120	1177	573	2150
新 疆	Xinjiang	141503	114393	116769	22111	13434	86757
计划单列市	**Cities Specifically Designated in State Plan**	**19687**	**39380**	**32356**	**10433**	**18295**	**24907**
大 连	Dalian	3276	10009	2750	3863	2281	9082
宁 波	Ningbo	7054	13384	14915	2541	7195	9567
厦 门	Xiamen	1034	3528	1460			
青 岛	Qingdao	7586	10834	11771	3929	4987	5766
深 圳	Shenzhen	738	1625	1460	100	3832	492

6-7 分地区电视节目播出情况（2012年）

National TV Programs by Region (2012)

单位：小时 (hour)

地区	Region	公共电视节目套数（套） Number of Public TV Programs (set)	全年公共电视节目播出时间 Broadcasting Hours of Public TV Programs	#转中央台节目 Relaying Programs of CCTV	#播出自制节目 Own-produced Programs
全国	**National Total**	**3273**	**16985291**	**1238774**	**5641880**
国家广电总局直属	Directly under the State Administration of Radio, Film and Television	32	268458		191796
北京	Beijing	26	125444	383	64872
天津	Tianjin	32	178102	8949	50166
河北	Hebei	178	781442	40141	287519
山西	Shanxi	115	476372	46118	148122
内蒙古	Inner Mongolia	120	642864	88231	181798
辽宁	Liaoning	119	731393	18227	289978
吉林	Jilin	76	501420	13925	193989
黑龙江	Heilongjiang	118	619993	105377	164485
上海	Shanghai	25	180644	2916	81617
江苏	Jiangsu	130	833100	22147	322893
浙江	Zhejiang	114	733784	21546	290637
安徽	Anhui	115	636369	39797	170675
福建	Fujian	97	333100	3731	143995
江西	Jiangxi	113	642389	112109	141093
山东	Shandong	171	974388	64341	334183
河南	Henan	166	881588	72788	307393
湖北	Hubei	115	686765	27506	241852
湖南	Hunan	139	734411	83595	214908
广东	Guangdong	153	744565	35644	229807
广西	Guangxi	116	529407	29866	195037
海南	Hainan	15	89676	3198	34276
重庆	Chongqing	45	280962	11777	108921
四川	Sichuan	203	1075951	143815	310552
贵州	Guizhou	101	240032	15887	111333
云南	Yunnan	159	773078	65105	230420
西藏	Tibet	10	45620	2727	19191
陕西	Shaanxi	123	597999	39799	196077
甘肃	Gansu	106	435813	32296	129244
青海	Qinghai	15	89285	7500	26415
宁夏	Ningxia	28	153743	8389	53923
新疆	Xinjiang	198	967135	70944	174712
计划单列市	**Cities Specifically Designated in State Plan**	**63**	**418943**	**6896**	**166749**
大连	Dalian	15	98109	1831	45258
宁波	Ningbo	13	85809	1716	30854
厦门	Xiamen	8	51666	607	18833
青岛	Qingdao	15	92087	2050	38283
深圳	Shenzhen	12	91273	693	33521

6-7 续表 1 continued

单位：小时 (hour)

地　区	Region	按节目类型分类 by Type of Programs 新闻资讯类节目 News Programs	专题服务类节目 Special Subject Programs	综艺益智类节目 General Entertainment and Puzzle Programs	影视剧类节目 Films and TV Plays Programs	广告类节目 Advertising Programs	其他类节目 Others
全　国	**National Total**	**2304049**	**2022171**	**1454231**	**7359530**	**2017196**	**1828114**
国家广电总局直属	Directly under the State Administration of Radio, Film and Television	67996	92093	40539	56372	9301	2158
北　京	Beijing	22112	50094	8893	23315	11767	9263
天　津	Tianjin	21076	47399	9905	70747	17869	11106
河　北	Hebei	95367	82970	93298	387956	89280	32572
山　西	Shanxi	63352	38969	47702	192038	56415	77896
内蒙古	Inner Mongolia	81212	62508	53616	297987	71427	76114
辽　宁	Liaoning	69349	95014	120348	285194	81212	80276
吉　林	Jilin	44922	72810	107746	202311	58229	15402
黑龙江	Heilongjiang	79412	50016	59424	209946	55042	166152
上　海	Shanghai	30825	36993	12898	65054	17702	17172
江　苏	Jiangsu	108074	107476	61079	339764	113167	103540
浙　江	Zhejiang	94558	73588	38789	329109	123653	74086
安　徽	Anhui	77773	64014	42993	310711	95125	45752
福　建	Fujian	56898	53613	22149	111827	48486	40127
江　西	Jiangxi	78740	64377	42548	312338	68164	76222
山　东	Shandong	109638	112318	100150	441905	131980	78396
河　南	Henan	106863	92120	84199	414085	88844	95477
湖　北	Hubei	79606	95141	44948	322128	105922	39021
湖　南	Hunan	112792	74183	57735	328740	79199	81762
广　东	Guangdong	114250	84641	43500	271179	103243	127752
广　西	Guangxi	87986	68794	27329	197593	93610	54094
海　南	Hainan	17675	11752	5377	35784	14665	4425
重　庆	Chongqing	35614	53337	25660	110203	25458	30689
四　川	Sichuan	168393	108705	79944	455206	115959	147744
贵　州	Guizhou	64758	25836	16376	65417	25232	42413
云　南	Yunnan	113796	78917	52676	370769	79123	77797
西　藏	Tibet	6902	4152	1258	23728	4348	5232
陕　西	Shaanxi	76218	61223	49069	246263	76199	89026
甘　肃	Gansu	57951	49869	26819	225663	34918	40593
青　海	Qinghai	11330	7457	10667	46987	6973	5872
宁　夏	Ningxia	18695	15959	15616	72749	21549	9175
新　疆	Xinjiang	129916	85834	50979	536462	93135	70808
计划单列市	**Cities Specifically Designated in State Plan**	**45511**	**70146**	**29965**	**157866**	**58269**	**57185**
大　连	Dalian	9360	17357	10309	32080	10347	18657
宁　波	Ningbo	7153	6931	3897	43106	11056	13667
厦　门	Xiamen	6576	9317	1861	13207	7250	13455
青　岛	Qingdao	11299	16292	7992	37833	15056	3615
深　圳	Shenzhen	11123	20250	5906	31641	14560	7792

6-7 续表 2 continued

地区	Region	全年电视剧播出数 Number of TV Plays (部) (set)	(集) (part)	#进口电视剧 Number of Imported TV Plays (部) (set)	(集) (part)	全年动画电视播出时间(小时) Broadcasting Hours of Cartoon TV Programs (hour)	#进口动画电视 Broadcasting Hours of Imported Cartoon TV Programs
全国	**National Total**	**242298**	**6622013**	**4872**	**107103**	**304877**	**12063**
国家广电总局直属	Directly under the State Administration of Radio, Film and Television	1790	49377	30	1154	6204	1238
北京	Beijing	494	16035	34	879	5545	80
天津	Tianjin	3450	53539	740	1462	3364	502
河北	Hebei	14361	409734	144	6016	7436	542
山西	Shanxi	6255	168311	44	1234	8382	312
内蒙古	Inner Mongolia	12416	293458	62	1549	13304	109
辽宁	Liaoning	9598	270211	231	7416	7212	468
吉林	Jilin	7608	219661	222	6112	1592	
黑龙江	Heilongjiang	3912	104848	53	1921	2268	750
上海	Shanghai	1162	41340	56	1357	15363	698
江苏	Jiangsu	9631	284036	55	1984	16997	122
浙江	Zhejiang	8754	268933	107	3257	20216	202
安徽	Anhui	10404	271771	178	5281	7774	365
福建	Fujian	3475	107902	60	1644	6957	185
江西	Jiangxi	10071	270747	427	12111	17565	747
山东	Shandong	11309	354956	69	1799	13465	156
河南	Henan	15590	450651	105	3085	6311	500
湖北	Hubei	13728	356712	86	2287	9856	98
湖南	Hunan	10784	288178	23	858	21145	883
广东	Guangdong	6496	222937	84	2122	26264	285
广西	Guangxi	6358	170270	240	2823	7329	183
海南	Hainan	759	25381	4	80	2443	323
重庆	Chongqing	4716	110439	157	4220	6538	548
四川	Sichuan	18046	481623	207	4891	16534	1055
贵州	Guizhou	2619	62911	115	2395	2484	
云南	Yunnan	9984	267499			9319	243
西藏	Tibet	568	17980	1	40	587	
陕西	Shaanxi	8261	237173	29	575	6599	
甘肃	Gansu	7069	197745	10	478	11039	73
青海	Qinghai	1164	29162	4	246	1430	
宁夏	Ningxia	1823	43457	15	818	4687	
新疆	Xinjiang	19643	475036	1280	27009	18669	1398
计划单列市	**Cities Specifically Designated in State Plan**	**4906**	**146171**	**111**	**2827**	**13592**	**174**
大连	Dalian	861	27356	4	80	1947	
宁波	Ningbo	1109	28470	2	40	4411	91
厦门	Xiamen	437	15850	57	1566	913	
青岛	Qingdao	1494	41907	33	691	1903	
深圳	Shenzhen	1005	32588	15	450	4419	83

6-8 分地区省级电视节目播出情况（2012年）

Provincial TV Programs by Region (2012)

单位：小时 (hour)

地 区	Region	公共电视节目套数（套）Number of Public TV Programs (set)	全年公共电视节目播出时间 Broadcasting Hours of Public TV Programs	#转中央台节目 Relaying Programs of CCTV	#播出自制节目 Own-produced Programs
全 国	**National Total**	**283**	**2239346**	**16775**	**907721**
北 京	Beijing	12	93187	200	42298
天 津	Tianjin	11	90671	366	25251
河 北	Hebei	8	61569	209	24213
山 西	Shanxi	7	57916	182	23056
内蒙古	Inner Mongolia	8	68659	953	23601
辽 宁	Liaoning	10	85679	193	23896
吉 林	Jilin	10	85400	1246	35563
黑龙江	Heilongjiang	7	59959	253	30691
上 海	Shanghai	16	129321	1029	66422
江 苏	Jiangsu	9	78584	229	14919
浙 江	Zhejiang	9	77155	405	27422
安 徽	Anhui	6	42760	207	17906
福 建	Fujian	10	81090	227	35323
江 西	Jiangxi	9	71758	2351	26408
山 东	Shandong	10	75013	181	36969
河 南	Henan	9	75482	221	37095
湖 北	Hubei	9	76075	215	34110
湖 南	Hunan	11	92434	196	38127
广 东	Guangdong	17	119052	889	40024
广 西	Guangxi	9	77097	208	30497
海 南	Hainan	6	43530	501	18362
重 庆	Chongqing	12	96533	183	50685
四 川	Sichuan	12	96187	458	40576
贵 州	Guizhou	7	59860	193	32147
云 南	Yunnan	7	53517	192	36029
西 藏	Tibet	3	24082	223	12618
陕 西	Shaanxi	10	70696	789	37984
甘 肃	Gansu	6	43756	200	6841
青 海	Qinghai	4	27614	1809	14015
宁 夏	Ningxia	7	40286	1320	16067
新 疆	Xinjiang	12	84425	947	8604

6-8 续表 1 continued

单位：小时 (hour)

地区	Region	按节目类型分类 by Type of Programs					
		新闻资讯类节目 News Programs	专题服务类节目 Special Subject Programs	综艺益智类节目 General Entertainment and Puzzle Programs	影视剧类节目 Films and TV Plays Programs	广告类节目 Advertising Programs	其他类节目 Others
全国	**National Total**	**299733**	**387178**	**176952**	**799568**	**290432**	**285482**
北京	Beijing	15235	37029	6366	20505	5976	8076
天津	Tianjin	7387	41658	2698	25154	13775	
河北	Hebei	4235	5118	5074	28871	6400	11872
山西	Shanxi	11108	2312	5035	20871	9944	8645
内蒙古	Inner Mongolia	9201	8722	2240	27202	10683	10612
辽宁	Liaoning	8148	16394	2932	29643	11136	17426
吉林	Jilin	6583	9718	16411	32521	13617	6549
黑龙江	Heilongjiang	8364	8843	12334	17807	6788	5824
上海	Shanghai	23309	27295	11403	42272	9892	15149
江苏	Jiangsu	10104	7063	4862	29448	7727	19379
浙江	Zhejiang	11528	8184	5161	30667	9492	12124
安徽	Anhui	7410	7441	5688	13752	5431	3038
福建	Fujian	12007	14767	5128	25934	12585	10670
江西	Jiangxi	6074	9028	2812	36628	7639	9576
山东	Shandong	11820	15748	6389	24946	10505	5605
河南	Henan	16625	13035	7809	22411	5814	9789
湖北	Hubei	9585	13199	4220	25402	10441	13229
湖南	Hunan	13107	11254	8927	32880	9278	16987
广东	Guangdong	19286	15870	8767	38450	22922	13758
广西	Guangxi	12468	9233	2829	29579	17756	5232
海南	Hainan	8690	8217	1312	17107	6963	1241
重庆	Chongqing	9946	31128	13627	22016	4426	15391
四川	Sichuan	11873	8501	11881	37738	12943	13252
贵州	Guizhou	7587	10584	3135	16479	7635	14439
云南	Yunnan	8688	10852	4645	19585	8976	772
西藏	Tibet	2976	1989	638	15196	3050	233
陕西	Shaanxi	7757	9262	2687	21221	10954	18814
甘肃	Gansu	2949	8142	438	22506	4770	4951
青海	Qinghai	4030	3219	2561	12753	2721	2331
宁夏	Ningxia	4041	6529	6554	18156	3849	1159
新疆	Xinjiang	7613	6845	2391	41869	16346	9362

6-8 续表 2 continued

地　区	Region	全年电视剧播出数 Number of TV Plays (部) (set)	(集) (part)	#进口电视剧 Number of Imported TV Plays (部) (set)	(集) (part)	全年动画电视播出时间(小时) Broadcasting Hours of Cartoon TV Programs (hour)	#进口动画电视 Broadcasting Hours of Imported Cartoon TV Programs
全　国	**National Total**	**22941**	**711065**	**1122**	**12568**	**87199**	**4290**
北　京	Beijing	464	14940	34	879	5408	80
天　津	Tianjin	2528	29243	740	1462	3221	501
河　北	Hebei	1000	31493			1672	440
山　西	Shanxi	754	24245	1	18	1845	
内蒙古	Inner Mongolia	957	28514			5452	
辽　宁	Liaoning	1018	35495	1	40	1976	
吉　林	Jilin	911	32869			92	
黑龙江	Heilongjiang	780	22755				
上　海	Shanghai	596	19398	56	1357	13886	698
江　苏	Jiangsu	665	21625			6270	122
浙　江	Zhejiang	699	29558	20	1028	3386	
安　徽	Anhui	475	15062	70	2076	1155	
福　建	Fujian	789	25454			1582	
江　西	Jiangxi	830	29016	9	162	4467	194
山　东	Shandong	671	23556			2501	
河　南	Henan	637	20183	1	43	228	
湖　北	Hubei	941	30125	6	155	381	
湖　南	Hunan	678	30336	9	251	4167	803
广　东	Guangdong	464	17858	68	1637	11813	194
广　西	Guangxi	802	28872	57	1570	698	183
海　南	Hainan	153	7471			1368	323
重　庆	Chongqing	395	21261			3938	501
四　川	Sichuan	1303	41290			1035	
贵　州	Guizhou	582	17346				
云　南	Yunnan	425	15710			2227	243
西　藏	Tibet	440	14375	1	40	418	
陕　西	Shaanxi	598	17966	9	302	444	
甘　肃	Gansu	894	24986	4	80	3330	9
青　海	Qinghai	481	14408			395	
宁　夏	Ningxia	213	3793			1585	
新　疆	Xinjiang	798	21862	36	1468	2259	

6-9 分地区地市级电视节目播出情况（2012年）

TV Programs at Prefecture Level by Region (2012)

单位：小时 (hour)

地　区	Region	公共电视节目套数（套） Number of Public TV Programs (set)	全年公共电视节目播出时间 Broadcasting Hours of Public TV Programs	#转中央台节目 Relaying Programs of CCTV	#播出自制节目 Own-produced Programs
全　国	**National Total**	**902**	**5740736**	**155886**	**2181778**
河　北	Hebei	30	197932	2633	106923
山　西	Shanxi	30	195140	7923	72364
内蒙古	Inner Mongolia	36	224193	8348	86566
辽　宁	Liaoning	43	287081	2981	141637
吉　林	Jilin	25	179055	1984	77818
黑龙江	Heilongjiang	39	227966	23491	81823
江　苏	Jiangsu	53	361900	2193	163916
浙　江	Zhejiang	38	269795	4265	119000
安　徽	Anhui	43	264190	5644	73700
福　建	Fujian	26	188277	1893	75830
江　西	Jiangxi	24	146176	5003	48744
山　东	Shandong	57	401307	4405	143408
河　南	Henan	45	281477	10165	109267
湖　北	Hubei	37	261948	2610	108269
湖　南	Hunan	31	184663	10409	76764
广　东	Guangdong	66	404890	5377	118180
广　西	Guangxi	32	198308	2753	91145
海　南	Hainan	4	21849	377	7267
四　川	Sichuan	46	310649	10312	125565
贵　州	Guizhou	21	121510	2402	50698
云　南	Yunnan	40	232590	10554	86214
西　藏	Tibet	7	21538	2504	6573
陕　西	Shaanxi	25	152054	4924	59821
甘　肃	Gansu	30	179961	4541	52023
青　海	Qinghai	9	46451	5301	11306
宁　夏	Ningxia	8	51053	1385	19060
新　疆	Xinjiang	57	328786	11510	67897
计划单列市	**Cities Specifically Designated in State Plan**	**36**	**260649**	**1493**	**107795**
大　连	Dalian	8	55956	201	29523
宁　波	Ningbo	5	32846	183	10548
厦　门	Xiamen	5	36500	205	16886
青　岛	Qingdao	6	44074	211	17316
深　圳	Shenzhen	12	91273	693	33521

6-9 续表 1 continued

单位：小时 (hour)

地 区	Region	新闻资讯类节目 News Programs	专题服务类节目 Special Subject Programs	综艺益智类节目 General Entertainment and Puzzle Programs	影视剧类节目 Films and TV Plays Programs	广告类节目 Advertising Programs	其他类节目 Others
		按节目类型分类 by Type of Programs					
全 国	**National Total**	**707820**	**755108**	**474542**	**2405304**	**843622**	**554340**
河 北	Hebei	17991	38667	27523	75079	29682	8990
山 西	Shanxi	18284	15908	13259	86342	30126	31221
内蒙古	Inner Mongolia	26900	25220	19686	92926	33190	26272
辽 宁	Liaoning	28009	44486	42980	94302	33844	43460
吉 林	Jilin	20079	39347	32418	61580	20182	5449
黑龙江	Heilongjiang	31612	22518	26942	87349	34409	25135
江 苏	Jiangsu	47348	59641	23589	132600	53701	45021
浙 江	Zhejiang	34537	28589	16888	103261	57064	29456
安 徽	Anhui	31772	35400	15750	115533	42565	23170
福 建	Fujian	25675	29914	14757	80615	24498	12817
江 西	Jiangxi	20689	21466	12327	61682	22061	7952
山 东	Shandong	45673	49675	43437	168745	67069	26708
河 南	Henan	29659	36729	27306	130068	33308	24407
湖 北	Hubei	29389	46948	15950	115226	43938	10498
湖 南	Hunan	34806	23128	11206	70708	25976	18839
广 东	Guangdong	51146	48414	22433	184375	52910	45613
广 西	Guangxi	26197	41862	12840	65565	35136	16708
海 南	Hainan	4050	1864	2505	8028	4387	1014
四 川	Sichuan	46400	38398	16446	126062	45944	37399
贵 州	Guizhou	18391	11769	9985	48938	12517	19911
云 南	Yunnan	30966	22616	17592	102996	34867	23553
西 藏	Tibet	3926	2163	620	8532	1298	4999
陕 西	Shaanxi	17564	13558	11357	57524	29539	22513
甘 肃	Gansu	18309	14608	13796	97351	17015	18881
青 海	Qinghai	6114	3848	7788	21855	3632	3214
宁 夏	Ningxia	5947	3686	3259	23227	11561	3375
新 疆	Xinjiang	36388	34685	11905	184837	43204	17767
计划单列市	**Cities Specifically Designated in State Plan**	**31121**	**54583**	**20913**	**91117**	**33647**	**29268**
大 连	Dalian	4956	12866	6249	14024	3036	14826
宁 波	Ningbo	2510	2414	961	17766	4732	4463
厦 门	Xiamen	5596	9029	1861	13207	5940	867
青 岛	Qingdao	6935	10025	5937	14478	5378	1320
深 圳	Shenzhen	11123	20250	5906	31641	14560	7792

6-9 续表 2 continued

地 区	Region	全年电视剧播出数 Number of TV Programs (部) (set)	(集) (part)	#进口电视剧 Number of Imported TV Programs (部) (set)	(集) (part)	全年动画电视播出时间(小时) Broadcasting Hours of Cartoon TV Programs (hour)	#进口动画电视 Broadcasting Hours of Imported Cartoon TV Programs
全 国	**National Total**	**78364**	**2207391**	**1636**	**37825**	**90541**	**2246**
河 北	Hebei	2516	74124	26	1181	1012	83
山 西	Shanxi	2787	78502	22	480	1660	2
内蒙古	Inner Mongolia	3746	92571	44	1133	3662	106
辽 宁	Liaoning	2974	92960	30	640	3728	200
吉 林	Jilin	2287	66915	141	4061	1012	
黑龙江	Heilongjiang	2219	60274	48	1780	968	140
江 苏	Jiangsu	4483	133605	48	1772	4023	
浙 江	Zhejiang	2360	78651	54	1713	6326	91
安 徽	Anhui	3428	101120	59	1865	2840	
福 建	Fujian	2549	78319	60	1644	5132	185
江 西	Jiangxi	1607	44214	64	2254	3711	137
山 东	Shandong	4242	134474	36	808	5640	
河 南	Henan	4518	135978	60	1655	1919	325
湖 北	Hubei	4083	120922	40	1015	5486	8
湖 南	Hunan	2273	67303	14	607	1919	80
广 东	Guangdong	4995	177619	15	450	12634	83
广 西	Guangxi	2355	62812	13	153	3656	
海 南	Hainan	310	9337	4	80	637	
四 川	Sichuan	5051	134736	91	1960	6635	54
贵 州	Guizhou	2037	45565	115	2395	2484	
云 南	Yunnan	2839	77645			2700	
西 藏	Tibet	128	3605			169	
陕 西	Shaanxi	1532	46721			402	
甘 肃	Gansu	3009	87107	1	42	3428	64
青 海	Qinghai	453	10554	4	246	465	
宁 夏	Ningxia	644	17905	2	44	1612	
新 疆	Xinjiang	8939	173853	645	9847	6680	688
计划单列市	**Cities Specifically Designated in State Plan**	**2454**	**83124**	**105**	**2707**	**11514**	**174**
大 连	Dalian	377	13736			1947	
宁 波	Ningbo	149	5960			2842	91
厦 门	Xiamen	437	15850	57	1566	913	
青 岛	Qingdao	486	14990	33	691	1394	
深 圳	Shenzhen	1005	32588	15	450	4419	83

6-10 分地区县级电视节目播出情况（2012年）
TV Programs at County Level by Region (2012)

单位：小时 (hour)

地 区	Region	公共电视节目套数（套）Number of Public TV Programs (set)	全年公共电视节目播出时间 Broadcasting Hours of Public TV Programs	#转中央台节目 Relaying Programs of CCTV	#播出自制节目 Own-produced Programs
全 国	**National Total**	**2056**	**8736751**	**1066113**	**2360585**
北 京	Beijing	14	32257	183	22574
天 津	Tianjin	21	87430	8583	24915
河 北	Hebei	140	521941	37299	156383
山 西	Shanxi	78	223316	38013	52702
内蒙古	Inner Mongolia	76	350012	78930	71631
辽 宁	Liaoning	66	358634	15054	124444
吉 林	Jilin	41	236965	10695	80608
黑龙江	Heilongjiang	72	332068	81633	51971
上 海	Shanghai	9	51323	1886	15195
江 苏	Jiangsu	68	392616	19724	144058
浙 江	Zhejiang	67	386834	16877	144216
安 徽	Anhui	66	329419	33946	79069
福 建	Fujian	61	63733	1612	32843
江 西	Jiangxi	80	424455	104755	65942
山 东	Shandong	104	498068	59755	153805
河 南	Henan	112	524629	62401	161031
湖 北	Hubei	69	348742	24682	99473
湖 南	Hunan	97	457314	72990	100016
广 东	Guangdong	70	220623	29377	71603
广 西	Guangxi	75	254003	26905	73394
海 南	Hainan	5	24298	2320	8648
重 庆	Chongqing	33	184429	11595	58237
四 川	Sichuan	145	669115	133045	144410
贵 州	Guizhou	73	58662	13293	28488
云 南	Yunnan	112	486971	54359	108177
陕 西	Shaanxi	88	375249	34087	98271
甘 肃	Gansu	70	212096	27555	70380
青 海	Qinghai	2	15220	390	1094
宁 夏	Ningxia	13	62404	5684	18796
新 疆	Xinjiang	129	553923	58487	98211
计划单列市	**Cities Specifically Designated in State Plan**	**27**	**158294**	**5404**	**58954**
大 连	Dalian	7	42153	1631	15735
宁 波	Ningbo	8	52963	1533	20306
厦 门	Xiamen	3	15166	402	1947
青 岛	Qingdao	9	48013	1839	20966

6-10 续表 1 continued

单位：小时 (hour)

地 区	Region	按节目类型分类 by Type of Programs 新闻资讯类节目 News Programs	专题服务类节目 Special Subject Programs	综艺益智类节目 General Entertainment and Puzzle Programs	影视剧类节目 Films and TV Plays Programs	广告类节目 Advertising Programs	其他类节目 Others
全 国	**National Total**	**1228500**	**787792**	**762198**	**4098286**	**873841**	**986134**
北 京	Beijing	6877	13065	2527	2810	5791	1187
天 津	Tianjin	13688	5741	7207	45594	4094	11106
河 北	Hebei	73141	39185	60701	284006	53199	11710
山 西	Shanxi	33959	20749	29408	84825	16345	38030
内蒙古	Inner Mongolia	45111	28566	31691	177860	27554	39231
辽 宁	Liaoning	33191	34135	74436	161249	36231	19391
吉 林	Jilin	18260	23745	58918	108210	24429	3404
黑龙江	Heilongjiang	39437	18655	20148	104790	13845	135193
上 海	Shanghai	7516	9698	1495	22782	7810	2023
江 苏	Jiangsu	50622	40771	32628	177716	51739	39140
浙 江	Zhejiang	48494	36815	16741	195182	57097	32506
安 徽	Anhui	38591	21173	21555	181427	47130	19544
福 建	Fujian	19215	8932	2264	5278	11404	16640
江 西	Jiangxi	51977	33883	27408	214029	38464	58695
山 东	Shandong	52146	46895	50324	248213	54406	46084
河 南	Henan	60580	42356	49085	261606	49722	61281
湖 北	Hubei	40632	34995	24778	181500	51544	15294
湖 南	Hunan	64879	39801	37601	225152	43945	45936
广 东	Guangdong	43819	20357	12301	48354	27411	68381
广 西	Guangxi	49322	17699	11661	102449	40718	32155
海 南	Hainan	4935	1671	1559	10649	3315	2169
重 庆	Chongqing	25668	22209	12034	88188	21032	15298
四 川	Sichuan	110120	61805	51618	291407	57072	97092
贵 州	Guizhou	38780	3483	3256		5081	8063
云 南	Yunnan	74142	45449	30439	248189	35280	53472
陕 西	Shaanxi	50897	38402	35025	167519	35706	47700
甘 肃	Gansu	36693	27119	12585	105805	13133	16760
青 海	Qinghai	1186	390	318	12379	620	327
宁 夏	Ningxia	8708	5745	5804	31367	6140	4642
新 疆	Xinjiang	85915	44304	36683	309757	33586	43679
计划单列市	**Cities Specifically Designated in State Plan**	**14390**	**15563**	**9052**	**66750**	**24623**	**27918**
大 连	Dalian	4404	4491	4060	18056	7311	3831
宁 波	Ningbo	4643	4517	2936	25340	6324	9204
厦 门	Xiamen	980	288			1310	12588
青 岛	Qingdao	4363	6267	2056	23354	9678	2295

6-10 续表 2 continued

地　区	Region	全年电视剧播出数 Number of TV Plays (部) (set)	全年电视剧播出数 Number of TV Plays (集) (part)	#进口电视剧 Number of Imported TV Plays (部) (set)	#进口电视剧 Number of Imported TV Plays (集) (part)	全年动画电视播出时间(小时) Broadcasting Hours of Cartoon TV Programs (hour)	#进口动画电视 Broadcasting Hours of Imported Cartoon TV Programs
全　国	**National Total**	**139203**	**3654180**	**2084**	**55556**	**120934**	**4289**
北　京	Beijing	30	1095			137	
天　津	Tianjin	922	24296			143	1
河　北	Hebei	10845	304117	118	4835	4751	19
山　西	Shanxi	2714	65564	21	736	4877	310
内蒙古	Inner Mongolia	7713	172373	18	416	4190	3
辽　宁	Liaoning	5606	141756	200	6736	1508	268
吉　林	Jilin	4410	119877	81	2051	488	
黑龙江	Heilongjiang	913	21819	5	141	1300	610
上　海	Shanghai	566	21942			1477	
江　苏	Jiangsu	4483	128806	7	212	6704	
浙　江	Zhejiang	5695	160724	33	516	10504	111
安　徽	Anhui	6501	155589	49	1340	3779	365
福　建	Fujian	137	4129			243	
江　西	Jiangxi	7634	197517	354	9695	9387	416
山　东	Shandong	6396	196926	33	991	5324	156
河　南	Henan	10435	294490	44	1387	4164	175
湖　北	Hubei	8704	205665	40	1117	3988	90
湖　南	Hunan	7833	190539			15060	
广　东	Guangdong	1037	27460	1	35	1817	8
广　西	Guangxi	3201	78586	170	1100	2976	
海　南	Hainan	296	8573			438	
重　庆	Chongqing	4321	89178	157	4220	2601	47
四　川	Sichuan	11692	305597	116	2931	8864	1001
贵　州	Guizhou						
云　南	Yunnan	6720	174144			4393	
陕　西	Shaanxi	6131	172486	20	273	5753	
甘　肃	Gansu	3166	85652	5	356	4280	
青　海	Qinghai	230	4200			570	
宁　夏	Ningxia	966	21759	13	774	1490	
新　疆	Xinjiang	9906	279321	599	15694	9730	710
计划单列市	**Cities Specifically Designated in State Plan**	**2452**	**63047**	**6**	**120**	**2078**	
大　连	Dalian	484	13620	4	80		
宁　波	Ningbo	960	22510	2	40	1569	
厦　门	Xiamen						
青　岛	Qingdao	1008	26917			509	

6-11 分地区广播节目制作情况（2012年）

Production of National Radio Programs by Region (2012)

地 区	Region	全年制作广播节目时间（小时）Radio Programs Produced (hour)	#新闻资讯类 News Programs	#广播剧类 Radio Plays
全 国	**National Total**	**7188245**	**1333084**	**140493**
国家广电总局直属	Directly under the State Administration of Radio, Film and Television	287480	85570	1640
北 京	Beijing	135139	15306	3349
天 津	Tianjin	75810	12811	193
河 北	Hebei	327560	51760	2698
山 西	Shanxi	164198	35116	2959
内蒙古	Inner Mongolia	262474	40961	12748
辽 宁	Liaoning	432647	60349	7653
吉 林	Jilin	248477	31429	5534
黑龙江	Heilongjiang	232625	38977	2920
上 海	Shanghai	83309	17726	774
江 苏	Jiangsu	582067	106333	15102
浙 江	Zhejiang	464716	84089	8164
安 徽	Anhui	183679	38236	3439
福 建	Fujian	259745	51048	3680
江 西	Jiangxi	193299	37555	4066
山 东	Shandong	482006	80122	14037
河 南	Henan	298423	47583	1943
湖 北	Hubei	230722	42851	2090
湖 南	Hunan	171862	32633	3329
广 东	Guangdong	535126	97478	11012
广 西	Guangxi	188949	37629	646
海 南	Hainan	55221	12558	913
重 庆	Chongqing	65488	18353	1239
四 川	Sichuan	210012	52884	2672
贵 州	Guizhou	129421	15605	2582
云 南	Yunnan	151306	41100	5274
西 藏	Tibet	29547	4812	10
陕 西	Shaanxi	229064	43355	6669
甘 肃	Gansu	113868	24503	1619
青 海	Qinghai	31957	5561	1719
宁 夏	Ningxia	43827	9858	1519
新 疆	Xinjiang	288223	58932	8304
计划单列市	**Cities Specifically Designated in State Plan**	**265396**	**53273**	**6347**
大 连	Dalian	53694	12826	700
宁 波	Ningbo	71448	9070	1875
厦 门	Xiamen	38818	8045	
青 岛	Qingdao	65767	14428	3670
深 圳	Shenzhen	35669	8905	100

6-12 分地区省级广播节目制作情况（2012年）

Production of Provincial Radio Programs by Region (2012)

地　区	Region	全年制作广播节目时间（小时）Radio Programs Produced (hour)	#新　闻资讯类 News Programs	#广播剧类 Radio Plays
全　国	**National Total**	**1623615**	**270518**	**34097**
北　京	Beijing	107766	12696	1716
天　津	Tianjin	61095	8839	10
河　北	Hebei	60944	15607	1947
山　西	Shanxi	40434	4973	371
内蒙古	Inner Mongolia	59776	9022	9363
辽　宁	Liaoning	70899	6657	219
吉　林	Jilin	62444	6134	4003
黑龙江	Heilongjiang	43772	5627	287
上　海	Shanghai	68063	15719	753
江　苏	Jiangsu	81410	13034	550
浙　江	Zhejiang	48056	12421	789
安　徽	Anhui	34299	4439	847
福　建	Fujian	46459	9197	8
江　西	Jiangxi	52419	5490	965
山　东	Shandong	60014	5411	2190
河　南	Henan	73643	8966	1920
湖　北	Hubei	67727	5722	
湖　南	Hunan	44867	3904	918
广　东	Guangdong	73863	16044	1823
广　西	Guangxi	34650	8660	106
海　南	Hainan	22555	4985	183
重　庆	Chongqing	42069	11267	880
四　川	Sichuan	53619	11200	29
贵　州	Guizhou	46523	4349	
云　南	Yunnan	45096	16334	171
西　藏	Tibet	24972	3468	10
陕　西	Shaanxi	61030	10465	1065
甘　肃	Gansu	32508	5856	20
青　海	Qinghai	14166	3026	204
宁　夏	Ningxia	21790	4918	1437
新　疆	Xinjiang	66688	16092	1316

6-13 分地区地市级广播节目制作情况（2012年）

Production of Radio Programs at Prefecture Level by Region (2012)

地 区	Region	全年制作广播节目时间（小时）Radio Programs Produced (hour)	#新闻资讯类 News Programs	#广播剧类 Radio Plays
全 国	**National Total**	**3393419**	**597886**	**72980**
河 北	Hebei	178553	22780	731
山 西	Shanxi	75295	19090	1395
内蒙古	Inner Mongolia	164545	21255	3018
辽 宁	Liaoning	227762	38391	6674
吉 林	Jilin	132531	15890	1335
黑龙江	Heilongjiang	154468	24498	2254
江 苏	Jiangsu	297790	56354	11026
浙 江	Zhejiang	206218	39087	2397
安 徽	Anhui	107543	21743	1341
福 建	Fujian	149831	30293	3036
江 西	Jiangxi	97222	17187	2942
山 东	Shandong	229294	43567	5522
河 南	Henan	133104	19800	23
湖 北	Hubei	110148	23505	1547
湖 南	Hunan	92865	17398	2211
广 东	Guangdong	275109	50960	5957
广 西	Guangxi	118947	22614	313
海 南	Hainan	22530	5095	
四 川	Sichuan	117456	28869	2080
贵 州	Guizhou	74605	9891	2035
云 南	Yunnan	90338	19195	4176
西 藏	Tibet	4575	1344	
陕 西	Shaanxi	124696	19192	5200
甘 肃	Gansu	45000	7092	1320
青 海	Qinghai	17061	2421	1465
宁 夏	Ningxia	17430	3260	82
新 疆	Xinjiang	128506	17114	4901
计划单列市	**Cities Specifically Designated in State Plan**	**164017**	**41326**	**3813**
大 连	Dalian	40732	11286	
宁 波	Ningbo	30384	5294	1095
厦 门	Xiamen	32796	7011	
青 岛	Qingdao	32683	9568	2716
深 圳	Shenzhen	27422	8167	

6-14 分地区县级广播制作情况（2012年）

Production of Radio Programs at County Level by Region (2012)

地 区	Region	全年制作广播节目时间（小时）Radio Programs Produced (hour)	#新 闻资讯类 News Programs	#广播剧类 Radio Plays
全 国	**National Total**	**1883730**	**379110**	**31776**
北 京	Beijing	27373	2610	1633
天 津	Tianjin	14715	3972	183
河 北	Hebei	88063	13373	20
山 西	Shanxi	48469	11053	1193
内蒙古	Inner Mongolia	38152	10685	367
辽 宁	Liaoning	133986	15300	760
吉 林	Jilin	53502	9406	196
黑龙江	Heilongjiang	34385	8853	380
上 海	Shanghai	15246	2007	21
江 苏	Jiangsu	202867	36946	3525
浙 江	Zhejiang	210442	32580	4978
安 徽	Anhui	41837	12055	1251
福 建	Fujian	63455	11559	635
江 西	Jiangxi	43658	14878	159
山 东	Shandong	192698	31144	6325
河 南	Henan	91676	18817	
湖 北	Hubei	52847	13625	543
湖 南	Hunan	34130	11331	201
广 东	Guangdong	186153	30474	3232
广 西	Guangxi	35352	6355	227
海 南	Hainan	10136	2478	730
重 庆	Chongqing	23419	7086	359
四 川	Sichuan	38937	12815	563
贵 州	Guizhou	8294	1365	547
云 南	Yunnan	15872	5572	927
陕 西	Shaanxi	43339	13698	404
甘 肃	Gansu	36360	11554	279
青 海	Qinghai	730	114	50
宁 夏	Ningxia	4607	1681	
新 疆	Xinjiang	93030	25727	2088
计划单列市	**Cities Specifically Designated in State Plan**	**101379**	**11947**	**2534**
大 连	Dalian	12962	1540	700
宁 波	Ningbo	41064	3776	780
厦 门	Xiamen	6022	1034	
青 岛	Qingdao	33084	4860	954
深 圳	Shenzhen	8247	738	100

6-15 分地区电视节目制作情况（2012年）
Production of National TV Programs by Region (2012)

地区	Region	全年制作电视节目时间（小时）TV Programs Produced (hour)	#新闻资讯类 News Programs	全年制作电视剧数量 Number of TV Plays（部）(set)	（集）(part)	全年制作动画电视时间（小时）Cartoon TV Programs Produced (hour)	全年电视剧制作投资（万元）Investment in Production of TV Plays (10 000 yuan)	全年动画电视制作投资（万元）Investment in Production of Cartoon TV Programs (10 000 yuan)
全国	**National Total**	**3436301**	**886905**	**815**	**27156**	**11015**	**910326**	**175535**
国家广电总局直属	Directly under the State Administration of Radio, Film and Television	338511	47965	15	506	56	21012	3366
北京	Beijing	236221	57934	97	3408	157	376882	16181
天津	Tianjin	24601	4611	8	258		1974	
河北	Hebei	152267	27175	10	297	162	3099	4893
山西	Shanxi	92036	24571	1	50	2		200
内蒙古	Inner Mongolia	66795	22319			7		16
辽宁	Liaoning	176710	28515	12	443	28	3250	863
吉林	Jilin	85627	15888	13	377	92	1625	
黑龙江	Heilongjiang	108144	26169	3	92		8784	
上海	Shanghai	53274	16432	52	1684	64	58853	4660
江苏	Jiangsu	205739	58072	12	417	928	30950	37175
浙江	Zhejiang	165056	40178	75	2803	440	163075	19028
安徽	Anhui	86882	25704	27	819	2782	16137	17191
福建	Fujian	60813	22679	10	326	398	15775	17485
江西	Jiangxi	93261	28606	3	97	2159	5000	5102
山东	Shandong	206484	44212	8	280	6	14404	350
河南	Henan	142236	35765	13	746	140		
湖北	Hubei	108434	28617	12	424	57	30550	6716
湖南	Hunan	135677	43646	6	168	158	20732	7467
广东	Guangdong	173771	55484	134	5710	2747	71274	27457
广西	Guangxi	88403	27043	9	404	60	2281	940
海南	Hainan	16896	8451					
重庆	Chongqing	59467	13028	13	254	99	8161	4955
四川	Sichuan	110870	41238	15	517	4	10023	11
贵州	Guizhou	46150	15477					
云南	Yunnan	97612	30669	29	524		4004	
西藏	Tibet	8438	3049	49	1330	74		
陕西	Shaanxi	102136	30512	81	2681	74	36588	1333
甘肃	Gansu	58227	19064	5	89	1	45	25
青海	Qinghai	19073	5779					
宁夏	Ningxia	23986	5883	1	30	256	66	115
新疆	Xinjiang	92504	32173	102	2422	68	5784	5
计划单列市	**Cities Specifically Designated in State Plan**	**122203**	**23426**	**82**	**3517**	**709**	**40867**	**20579**
大连	Dalian	18509	3529					
宁波	Ningbo	18730	3514	1	36			
厦门	Xiamen	6240	1773	3	92	72	10000	3668
青岛	Qingdao	16702	3874	1	33			
深圳	Shenzhen	62022	10736	77	3356	637	30867	16911

6-16 分地区省级电视节目制作情况（2012年）

Production of Provincial TV Programs by Region (2012)

地 区	Region	全年制作电视节目时间（小时） TV Programs Produced (hour)	#新闻资讯类 News Programs	全年制作电视剧数量 Number of TV Plays		全年制作动画电视时间（小时） Cartoon TV TV Programs Produced (hour)	全年电视剧制作投资（万元） Investment in Production of TV Plays (10 000 yuan)	全年动画电视制作投资（万元） Investment in Production of Cartoon TV Programs (10 000 yuan)
				（部） (set)	（集） (part)			
全 国	**National Total**	**796290**	**214546**	**638**	**21153**	**4767**	**815927**	**97334**
北 京	Beijing	219930	53302	97	3408	148	376882	16181
天 津	Tianjin	12141	2191	8	258		1974	
河 北	Hebei	22935	2650	10	297	141	3099	4743
山 西	Shanxi	21351	7475			2		200
内蒙古	Inner Mongolia	5354	3024					
辽 宁	Liaoning	14429	5491	12	443	28	3250	863
吉 林	Jilin	26907	4708	3	99	92	1609	
黑龙江	Heilongjiang	14338	5360					
上 海	Shanghai	48323	14562	52	1684	64	58853	4660
江 苏	Jiangsu	20303	9072	8	304		24950	75
浙 江	Zhejiang	31150	6011	74	2767	440	163075	19028
安 徽	Anhui	20271	3795	22	660	228	11765	7387
福 建	Fujian	18831	6287	7	234	309	5675	11613
江 西	Jiangxi	24313	5663	3	97	2159	5000	5102
山 东	Shandong	33549	8251	6	223		14390	
河 南	Henan	16475	6550	13	746	140		
湖 北	Hubei	25868	5652	12	424	57	30550	6716
湖 南	Hunan	22233	6364	5	144	158	10595	7467
广 东	Guangdong	37559	12385	50	1959	229	37514	5930
广 西	Guangxi	8282	3546	9	404	60	2281	940
海 南	Hainan	9597	5953					
重 庆	Chongqing	35535	4696	13	254	99	8161	4955
四 川	Sichuan	17081	5367	14	508		10023	
贵 州	Guizhou	26307	7396					
云 南	Yunnan	13139	2247	2	70		4000	
西 藏	Tibet	2884	831	49	1330	74		
陕 西	Shaanxi	17478	6342	79	2649	74	36540	1333
甘 肃	Gansu	4786	810	5	89	1	45	25
青 海	Qinghai	8665	2598					
宁 夏	Ningxia	8825	2510	1	30	256	66	115
新 疆	Xinjiang	7451	3457	84	2072	9	5632	

6-17 分地区地市级电视节目制作情况（2012年）
Production of TV Programs at Prefecture Level by Region (2012)

单位：小时 (hour)

地 区	Region	全年制作电视节目时间 TV Programs Produced	#新闻资讯类 News Programs	地 区	Region	全年制作电视节目时间 TV Programs Produced	#新闻资讯类 News Programs
全 国	**National Total**	**1163492**	**286114**	海 南	Hainan	5108	1647
河 北	Hebei	48084	7532	四 川	Sichuan	47882	17486
山 西	Shanxi	31580	5859	贵 州	Guizhou	12441	3956
内蒙古	Inner Mongolia	32532	9464	云 南	Yunnan	42231	11763
辽 宁	Liaoning	89928	12412	西 藏	Tibet	5554	2218
吉 林	Jilin	29511	6722	陕 西	Shaanxi	30189	7194
黑龙江	Heilongjiang	60150	11764	甘 肃	Gansu	21515	6112
江 苏	Jiangsu	112269	29633	青 海	Qinghai	9515	3017
浙 江	Zhejiang	67943	15586	宁 夏	Ningxia	8198	1510
安 徽	Anhui	37410	11531	新 疆	Xinjiang	40146	10089
福 建	Fujian	26359	9569	**计划单列市**	**Cities Specifically Designated in State Plan**	**94977**	**17875**
江 西	Jiangxi	27586	7856				
山 东	Shandong	90713	18138				
河 南	Henan	46473	10233	大 连	Dalian	11885	2368
湖 北	Hubei	39983	10861	宁 波	Ningbo	9048	1528
湖 南	Hunan	51807	17151	厦 门	Xiamen	4971	1247
广 东	Guangdong	104999	26058	青 岛	Qingdao	7051	1997
广 西	Guangxi	43385	10751	深 圳	Shenzhen	62022	10736

6-18 分地区县级电视制作情况（2012年）
Production of TV Programs at County Level by Region (2012)

单位：小时 (hour)

地 区	Region	全年制作电视节目时间 TV Programs Produced	#新闻资讯类 News Programs	地 区	Region	全年制作电视节目时间 TV Programs Produced	#新闻资讯类 News Programs
全 国	**National Total**	**1138007**	**338281**	广 东	Guangdong	31213	17041
北 京	Beijing	16291	4632	广 西	Guangxi	36736	12746
天 津	Tianjin	12460	2420	海 南	Hainan	2192	851
河 北	Hebei	81248	16993	重 庆	Chongqing	23932	8332
山 西	Shanxi	39105	11236	四 川	Sichuan	45907	18384
内蒙古	Inner Mongolia	28909	9832	贵 州	Guizhou	7401	4125
辽 宁	Liaoning	72353	10612	云 南	Yunnan	42242	16659
吉 林	Jilin	29210	4458	陕 西	Shaanxi	54469	16976
黑龙江	Heilongjiang	33656	9045	甘 肃	Gansu	31926	12142
上 海	Shanghai	4951	1870	青 海	Qinghai	893	164
江 苏	Jiangsu	73166	19367	宁 夏	Ningxia	6963	1863
浙 江	Zhejiang	65963	18581	新 疆	Xinjiang	44906	18627
安 徽	Anhui	29201	10379	**计划单列市**	**Cities Specifically Designated in State Plan**	**27226**	**5551**
福 建	Fujian	15623	6823				
江 西	Jiangxi	41362	15087				
山 东	Shandong	82222	17822	大 连	Dalian	6624	1162
河 南	Henan	79288	18982	宁 波	Ningbo	9682	1986
湖 北	Hubei	42583	12103	厦 门	Xiamen	1269	526
湖 南	Hunan	61637	20131	青 岛	Qingdao	9651	1877

6-19 分地区广播电视对外宣传情况（2012年）
International Radio and TV Programs by Region (2012)

地　区	Region	对外广播 International Radio Programs		对外电视 International TV Programs	
		对外广播节目播出套数（套） Number of International Radio Programs (set)	对外广播节目播出时间（小时） Broadcasting Hours of International Radio Programs (hour)	对外电视节目播出套数（套） Number of International TV Programs (set)	对外电视节目播出时间（小时） Broadcasting Hours of International TV Programs (hour)
全　国	**National Total**	**241**	**1395622**	**46**	**309571**
国家广电总局直属	Directly under the State Administration of Radio, Film and Television	217	1330162	13	114144
北　京	Beijing			1	8760
天　津	Tianjin			1	8784
山　西	Shanxi	2	9490	4	18615
内蒙古	Inner Mongolia	1	6628	1	8604
辽　宁	Liaoning	1	24	1	12
黑龙江	Heilongjiang			1	74
上　海	Shanghai			2	16150
江　苏	Jiangsu	1	730	1	8760
浙　江	Anhui			1	8760
安　徽	Fujian	1	280	1	8760
福　建	Shandong	4	22724	2	17520
江　西	Jiangxi				
山　东	Henan	2	8836	1	8784
河　南	Hubei			1	302
湖　南	Hunan			1	8700
广　东	Guangdong	3	210	3	26280
广　西	Guangxi	1	6205	1	8509
海　南	Hainan				
重　庆	Chongqing			1	8760
四　川	Sichuan			1	8679
贵　州	Guizhou				
云　南	Yunnan	2	1841	1	8784
西　藏	Tibet	1	27		
陕　西	Shaanxi	1	1460	1	8610
青　海	Qinghai	2	6276	1	2685
宁　夏	Ningxia				
新　疆	Xinjiang	2	730	1	456
计划单列市	**Cities Specifically Designated in State Plan**	1	6570	2	17520
厦　门	Xiamen	1	6570	1	8760
深　圳	Shenzhen			1	8760

6-20 分地区广播电视节目交易情况（2012年）

Trade of Radio and TV Programs by Region (2012)

地区	Region	全年广播节目购买、交换时间（小时）Hours Purchased or Exchanged of Radio Programs (hour)	全年电视节目购买、交换时间（小时）Hours Purchased or Exchanged of TV Programs (hour)	全年电视节目国内销售额（万元）Domestic Sales of TV Programs (10 000 yuan)	#电视剧 TV Plays	#动画电视 Cartoon TV Programs
全国	**National Total**	**1818718**	**8851960**	**1696218**	**867290**	**104729**
国家广电总局直属	Directly under the State Administration of Radio, Film and Television	8732	68462	91452	51749	3068
北京	Beijing	29493	60001	383773	277901	9082
天津	Tianjin	5505	118432	1470	1272	
河北	Hebei	158486	421855	1534	266	46
山西	Shanxi	54620	221258	4		
内蒙古	Inner Mongolia	58189	266551	30		19
辽宁	Liaoning	148445	407839	7390	40	196
吉林	Jilin	89124	284445	1862	1862	
黑龙江	Heilongjiang	53288	198599	415207		
上海	Shanghai	17597	95747	128358	113621	1043
江苏	Jiangsu	107900	478061	61902	46951	12992
浙江	Zhejiang	74770	407785	343122	258189	16957
安徽	Anhui	87192	385421	15358	345	8126
福建	Fujian	23012	171198	35600	22770	10848
江西	Jiangxi	42047	347750	7055	1036	6019
山东	Shandong	183307	524745	19080	17224	524
河南	Henan	90511	452221			
湖北	Hubei	82080	401046	13393	7696	4970
湖南	Hunan	38780	358502	18118	2400	3699
广东	Guangdong	67324	383796	117255	38981	24320
广西	Guangxi	24649	270493	862	373	210
海南	Hainan	19221	50435			
重庆	Chongqing	16560	150870	12044	4643	2444
四川	Sichuan	88774	493291	2252	2252	
贵州	Guizhou	31312	93968	497	298	
云南	Yunnan	35159	407935	9716	9600	
西藏	Tibet	7329	21112			
陕西	Shaanxi	65308	316678	8392	7742	125
甘肃	Gansu	29969	249039	413	80	
青海	Qinghai	4166	48883			
宁夏	Ningxia	14706	86650	82		42
新疆	Xinjiang	61165	608892			
计划单列市	**Cities Specifically Designated in State Plan**	**35943**	**229927**	**90403**	**30079**	**14363**
大连	Dalian	8149	49116	29		
宁波	Ningbo	9897	52884	224	224	
厦门	Xiamen	3200	19726	18465	17178	1014
青岛	Qingdao	11326	51143	1331		
深圳	Shenzhen	3371	57059	70353	12677	13349

6-21 全国电视节目进出口情况（2012年）
Imports and Exports of TV Programs (2012)

项　目	Item	合　计 Total	欧　洲 Europe	非　洲 Africa	美　洲 America	美　国 United States	亚　洲 Asia
全年电视节目进口总额（万元）	Imported TV Programs During the Year (value in 10 000 yuan)	62534	8766	3	8204	8145	43428
#电视剧	TV Plays	39584	1000		838	838	37641
动画电视	Cartoon TV Programs	1489	111		411	411	967
纪录片		5976	3472	3	2181	2122	198
全年电视节目进口量（时:分）	Imported TV Programs During the Year (hour:minute)	13089:39	5130:35	0:50	4077:36	4060:56	3598:53
#动画电视	Cartoon TV Programs	384:50	17:10		293:46	293:46	73:54
纪录片		1976:11	840:50	0:50	917:37	912:37	172:44
进口电视剧（部/集）	TV Plays (set/part)	117/3164	5/117		9/111	9/111	99/2906
全年电视节目出口总额（万元）	Exported TV Programs During the Year (value in 10 000 yuan)	22824	2429	53	3022	1965	14321
#电视剧	TV Plays	15020	156	51	1405	760	11142
动画电视	Cartoon TV Programs	3105	379		678	396	2009
纪录片		3226	1119	2	711	711	699
全年电视节目出口量（时:分）	Exported TV Programs During the Year (hour:minute)	37572:40	915:46	282:51	18245:57	15537:43	14948:53
#动画电视	Cartoon TV Programs	1677:49	239:22		448:48	383:21	961:11
纪录片		2368:56	59:0	2:36	498:0	498:0	1545:20
出口电视剧（部/集）	TV Plays (set/part)	326/15329	20/537	11/332	57/2063	48/1759	199/8521

6-21 续表 continued

项　目	Item	日　本 Japan	韩　国 South Korea	东南亚 East and South Asia	中国香港 Hongkong	中国台湾 Taiwan	大洋洲 Oceanica
全年电视节目进口总额（万元）	Imported TV Programs During the Year (value in 10 000 yuan)	3086	21144	5496	8216	5431	2132
#电视剧	TV Plays	2084	21068	5248	3919	5289	105
动画电视	Cartoon TV Programs	821		107	38		
纪录片		27	72	17	82		122
全年电视节目进口量（时:分）	Imported TV Programs During the Year (hour:minute)	166:29	1299:21	619:29	1224:52	252:12	281:45
#动画电视	Cartoon TV Programs	44:44		14:10	15:0		
纪录片		11:39	147:50	7:30	5:45		44:10
进口电视剧（部/集）	TV Plays (set/part)	4/107	49/1519	20/552	13/378	12/310	4/30
全年电视节目出口总额（万元）	Exported TV Programs During the Year (value in 10 000 yuan)	1386	1368	3090	2144	5729	2999
#电视剧	TV Plays	1353	482	2452	1157	5190	2265
动画电视	Cartoon TV Programs	13	840	317	597	204	39
纪录片		17	43	150	190	299	695
全年电视节目出口量（时:分）	Exported TV Programs During the Year (hour:minute)	242:19	694:51	5553:50	2774:31	5441:46	3179:13
#动画电视	Cartoon TV Programs	0:10	52:36	324:49	305:32	199:12	28:28
纪录片		7:0	115:0	364:20	374:0	685:0	264:0
出口电视剧（部/集）	TV Plays (set/part)	9/257	14/590	78/3472	42/1861	45/2095	39/3876

6-22 分地区中短波和调频广播发射转播情况（2012年）

Transmission and Relay of Medium Short Wave and Frequency Modulation Radio Programs by Region (2012)

地 区	Region	中、短波转播发射台（座）Medium Short Wave Transmission and Relaying Stations (set)	中波发射机 Medium Wave Transmitters		#转中央台节目 Relaying Programs of Central Radio Stations		#转省级台节目 Relaying Programs of Provincial Radio Stations	
			数量（部）Number (unit)	功率（千瓦）Power (kw)	数量（部）Number (unit)	功率（千瓦）Power (kw)	数量（部）Number (unit)	功率（千瓦）Power (kw)
全 国	**National Total**	**849**	**2373**	**43191**	**817**	**25682**	**1004**	**12736**
国家广电总局直属	Directly under the State Administration of Radio, Film and Television	35	68	19542	68	19542		
北 京	Beijing	1	10	160				
天 津	Tianjin	5	24	1558			22	555
河 北	Hebei	31	49	352	5	32	23	236
山 西	Shanxi	15	40	460	10	73	23	333
内蒙古	Inner Mongolia	57	194	1109	62	205	96	586
辽 宁	Liaoning	34	86	1225	22	463	26	635
吉 林	Jilin	34	91	867	23	149	42	382
黑龙江	Heilongjiang	41	101	1718	39	890	38	607
上 海	Shanghai	4	8	240	2	20	6	220
江 苏	Jiangsu	21	105	626	11	92	14	324
浙 江	Zhejiang	36	153	405	75	151	44	109
安 徽	Anhui	23	99	1112	16	157	50	753
福 建	Fujian	37	96	1274	45	345	38	855
江 西	Jiangxi	17	36	280	13	130	11	82
山 东	Shandong	30	102	1278	24	257	30	618
河 南	Henan	30	103	1212	2	60	48	553
湖 北	Hubei	28	82	1331	14	135	48	968
湖 南	Hunan	25	51	547	22	51	24	482
广 东	Guangdong	27	97	1338	32	646	51	542
广 西	Guangxi	20	37	766	13	232	24	534
海 南	Hainan	3	7	132	4	62	3	70
重 庆	Chongqing	5	13	120	4	62	9	58
四 川	Sichuan	36	94	647	44	197	39	410
贵 州	Guizhou	11	28	423	15	309	11	103
云 南	Yunnan	60	102	1079	51	401	47	567
西 藏	Tibet	42	151	179	64	77	77	84
陕 西	Shaanxi	14	36	434	8	84	14	318
甘 肃	Gansu	30	59	637	25	184	26	391
青 海	Qinghai	21	61	804	33	220	26	564
宁 夏	Ningxia	12	34	332	14	249	14	68
新 疆	Xinjiang	64	156	1004	57	207	80	729
新疆生产建设兵团	Xinjiang Production and Construction Corps.							
计划单列市	**Cities Specifically Designated in State Plan**	**13**	**54**	**587**	**14**	**273**	**11**	**144**
大 连	Dalian	5	15	165	4	71	3	61
宁 波	Ningbo	3	12	41	3	12	3	3
厦 门	Xiamen	2	16	191	4	120	1	10
青 岛	Qingdao	1	4	40	1	10	1	10
深 圳	Shenzhen	2	7	150	2	60	3	60

6-22 续表 continued

地区	Region	短波发射机 Short Wave Transmitters 数量(部) Number (unit)	短波发射机 Short Wave Transmitters 功率(千瓦) Power (kw)	调频转播发射台(座) Frequency Modulation Transmission and Relaying Stations (set)	调频发射机 Frequency Modulation Transmitters 数量(部) Number (unit)	调频发射机 Frequency Modulation Transmitters 功率(千瓦) Power (kw)	#转中央台节目 Relaying Programs of Central Radio Station 数量(部) Number (unit)	#转中央台节目 Relaying Programs of Central Radio Station 功率(千瓦) Power (kw)
全　国	**National Total**	**621**	**55476**	**11396**	**19808**	**10545**	**7092**	**2550**
国家广电总局直属	Directly under the State Administration of Radio, Film and Television	276	51750	2	24	141	24	141
北　京	Beijing			15	25	41	3	2
天　津	Tianjin	1	3	14	38	110	5	25
河　北	Hebei			160	276	234	60	54
山　西	Shanxi			119	208	335	99	116
内蒙古	Inner Mongolia	11	430	556	1047	763	390	155
辽　宁	Liaoning			241	360	367	120	103
吉　林	Jilin			78	273	384	58	96
黑龙江	Heilongjiang			143	403	417	98	127
上　海	Shanghai	3	200	11	26	102	4	40
江　苏	Jiangsu	1	100	94	209	157	33	38
浙　江	Zhejiang			99	257	322	46	60
安　徽	Anhui			367	598	613	79	113
福　建	Fujian	2	58	88	257	247	59	69
江　西	Jiangxi			595	737	387	292	98
山　东	Shandong	1	1	132	236	492	58	62
河　南	Henan			138	189	172	53	45
湖　北	Hubei			428	604	552	188	101
湖　南	Hunan	1	10	99	167	331	81	96
广　东	Guangdong	1	10	95	288	637	59	130
广　西	Guangxi	2	100	155	397	613	119	137
海　南	Hainan			62	95	137	59	56
重　庆	Chongqing			60	260	164	46	27
四　川	Sichuan	2	100	2215	2832	659	2130	123
贵　州	Guizhou	2	20	258	392	218	74	61
云　南	Yunnan	2	100	284	822	351	332	83
西　藏	Tibet			2636	5151	102	1346	37
陕　西	Shaanxi	3	17	172	383	447	80	59
甘　肃	Gansu	2	65	700	981	242	535	69
青　海	Qinghai	195	630	215	340	147	191	55
宁　夏	Ningxia			24	64	112	33	77
新　疆	Xinjiang	116	1882	961	1484	522	338	95
新疆生产建设兵团	Xinjiang Production and Construction Corps.			180	385	30		
计划单列市	**Cities Specifically Designated in State Plan**			**62**	**140**	**279**	**27**	**48**
大　连	Dalian			38	67	62	11	7
宁　波	Ningbo			11	32	85	7	7
厦　门	Xiamen			2	12	25	4	8
青　岛	Qingdao			9	20	39	3	6
深　圳	Shenzhen			2	9	67	2	20

6-23 分地区电视发射转播情况（2012年）

Transmission and Relay of TV Programs by Region (2012)

地 区	Region	电视转播发射台（座）TV Transmission and Relaying Stations (set)	电视发射机 TV Program Transmitters		#专转中央台发射机 Transmitters for Relaying CCTV Programs		#专转省一套发射机 Transmitters for Relaying Provincial Channel I Programs	
			数量（部）Number (unit)	功率（千瓦）Power (kw)	数量（部）Number (unit)	功率（千瓦）Power (kw)	数量（部）Number (unit)	功率（千瓦）Power (kw)
全 国	**National Total**	**14843**	**29427**	**14336**	**15749**	**5935**	**10831**	**4623**
国家广电总局直属	Directly under the State Administration of Radio, Film and Television	2	17	216	17	216		
北 京	Beijing	15	31	99	10	9	12	76
天 津	Tianjin	11	34	153	12	37	13	106
河 北	Hebei	253	441	499	201	131	129	224
山 西	Shanxi	265	484	373	311	168	115	122
内蒙古	Inner Mongolia	1126	1770	665	1085	358	592	182
辽 宁	Liaoning	368	572	581	329	244	118	182
吉 林	Jilin	148	407	455	169	184	171	181
黑龙江	Heilongjiang	233	616	604	420	380	147	130
上 海	Shanghai	11	20	174	3	32	7	132
江 苏	Jiangsu	83	321	520	136	185	67	131
浙 江	Zhejiang	97	252	291	129	73	36	77
安 徽	Anhui	142	440	860	170	194	109	309
福 建	Fujian	73	268	351	148	191	66	98
江 西	Jiangxi	292	527	415	312	192	103	108
山 东	Shandong	150	407	948	173	263	73	299
河 南	Henan	153	399	729	145	169	79	244
湖 北	Hubei	991	1273	590	861	218	202	118
湖 南	Hunan	180	403	439	209	186	109	158
广 东	Guangdong	90	249	716	139	269	53	249
广 西	Guangxi	129	379	558	204	259	103	169
海 南	Hainan	22	61	121	42	82	12	28
重 庆	Chongqing	47	121	100	84	68	24	25
四 川	Sichuan	3056	4173	645	2565	270	1428	226
贵 州	Guizhou	89	279	367	160	242	85	103
云 南	Yunnan	185	857	418	345	214	172	108
西 藏	Tibet	2060	6470	107	2429	48	4035	57
陕 西	Shaanxi	123	273	644	153	303	53	140
甘 肃	Gansu	2285	3464	362	2413	237	956	58
青 海	Qinghai	1162	1721	144	1121	77	609	57
宁 夏	Ningxia	26	578	194	455	97	100	74
新 疆	Xinjiang	883	1961	936	799	338	1053	453
新疆生产建设兵团	Xinjiang Production and Construction Corps.	93	159	62				
计划单列市	**Cities Specifically Designated in State Plan**	**69**	**162**	**354**	**70**	**122**	**18**	**70**
大 连	Dalian	48	95	113	44	35	11	17
宁 波	Ningbo	8	20	34	10	5	1	10
厦 门	Xiamen	1	8	53	3	21	1	10
青 岛	Qingdao	10	27	72	8	27	1	10
深 圳	Shenzhen	2	12	83	5	34	4	23

6-24 分地区广播电视卫星、微波情况（2012年）

Satellite and Microwave Facilities for Radio and TV Broadcasting by Region (2012)

地 区	Region	微波实有站（座）Actual Number of Microwave Stations (set)	微波传送线路长度（公里）Length of Microwave Transmission Lines (km)	#数字微波线路长度 Length of Digital Microwave Lines
全 国	**National Total**	**2421**	**82276**	**45679**
国家广电总局直属	Directly under the State Administration of Radio, Film and Television	160	3659	3240
北 京	Beijing	14	193	106
天 津	Tianjin	16	120	50
河 北	Hebei	32	1613	1613
山 西	Shanxi	81	3717	2735
内蒙古	Inner Mongolia	158	6355	2315
辽 宁	Liaoning	85	3692	1758
吉 林	Jilin	133	3286	3286
黑龙江	Heilongjiang	59	5230	55
上 海	Shanghai			
江 苏	Jiangsu	72	3263	1848
浙 江	Zhejiang	84	1852	899
安 徽	Anhui	106	3951	472
福 建	Fujian	181	4505	2155
江 西	Jiangxi	20	1294	251
山 东	Shandong	54	1907	1178
河 南	Henan	52	1588	174
湖 北	Hubei	119	2936	1704
湖 南	Hunan	152	5607	3071
广 东	Guangdong	146	4893	3739
广 西	Guangxi	54	2112	1625
海 南	Hainan	75	383	187
重 庆	Chongqing	36	1558	1333
四 川	Sichuan	67	3396	2859
贵 州	Guizhou	100	98	70
云 南	Yunnan	119	4861	607
西 藏	Tibet			
陕 西	Shaanxi	71	3375	3199
甘 肃	Gansu	107	4145	3740
青 海	Qinghai	3	55	20
宁 夏	Ningxia	27	1894	935
新 疆	Xinjiang	38	739	458
计划单列市	**Cities Specifically Designated in State Plan**	**30**	**893**	**816**
大 连	Dalian	19	567	490
宁 波	Ningbo	2	40	40
厦 门	Xiamen	1	145	145
青 岛	Qingdao			
深 圳	Shenzhen	8	141	141

6-25 分地区广播电视就业人员情况（2012年）

Employees Engaged in Radio and Television Broadcasting Industry by Region (2012)

单位：人 (person)

地区	Region	就业人员 Total Number of Employees	#长期职工 Long-time Employees	按岗位分 by Post 管理人员 Editors and Reporters	专业技术人员 Professional	编辑、记者 Editor、Journalist	播音员、主持人 Announcer、Presenter
全国	**National Total**	**820410**	**764021**	**131449**	**418476**	**142297**	**28164**
国家广电总局直属	Directly under the State Administration of Radio, Film and Television	49941	44179	8498	25458	7510	601
北京	Beijing	39321	35324	6946	18027	5113	729
天津	Tianjin	7769	7259	1073	5024	1883	276
河北	Hebei	37197	34476	5098	18190	5900	1586
山西	Shanxi	21611	19766	3101	10640	5126	680
内蒙古	Inner Mongolia	18314	16506	2244	12415	4562	926
辽宁	Liaoning	28531	27911	5337	16906	4979	1084
吉林	Jilin	20096	19807	2280	11547	5031	768
黑龙江	Heilongjiang	18333	17998	2776	11153	4754	801
上海	Shanghai	27498	25698	4019	12879	2634	558
江苏	Jiangsu	51291	47391	7376	26534	8814	1729
浙江	Zhejiang	42689	37865	4869	21617	7334	1669
安徽	Anhui	22714	22062	3930	12810	4549	1311
福建	Fujian	26741	24941	3322	12090	3815	726
江西	Jiangxi	21894	20413	4156	9178	2901	977
山东	Shandong	50467	45924	6100	28873	10538	2049
河南	Henan	46480	44240	6933	18958	9212	1421
湖北	Hubei	38408	36834	6737	20378	5621	1130
湖南	Hunan	37465	35684	6836	17286	5035	1030
广东	Guangdong	53095	48743	10045	24061	6964	1596
广西	Guangxi	15008	13414	3164	9171	3160	743
海南	Hainan	4928	4895	727	2546	537	167
重庆	Chongqing	12968	12228	2558	6748	1512	312
四川	Sichuan	37260	35021	8341	17899	5369	1140
贵州	Guizhou	13321	12739	2864	6668	2590	540
云南	Yunnan	18309	17268	2586	10082	4012	836
西藏	Tibet	3559	3512	558	1959	360	110
陕西	Shaanxi	16468	15521	3172	8616	3984	792
甘肃	Gansu	14585	13825	2842	6329	2626	627
青海	Qinghai	3171	2881	392	2109	844	166
宁夏	Ningxia	4834	4486	846	2483	1062	202
新疆	Xinjiang	16144	15210	1723	9842	3966	882
计划单列市	**Cities Specifically Designated in State Plan**	**27634**	**25709**	**3845**	**15256**	**4254**	**933**
大连	Dalian	3190	3064	613	1977	752	130
宁波	Ningbo	4761	4320	567	1864	625	240
厦门	Xiamen	3467	3305	502	2112	440	89
青岛	Qingdao	4561	4487	488	2922	884	188
深圳	Shenzhen	11655	10533	1675	6381	1553	286

6-25 续表 continued

单位：人 (person)

地 区	Region	工程技术人员 Engineering Technicians	艺术人员 Art Personnel	经营人员 Management	其他人员 Others	按职称分 by Title 正高 Senior	副高 Sub-Senior	中级 Middle	初级及以下 Junior and Below
全 国	**National Total**	**151884**	**17874**	**31564**	**270485**	**6983**	**31171**	**121351**	**374479**
国家广电总局直属	Directly under the State Administration of Radio, Film and Television	12056	1535	1671	15985	972	2881	7653	22612
北 京	Beijing	4851	1617	3285	14348	450	1203	3454	15147
天 津	Tianjin	953	171	285	1672	241	486	1071	4264
河 北	Hebei	6423	679	970	13909	562	1863	6147	13845
山 西	Shanxi	3367	89	329	7870	188	590	3747	8140
内蒙古	Inner Mongolia	3497	292	61	3655	264	1396	4227	7606
辽 宁	Liaoning	6849	1342	953	6288	449	1455	6821	11887
吉 林	Jilin	4764	191	289	6269	263	1420	3624	10300
黑龙江	Heilongjiang	3874	433	435	4404	402	1561	4318	6863
上 海	Shanghai	3776	1303	2015	10600	254	841	4286	11007
江 苏	Jiangsu	10482	761	2011	17381	269	1429	6610	30262
浙 江	Zhejiang	7190	665	2146	16203	284	1267	6178	21856
安 徽	Anhui	4203	758	1096	5974	83	734	3531	9303
福 建	Fujian	3920	493	1255	11329	96	756	2715	11932
江 西	Jiangxi	2743	382	448	8560	121	563	2175	8537
山 东	Shandong	10883	649	1872	15494	451	2921	8634	24593
河 南	Henan	6134	347	562	20589	104	1119	5679	16334
湖 北	Hubei	8475	803	1985	11293	296	1287	7423	18471
湖 南	Hunan	7032	672	1423	13343	104	690	4914	22680
广 东	Guangdong	9981	1494	2398	18989	257	1270	6097	27535
广 西	Guangxi	3613	208	597	2673	66	510	2526	7656
海 南	Hainan	1262	71	155	1655	12	126	572	2794
重 庆	Chongqing	2371	467	707	3662	96	490	1659	6507
四 川	Sichuan	5987	958	2798	11020	126	792	3809	16590
贵 州	Guizhou	2325	135	325	3789	51	286	1669	6588
云 南	Yunnan	4187	211	316	5641	87	782	3006	6207
西 藏	Tibet	716	69	44	1042	54	159	368	1963
陕 西	Shaanxi	2480	285	455	4680	116	650	2576	6109
甘 肃	Gansu	1932	192	401	5414	73	447	1742	5864
青 海	Qinghai	867	24	37	670	37	252	719	1338
宁 夏	Ningxia	893	72	136	1505	71	258	781	2746
新 疆	Xinjiang	3798	506	104	4579	84	687	2620	6943
计划单列市	**Cities Specifically Designated in State Plan**	**5377**	**865**	**2077**	**8533**	**225**	**1162**	**3704**	**12604**
大 连	Dalian	535	60	172	600	33	222	686	1414
宁 波	Ningbo	761	16	67	2330	12	138	588	2094
厦 门	Xiamen	728	116	570	853	26	164	490	1849
青 岛	Qingdao	933	84	360	1151	40	268	663	2223
深 圳	Shenzhen	2420	589	908	3599	114	370	1277	5024

6-26 分地区广播电视收入情况（2012年）

Revenue of Radio and Television Broadcasting Industry by Region (2012)

单位：万元 (10 000 yuan)

地区	Region	总收入 Total Revenue	事业、企业单位实际创收 Revenue from Institutions and Enterprises	#广告收入 Revenue from Advertising	#有线广播电视收视费收入 Revenue from Subscription of Cable Radio and TV Programs
全国	**National Total**	**32687891**	**28033517**	**12702465**	**4083530**
国家广电总局直属	Directly under the State Administration of Radio, Film and Television	5807801	5134893	3146726	120150
北京	Beijing	3079306	2423546	1081857	100411
天津	Tianjin	435047	376648	164567	56989
河北	Hebei	526663	452894	220091	146747
山西	Shanxi	341268	231694	108676	97421
内蒙古	Inner Mongolia	393047	169035	54153	69987
辽宁	Liaoning	717625	618802	285287	169099
吉林	Jilin	405764	336152	134552	108133
黑龙江	Heilongjiang	522303	466544	219371	152251
上海	Shanghai	2811032	2681595	718281	130517
江苏	Jiangsu	2528657	2371215	1031148	389920
浙江	Zhejiang	2403510	2240400	724395	280329
安徽	Anhui	715327	617309	389632	40420
福建	Fujian	659204	452591	208711	96458
江西	Jiangxi	474764	414421	178608	107276
山东	Shandong	1257841	1187977	606097	296815
河南	Henan	620072	510542	319273	85946
湖北	Hubei	779803	683057	258438	221717
湖南	Hunan	1588853	1498686	742915	174627
广东	Guangdong	2144604	2005915	896412	439359
广西	Guangxi	440582	333796	122956	87562
海南	Hainan	126927	99453	61981	25580
重庆	Chongqing	367060	312315	105714	91031
四川	Sichuan	1010593	824184	312842	197371
贵州	Guizhou	491815	426886	121383	72379
云南	Yunnan	516557	352961	153325	96783
西藏	Tibet	71952	19905	14947	2951
陕西	Shaanxi	578194	431376	187705	111279
甘肃	Gansu	285363	120964	37797	42747
青海	Qinghai	78477	30719	5401	13723
宁夏	Ningxia	179839	81188	34789	24930
新疆	Xinjiang	317724	116882	51055	28480
新疆生产建设兵团	Xinjiang Production and Construction Corps.	10316	8971	3381	4141
计划单列市	**Cities Specifically Designated in State Plan**	**1185806**	**1053413**	**475601**	**158467**
大连	Dalian	125810	93901	56864	13951
宁波	Ningbo	175375	139604	52814	41890
厦门	Xiamen	147888	107328	32344	12264
青岛	Qingdao	137804	131107	78034	23430
深圳	Shenzhen	598928	581473	255545	66931

6-27 分地区广播电视行政事业单位财务收支情况（2012年）
Financial Indicators of Administrative Organs and Institutions of Broadcasting Industry by Region (2012)

单位：万元 (10 000 yuan)

地　区	Region	总收入 Total Revenue	#财政补助收　入 Government Subsidies	#事业收入 Undertaking Revenue	#经营收入 Business Income	总支出 Total Expenditure
全　国	**National Total**	**14978310**	**3956765**	**9106426**	**995334**	**14127202**
国家广电总局直属	Directly under the State Administration of Radio, Film and Television	3779051	606253	3029992	17	3434916
北　京	Beijing	606557	166528	375940	49	576972
天　津	Tianjin	215755	39342	156506	606	208186
河　北	Hebei	298729	80550	188649	13983	299838
山　西	Shanxi	257315	101812	130563	2619	244374
内蒙古	Inner Mongolia	287944	269993	11099	969	220933
辽　宁	Liaoning	275820	78170	177925	2988	396358
吉　林	Jilin	214931	166748	42397		209469
黑龙江	Heilongjiang	473393	70722	232597	150262	450089
上　海	Shanghai	81418	65012	4300		79563
江　苏	Jiangsu	834759	128722	491251	152303	781969
浙　江	Zhejiang	693307	120676	443927	70497	701966
安　徽	Anhui	496808	99885	384944	1641	463046
福　建	Fujian	342225	104202	204912	16671	325388
江　西	Jiangxi	210106	148010	47909	4240	199943
山　东	Shandong	778737	80072	621533	46247	716471
河　南	Henan	467539	108791	327754	14571	436580
湖　北	Hubei	385464	79458	294412	1720	383240
湖　南	Hunan	826249	73006	677229	28741	704004
广　东	Guangdong	1001016	92178	553867	303631	1019296
广　西	Guangxi	222195	113158	98090	2655	226296
海　南	Hainan	90565	26958	61691	226	48745
重　庆	Chongqing	39820	28557	5093	2774	41484
四　川	Sichuan	361796	184506	105185	59479	342247
贵　州	Guizhou	330553	63441	98426	7326	319126
云　南	Yunnan	339378	179444	145190	4763	325272
西　藏	Tibet	71952	51762	19120	115	64183
陕　西	Shaanxi	331735	140287	90261	90637	314722
甘　肃	Gansu	199856	135938	33998	817	179234
青　海	Qinghai	56088	46489	2029	6439	47002
宁　夏	Ningxia	131109	75574	31627	1544	126826
新　疆	Xinjiang	265822	230521	18012	6807	239464
新疆生产建设兵团	Xinjiang Production and Construction Corps.	10316				
计划单列市	**Cities Specifically Designated in State Plan**	**617079**	**63384**	**255594**	**266147**	**605360**
大　连	Dalian	76437	15664	51854		69272
宁　波	Ningbo	143069	16798	87569	22418	154022
厦　门	Xiamen	48923	22172	22574	606	34865
青　岛	Qingdao	97462	6109	88064	897	98121
深　圳	Shenzhen	251187	2641	5533	242226	249079

6-28 分地区广播电视行政事业单位实际创收情况（2012年）
Actual Revenue of Administrative Organs and Institutions of Broadcasting Industry by Region (2012)

单位：万元 (10 000 yuan)

地 区	Region	实际创收收入 Actual Revenue	广告收入 Revenue from Advertising	广播广告收入 Radio Advertising Revenue	电视广告收入 TV Advertising Revenue	其它广告收入 Other Advertising Revenue	网络收入 Revenue from Network Services
全 国	**National Total**	**11192350**	**8798773**	**992134**	**7681486**	**125153**	**1384640**
国家广电总局直属	Directly under the State Administration of Radio, Film and Television	3147176	2901523	43113	2855946	2464	88240
北 京	Beijing	398566	365690	71501	293612	576	
天 津	Tianjin	162432	83971	49898	33570	502	
河 北	Hebei	229230	194976	37837	150796	6344	25259
山 西	Shanxi	152704	105578	20567	82495	2516	37406
内蒙古	Inner Mongolia	63931	54153	17216	36289	648	4003
辽 宁	Liaoning	206415	133030	44932	87384	713	44069
吉 林	Jilin	145579	129896	26946	102910	40	6722
黑龙江	Heilongjiang	390747	219077	50666	158490	9920	134876
上 海	Shanghai	8281	4020	504	3383	133	324
江 苏	Jiangsu	706037	421157	76649	325349	19160	213056
浙 江	Zhejiang	559943	250996	54362	185520	11114	254723
安 徽	Anhui	398796	367764	30969	334862	1933	16103
福 建	Fujian	232962	143504	17424	124879	1201	72459
江 西	Jiangxi	153063	141084	13361	125948	1775	6264
山 东	Shandong	711254	541945	86797	436187	18962	123556
河 南	Henan	360325	305085	37767	264226	3092	40899
湖 北	Hubei	302787	201931	38228	160653	3049	76102
湖 南	Hunan	754486	645723	33877	604126	7719	52380
广 东	Guangdong	908101	707553	96778	606321	4455	140005
广 西	Guangxi	125637	120308	15388	101251	3669	67
海 南	Hainan	63091	61852	3583	57159	1110	503
重 庆	Chongqing	11806	7793	256	7096	442	848
四 川	Sichuan	183224	131675	17938	95135	18602	22921
贵 州	Guizhou	272056	110053	5790	103364	899	2369
云 南	Yunnan	176159	151322	15713	133159	2449	
西 藏	Tibet	19905	14947	133	14814		3360
陕 西	Shaanxi	188072	181884	59003	122637	243	4648
甘 肃	Gansu	35776	9088	1675	7122	291	
青 海	Qinghai	8650	5401	1053	4319	29	70
宁 夏	Ningxia	39994	31593	2229	28880	484	32
新 疆	Xinjiang	66198	50822	19980	30221	620	9235
新疆生产建设兵团	Xinjiang Production and Construction Corps.	8971	3381		3381		4141
计划单列市	**Cities Specifically Designated in State Plan**	**541294**	**392993**	**71013**	**320451**	**1529**	**87178**
大 连	Dalian	65911	45335	14720	30615		
宁 波	Ningbo	112138	41057	7429	32099	1529	58670
厦 门	Xiamen	23396	13443	3329	10114		
青 岛	Qingdao	91990	63904	15261	48643		22925
深 圳	Shenzhen	247859	229255	30273	198982		5583

6-28 续表 continued

单位：万元 (10 000 yuan)

地区	Region	有线广播电视收视费收入 Revenue from Subscription of Cable Programs	付费数字电视收入 Revenue from Pay Digital TV Programs	三网融合业务收入 Revenue from Three Networks Convergence	其它网络收入 Revenue from Other Network Services	广播电视节目销售收入 Sales Revenue from Radio and TV Programs	其它创收收入 Revenue from Other Services
全国	**National Total**	**1088647**	**49932**	**17324**	**228738**	**52069**	**956868**
国家广电总局直属	Directly under the State Administration of Radio, Film and Television	85190	3050			2397	155017
北京	Beijing					723	32153
天津	Tianjin					210	78251
河北	Hebei	22882	227		2150	180	8816
山西	Shanxi	32944	327		4135		9719
内蒙古	Inner Mongolia	3586	20		396		5775
辽宁	Liaoning	40475	35		3559	29	29288
吉林	Jilin	5751			971		8961
黑龙江	Heilongjiang	105800	6027		23050	804	35989
上海	Shanghai				324	192	3745
江苏	Jiangsu	156007	3640	2714	50696	1100	70723
浙江	Zhejiang	157357	14712	5491	77163		54223
安徽	Anhui	14456	375	491	781		14928
福建	Fujian	54178	6171	693	11417		16999
江西	Jiangxi	4450	1160	31	623		5716
山东	Shandong	103044	7176	546	12790	17723	28030
河南	Henan	36982	185		3732		14342
湖北	Hubei	65135	1441	745	8781		24755
湖南	Hunan	43646	993	1085	6655	13726	42657
广东	Guangdong	119978	1329	2275	16422	4765	55777
广西	Guangxi	67					5262
海南	Hainan	503					735
重庆	Chongqing	827			21	5	3160
四川	Sichuan	13611	2484	3244	3582		28627
贵州	Guizhou	1991	378		1	497	159137
云南	Yunnan					9716	15121
西藏	Tibet	2951	87		322		1598
陕西	Shaanxi	4645			4		1540
甘肃	Gansu						26688
青海	Qinghai	17			53		3179
宁夏	Ningxia				32		8368
新疆	Xinjiang	8033	116	8	1078		6141
新疆生产建设兵团	Xinjiang Production and Construction Corps.	4141					1449
计划单列市	**Cities Specifically Designated in State Plan**	**57675**	**3535**	**3226**	**22742**	**1191**	**59932**
大连	Dalian					29	20547
宁波	Ningbo	35909	2613	1795	18352		12412
厦门	Xiamen						9953
青岛	Qingdao	18757	225	27	3917		5161
深圳	Shenzhen	3009	697	1404	473	1162	11859

6-29 分地区广播电视行政事业单位资产负债情况（2012年）
Assets and Liabilities of Administrative Organs and Institutions of Broadcasting Industry by Region (2012)

单位：万元 (10 000 yuan)

地　区	Region	资产总额 Total Assets	#固定资产原价 Original Value of Fixed Assets
全　国	**National Total**	**30941249**	**14614994**
国家广电总局直属	Directly under the State Administration of Radio, Film and Television	7530801	2327366
北　京	Beijing	1162484	468517
天　津	Tianjin	593087	214165
河　北	Hebei	599987	397596
山　西	Shanxi	435022	240055
内蒙古	Inner Mongolia	443683	203582
辽　宁	Liaoning	869620	453681
吉　林	Jilin	555284	311189
黑龙江	Heilongjiang	982001	557304
上　海	Shanghai	178330	95261
江　苏	Jiangsu	2504249	1020429
浙　江	Zhejiang	1755373	1015298
安　徽	Anhui	723439	407675
福　建	Fujian	856703	592905
江　西	Jiangxi	347022	194224
山　东	Shandong	2428795	1313707
河　南	Henan	729595	509446
湖　北	Hubei	860340	455211
湖　南	Hunan	1819623	594873
广　东	Guangdong	2165832	1153814
广　西	Guangxi	460222	251392
海　南	Hainan	115631	66903
重　庆	Chongqing	89575	59493
四　川	Sichuan	671455	408956
贵　州	Guizhou	304799	163023
云　南	Yunnan	525305	267561
西　藏	Tibet	131937	110779
陕　西	Shaanxi	328952	239743
甘　肃	Gansu	250628	164327
青　海	Qinghai	64797	41281
宁　夏	Ningxia	91276	59199
新　疆	Xinjiang	365403	255041
计划单列市	**Cities Specifically Designated in State Plan**	**1483450**	**841364**
大　连	Dalian	129035	77512
宁　波	Ningbo	434416	270906
厦　门	Xiamen	136435	85047
青　岛	Qingdao	323476	196371
深　圳	Shenzhen	460088	211528

6-30 分地区广播电视企业单位经营情况（2012年）

Business Condition of Radio and TV Enterprises by Region (2012)

单位：万元 (10 000 yuan)

地 区	Region	总收入 Total Revenue	#主营业务收入 Revenue from Principal Business	本年应缴税金 Taxes Payable During the Year	营业利润 Business Profit
全 国	**National Total**	**17709581**	**16844912**	**1882363**	**1152854**
国家广电总局直属	Directly under the State Administration of Radio, Film and Television	2028751	1960231	167435	185918
北 京	Beijing	2472749	2335933	140302	193211
天 津	Tianjin	219292	214216	6718	13009
河 北	Hebei	227933	196426	4417	31624
山 西	Shanxi	83953	80918	1928	4433
内蒙古	Inner Mongolia	105103	105103	2989	3163
辽 宁	Liaoning	441805	424520	2103	18378
吉 林	Jilin	190833	187345	44511	9030
黑龙江	Heilongjiang	48910	79232	5391	2906
上 海	Shanghai	2729613	2619973	332965	178444
江 苏	Jiangsu	1693898	1613915	371271	91080
浙 江	Zhejiang	1710203	1640880	345527	80109
安 徽	Anhui	218518	201708	28270	9186
福 建	Fujian	316979	303795	7066	23722
江 西	Jiangxi	264658	247286	14463	44771
山 东	Shandong	479104	471410	24743	24203
河 南	Henan	152533	140073	4734	8677
湖 北	Hubei	394339	369304	29731	9475
湖 南	Hunan	762604	755868	84816	63888
广 东	Guangdong	1143588	1085282	152280	75558
广 西	Guangxi	218386	168471	28421	6144
海 南	Hainan	36362	34770	-33	1550
重 庆	Chongqing	327241	256312	1119	15917
四 川	Sichuan	648797	601191	27310	31222
贵 州	Guizhou	161262	150085	20033	7369
云 南	Yunnan	177180	165358	18965	5310
陕 西	Shaanxi	246459	240301	16519	7671
甘 肃	Gansu	85507	84022	2929	2446
青 海	Qinghai	22389	21484	1153	910
宁 夏	Ningxia	48730	40346	984	1468
新 疆	Xinjiang	51902	49154	-6700	2061
计划单列市	**Cities Specifically Designated in State Plan**	**568727**	**549788**	**117578**	**44487**
大 连	Dalian	49373	48177	6126	4190
宁 波	Ningbo	32306	26266	11280	2372
厦 门	Xiamen	98965	95356	-599	5911
青 岛	Qingdao	40342	39007	-608	1669
深 圳	Shenzhen	347741	340982	101377	30346

6-31 分地区广播电视企业单位创收情况（2012年）

Actual Revenue of Broadcasting Enterprises by Region (2012)

单位：万元 (10 000 yuan)

地区	Region	实际创收收入 Actual Revenue	广告收入 Revenue from Advertising	广播广告收入 Radio Advertising	电视广告收入 TV Advertising	其它广告收入 Other Advertising	网络收入 Revenue from Network Services
全国	**National Total**	**16841167**	**3903692**	**369820**	**2781412**	**752460**	**5225151**
国家广电总局直属	Directly under the State Administration of Radio, Film and Television	1987717	245202	34184	166421	44598	130316
北京	Beijing	2024980	716167	37750	190274	488143	321323
天津	Tianjin	214216	80596	114	79733	749	94772
河北	Hebei	223664	25115	5585	8839	10691	146617
山西	Shanxi	78991	3097	195	1553	1349	66907
内蒙古	Inner Mongolia	105104					105073
辽宁	Liaoning	412386	152258	29331	116342	6584	175976
吉林	Jilin	190573	4656	167	4391	98	176360
黑龙江	Heilongjiang	75798	294			294	58018
上海	Shanghai	2673314	714260	54262	584163	75835	268055
江苏	Jiangsu	1665179	609992	57377	542486	10128	462578
浙江	Zhejiang	1680457	473399	60484	391898	21017	286848
安徽	Anhui	218513	21867		14401	7466	102821
福建	Fujian	219629	65207	12540	31415	21251	73784
江西	Jiangxi	261358	37524	71	31598	5855	143834
山东	Shandong	476723	64152	10444	50238	3470	289432
河南	Henan	150217	14188		5484	8704	84883
湖北	Hubei	380271	56508	2687	49698	4123	215323
湖南	Hunan	744200	97192	337	89944	6912	205198
广东	Guangdong	1097815	188859	19067	144702	25090	514746
广西	Guangxi	208160	2649	20	76	2553	169868
海南	Hainan	36362	129			129	34642
重庆	Chongqing	300509	97921	14494	80230	3198	151746
四川	Sichuan	640960	181167	16010	162507	2649	344829
贵州	Guizhou	154830	11330	9314	1866	150	126659
云南	Yunnan	176802	2003		2003		162658
陕西	Shaanxi	243304	5822		5645	177	170031
甘肃	Gansu	85188	28709	5387	23025	297	49389
青海	Qinghai	22069					18748
宁夏	Ningxia	41195	3196		2481	715	27830
新疆	Xinjiang	50685	233			233	45887
计划单列市	**Cities Specifically Designated in State Plan**	**512120**	**82608**	**19555**	**51779**	**11274**	**178424**
大连	Dalian	27990	11530	3528	7056	945	14697
宁波	Ningbo	27466	11757	2573	9184		13874
厦门	Xiamen	83932	18902	2383	8436	8082	28663
青岛	Qingdao	39117	14130	10024	3425	681	5778
深圳	Shenzhen	333614	26290	1046	23678	1566	115411

6-31 续表 continued

单位：万元 (10 000 yuan)

地 区	Region	有线广播电视收视费收入 Subscription of Cable Programs	付费数字电视收入 Pay Digital TV Programs	三网融合业务收入 Revenue from Three Networks Coverage	其它网络收入 Revenue from Other Network Services	广播电视节目销售收入 Sales Revenue from Radio and TV Programs	其它创收收入 Revenue from Other Services
全 国	**National Total**	**2994883**	**398861**	**359360**	**1472047**	**1343029**	**6369295**
国家广电总局直属	Directly under the State Administration of Radio, Film and Television	34960	26803	25382	43171	75829	1536369
北 京	Beijing	100411	4734	74968	141211	438303	549187
天 津	Tianjin	56989	1707	14147	21928	12225	26624
河 北	Hebei	123865	4088	863	17801	1354	50577
山 西	Shanxi	64477	205	268	1957	234	8752
内蒙古	Inner Mongolia	66401	9604		29068	30	1
辽 宁	Liaoning	128624	5853	8293	33206	8390	75763
吉 林	Jilin	102382	19698	4756	49523	2166	7391
黑龙江	Heilongjiang	46452	1525		10042		17486
上 海	Shanghai	130517	20313	4020	113204	128303	1562696
江 苏	Jiangsu	233913	36125	29994	162547	60801	531808
浙 江	Zhejiang	122972	13854	53895	96127	344295	575915
安 徽	Anhui	25964	50541	2351	23966	16425	77400
福 建	Fujian	42280	5772	5065	20667	37780	42858
江 西	Jiangxi	102826	16023	1221	23764	7055	72945
山 东	Shandong	193771	11927	7602	76132	6845	116294
河 南	Henan	48965	3104	8293	24522		51146
湖 北	Hubei	156582	11052	11394	36296	15681	92759
湖 南	Hunan	130981	23847	9983	40387	15963	425848
广 东	Guangdong	319381	24956	25354	145055	130779	263430
广 西	Guangxi	87495	11538		70835	862	34781
海 南	Hainan	25077	593		8972		1591
重 庆	Chongqing	90204	6289	12142	43111	13453	37389
四 川	Sichuan	183760	30919	28125	102025	2252	112713
贵 州	Guizhou	70389	15448	253	40569	1677	15165
云 南	Yunnan	96783	26197	8478	31200	218	11923
陕 西	Shaanxi	106634	13631	17561	32205	21537	45914
甘 肃	Gansu	42747	1199	1819	3624	489	6601
青 海	Qinghai	13706	1010	171	3861		3321
宁 夏	Ningxia	24930			2900	83	10086
新 疆	Xinjiang	20448	305	2961	22172		4565
计划单列市	**Cities Specifically Designated in State Plan**	**100791**	**19584**	**27554**	**30495**	**94910**	**156177**
大 连	Dalian	13951	64		681		1763
宁 波	Ningbo	5981	1576	1635	4682	224	1611
厦 门	Xiamen	12264	5181	3190	8028	18484	17884
青 岛	Qingdao	4673	232		873	1334	17875
深 圳	Shenzhen	63922	12530	22729	16230	74868	117044

6-32 分地区广播电视企业资产负债情况（2012年）

Assets and Liabilities of Broadcasting Enterprises by Region (2012)

单位：万元 (10 000 yuan)

地　区	Region	资产总额 Total Assets	负债总额 Total Liabilities	所有者权益 Owners' Equity
全　国	**National Total**	**43125883**	**21074237**	**22051646**
国家广电总局直属	Directly under the State Administration of Radio, Film and Television	3447392	1515135	1932257
北　京	Beijing	6848746	3365615	3483131
天　津	Tianjin	367646	262207	105439
河　北	Hebei	579719	363901	215817
山　西	Shanxi	294855	176226	118629
内蒙古	Inner Mongolia	250611	133597	117014
辽　宁	Liaoning	949257	533596	415660
吉　林	Jilin	763342	277572	485770
黑龙江	Heilongjiang	153564	88222	65342
上　海	Shanghai	5689548	2236735	3452813
江　苏	Jiangsu	4469612	1961699	2507913
浙　江	Zhejiang	3498086	1586464	1911622
安　徽	Anhui	682815	435406	247409
福　建	Fujian	668812	347123	321689
江　西	Jiangxi	610158	447795	162364
山　东	Shandong	1244446	472921	771525
河　南	Henan	654746	446495	208251
湖　北	Hubei	1240252	705447	534805
湖　南	Hunan	1959121	1100418	858702
广　东	Guangdong	3123816	983396	2140420
广　西	Guangxi	505917	259882	246035
海　南	Hainan	156579	74185	82394
重　庆	Chongqing	907700	561749	345951
四　川	Sichuan	1548280	1256552	291728
贵　州	Guizhou	440687	275997	164689
云　南	Yunnan	895289	581611	313678
陕　西	Shaanxi	631460	345251	286209
甘　肃	Gansu	136720	81078	55642
青　海	Qinghai	58204	27155	31049
宁　夏	Ningxia	128863	60535	68328
新　疆	Xinjiang	219639	110270	109369
计划单列市	**Cities Specifically Designated in State Plan**	**1163323**	**472687**	**690637**
大　连	Dalian	161619	71706	89913
宁　波	Ningbo	71811	40938	30873
厦　门	Xiamen	230191	115777	114414
青　岛	Qingdao	48459	35899	12560
深　圳	Shenzhen	651244	208367	442877

6-33 分地区少数民族广播电视宣传覆盖情况（2012年）
Publicity and Coverage of Radio and TV Programs for Minority Population by Region (2012)

地　区	Region	制作广播节目时间（小时）Radio Programs Produced (hour)	制作电视节目时间（小时）TV Programs Produced (hour)	广播综合覆盖（%）Radio Program Coverage (%)	电视综合覆盖（%）TV Program Coverage (%)
全　国	**National Total**	**120116**	**41949**	**8.57**	**9.17**
河　北	Hebei			-	-
内蒙古	Inner Mongolia	25774	7696	91.49	85.64
辽　宁	Liaoning	2356		1.93	1.62
吉　林	Jilin	9194	1670	11.18	9.46
黑龙江	Heilongjiang	1070		8.32	8.37
浙　江	Zhejiang	1	8	-	-
湖　北	Hubei			-	-
湖　南	Hunan			-	-
广　东	Guangdong	15		2.68	1.71
广　西	Guangxi	183	295	44.60	53.68
海　南	Hainan			-	-
重　庆	Chongqing			-	-
四　川	Sichuan	6887	2942	20.83	30.10
贵　州	Guizhou	157		-	-
云　南	Yunnan	8664	4002	20.78	19.75
西　藏	Tibet	10954	92	91.90	93.94
甘　肃	Gansu	1370	813	2.07	0.96
青　海	Qinghai	3910	1616	73.62	74.19
宁　夏	Ningxia			-	-
新　疆	Xinjiang	42584	22815	93.10	93.22

七、文　化
Culture

7-1 全国主要文化机构情况

Number of Institutions in Cultural Industry

单位：个 (unit)

年 份 Year	公共图书馆 Public Libraries	文化馆(站) Cultural Centers (Station)	省级、地市级文化馆 Art Centers at Provincial & Prefecture Level	县市级文化馆 Cultural Centers at County & City Level	乡镇(街道)文化站 Township (sub-district) Cultural Stations	博物馆 Museums	艺术表演团体 Art Performance Troupes	艺术表演场馆 Art Performance Places
1978	1218	6893	92	2748	4053	349	3150	1095
1980	1732	8739	218	2912	5609	365	3533	1444
1985	2344	8576	335	2960	5281	711	3317	1377
1986	2406	8913	337	2993	5583	777	3195	2058
1987	2440	8974	348	2973	5653	827	3094	2148
1988	2485	9045	358	2975	5712	903	2985	2081
1989	2512	9037	366	2955	5716	967	2850	2050
1990	2527	9216	366	2955	5895	1013	2805	1955
1991	2535	10507	371	2894	7242	1075	2772	2068
1992	2558	9564	372	2900	6292	1106	2753	2037
1993	2572	10155	370	2886	6899	1130	2707	2024
1994	2589	11276	374	2887	8015	1161	2698	1998
1995	2615	13487	373	2886	10228	1194	2682	1958
1996	2620	45253	392	2892	41969	1219	2664	1934
1997	2628	45449	385	2901	42163	1282	2663	1947
1998	2662	45834	386	2901	42547	1339	2652	1929
1999	2669	45837	389	2905	42543	1363	2632	1911
2000	2675	45321	390	2907	42024	1392	2619	1900
2001	2696	43379	399	2842	40138	1461	2605	1854
2002	2697	42516	389	2854	39273	1511	2587	1829
2003	2709	41816	382	2846	38588	1515	2601	1900
2004	2720	41402	380	2841	38181	1548	2759	1928
2005	2762	41588	375	2851	38362	1581	2805	1866
2006	2778	40088	395	2819	36874	1617	2866	1839
2007	2799	40601	411	2806	37384	1722	4512	2070
2008	2820	41156	389	2829	37938	1893	5114	1944
2009	2850	41959	361	2862	38736	2252	6139	2137
2010	2884	43382	374	2890	40118	2435	6864	2112
2011	2952	43675	379	2906	40390	2650	7055	1956
2012	3076	43876	382	2919	40575	3069	7321	2364

注：1.2007年以前艺术表演团体和艺术表演场馆为文化系统内数据，2007年起含非文化部门单位。
2.1996年以前文化站数据未包括其他部门所属乡镇文化站。1996-1998年包括其他部门所属文化站，1999年以后，其他部门所属文化站划归文化部门管理。

a) Art performance troupes and art performance places referred to that of Culture System before 2007, and include non-cultural department since 2007.

b) Culture stations did not include township culture stations of other department before 1996, and included culture stations of other department from 1996 to 1998. Since 1999, culture stations of other department was put under Culture Department's administration.

7-2 全国文化文物机构人员情况(2012年)

Number and Personnel in Culture and Cultural Relics Institutions (2012)

机构类别	Category of Institution	机构(个) Number of Institutions (unit)	文化部门 Cultural Department	国有经济 State-owned Economy	集体经济 Collective-owned Economy	其他经济 Other Economy	其他部门 Other Department
总计	**Total**	**305927**	**63999**	**63102**	**332**	**565**	**241928**
艺术业	Arts	9893	3615	3159	226	230	6278
公共图书馆业	Public Libraries	3076	3076	3076			
群众文化服务业	Mass Culture	43876	43876	43876			
艺术教育业	Culture and Education	141	141	138		3	
文化市场经营机构	Business Units Dealing in Culture Market	234759	113	113			234646
文艺科研机构	Art Research Institutions	217	216	212		4	1
文物业	Cultural Relics	6124	5630	5457	66	107	494
其他	Others	7841	7332	7071	40	221	509

7-2 续表 continued

机构类别	Category of Institution	从业人员（人）Number of Employed Persons (person)	文化部门 Cultural Department	国有经济 State-owned Economy	集体经济 Collective-owned Economy	其他经济 Other Economy	其他部门 Other Department
总计	**Total**	**2288389**	**614775**	**577538**	**8318**	**28919**	**1673614**
艺术业	Arts	295697	146543	123304	7462	15777	149154
公共图书馆业	Public Libraries	54997	54997	54997			
群众文化服务业	Mass Culture	156228	156228	156228			
艺术教育业	Culture and Education	12784	12784	12686		98	
文化市场经营机构	Business Units Dealing in Culture Market	1460181	2299	2299			1457882
文艺科研机构	Art Research Institutions	4156	4148	4021		127	8
文物业	Cultural Relics	125155	113015	111225	315	1475	12140
其他	Others	179191	124761	112778	541	11442	54430

7-3 全国艺术表演场馆基本情况(2012年)
Basic Statistics on Art Performance Places (2012)

项目	Item	机构数(个) Number of Institutions (unit)	从业人员(人) Number of Employed Persons (person)	座席数(个) Seating Capacity (unit)	演(映)出场次(万场次) Number of Performances (10 000 shows)	#艺术演出 Art Performances
总计	**Total**	**2364**	**52231**	**1915677**	**118.69**	**17.27**
按登记注册类型分	By Status of Registration					
国有	State-owned	1419	25759	1121543	64.92	8.34
集体	Collective-owned	24	204	13209	0.28	0.14
其他	Others	921	26268	780925	53.49	8.79
按性质分	By Type of Units					
执行事业会计制度	Adopting Institution Accounting System	1033	16812	751853	27.43	5.64
执行企业会计制度	Adopting Enterprise Accounting System	1331	35419	1163824	91.26	11.64
按管理部门分	By Management Authority					
文化部门	Cultural Departments	1279	25076	945580	57.47	7.19
其他部门	Other Departments	1085	27155	970097	61.22	10.09
按机构类型分	By Type of Troupes					
剧场	Theaters	985	25012	813118	28.62	7.72
影剧院	Music Halls and Cinemas	776	13287	572684	68.11	4.48
书场、曲艺场	Storytelling, Recitation and Ballad Places	32	783	5991	0.83	0.65
杂技、马戏场	Acrobatics and Circus Places	8	249	6760	0.12	0.11
音乐厅	Concert Halls	40	1462	15852	0.59	0.42
综合性	General Performance Theaters	289	7536	360238	16.82	2.38
其他艺术表演场馆	Others	234	3902	141034	3.61	1.51
按隶属关系分	By Jurisdiction of Management					
中央	Run by Central Government	7	199	6661	0.08	0.08
省、区、市	Run by Provinces, Autonomous Regions and Municipalities	128	4792	135739	12.18	1.51
地、市	Run by Prefectures (Cities)	443	14824	333458	38.41	5.69
县、市及以下	Run by Counties (Cities) and Others	1786	32416	1439819	68.01	9.99

7-3 续表 continued

项 目	Item	观众人次(万人次) Number of Audience (10 000 person-times)	#艺术演出 Art Performances	收入合计(万元) Total Income (10 000 yuan)	#财政拨款 Government	#演出收入 Performance Income	支出合计(万元) Expenses (10 000 yuan)
总 计	**Total**	**18604**	**6119**	**797506**	**133141**	**281881**	**725326**
按登记注册类型分	By Status of Registration						
国有	State-owned	11063	2785	294992	98627	81401	328852
集体	Collective-owned	70	29	865	136	282	825
其他	Others	7472	3305	501649	34378	200198	395650
按性质分	By Type of Units						
执行事业会计制度	Adopting Institution Accounting System	3789	1630	193536	82614	43804	237139
执行企业会计制度	Adopting Enterprise Accounting System	14815	4489	603971	50527	238077	488188
按管理部门分	By Management Authority						
文化部门	Cultural Departments	6100	2192	241069	80415	44454	277472
其他部门	Other Departments	12505	3927	556437	52726	237427	447855
按机构类型分	By Type of Troupes						
剧场	Theaters	7057	3792	421261	60463	187709	325617
影剧院	Music Halls and Cinemas	5363	752	134673	23909	12826	161213
书场、曲艺场	Storytelling, Recitation and Ballad Places	108	91	18730	833	11770	13257
杂技、马戏场	Acrobatics and Circus Places	66	66	2807	215	1741	2788
音乐厅	Concert Halls	187	174	46168	23866	17512	71896
综合性	General Performance Theaters	5383	942	137113	22441	29276	121623
其他艺术表演场馆	Others	440	302	36755	1415	21046	28933
按隶属关系分	By Jurisdiction of Management						
中央	Run by Central Government	39	37	3417	11	563	3188
省、区、市	Run by Provinces, Autonomous Regions and Municipalities	1252	895	157902	43291	64403	159606
地、市	Run by Prefectures (Cities)	3977	1600	197910	36898	71674	177688
县、市及以下	Run by Counties (Cities) and Others	13336	3587	438278	52941	145240	384844

7-4　全国艺术表演团体基本情况(2012年)

项　目	Item	机构 (个) Number of Institutions (unit)	从业人员 (人) Number of Employed Persons (person)	剧团原创首演剧目 (个) Plays Showed this Year (unit)	演出场次 (万场次) Number of Performance (10 000 shows)	#国内演出 Domestic Performance	#农村 Rural Performance
总　计	**Total**	**7321**	**242047**	**4035**	**135.02**	**124.98**	**81.16**
按登记注册类型分	By Status of Registration						
国有	State-owned	2399	123311	1578	42.35	39.23	24.60
集体	Collective-owned	209	7392	106	5.75	5.72	3.96
其他	Others	4713	111344	2351	86.92	80.03	52.59
按隶属关系分	By Jurisdiction of Management						
中央	Run by Central Government	17	3367	30	0.28	0.26	0.01
省、区、市	Run by Provinces, Autonomous Regions and Municipalities	223	31613	285	6.99	6.44	1.58
地、市	Run by Prefectures (Cities)	755	48816	499	14.67	13.53	5.50
县、市及以下	Run by Counties (Cities) and Others	6326	158251	3221	113.07	104.75	74.08
按性质分	By Type of Units						
执行事业会计制度	Adopting Institution Accounting System	1819	98199	947	32.49	30.87	19.70
执行企业会计制度	Adopting Enterprise Accounting System	5502	143848	3088	102.53	94.11	61.45
按管理部门分	By Management Authority						
文化部门	Cultural Departments	2128	120048	1229	40.18	37.85	22.90
其他部门	Other Departments	5193	121999	2806	94.84	87.13	58.25
按剧种分	By Type of Art						
话剧、儿童剧、滑稽剧团	Drama, Children's Play and Comedy Troupes	432	14495	396	6.20	5.45	2.45
歌剧、舞剧、歌舞剧团	Opera, Dance, Song and Dance Drama Troupes	250	13589	177	3.44	3.25	1.19
歌舞团、轻音乐团	Song and Dance, Light Music Troupes	1283	40276	771	17.47	16.23	7.92
乐团、合唱团	Philharmonic and Chorus Troupes	122	7178	93	1.01	0.87	0.27
文工团、文宣队、乌兰牧骑	Cultural and Performance Troupes and Ulanmuchi (Equestrian Art Troupes)	308	8854	164	3.50	3.28	2.10
戏曲剧团	Local Opera Troupes	2250	92528	1152	49.16	47.94	38.91
#京剧	Local Beijing Opera Troupes	114	7378	64	2.27	2.18	1.48
曲、杂、木、皮影团	Recitation and Ballad Troupes, Acrobatics and Circus Troupes, Puppet Show Troupes and Shadow Play Troupes	1002	20942	311	30.77	27.86	18.66
综合性艺术表演团体	Comprehensive Art Performance Troupes	1674	44185	971	23.47	20.11	9.66

Basic Statistics on Art Performance Troupes (2012)

国内演出观众人次(万人次) Number of Domestic Audience (10 000 person-times)	#农村 Rural Audience	收入合计(万元) Total Income (10 000 yuan)	#财政拨款 Government Budget	#演出收入 Performance Income	支出合计(万元) Total Expenses (10 000 yuan)	政府采购的公益演出活动 Public Shows under Government Procurement	
						演出场次(万场次) Number of Performances (10 000 shows)	观众人次(万人次) Number of Audience(10 000 person-times)
82805	**52102**	**2310460**	**1140718**	**641480**	**2081911**	**10.33**	**10358.48**
39965	25831	1297846	904305	223505	1250078	6.93	7184.88
3499	2701	48621	29127	14534	47421	0.42	400.80
39341	23570	963994	207287	403441	784412	2.98	2772.80
363	12	84025	35383	22594	84260	0.04	44.85
5055	1682	611181	426871	103650	562512	1.16	1130.50
13186	6353	512620	343060	94098	507032	1.95	2212.63
64201	44056	1102634	335405	421139	928106	7.18	6970.50
29970	20247	1083601	827050	135018	1051338	5.84	6039.70
52835	31855	1226859	313668	506462	1030572	4.49	4318.78
35923	22930	1337687	934749	224468	1280881	7.12	7227.17
46882	29173	972773	205969	417013	801030	3.22	3131.31
5996	1152	216801	118869	59575	186945	0.48	418.72
3321	1116	164985	90134	48328	151506	0.45	420.99
9325	4085	552456	182206	123166	502282	1.82	1638.16
479	106	80856	43563	20935	76522	0.08	95.04
2944	1722	47527	41678	4179	46256	0.69	686.94
41718	34476	643439	421361	150693	613302	4.69	5412.59
1733	1073	105253	79607	12488	107619	0.26	217.90
8821	4609	150039	74328	62888	129922	0.56	361.21
10200	4838	454358	168579	171717	375177	1.59	1324.83

7-5 全国公共图书馆基本情况（2012年）

Basic Statistics on Public Libraries (2012)

项 目	Item	总 计 Total	#少儿图书馆 Children's Libraries	按隶属关系分 By Jurisdiction of Management 中央 Run by Central Government	省、区、直辖市(级) Run by Provinces, Autonomous Regions and Municipalities	地市级 Prefecture Level	县市级 County (City) Level	#县图书馆 Run by Counties
机构数 （个）	Number of Institutions (unit)	3076	99	1	38	354	2683	1628
从业人员 （人）	Number of Employed Persons (person)	54997	2124	1426	7788	13855	31928	15519
总藏量 （万册）	Total Collections (10000 copies)	78852	3217	3473	19985	21121	34272	13637
当年购买的报刊种类 （万种）	Kinds of Newspapers and Periodicals Purchased This Year (10 000 kinds)	100.93	3.67	1.86	18.57	27.28	53.22	21.74
累计发放有效借书证数 （万个）	Accumulative Number of Library Cards Distributed(10 000 units)	2485	116	153	457	860	1015	340
总流通人次 （万人次）	Total Number of Circulation (10 000 person-times)	43437	1938	378	6020	13238	23800	8026
#书刊文献外借人次	Borrowing from Libraries	17402	943		1415	5453	10534	4376
书刊文献外借册次 （万册次）	Number of Books and Periodicals Lent to Readers (10 000 copies-times)	33191	2087		3853	10448	18891	6561
组织各类讲座次数 （次）	Number of Lectures (time)	44564	2383	215	3543	12027	28779	12218
举办展览 （个）	Exhibitions Held (unit)	12389	398	69	956	2830	8534	4119
举办培训班 （个）	Training Classes Held (unit)	24937	2990	60	3328	5671	15878	7662
计算机 （台）	Computers (set)	173313	5684	3336	19127	37436	113414	58008
#电子阅览室终端数	Terminals in Electronic Media Reading Rooms	101433	2671	368	5722	18046	77297	42200
阅览室坐席数 （万个）	Seats of Reading Room (10 000 units)	73.46	2.65	0.44	6.33	17.91	48.78	22.54

7-6 全国群众文化机构基本情况（2012年）
Basic Statistics on Cultural Institutions (2012)

项目	Item	总计 Total	省、区、直辖市（级）Provincial Level	地市级 Prefecture Level	县市级 County (City) Level	#县文化馆 County Cultural Center	乡镇（街道）文化站 Township (sub-district) Cultural Stations	#乡镇文化站 Township Cultural Stations
机构数（个）	Institutions (unit)	43876	31	351	2919	1668	40575	34101
从业人员（人）	Number of Employed Persons (person)	156228	1837	9968	41792	22606	102631	83676
组织文艺活动（次）	Art Performances and Story-telling Sessions (time)	688482	1552	19618	136066	62690	531246	371936
参加文艺活动人次（万人次）	Person-times Attending Art and Cultural Activities (10 000 person-times)	31958	217	2572	11219	5412	17950	13005
举办训练班（次）	Number of Training Courses (time)	387201	6283	27468	84720	30783	268730	165711
参加培训人次（万人次）	Attending Training (10 000 person-times)	2750	22	194	572	254	1963	1337
举办展览个数（个）	Number of Exhibitions (unit)	114774	408	3114	18408	9625	92844	70477
参观展览人次（万人次）	Visiting Exhibitions (10 000 person-times)	8962	212	845	2971	1685	4933	3757
组织各类理论研讨和讲座次数（次）	Number of Theoretical Lectures (time)	20825	827	3648	16350	7320		
参加研讨和讲座人次（万人次）	Attending Theoretical Lectures (10 000 person-times)	365.88	19.06	59.99	286.85	134.77		
藏书（万册）	Books Collected (10 000 copies)	20789	12	49	463	198	20266	15422
拥有计算机台数（台）	Computer Owned (unit)	233992	1474	5691	24367	10920	202460	157741
本年收入合计（亿元）	Revenue this Year (100 million yuan)	145.36	5.66	16.57	45.77	19.64	77.36	61.05
本年支出合计（亿元）	Expenditure this Year (100 million yuan)	146.78	5.29	15.76	44.55	19.09	81.18	64.45
馆办文艺团体（个）	Art Performance Troupes Run by Centers (unit)	8750	102	1493	7155	3247		
馆办文艺团体演出场次（场次）	Number of Art Performances Run by Centers (time)	140435	21333	14510	104592	51882		
馆办老年大学（个）	Aging College Run by Centers (unit)	719	13	80	626	325		
群众业余文艺团体(个)	Part-time Art Troupes (unit)	303342	60	4752	50559	24856	247971	178119

7-7 全国文物业基本情况（2012年）

Statistics on Cultural Relics (2012)

项 目	Item	机 构 (个) Number of Institutions (unit)	从业人员 (人) Number of Employed Persons (person)	本年收入合计 (万元) Total Revenue this Year (10 000 yuan)	本年支出合计 (万元) Total Expenditure this Year (10 000 yuan)	资产总计 (万元) Total Assets (10 000 yuan)	实际使用房屋建筑面积 (万平方米) Floor Space of Buildings Actually Used (10 000 sq.m)
总 计	**Total**	**6124**	**125155**	**2959894**	**2609311**	**5971229**	**2411**
按单位性质分	By Kind of Units						
文物科研机构	Scientific and Research Agencies	114	4917	182418	158831	259668	101
文物保护管理机构	Agencies of Cultural Relics Preservation	2705	34854	535779	459988	854227	769
博物馆	Museums	3069	71748	1492024	1424802	4076383	1473
文物商店	Cultural Relics Shops	72	1623	85895	72604	203774	16
其他文物机构	Other Agencies	164	12013	663778	493086	577177	53
按隶属关系分	By Jurisdiction of Management						
中 央	Central Level	12	3462	166725	184302	307764	55
省、区、市	Provincial Level	262	17527	859605	700175	1554267	247
地、市	Prefecture Level	1163	36671	931524	792927	1695202	685
县、市	County or City Level	4687	67495	1002040	931907	2413997	1425
按管理部门分	By Department of Management						
文物部门	Cultural Relics Department	5630	113015	2762118	2405051	4792714	2164
其他部门	Other Department	494	12140	197776	204260	1178515	247

7-7 续表 continued

项 目	Item	文物藏品 (件/套) Number of Collections (piece/set)	#一级品 Grade One	本年从有关部门接收文物数(件/套) Accepted Cultural Relics from Department This Year (piece/set)	本年藏品征集数 (件/套) Collection of Cultural Relics (piece/set)	举办陈列展览 (个) Exhibition & Displays (unit)	参观人次 (万人次) Spectators (10 000 person-times)
总 计	**Total**	**35054763**	**83939**	**48855**	**124484**	**22279**	**67059**
按单位性质分	By Kind of Units						
文物科研机构	Scientific and Research Agencies	1208701	2651	1	23	36	224
文物保护管理机构	Agencies of Cultural Relics Preservation	1767573	5239	1487	6604	2128	10433
博物馆	Museums	23180726	74537	47314	116796	20115	56401
文物商店	Cultural Relics Shops	8507934	64				
其他文物机构	Other Agencies	389829	1448	53	1061		
按隶属关系分	By Jurisdiction of Management						
中 央	Central Level	2925044	13320	3871	1187	172	2446
省、区、市	Provincial Level	15502839	27326	3763	27088	1581	7116
地、市	Prefecture Level	7956502	23203	12770	41557	6023	23503
县、市	County or City Level	8670378	20090	28451	54652	14503	33994
按管理部门分	By Department of Management						
文物部门	Cultural Relics Department	31840116	80330	30774	109663	19679	58501
其他部门	Other Department	3214647	3609	18081	14821	2600	8558

7-8 分地区艺术表演团体、艺术表演场馆演出情况(2012年)

Statistics on Performance of Art Performance Troupes and Art Performance Places by Region (2012)

地 区	Region	艺术表演团体 Art Performance Troupes						艺术表演场馆 Art Performance Places				
		机构数 (个) Number of Institutions (unit)	演出场次 (万场次) Number of Performances (10 000 shows)	#国内演出 Domestic Performances	#农村 Rural Performances	国内演出观众人次 (万人次) Number of Domestic Audience (10 000 person-times)	#农村 Rural Audience	机构数 (个) Number of Institutions (unit)	演(映)出场次 (万场次) Number of Performances (10 000 shows)	#艺术演出 Art Performances	观众人次 (万人次) Number of Audience (10 000 person-times)	#艺术演出 Art Performances
全 国	**National Total**	**7321**	**135.02**	**124.98**	**81.16**	**82805**	**52102**	**2364**	**118.69**	**17.27**	**18604**	**6119**
中 央	Central Level	17	0.28	0.26	0.01	363	12	7	0.08	0.08	39	37
北 京	Beijing	324	2.34	2.08	0.56	1008	203	96	5.40	1.71	1067	840
天 津	Tianjin	48	0.52	0.47	0.08	231	73	35	1.61	0.26	148	89
河 北	Hebei	448	6.95	5.69	3.37	5733	4131	138	3.23	0.68	474	227
山 西	Shanxi	301	5.07	4.84	3.87	5259	4321	129	8.20	0.42	570	186
内蒙古	Inner Mongolia	137	2.19	1.97	1.04	2040	1146	20	0.28	0.05	89	24
辽 宁	Liaoning	155	1.48	1.25	0.34	792	193	111	1.74	0.90	503	319
吉 林	Jilin	41	0.67	0.53	0.30	591	347	37	1.77	0.30	142	78
黑龙江	Heilongjiang	85	0.85	0.79	0.31	722	311	43	0.39	0.29	77	35
上 海	Shanghai	147	3.97	3.57	0.53	1515	192	117	8.49	1.25	1084	706
江 苏	Jiangsu	434	10.31	10.08	5.63	3769	2000	217	36.38	1.08	1999	425
浙 江	Zhejiang	609	13.63	13.21	10.49	8624	6736	271	7.53	1.48	1351	610
安 徽	Anhui	1015	25.10	23.73	18.56	6932	5043	72	9.78	0.55	4295	232
福 建	Fujian	341	10.50	10.38	8.66	3211	2706	53	4.03	0.10	232	91
江 西	Jiangxi	187	2.97	2.76	1.99	2658	1152	73	1.52	0.32	1095	135
山 东	Shandong	303	3.81	3.55	1.90	2452	1560	103	1.83	0.22	381	183
河 南	Henan	364	9.83	8.39	6.39	7751	6161	145	1.99	0.29	611	134
湖 北	Hubei	226	3.59	3.41	1.97	3014	1908	66	3.44	2.61	335	179
湖 南	Hunan	157	2.97	2.70	1.73	1584	1078	83	2.66	0.50	442	185
广 东	Guangdong	337	5.00	3.91	2.90	9082	5148	93	3.80	0.83	1182	406
广 西	Guangxi	68	1.20	1.11	0.23	758	217	20	2.35	0.25	159	66
海 南	Hainan	61	0.84	0.59	0.38	413	221	13	0.37	0.09	69	29
重 庆	Chongqing	244	2.55	2.37	1.77	1176	634	31	0.34	0.06	82	39
四 川	Sichuan	469	6.67	6.24	3.01	3963	1606	130	3.16	1.77	1063	272
贵 州	Guizhou	79	1.22	1.03	0.28	664	271	10	0.06	0.04	30	27
云 南	Yunnan	220	2.66	2.46	0.65	2227	826	60	1.54	0.63	492	318
西 藏	Tibet	92	0.87	0.81	0.21	224	132	22	0.14	0.04	32	12
陕 西	Shaanxi	116	2.33	2.27	1.54	2418	1703	98	0.98	0.33	273	159
甘 肃	Gansu	103	1.97	1.95	1.26	1909	1216	25	0.58	0.03	86	35
青 海	Qinghai	40	0.49	0.48	0.13	414	101	23	0.68	0.02	42	4
宁 夏	Ningxia	16	0.34	0.30	0.19	313	207	7	0.04	0.00	15	4
新 疆	Xinjiang	137	1.89	1.81	0.89	993	551	16	4.29	0.08	146	33

7-9 分地区公共图书馆基本情况(2012年)

Statistics on Public Libraries by Region (2012)

地区	Region	公共图书馆个数(个) Number of Public Library (unit)	总藏量(万册件) Total Collections (10 000 copies)	人均拥有公共图书馆藏量(册) Collections of Public Libraries Owned Per Person (copy)	累计发放有效借书证数(万个) Accumulative Number of Library Cards Distributed (10 000 units)	总流通人次(万人次) Total Number of Circulation (10 000 person-times)	#书刊文献外借人次 Borrowing from Libraries	书刊文献外借册次(万册次) Number of Books and Periodicals Lent to Readers (10 000 copies-times)	阅览室座席数(个) Seats of Reading Room (unit)
全国	**National Total**	**3076**	**78852**	**0.58**	**2484.51**	**43437**	**17402**	**33191**	**734571**
中央	Central Level	1	3473		153.02	378			4392
北京	Beijing	24	2083	1.01	72.03	865	317	819	13525
天津	Tianjin	31	1469	1.04	49.80	630	228	562	12446
河北	Hebei	172	1935	0.27	61.45	1023	423	693	27259
山西	Shanxi	126	1462	0.40	24.45	475	244	392	19681
内蒙古	Inner Mongolia	114	1210	0.49	18.23	417	220	446	19222
辽宁	Liaoning	129	3471	0.79	91.82	1939	733	1616	31977
吉林	Jilin	66	1710	0.62	25.37	691	256	476	15863
黑龙江	Heilongjiang	106	1823	0.48	77.31	836	369	637	21103
上海	Shanghai	25	7202	3.03	131.31	2062	580	1973	21594
江苏	Jiangsu	112	6490	0.82	290.90	4527	2040	3430	42085
浙江	Zhejiang	97	5344	0.98	240.74	4572	1677	3900	40263
安徽	Anhui	102	2264	0.38	52.93	1264	719	1186	21188
福建	Fujian	87	2894	0.77	64.41	1526	655	1519	26574
江西	Jiangxi	114	1822	0.40	53.09	1057	564	832	26284
山东	Shandong	150	4237	0.44	138.16	2035	1223	1990	39582
河南	Henan	156	2257	0.24	76.60	1638	910	1378	31857
湖北	Hubei	111	2521	0.44	138.44	1516	848	1386	33993
湖南	Hunan	136	2525	0.38	73.20	1490	702	1304	33509
广东	Guangdong	137	6567	0.62	341.73	6418	1459	3070	71434
广西	Guangxi	112	2127	0.45	39.48	1366	423	806	26262
海南	Hainan	20	898	1.01	9.87	270	71	126	5228
重庆	Chongqing	43	1522	0.52	32.15	1078	413	868	16455
四川	Sichuan	188	3363	0.42	52.35	1628	694	1194	34655
贵州	Guizhou	93	1387	0.40	33.20	420	217	279	14245
云南	Yunnan	152	1879	0.40	37.57	1070	474	760	23971
西藏	Tibet	77	69	0.22	0.82	4	1	3	696
陕西	Shaanxi	112	1400	0.37	26.63	727	299	497	16076
甘肃	Gansu	103	1212	0.47	25.80	558	260	447	15581
青海	Qinghai	49	379	0.66	13.46	102	55	45	3855
宁夏	Ningxia	26	533	0.82	8.88	210	94	163	7153
新疆	Xinjiang	105	1323	0.59	29.31	645	234	396	16563

7-9 续表 continued

地 区	Region	每万人拥有公共图书馆建筑面积(平方米) Floor Space of Buildings of Public Libraries Owned per 10 000 Population (sq.m)	组织各类讲座次数(次) Number of Lectures (time)	参加讲座人次(万人次) Attending Lectures (10 000 person-times)	举办展览(个) Exhibitions Held (unit)	参观展览人次(万人次) Visiting Exhibitions (10 000 person-times)	举办培训班(个) Training Classes Held (unit)	参加培训人次(万人次) Attending Training (10 000 person-times)	计算机(台) Computers (set)	#电子阅览室终端数 Terminals in Electronic Media Reading Rooms
全 国	**National Total**	**78.17**	**44564**	**826.53**	**12389**	**3050.55**	**24937**	**230.59**	**173313**	**101433**
中 央	Central Level		215	4.99	69	76.53	60	0.43	3336	368
北 京	Beijing	107.24	1573	17.94	240	54.32	812	4.92	3575	1489
天 津	Tianjin	181.69	709	7.10	118	18.62	422	2.35	2924	1556
河 北	Hebei	46.65	1500	21.18	396	108.33	445	4.42	5869	3160
山 西	Shanxi	81.64	1417	22.33	331	122.15	883	6.76	5019	3618
内蒙古	Inner Mongolia	104.99	832	9.20	210	31.48	211	1.46	5043	3169
辽 宁	Liaoning	108.35	1820	38.09	519	145.96	1710	9.67	6294	2813
吉 林	Jilin	67.92	937	20.17	163	33.24	296	4.03	3968	2015
黑龙江	Heilongjiang	70.30	806	18.75	387	58.22	395	5.52	5161	3333
上 海	Shanghai	162.42	1795	25.97	425	87.18	1519	12.62	5885	1816
江 苏	Jiangsu	104.28	2556	52.14	787	148.20	1955	14.23	9289	4509
浙 江	Zhejiang	125.72	2399	55.49	875	290.47	1192	11.19	8918	4905
安 徽	Anhui	47.09	1191	15.82	358	52.49	674	5.44	5849	3859
福 建	Fujian	89.62	1669	27.49	503	188.33	578	7.83	5048	3018
江 西	Jiangxi	70.29	1331	36.75	383	104.64	506	5.76	6415	4362
山 东	Shandong	57.55	2525	49.75	818	99.59	1139	15.66	9249	5960
河 南	Henan	45.66	2080	42.82	509	50.35	634	8.58	7616	4699
湖 北	Hubei	83.24	1554	42.76	427	72.46	947	12.33	7525	4354
湖 南	Hunan	53.83	2133	40.77	410	65.52	1196	10.32	5847	4104
广 东	Guangdong	95.61	5292	97.94	1022	541.78	2346	16.24	13310	6648
广 西	Guangxi	60.93	1362	32.85	489	94.94	878	7.29	5392	3667
海 南	Hainan	96.73	72	1.03	54	14.76	91	0.94	1396	846
重 庆	Chongqing	83.25	1033	20.71	333	96.30	1063	26.46	3882	2210
四 川	Sichuan	55.44	1985	29.40	636	192.38	1254	10.15	8475	5550
贵 州	Guizhou	46.74	986	23.19	157	35.08	551	3.19	3653	2552
云 南	Yunnan	71.02	1632	25.48	371	86.23	1149	9.24	6783	4738
西 藏	Tibet	88.03	6	0.02	3	0.63	6	0.02	240	224
陕 西	Shaanxi	63.96	1220	15.19	435	40.83	905	6.50	5210	3164
甘 肃	Gansu	71.19	904	11.45	310	43.78	372	2.57	4193	2746
青 海	Qinghai	93.72	177	1.25	94	2.04	145	0.57	1647	1419
宁 夏	Ningxia	160.90	143	3.13	60	3.93	84	0.36	1811	1328
新 疆	Xinjiang	82.40	710	15.41	497	89.80	519	3.58	4491	3234

7-10 分地区博物馆基本情况(2012年)

Statistics on Museums by Region (2012)

地 区	Region	机构 (个) Number of Institutions (unit)	从业人员 (人) Number of Employed Persons (person)	文物藏品 (件/套) Number of Collections (piece/set)	本年从有关部门接收文物数 (件/套) Accepted Cultural Relics from Department This Year (piece/set)	本年修复文物数 (件/套) Cultural Relics Repaired This Year (piece/set)	考古发掘项目 (个) Excavation Projects (unit)	基本陈列 (个) Displays (unit)	举办展览 (个) Exhibition (unit)	参观人次 (万人次) Spectators (10 000 person-times)
全 国	**National Total**	**3069**	**71748**	**23180726**	**47314**	**39120**	**325**	**8230**	**11885**	**56401**
中 央	Central Level	6	2923	2925044	3871	483		52	120	2446
北 京	Beijing	41	1171	1140193	5	3304	28	103	158	529
天 津	Tianjin	20	717	688715	691	1174	2	64	78	494
河 北	Hebei	75	2152	252073	57	260	9	127	293	1667
山 西	Shanxi	92	2451	584868	27	238	4	134	157	1247
内蒙古	Inner Mongolia	65	1328	482011	1066	782		226	173	940
辽 宁	Liaoning	62	2170	395910	84	212	6	177	219	1070
吉 林	Jilin	68	942	288405	10	586		130	309	860
黑龙江	Heilongjiang	104	1788	337400	32	1702		318	426	1310
上 海	Shanghai	90	2915	2158074	17494	480	3	225	352	1633
江 苏	Jiangsu	266	4966	1590310	64	2032	64	780	1212	5500
浙 江	Zhejiang	166	3624	967070	872	1825	12	411	899	3122
安 徽	Anhui	141	2236	607637	1271	620	4	470	518	2165
福 建	Fujian	94	1728	455526	862	2289		239	477	1843
江 西	Jiangxi	109	2475	459875	135	548	12	331	310	1877
山 东	Shandong	178	4353	1245492	923	1696	23	735	940	3843
河 南	Henan	180	5199	888128	3311	1876	38	427	740	3425
湖 北	Hubei	161	3078	1581612	1011	3216	17	429	508	2230
湖 南	Hunan	95	2385	499069	290	1637	31	192	364	3214
广 东	Guangdong	168	3277	982169	9321	1133	8	440	977	3204
广 西	Guangxi	79	1529	362854	460	189	7	166	250	1125
海 南	Hainan	19	250	68586	1214	48		121	86	256
重 庆	Chongqing	39	1624	566967	49	5179	6	144	198	1643
四 川	Sichuan	152	4904	1062979	97	2524	21	437	457	4210
贵 州	Guizhou	66	1166	76024	188	263		174	184	936
云 南	Yunnan	85	986	557284	2636	848	13	168	356	1078
西 藏	Tibet	2	63	63150		20		5	24	24
陕 西	Shaanxi	194	5425	1023699	243	2770	12	492	406	2550
甘 肃	Gansu	149	2682	497085	30	221	4	324	406	1179
青 海	Qinghai	22	180	177252	1000	10	1	39	63	88
宁 夏	Ningxia	9	209	72204		76		22	43	84
新 疆	Xinjiang	72	852	123061		879		128	182	607

八、体　育

Sports

8-1 体育系统机构人员情况（2012年）

Number of Institutions and Engaged Persons of Physical Education System (2012)

单位：个、人 (unit, person)

项 目	Item	合 计 Total		国家级 National Level	
		机构 Institutions	人员 Persons	机构 Institutions	人员 Persons
总计	**Total**	**6887**	**159762**	**44**	**6382**
体育行政机关	Administrative Agencies of Physical Culture and Sports	3133	42474	1	220
运动项目管理部门	Sports Events Management	311	32618	23	2656
本科院校	Colleges	6	3600	1	1237
职业、运动技术学院	Sports Technical Institutes	14	6126		
体育运动学校	Physical Education and Sports Schools	224	16305		
竞技体校	Competitive Sports School	12	398		
少儿体育运动学校（业余体校）	Spare-time Sports School	1510	21657		
单项运动学校	Physical Education and Sports Schools	14	316		
训练基地	Training Bases	63	3892	5	913
体育场馆	Stadium and Gymnasium	688	14993	1	634
科研所	Science and Technology Institute	57	1422	2	218
其他事业单位	Other Institutions	704	13358	11	504
其他	Others	151	2603		

8-1 续表 continued

单位：个、人 (unit, person)

项 目	Item	省级 Provincial Level		地级 Prefectural Level		县级 County Level	
		机构 Institutions	人员 Persons	机构 Institutions	人员 Persons	机构 Institutions	人员 Persons
总计	**Total**	**647**	**56094**	**1991**	**54052**	**4205**	**43234**
体育行政机关	Administrative Agencies of Physical Culture and Sports	32	3828	440	12247	2660	26179
运动项目管理部门	Sports Events Management	204	26932	80	2541	4	489
本科院校	Colleges	5	2363				
职业、运动技术学院	Sports Technical Institutes	11	5781	3	345		
体育运动学校	Physical Education and Sports Schools	38	2907	171	12984	15	414
竞技体校	Competitive Sports School	3	110	5	198	4	90
少儿体育运动学校（业余体校）	Spare-time Sports School	22	666	384	10764	1104	10227
单项运动学校	Physical Education and Sports Schools	2	161	11	134	1	21
训练基地	Training Bases	26	2019	25	596	7	364
体育场馆	Stadium and Gymnasium	50	2879	434	9475	203	2005
科研所	Science and Technology Institute	26	914	29	290		
其他事业单位	Other Institutions	210	6512	331	3970	152	2372
其他	Others	18	1022	78	508	55	1073

8-2 运动员获世界冠军情况
World Championships Won by Chinese Athletes

年 份 Year	项 数 (项) Number of Events (Item)	人 数 (人) Number of Persons (person)	个 数 (个) Number of Champions (time)
1978	4	4	4
1979	12	20	12
1980	3	3	3
1981	25	53	25
1982	12	31	13
1983	37	50	39
1984	33	46	37
1985	42	70	46
1986	26	56	26
1987	64	72	69
1988	54	59	54
1989	80	83	82
1990	54	61	54
1991	88	86	93
1992	86	68	89
1993	101	106	103
1994	79	86	79
1995	98	187	102
1996	72	58	75
1997	87	96	92
1998	75	89	83
1999	91	129	92
2000	92	109	110
2001	79	138	90
2002	99	123	110
2003	17	94	84
2004	27	175	101
2005	22	159	106
2006	24	169	141
2007	22	217	123
2008	24	151	120
2009	30	223	142
2010	22	180	108
2011	24	198	138
2012	24	140	107

8-3 运动员分项创世界纪录情况（2012年）
World Records Chalked up by Chinese Athletes by Events (2012)

单位：项、人、次 (unit, person, time)

项 目	Item	项 数 Number of Events	人 数 Number of Persons/teams	次 数 Number of Times
总 计	**Total**	**14**	**18**	**14**
游 泳	Swimming	2	2	2
自行车	Cycling	1	2	1
射 击	Shooting	2	7	2
举 重	Weightlifting	4	3	4
滑 冰	Skating	2	1	2
滑 翔	Gliding	1	1	1
航海模型	Marine modeling	2	2	2

8-4 分地区体育系统机构人员情况（2012年）

Number of Institutions and Employees in Sports Bureaus by Region (2012)

单位：个、人 (unit,person)

地 区	Region	合 计 Total		#行政机关 Administrative Organs		#优秀运动队 Excellent Sports Teams		#体育运动学校 Physical Education and Sports Schools		#业余体校 Spare-time Sports Schools	
		机构数 Insti-tutions	人数 Persons	机构数 Insti-tutions	人数 Persons	机构数 Insti-tutions	人数 Persons	机构数 Insti-tutions	人数 Persons	机构数 Insti-tutions	人数 Persons
全 国	**National Total**	**6887**	**159749**	**3133**	**42474**	**311**	**32618**	**224**	**16305**	**1510**	**21657**
国家直属	Directly Under the Jurisdiction of State	44	5748	1	220	23	2656				
地区合计	Sub-total of Provinces	6843	154001	3132	42254	288	29962	224	16305	1510	21657
北 京	Beijing	135	5663	18	990	7	1663	5	315	28	907
天 津	Tianjin	90	3107	19	446	7	1037	3	137	15	256
河 北	Hebei	323	6150	178	1361	13	1195	7	613	70	1138
山 西	Shanxi	236	5056	130	2194	15	743	10	803	45	465
内蒙古	Inner Mongolia	218	4307	115	1068	5	1020	6	489	49	845
辽 宁	Liaoning	310	7987	118	1555	13	2066	32	1966	57	1049
吉 林	Jilin	215	4875	70	558	14	1054	7	497	66	976
黑龙江	Heilongjiang	285	5783	126	1517	23	2140	6	366	84	882
上 海	Shanghai	158	5620	19	418	1	382	11	288	39	1004
江 苏	Jiangsu	364	8860	113	2841	13	1789	16	1075	65	1068
浙 江	Zhejiang	258	6203	104	1514	9	1074	5	496	50	1017
安 徽	Anhui	177	4243	118	1328	15	1044	2	157	19	452
福 建	Fujian	252	4917	94	1288	16	1093	4	337	82	785
江 西	Jiangxi	248	4075	111	1256	9	926	4	293	80	602
山 东	Shandong	286	10789	147	3987	19	1914	21	1576	27	561
河 南	Henan	273	6821	170	1978	12	1029	15	1468	19	231
湖 北	Hubei	387	6563	118	1247	16	1319	9	480	75	803
湖 南	Hunan	320	5931	138	1587	11	870	4	254	98	1502
广 东	Guangdong	370	10054	168	3487	13	402	16	1425	60	768
广 西	Guangxi	244	5319	127	1987	2	875	2	113	78	1786
海 南	Hainan	52	857	30	258	1		2	407	13	63
重 庆	Chongqing	455	6737	203	1605	13	1035	2	96	170	1694
四 川	Sichuan	130	2164	97	987	6	413	4	189	2	121
贵 州	Guizhou	215	3756	146	1607	4	442	2	323	33	499
云 南	Yunnan	36	578	23	178	3	221	1	60	6	46
西 藏	Tibet	89	1854	40	467	3	449	5	136	21	353
陕 西	Shaanxi	230	5768	111	1418	11	725	7	538	53	806
甘 肃	Gansu	144	4468	94	1566	4	1527	10	790	13	72
青 海	Qinghai	87	1038	55	186	3	404			18	241
宁 夏	Ningxia	34	1247	22	522	1	241	1	113	3	149
新 疆	Xinjiang	222	3211	110	853	6	870	5	505	72	516

8-5 分地区优秀运动队人员情况（2012年）
Persons in Excellent Sports Teams by Region (2012)

单位：人 (person)

地区	Region	合计 Total	#教练员 Coaches	#运动员 Athletes	#科研人员 Scientific Research Personnel	#医务人员 Medical Personnel	#文化教师 Full-time Teachers	#管理人员 Managerial Personnel
全国	**National Total**	**32618**	**3843**	**16322**	**136**	**511**	**632**	**5694**
国家直属	Directly Under the Jurisdiction of State	2656	73	281	27	32	1	1290
地区合计	Sub-total of Provinces	29962	3770	16041	109	479	631	4404
北京	Beijing	1663	220	878	6	41		244
天津	Tianjin	1037	120	625	3	13		80
河北	Hebei	1195	158	699	6	14		147
山西	Shanxi	743	89	258	1	17		260
内蒙古	Inner Mongolia	1020	79	696		21		125
辽宁	Liaoning	2066	209	1379	13	9	34	219
吉林	Jilin	1054	140	604	1	9		129
黑龙江	Heilongjiang	2140	318	1089	31	32	11	169
上海	Shanghai	382	45	209	2	4		53
江苏	Jiangsu	1789	172	723	12	46	303	246
浙江	Zhejiang	1074	208	772				94
安徽	Anhui	1044	204	511	1	6		192
福建	Fujian	1093	242	637	5	31	12	136
江西	Jiangxi	926	92	549		6	7	148
山东	Shandong	1914	251	1203	7	34	8	310
河南	Henan	1029	148	451	1	27		228
湖北	Hubei	1319	218	802		10		191
湖南	Hunan	870	44	347		5	6	226
广东	Guangdong	402	36	39	7	6	1	132
广西	Guangxi	875	121	474		37	25	100
海南	Hainan							
重庆	Chongqing	1035	128	566	3	9	4	167
四川	Sichuan	413	71	183		10	1	104
贵州	Guizhou	442	52	190		28		87
云南	Yunnan	221	20	89		10	2	64
西藏	Tibet	449	45	333		9		51
陕西	Shaanxi	725	105	314	2	3	3	139
甘肃	Gansu	1527	102	417	2	14	214	199
青海	Qinghai	404	42	282		4		49
宁夏	Ningxia	241	25	124	5	4		29
新疆	Xinjiang	870	66	598	1	20		86

8-6 分地区运动员情况（2012年）

Number of Athletes by Region 2012)

单位:人 (person)

地 区	Region	合 计 Total	一 线 First Grade	二 线 Second Grade	三 线 Third Grade
全 国	**National Total**	**610973**	**26067**	**62974**	**521932**
国家直属	Directly Under the Jurisdiction of State	501	501		
地区合计	Sub-total of Provinces	610472	25566	62974	521932
北 京	Beijing	13074	1102	663	11309
天 津	Tianjin	5323	869	493	3961
河 北	Hebei	50148	699	2378	47071
山 西	Shanxi	11554	868	1874	8812
内蒙古	Inner Mongolia	14044	735	1124	12185
辽 宁	Liaoning	25051	2121	5524	17406
吉 林	Jilin	10162	613	1351	8198
黑龙江	Heilongjiang	14424	1480	2352	10592
上 海	Shanghai	28552	752	694	27106
江 苏	Jiangsu	35239	1538	5873	27828
浙 江	Zhejiang	28941	936	2110	25895
安 徽	Anhui	15952	631	395	14926
福 建	Fujian	17161	986	1199	14976
江 西	Jiangxi	21973	665	477	20831
山 东	Shandong	32539	1432	6259	24848
河 南	Henan	28463	739	5068	22656
湖 北	Hubei	19991	987	3421	15583
湖 南	Hunan	15827	552	2166	13109
广 东	Guangdong	66969	1432	4129	61408
广 西	Guangxi	14820	1776		13044
海 南	Hainan	4073	122	487	3464
重 庆	Chongqing	54752	1055	4894	48803
四 川	Sichuan	15338	226	544	14568
贵 州	Guizhou	3684	293		3391
云 南	Yunnan	1063	131	493	439
西 藏	Tibet	16777	431	1556	14790
陕 西	Shaanxi	10160	338	1737	8085
甘 肃	Gansu	10873	672	2797	7404
青 海	Qinghai	5929	282		5647
宁 夏	Ningxia	3643	373	231	3039
新 疆	Xinjiang	13973	730	2685	10558

8-7 分项目运动员情况（2012年）

Number of Athletes by Sports Item (2012)

单位:人 (person)

项　目	Item	合　计 Total	一　线 First Grade	二　线 Second Grade	三　线 Third Grade
全国	**National Total**	**610973**	**26067**	**62974**	**521932**
田径	Track and Field Events	118230	3153	9568	105509
游泳	Swimming	39726	1200	2539	35987
跳水	Diving	3098	499	341	2258
水球	Water Polo	582	140	46	396
花样游泳	Synchronized Swimming	651	140	14	497
体操	Gymnastics	7734	652	848	6234
艺术体操	Rhythmic Gymnastics	3147	200	219	2728
蹦床	Trampoline	2542	290	323	1929
举重	Weightlifting	23037	1365	6423	15249
拳击	Boxing	11019	893	2347	7779
国际式摔跤	International Wrestling	17267	1780	3289	12198
中国式摔跤	Chinese Wrestling	7302	107	1453	5742
柔道	Judo	16267	1240	3341	11686
跆拳道	Taekwondo	32367	770	3640	27957
自行车	Bicycles	4191	698	761	2732
击剑	Fencing	8283	658	955	6670
马术	Equestrian	393	136	15	242
现代五项	Modern Pentathlon	144	85	41	18
射击	Shooting	16380	1567	3057	11756
射箭	Archery	5930	496	930	4504
赛艇	Rowing	5327	854	698	3775
皮划艇	Canoe Kayak	5504	589	710	4205
帆船	Sailing	1189	304	174	711
足球	Football	39014	670	3577	34767
篮球	Basketball	56809	1128	5254	50427
排球	Volleyball	15475	784	1571	13120
沙滩排球	Beach Volleyball	1074	110	69	895
乒乓球	Table Tennis	44195	776	2173	41246
羽毛球	Badminton	20847	599	1399	18849
网球	Tennis	8910	383	745	7782
手球	Handball	4418	392	425	3601
曲棍球	Hockey	1979	384	377	1218
棒球	Baseball	2527	187	117	2223
垒球	Softball	1813	160	114	1539
速度滑冰	Speed Skating	3729	185	453	3091
短道速滑	Short Track Speed Skating	1377	129	166	1082
花样滑冰	Figure Skating	255	82	23	150
冰球	Ice Hockey	481	152	5	324
冰壶	Curling	77	23	9	45
高山滑雪	Alpine Skiing	284	38	137	109
越野滑雪	Cross-Country Skiing	427	43	81	303
跳台滑雪	Ski Jumping	54	24	15	15
自由式滑雪	Freestyle Skiing	58	43		15
单板滑雪	Snowboard Skiing	101	38	8	55
冬季两项	Biathlon	49	15	8	26
技巧	Acrobatics	446	66	38	342

8-7 续表 continued

单位:人 (person)

项目	Item	合计 Total	一线 First Grade	二线 Second Grade	三线 Third Grade
健美操	Aerobics	3378	4	122	3252
街舞	Hip Hop Dance	389			389
软式网球	Soft Tennis	316	6		310
武术	Wushu	32551	1030	2909	28612
滑水	Water-ski	5	5		
潜水	Dive				
蹼泳	Fin Swimming	340	74	8	258
摩托艇	Motorboat	37	37		
围棋	Weiqi	8059	101	56	7902
国际象棋	Chess	3292	75	39	3178
中国象棋	Chinese Chess	5586	73	96	5417
桥牌	Bridge	193			193
登山	Mountaineering	904	25	70	809
摩托车	Motorcycles	123	18		105
汽车	Motor Vehicles	32			32
铁人三项	Triathlon	103	71	2	30
高尔夫球	Golf	300	34	98	168
保龄球	Bowling	9		9	
掷球	Boules	105			105
台球	Billiards	467			467
藤球	Sepaktakraw	70			70
壁球	Squash				
橄榄球	Rugby	935	113	133	689
车辆模型	Model Car	581			581
航海模型	Model Ship	632	27		605
定向	Orienteering	891			891
航空模型	Model Aeroplane	1440	46	3	1391
跳伞	Parachuting	109	88		21
滑翔	Hang Gliding	1	1		
运动飞机	Sport Plane	50			50
热气球	Fire Balloon				
轮滑	Roller Skating	2155	7		2148
业余无线电	Amateur Radio	425	5		420
毽球	Jianqiu	1421			1421
门球	Gateball	1184			1184
舞龙舞狮	Dragon and Lion Dance	835			835
龙舟	Dragon Boat	521			521
钓鱼	Fishing	421			421
风筝	Kite	131			131
信鸽	Carrier Pigeon	287			287
体育舞蹈	Dance Sports	6129		933	5196
健美	Bodybuilding	382			382
拔河	Tug of War	688			688
飞镖	Dart	30			30
救生	Lifesaving	16			16
健身气功	Qigong	596			596
电子竞技	E-sports	145			145

8-8 分地区分技术等级运动员发展人数（2012年）

Certified Athletes by Region and Technical Grade (2012)

单位：人 (person)

地 区	Region	合 计 Total	#女 Female	国际级运动健将 International Master of Sports	#女 Female	运动健将 Master of Sports	#女 Female	一级运动员 First Grade	#女 Female	二级运动员 Second Grade	#女 Female
全 国	**National Total**	**46412**	**16787**	**167**	**85**	**1820**	**864**	**9690**	**3396**	**34735**	**12442**
国家直属	Directly Under the Jurisdiction of State	477	187	12	5	122	54	37	15	306	113
地方合计	Sub-total of Provinces	45935	16600	155	80	1698	810	9653	3381	34429	12329
北 京	Beijing	1880	744	11	6	106	38	426	175	1337	525
天 津	Tianjin	1835	720					368	136	1467	584
河 北	Hebei	2602	921	7	4	74	32	332	132	2189	753
山 西	Shanxi	740	312	10	3	39	16	221	116	470	177
内蒙古	Inner Mongolia	993	366	2	1	36	12	205	63	750	290
辽 宁	Liaoning	1978	827	4	3	129	71	604	224	1241	529
吉 林	Jilin	1207	379	4	3	36	22	222	77	945	277
黑龙江	Heilongjiang	1030	411	9	2	133	62	254	103	634	244
上 海	Shanghai	2020	884	18	9	129	69	390	181	1483	625
江 苏	Jiangsu	2699	1031	22	9	255	122	507	225	1915	675
浙 江	Zhejiang	2883	1092	14	11	118	71	517	205	2234	805
安 徽	Anhui	1692	612	2	2	59	38	201	68	1430	504
福 建	Fujian	1564	616	6	3	52	29	335	152	1171	432
江 西	Jiangxi	1012	380	2	1	35	11	152	72	823	296
山 东	Shandong	3360	672	7	4	121	55	1067		2165	613
河 南	Henan	4000	1294	1	1	74	35	688	260	3237	998
湖 北	Hubei	1656	422					323	123	1333	299
湖 南	Hunan	1254	482	4	3	45	11	266	106	939	362
广 东	Guangdong	2554	1132					1042	403	1512	729
广 西	Guangxi	883	338			25	10	174	67	684	261
海 南	Hainan	419	147	2	2	4	3	141	45	272	97
重 庆	Chongqing	2030	957	11	4	104	57	397	186	1518	710
四 川	Sichuan	514	202			13	2	92	36	409	164
贵 州	Guizhou	1125	351	3	2	34	13	189	53	899	283
云 南	Yunnan	5	2					5	2		
西 藏	Tibet	1304	497	1	1	11	4	161	59	1131	433
陕 西	Shaanxi	500	154	5	3	25	11	110	37	360	103
甘 肃	Gansu	841	251	1	1	17	6	128	36	695	208
青 海	Qinghai	141	53	8	1	1		17	15	115	37
宁 夏	Ningxia	487	78			5	2	40	1	442	75
新 疆	Xinjiang	727	273	1	1	18	8	79	23	629	241

8-9 分项目分技术等级运动员发展人数（2012年）

Certified Athletes by Type of Sports and Technical Grade (2012)

单位：人 (person)

项 目	Item	合 计 Total	#女 Female	国际级运动健将 International Master of Sports	#女 Female	运动健将 Master of Sports	#女 Female	一 级运动员 First Grade	#女 Female	二 级运动员 Second Grade	#女 Female
全国	**National Total**	**46412**	**16787**	**167**	**85**	**1820**	**864**	**9690**	**3396**	**34735**	**12442**
田径	Track and Field Events	6815	2137	15	9	111	50	711	203	5978	1875
游泳	Swimming	2866	1294	6	2	80	34	652	289	2128	969
跳水	Diving	226	121	5	2	29	19	141	74	51	26
水球	Water Polo	81	34			14	5	62	28	5	1
花样游泳	Synchronized Swimming	71	57			3	3	2	1	66	53
体操	Gymnastics	245	100			27	13	131	41	87	46
艺术体操	Rhythmic Gymnastics	261	232			66	66	84	62	111	104
蹦床	Trampoline	82	44	4	3	13	6	45	21	20	14
举重	Weightlifting	461	182	1		33	15	159	70	268	97
拳击	Boxing	978	260	3		37	26	250	58	688	176
国际式摔跤	International Wrestling	816	215	1	1	28	9	74	18	713	187
中国式摔跤	Chinese Wrestling	556	122			1		15	1	540	121
柔道	Judo	1141	425			39	25	346	124	756	276
跆拳道	Taekwondo	1920	784	4	3	75	39	571	216	1270	526
自行车	Bicycles	355	154	2	2	42	18	184	73	127	61
击剑	Fencing	611	284	1	1	19	9	168	71	423	203
马术	Equestrian	1						1			
现代五项	Modern Pentathlon	47	12			2		21	12	24	
射击	Shooting	1207	550	6	3	68	33	564	225	569	289
射箭	Archery	219	110	3	3	9	8	103	49	104	50
赛艇	Rowing	879	345	8	6	56	22	407	148	408	169
皮划艇	Canoe Kayak	660	160	7	4	30	8	324	55	299	93
帆船	Sailing	261	114	5	5	15	9	205	82	36	18
足球	Football	4124	944			59	9	1049	198	3016	737
篮球	Basketball	5577	1843			78	30	911	301	4588	1512
排球	Volleyball	2908	1226	9	7	49	18	599	208	2251	993
沙滩排球	Beach Volleyball	93	48			5	2	11	5	77	41
乒乓球	Table Tennis	2513	1000			38	20	179	70	2296	910
羽毛球	Badminton	627	254	5	4	28	10	83	33	511	207
网球	Tennis	1064	449	1		17	12	39	19	1007	418
手球	Handball	633	310	1	1	81	47	108	53	443	209
曲棍球	Hockey	303	149	2	1	67	27	45	14	189	107
棒球	Baseball	303	2	8		44		72		179	2
垒球	Softball	330	323	2	2	19	16	105	103	204	202
速度滑冰	Speed Skating	114	39	1		19	9	61	15	33	15
短道速滑	Short Track Speed Skating	47	18	2	2	17	8	19	5	9	3
花样滑冰	Figure Skating	25	13			16	9			9	4
冰球	Ice Hockey	118	57			77	37	11	5	30	15
冰壶	Curling	30	14	3		6	4	8	3	13	7
高山滑雪	Alpine Skiing	30	9			5	3	4	3	21	3
越野滑雪	Cross-Country Skiing	42	19			10	3	21	11	11	5
跳台滑雪	Ski Jumping	4	3			3	3	1			
自由式滑雪	Freestyle Skiing	15	5	1		3	1	1		10	4
单板滑雪	Snowboard Skiing	22	9	5	2	5		10	6	2	1
冬季两项	Biathlon	11	8	2	2	9	6				
技巧	Acrobatics	85	44	12		27	17	26	18	20	9

8-9 续表 continued

单位：人 (person)

项 目	Item	合 计 Total	#女 Female	国际级运动健将 International Master of Sports	#女 Female	运动健将 Master of Sports	#女 Female	一级运动员 First Grade	#女 Female	二级运动员 Second Grade	#女 Female
健美操	Aerobics	999	553	5	1	51	21	358	181	585	350
街舞	Hip Hop Dance										
软式网球	Soft Tennis	50	19	2	1	1	1	31	13	16	4
武术	Wushu	3533	1051	16	9	86	31	313	92	3118	919
滑水	Water-ski	9	6	2	2	6	3	1	1		
潜水	Dive										
蹼泳	Fin Swimming	32	11	1	1	13	5	8	4	10	1
摩托艇	Motorboat	13	4			6	3	5		2	1
围棋	Weiqi	623	114	3		9	1	47	8	564	105
国际象棋	Chess	490	184	8	5	5	2	104	33	373	144
中国象棋	Chinese Chess	321	109	3		7	2	57	20	254	87
桥牌	Bridge										
登山	Mountaineering	39	12			9	5	19	3	11	4
摩托车	Motorcycles	5	1	1		2	1	2			
汽车	Motor Vehicles										
铁人三项	Triathlon	14	3			10	3	4			
高尔夫球	Golf	6	4	1	1	4	3	1			
保龄球	Bowling										
掷球	Boules										
台球	Billiards										
藤球	Sepaktakraw										
壁球	Squash	3				3					
橄榄球	Rugby	169	83			87	62	45	10	37	11
车辆模型	Model Car	8						2		6	
航海模型	Model Ship	50	7			1		21	2	28	5
定向	Orienteering										
航空模型	Model Aeroplane	60	10			3		33	8	24	2
跳伞	Parachuting	10	3			10	3				
滑翔	Hang Gliding										
运动飞机	Sport Plane										
热气球	Fire Balloon										
轮滑	Roller Skating	30	7			8	2	10	3	12	2
业余无线电	Amateur Radio	26	14			1	1	10	3	15	10
毽球	Jianqiu										
门球	Gateball										
舞龙舞狮	Dragon and Lion Dance										
龙舟	Dragon Boat										
钓鱼	Fishing										
风筝	Kite										
信鸽	Carrier Pigeon										
体育舞蹈	Dance Sports										
健美	Bodybuilding	145	70			19	7	36	24	90	39
拔河	Tug of War										
飞镖	Dart										
救生	Lifesaving										
健身气功	Qigong										
电子竞技	E-sports										

8-10 分地区在聘专职教练员人数（2012年）

Coaches with Full-time Contracts by Region (2012)

单位：人 (person)

地 区	Region	合 计 Total	一 线 First Grade	二 线 Second Grade	三 线 Third Grade
全 国	**National Total**	**20622**	**6144**	**3231**	**11247**
国家直属	Directly Under the Jurisdiction of State	130	109	6	15
地区合计	Sub-total of Provinces	20492	6035	3225	11232
北 京	Beijing	764	190	117	457
天 津	Tianjin	412	199	45	168
河 北	Hebei	948	138	231	579
山 西	Shanxi	258	104	72	82
内蒙古	Inner Mongolia	449	83	99	267
辽 宁	Liaoning	1213	468	206	539
吉 林	Jilin	678	175	38	465
黑龙江	Heilongjiang	998	325	132	541
上 海	Shanghai	1011	236	135	640
江 苏	Jiangsu	1059	384	163	512
浙 江	Zhejiang	762	268	145	349
安 徽	Anhui	703	148	67	488
福 建	Fujian	1001	157	75	769
江 西	Jiangxi	554	147	67	340
山 东	Shandong	1317	544	322	451
河 南	Henan	685	227	201	257
湖 北	Hubei	469	245	63	161
湖 南	Hunan	864	101	123	640
广 东	Guangdong	1328	254	308	766
广 西	Guangxi	788	262	60	466
海 南	Hainan	154	85	4	65
重 庆	Chongqing	1085	260	63	762
四 川	Sichuan	166	74	56	36
贵 州	Guizhou	402	178	23	201
云 南	Yunnan	36	29	4	3
西 藏	Tibet	248	77	52	119
陕 西	Shaanxi	836	296	125	415
甘 肃	Gansu	404	214	92	98
青 海	Qinghai	162	36		126
宁 夏	Ningxia	150	55	22	73
新 疆	Xinjiang	588	76	115	397

8-11 分项目在聘专职教练员人数（2012年）

Coaches with Full-time Contracts by Sports Item (2012)

单位：人 (person)

项　目	Item	合 计 Total	一 线 First Grade	二 线 Second Grade	三 线 Third Grade
全国	**National Total**	**20622**	**6144**	**3231**	**11247**
田径	Track and Field Events	4610	992	622	2996
游泳	Swimming	1303	310	199	794
跳水	Diving	239	115	52	72
水球	Water Polo	39	22	10	7
花样游泳	Synchronized Swimming	48	28	8	12
体操	Gymnastics	766	263	110	393
艺术体操	Rhythmic Gymnastics	80	37	9	34
蹦床	Trampoline	142	59	13	70
举重	Weightlifting	1132	260	179	693
拳击	Boxing	358	141	78	139
国际式摔跤	International Wrestling	700	245	123	332
中国式摔跤	Chinese Wrestling	232	36	59	137
柔道	Judo	738	176	166	396
跆拳道	Taekwondo	522	99	98	325
自行车	Bicycles	283	170	39	74
击剑	Fencing	327	137	57	133
马术	Equestrian	18	18		
现代五项	Modern Pentathlon	23	23		
射击	Shooting	1130	425	206	499
射箭	Archery	276	90	47	139
赛艇	Rowing	298	147	40	111
皮划艇	Canoe Kayak	340	136	55	149
帆船	Sailing	100	58	17	25
足球	Football	970	309	156	505
篮球	Basketball	1477	304	247	926
排球	Volleyball	542	210	101	231
沙滩排球	Beach Volleyball	49	37	2	10
乒乓球	Table Tennis	916	208	122	586
羽毛球	Badminton	452	153	56	243
网球	Tennis	366	127	37	202
手球	Handball	135	51	32	52
曲棍球	Hockey	108	60	27	21
棒球	Baseball	69	33	8	28
垒球	Softball	66	30	13	23
速度滑冰	Speed Skating	261	89	26	146
短道速滑	Short Track Speed Skating	79	27	8	44
花样滑冰	Figure Skating	50	24	5	21
冰球	Ice Hockey	61	22	8	31
冰壶	Curling	9	6	2	1
高山滑雪	Alpine Skiing	24	8	6	10
越野滑雪	Cross-Country Skiing	41	13	12	16
跳台滑雪	Ski Jumping	5	1	1	3
自由式滑雪	Freestyle Skiing	6	6		
单板滑雪	Snowboard Skiing	9	5	3	1
冬季两项	Biathlon	1	1		
技巧	Acrobatics	45	21	3	21

8-11 续表 continued

单位：人 (person)

项 目	Item	合 计 Total	一 线 First Grade	二 线 Second Grade	三 线 Third Grade
健美操	Aerobics	35	4	5	26
街舞	Hip Hop Dance				
软式网球	Soft Tennis				
武术	Wushu	752	219	112	421
滑水	Water-ski	10	10		
潜水	Dive	1			1
蹼泳	Fin Swimming	30	14	2	14
摩托艇	Motorboat	4	4		
围棋	Weiqi	64	21	9	34
国际象棋	Chess	45	19	3	23
中国象棋	Chinese Chess	54	21	5	28
桥牌	Bridge				
登山	Mountaineering	12	8	4	
摩托车	Motorcycles	4	4		
汽车	Motor Vehicles				
铁人三项	Triathlon	14	11	2	1
高尔夫球	Golf	8	6	2	
保龄球	Bowling	1		1	
掷球	Boules	5		1	4
台球	Billiards				
藤球	Sepaktakraw				
壁球	Squash	2			2
橄榄球	Rugby	7	3		4
车辆模型	Model Car	1			1
航海模型	Model Ship	19	9	2	8
定向	Orienteering	9	2	2	5
航空模型	Model Aeroplane	29	19	5	5
跳伞	Parachuting	28	23	5	
滑翔	Hang Gliding	3	3		
运动飞机	Sport Plane				
热气球	Fire Balloon				
轮滑	Roller Skating	7	4	1	2
业余无线电	Amateur Radio	5	3	2	
毽球	Jianqiu				
门球	Gateball	8	1		7
舞龙舞狮	Dragon and Lion Dance	1		1	
龙舟	Dragon Boat				
钓鱼	Fishing				
风筝	Kite				
信鸽	Carrier Pigeon				
体育舞蹈	Dance Sports	17	4	5	8
健美	Bodybuilding				
拔河	Tug of War				
飞镖	Dart				
救生	Lifesaving				
健身气功	Qigong	2			2
电子竞技	E-sports				

8-12 分地区分等级教练员发展人数（2012年）

Certified Coaches by Region and Grade (2012)

单位：人 (person)

地 区	Region	合 计 Total	#女 Female	国家级 National Level	#女 Female	高 级 Senior Grade	#女 Female	中 级 Medium Grade	#女 Female	初 级 Junior Grade	#女 Female
全 国	**National Total**	**767**	**211**	**72**	**4**	**101**	**28**	**192**	**59**	**402**	**119**
国家直属	Directly Under the Jurisdiction of State	6		5				1			
地方合计	Sub-total of Provinces	761	211	67	4	101	28	191	59	402	119
北 京	Beijing	20	8			1		2	1	17	7
天 津	Tianjin	16	6	5				5	1	6	5
河 北	Hebei	22	5	2		2		3	3	15	2
山 西	Shanxi	2		2							
内蒙古	Inner Mongolia	2				2					
辽 宁	Liaoning	51	14	9	2	9	4	8	3	25	4
吉 林	Jilin	21	9	2		9	4	3	1	7	4
黑龙江	Heilongjiang	24	6	4		3	1	9	2	8	3
上 海	Shanghai	4		4							
江 苏	Jiangsu	49	10	2		13	4	11	3	23	3
浙 江	Zhejiang	35	14	2		5		7	3	21	11
安 徽	Anhui	27	4	1		1	1	7	2	18	1
福 建	Fujian	67	27	4	1	6	1	8	4	49	21
江 西	Jiangxi	9	1	2		2		3	1	2	
山 东	Shandong	35	7	6		1	1	5	1	23	5
河 南	Henan	26	8	1		6	3	5	1	14	4
湖 北	Hubei	9	1	3		2		3	1	1	
湖 南	Hunan	10	3					4	1	6	2
广 东	Guangdong	74	18	9	1	7	2	21	6	37	9
广 西	Guangxi	83	23	1		3		39	11	40	12
海 南	Hainan	4	1	1						3	1
重 庆	Chongqing	44	9			5	1	13	3	26	5
四 川	Sichuan	13	2	3		1		3	1	6	1
贵 州	Guizhou	33	13	1		8	3	11	5	13	5
云 南	Yunnan	2		1				1			
西 藏	Tibet	15	5			1		3	1	11	4
陕 西	Shaanxi	27	9	2				5	1	20	8
甘 肃	Gansu	6	3			1	1	2	1	3	1
青 海	Qinghai										
宁 夏	Ningxia	1								1	
新 疆	Xinjiang	30	5			13	2	10	2	7	1

8-13 分地区分项目优秀运动队在聘专职教练人数（2012年）
Coaches with Full-time Contracts in Excellent Sports Teams by Region and Sports Item (2012)

单位：人 (person)

地 区	Region	总计 Total	田径 Track and Field Events	游泳 Swimming	跳水 Diving	水球 Water Polo	花样游泳 Synchronized Swimming	体操 Gymnastics	艺术体操 Rhythmic Gymnastics
全 国	**National Total**	**6144**	**992**	**310**	**115**	**22**	**28**	**263**	**37**
国家直属	Directly Under the Jurisdiction of State	109	11	1	1			3	6
地区合计	Sub-total of Provinces	6035	981	309	114	22	28	260	31
北 京	Beijing	190	6	12	7		5	13	
天 津	Tianjin	199	11	13	4	2	2	12	1
河 北	Hebei	138	18	13	7			8	2
山 西	Shanxi	104	13	2	2			7	1
内蒙古	Inner Mongolia	83	12						
辽 宁	Liaoning	468	111	22					2
吉 林	Jilin	175	14					4	
黑龙江	Heilongjiang	325	42	3					
上 海	Shanghai	236	17	15	8	7	6		
江 苏	Jiangsu	384	53	12	16	1	4	25	6
浙 江	Zhejiang	268	29	23	1			22	9
安 徽	Anhui	148	17	10	4			10	
福 建	Fujian	157	14	10	5			8	
江 西	Jiangxi	147	38	18				1	
山 东	Shandong	544	111	15	6			26	1
河 南	Henan	227	64					12	
湖 北	Hubei	245	22	14	6			13	
湖 南	Hunan	101	14	4	7	2	3	7	
广 东	Guangdong	254	40	23	13	4	3	18	
广 西	Guangxi	262	39	29	7	6		13	1
海 南	Hainan	85	15	4				1	
重 庆	Chongqing	260	22	17	9		5	12	2
四 川	Sichuan	74	5	18				21	3
贵 州	Guizhou	178	42	11	4			14	
云 南	Yunnan	29	4						
西 藏	Tibet	77	16		4				
陕 西	Shaanxi	296	110	19	4			10	3
甘 肃	Gansu	214	44						
青 海	Qinghai	36	5						
宁 夏	Ningxia	55	17	2					
新 疆	Xinjiang	76	16					3	

8-13 续表 1 continued

单位：人 (person)

地 区	Region	蹦床 Trampoline	举重 Weightlifting	拳击 Boxing	国际式摔跤 International Wrestling	中国式摔跤 Chinese Wrestling	柔道 Judo	跆拳道 Taekwondo	自行车 Bicycles
全 国	**National Total**	**59**	**260**	**141**	**245**	**36**	**176**	**99**	**170**
国家直属	Directly Under the Jurisdiction of State		2	11	4		6	7	1
地区合计	Sub-total of Provinces	59	258	130	241	36	170	92	169
北 京	Beijing		3	6	9		7	4	10
天 津	Tianjin	2	10	2	6		5	2	3
河 北	Hebei		4	5	8		9	1	9
山 西	Shanxi	4	1	1	5		4	4	12
内蒙古	Inner Mongolia		1	5	16		7	1	
辽 宁	Liaoning	2	21	4	8	3	28	5	18
吉 林	Jilin		8	3	4		6		5
黑龙江	Heilongjiang		17	4	7	1	5	3	12
上 海	Shanghai		4	2		2	5		9
江 苏	Jiangsu	9	5	5	10		8	3	10
浙 江	Zhejiang	9	7	5	9	3	4	4	5
安 徽	Anhui	4	8	8	11	2	7	6	
福 建	Fujian	5	8	5		2		1	3
江 西	Jiangxi		7	3	7			2	
山 东	Shandong	3	26	13	21	9	21	4	16
河 南	Henan		6	4	7	4	7	4	10
湖 北	Hubei		7	3	9		2	2	
湖 南	Hunan	5	10	1	4		3	1	
广 东	Guangdong	7	17	7	6		5	6	
广 西	Guangxi	5	22	5	17	2	7	7	
海 南	Hainan		17	7			1	6	1
重 庆	Chongqing		10	6	5		3	1	6
四 川	Sichuan	2	2	5				2	
贵 州	Guizhou		8	6	6		5		7
云 南	Yunnan			1	7				
西 藏	Tibet	2	5	3	5		2	3	
陕 西	Shaanxi		19	2	19			4	
甘 肃	Gansu				14	5	13	9	26
青 海	Qinghai			2	4		4	3	3
宁 夏	Ningxia		4		6	3			3
新 疆	Xinjiang		1	7	11		2	4	1

8-13 续表 2 continued

单位: 人 (person)

地 区	Region	击剑 Fencing	马术 Equestrian	现代五项 Modern Pentathlon	射击 Shooting	射箭 Archery	赛艇 Rowing	皮划艇 Canoe	帆船 Sailing Kayak
全 国	**National Total**	**137**	**18**	**23**	**425**	**90**	**147**	**136**	**58**
国家直属	Directly Under the Jurisdiction of State	16			4				
地区合计	Sub-total of Provinces	121	18	23	421	90	147	136	58
北 京	Beijing	3			10	4	3	4	
天 津	Tianjin	20			3				
河 北	Hebei				10		5	3	
山 西	Shanxi	4			15	6			
内蒙古	Inner Mongolia		10	7	11	3			
辽 宁	Liaoning	12			46	10	13	18	9
吉 林	Jilin				12	5			
黑龙江	Heilongjiang	1			36	2		1	
上 海	Shanghai	22		5	18	4	10	4	5
江 苏	Jiangsu	21			28	4	6		4
浙 江	Zhejiang				14	1	14	10	8
安 徽	Anhui	9			6		3	4	
福 建	Fujian	3			13	5	3	5	8
江 西	Jiangxi				12		7	10	
山 东	Shandong	5		3	26	5	18	14	11
河 南	Henan			4	13	2	11	7	
湖 北	Hubei	3		4	6		23	19	1
湖 南	Hunan				8		5	7	
广 东	Guangdong	9					4	6	
广 西	Guangxi				12	10			2
海 南	Hainan								9
重 庆	Chongqing				18	4	8	10	1
四 川	Sichuan	1			9	1	1	2	
贵 州	Guizhou	8			11	4		3	
云 南	Yunnan		6		1	2			
西 藏	Tibet				6	3	1		
陕 西	Shaanxi				30	6	6	4	
甘 肃	Gansu				23		6	5	
青 海	Qinghai				6	4			
宁 夏	Ningxia				11	2			
新 疆	Xinjiang		2		7	3			

8-13 续表 3 continued

单位：人 (person)

地 区	Region	足球 Football	篮球 Basketball	排球 Volleyball	沙滩排球 Beach Volleyball	乒乓球 Table Tennis	羽毛球 Badminton Tennis	网球 Tennis	手球 Handball
全 国	**National Total**	**309**	**304**	**210**	**37**	**208**	**153**	**127**	**51**
国家直属	Directly Under the Jurisdiction of State	1					2	2	
地区合计	Sub-total of Provinces	308	304	210	37	208	151	125	51
北 京	Beijing	8		11		8	8	6	9
天 津	Tianjin	26	4	12		16		15	6
河 北	Hebei	8	2	9		5		1	
山 西	Shanxi	2	1		3	6		2	
内蒙古	Inner Mongolia		3			1			
辽 宁	Liaoning	16	30	11	2	16	13	21	
吉 林	Jilin	35	11			2		2	
黑龙江	Heilongjiang		20			14	1	1	4
上 海	Shanghai	7	10	15	3	8	10	5	11
江 苏	Jiangsu	28	25	22	3	15	17	10	5
浙 江	Zhejiang	1	11	21	6	10	15	6	
安 徽	Anhui	1	4	1		4		3	8
福 建	Fujian		8	13	4	8	10	5	
江 西	Jiangxi	4	5			10	5	2	
山 东	Shandong	21	38	31	2	23	7	7	6
河 南	Henan	8	18	14		1			
湖 北	Hubei	33	15	7		16	11	6	
湖 南	Hunan					1	12	5	
广 东	Guangdong	15	12	5	3	8	14	2	
广 西	Guangxi	4	29			11	14	2	2
海 南	Hainan	1	4	4	7	1	3	2	
重 庆	Chongqing	28	8	13		13	7	13	
四 川	Sichuan					2			
贵 州	Guizhou	18	7	14	1			5	
云 南	Yunnan	3							
西 藏	Tibet	11	7	1			1	2	
陕 西	Shaanxi	12	15	5		6	2	1	
甘 肃	Gansu	8	15	1		3	1	1	
青 海	Qinghai	2							
宁 夏	Ningxia	2	1						
新 疆	Xinjiang	6	1		3				

8-13 续表 4 continued

单位：人 (person)

地 区	Region	曲棍球 Hockey	棒球 Baseball	垒球 Softball	速度滑冰 Speed Skating	短道速滑 Short Track Speed Skating	花样滑冰 Figure Skating	冰球 Ice Hockey	冰壶 Curling
全 国	**National Total**	**60**	**33**	**30**	**89**	**27**	**24**	**22**	**6**
国家直属	Directly Under the Jurisdiction of State					1	2		
地区合计	Sub-total of Provinces	60	33	30	89	26	22	22	6
北 京	Beijing	7	4	3					
天 津	Tianjin	6	7	3					
河 北	Hebei								
山 西	Shanxi								
内蒙古	Inner Mongolia	1							
辽 宁	Liaoning	9		6					
吉 林	Jilin	10			26	6	6		
黑龙江	Heilongjiang				57	20	16	22	6
上 海	Shanghai		6	4					
江 苏	Jiangsu	10							
浙 江	Zhejiang								
安 徽	Anhui								
福 建	Fujian								
江 西	Jiangxi								
山 东	Shandong								
河 南	Henan		6	5					
湖 北	Hubei								
湖 南	Hunan								
广 东	Guangdong								
广 西	Guangxi								
海 南	Hainan								
重 庆	Chongqing	8	6	5					
四 川	Sichuan								
贵 州	Guizhou								
云 南	Yunnan								
西 藏	Tibet								
陕 西	Shaanxi		1						
甘 肃	Gansu	9	3	4					
青 海	Qinghai								
宁 夏	Ningxia								
新 疆	Xinjiang				6				

8-13 续表 5 continued

单位：人 (person)

地 区	Region	高山滑雪 Alpine Skiing	越野滑雪 Cross-Country Skiing	跳台滑雪 Ski Jumping	自由式滑雪 Freestyle Skiing	单板滑雪 Snowboard Skiing	冬季两项 Biathlon	技巧 Acrobatics	健美操 Aerobics
全 国	**National Total**	**8**	**13**	**1**	**6**	**5**	**1**	**21**	**4**
国家直属	Directly Under the Jurisdiction of State	2							
地区合计	Sub-total of Provinces	6	13	1	6	5	1	21	4
北 京	Beijing								
天 津	Tianjin								
河 北	Hebei								
山 西	Shanxi								
内蒙古	Inner Mongolia								
辽 宁	Liaoning								
吉 林	Jilin	2	6	1	1	2	1		
黑龙江	Heilongjiang	4	7		5	3			
上 海	Shanghai								
江 苏	Jiangsu							8	
浙 江	Zhejiang							4	
安 徽	Anhui							4	
福 建	Fujian							1	
江 西	Jiangxi								
山 东	Shandong								1
河 南	Henan								
湖 北	Hubei								
湖 南	Hunan								
广 东	Guangdong							3	
广 西	Guangxi							1	
海 南	Hainan								
重 庆	Chongqing								
四 川	Sichuan								
贵 州	Guizhou								
云 南	Yunnan								
西 藏	Tibet								
陕 西	Shaanxi								3
甘 肃	Gansu								
青 海	Qinghai								
宁 夏	Ningxia								
新 疆	Xinjiang								

8-13 续表 6 continued

单位：人　　　　(person)

地　区	Region	街舞 Hip Hop Dance	软式网球 Soft Tennis	武术 Wushu	滑水 Water-ski	潜水 Dive	蹼泳 Fin Swimming	摩托艇 Motorboat	围棋 Weiqi
全　国	**National Total**			**219**	**10**		**14**	**4**	**21**
国家直属	Directly Under the Jurisdiction of State			2	5		3		5
地区合计	Sub-total of Provinces			217	5		11	4	16
北　京	Beijing			8					1
天　津	Tianjin			6					
河　北	Hebei			8					1
山　西	Shanxi			8					
内蒙古	Inner Mongolia			3					
辽　宁	Liaoning			9			1		1
吉　林	Jilin			3					
黑龙江	Heilongjiang			1					2
上　海	Shanghai			5					
江　苏	Jiangsu			10					1
浙　江	Zhejiang			9					1
安　徽	Anhui			12					
福　建	Fujian			10					
江　西	Jiangxi			7	3			1	
山　东	Shandong			46				1	
河　南	Henan			2					3
湖　北	Hubei			12			2	2	1
湖　南	Hunan				1				
广　东	Guangdong			14			3		1
广　西	Guangxi			10			5		
海　南	Hainan								
重　庆	Chongqing			5	1				4
四　川	Sichuan								
贵　州	Guizhou			2					
云　南	Yunnan								
西　藏	Tibet			3					
陕　西	Shaanxi			14					
甘　肃	Gansu			3					
青　海	Qinghai			3					
宁　夏	Ningxia			4					
新　疆	Xinjiang								

8-13 续表 7 continued

单位：人 (person)

地区	Region	国际象棋 Chess	中国象棋 Chinese Chess	桥牌 Bridge	登山 Mountaineering	摩托车 Motorcycles	汽车 Motor Vehicles	铁人三项 Triathlon	高尔夫球 Golf
全　国	**National Total**	**19**	**21**		**8**	**4**		**11**	**6**
国家直属	Directly Under the Jurisdiction of State	5			3				
地区合计	Sub-total of Provinces	14	21		5	4		11	6
北　京	Beijing	1	2						3
天　津	Tianjin								
河　北	Hebei		2						
山　西	Shanxi								
内蒙古	Inner Mongolia							2	
辽　宁	Liaoning								
吉　林	Jilin								
黑龙江	Heilongjiang	2	5						
上　海	Shanghai	3	2						
江　苏	Jiangsu								
浙　江	Zhejiang	3	3						
安　徽	Anhui								
福　建	Fujian								
江　西	Jiangxi								
山　东	Shandong	1						3	
河　南	Henan		1						
湖　北	Hubei	1	1						
湖　南	Hunan								
广　东	Guangdong	2	3						1
广　西	Guangxi								
海　南	Hainan								2
重　庆	Chongqing		1						
四　川	Sichuan								
贵　州	Guizhou					2			
云　南	Yunnan				5				
西　藏	Tibet	1	1						
陕　西	Shaanxi								
甘　肃	Gansu							6	
青　海	Qinghai								
宁　夏	Ningxia								
新　疆	Xinjiang					2			

8-13 续表 8 continued

单位：人 (person)

地 区	Region	保龄球 Bowling	掷球 Boules	台球 Billiards	藤球 Sepakt-akraw	壁球 Squash	橄榄球 Rugby	车辆模型 Model Car	航海模型 Model Ship
全 国	**National Total**						**3**		**9**
国家直属	Directly Under the Jurisdiction of State								
地区合计	Sub-total of Provinces						3		9
北 京	Beijing						1		
天 津	Tianjin								
河 北	Hebei								
山 西	Shanxi								
内蒙古	Inner Mongolia								
辽 宁	Liaoning								1
吉 林	Jilin								
黑龙江	Heilongjiang								
上 海	Shanghai								
江 苏	Jiangsu								
浙 江	Zhejiang								1
安 徽	Anhui						2		
福 建	Fujian								
江 西	Jiangxi								1
山 东	Shandong								
河 南	Henan								2
湖 北	Hubei								1
湖 南	Hunan								
广 东	Guangdong								
广 西	Guangxi								
海 南	Hainan								
重 庆	Chongqing								2
四 川	Sichuan								
贵 州	Guizhou								
云 南	Yunnan								
西 藏	Tibet								
陕 西	Shaanxi								
甘 肃	Gansu								1
青 海	Qinghai								
宁 夏	Ningxia								
新 疆	Xinjiang								

8-13　续表 9　continued

单位：人　　(person)

地　区	Region	定向 Orient-eering	航空模型 Model Aeroplane	跳伞 Parachuting	滑翔 Hang Gliding	运动飞机 Sport e Plan	热气球 Fire Balloon	轮滑 Roller Skating	业余无线电 Amateur Radio
全　国	**National Total**	**2**	**19**	**23**	**3**			**4**	**3**
国家直属	Directly Under the Jurisdiction of State			3					
地区合计	Sub-total of Provinces	2	19	20	3			4	3
北　京	Beijing			4					
天　津	Tianjin								
河　北	Hebei								
山　西	Shanxi			1					
内蒙古	Inner Mongolia								
辽　宁	Liaoning								
吉　林	Jilin								
黑龙江	Heilongjiang								
上　海	Shanghai							4	
江　苏	Jiangsu								
浙　江	Zhejiang								
安　徽	Anhui								
福　建	Fujian								
江　西	Jiangxi		2	2					
山　东	Shandong		1	1					
河　南	Henan		7	5					
湖　北	Hubei			3					
湖　南	Hunan			1					
广　东	Guangdong								
广　西	Guangxi								
海　南	Hainan								
重　庆	Chongqing		2	3	2				
四　川	Sichuan								
贵　州	Guizhou								
云　南	Yunnan								
西　藏	Tibet								
陕　西	Shaanxi								
甘　肃	Gansu	2	6		1				3
青　海	Qinghai								
宁　夏	Ningxia								
新　疆	Xinjiang		1						

8-13 续表 10 continued

单位：人 (person)

地 区	Region	毽球 Jianqiu	门球 Gateball	舞龙舞狮 Dragon and Lion Dance	龙舟 Dragon Boat	钓鱼 Fishing	风筝 Kite	信鸽 Carrier n Pigeo
全 国	**National Total**		**1**					
国家直属	Directly Under the Jurisdiction of State							
地区合计	Sub-total of Provinces		1					
北 京	Beijing							
天 津	Tianjin							
河 北	Hebei							
山 西	Shanxi							
内蒙古	Inner Mongolia							
辽 宁	Liaoning							
吉 林	Jilin							
黑龙江	Heilongjiang							
上 海	Shanghai							
江 苏	Jiangsu							
浙 江	Zhejiang							
安 徽	Anhui							
福 建	Fujian							
江 西	Jiangxi							
山 东	Shandong							
河 南	Henan							
湖 北	Hubei							
湖 南	Hunan							
广 东	Guangdong							
广 西	Guangxi							
海 南	Hainan							
重 庆	Chongqing							
四 川	Sichuan							
贵 州	Guizhou							
云 南	Yunnan							
西 藏	Tibet							
陕 西	Shaanxi		1					
甘 肃	Gansu							
青 海	Qinghai							
宁 夏	Ningxia							
新 疆	Xinjiang							

8-13 续表 11 continued

单位：人 (person)

地 区	Region	体育舞蹈 Dance Sports	健美 Bodybuilding	拔河 Tug of War	飞镖 Dart	救生 Lifesaving	健身气功 Qigong	电子竞技 E-sports
全 国	**National Total**	**4**						
国家直属	Directly Under the Jurisdiction of State							
地区合计	Sub-total of Provinces	4						
北 京	Beijing							
天 津	Tianjin							
河 北	Hebei							
山 西	Shanxi							
内蒙古	Inner Mongolia							
辽 宁	Liaoning							
吉 林	Jilin							
黑龙江	Heilongjiang	1						
上 海	Shanghai							
江 苏	Jiangsu							
浙 江	Zhejiang							
安 徽	Anhui							
福 建	Fujian							
江 西	Jiangxi							
山 东	Shandong	1						
河 南	Henan							
湖 北	Hubei							
湖 南	Hunan							
广 东	Guangdong							
广 西	Guangxi							
海 南	Hainan							
重 庆	Chongqing							
四 川	Sichuan							
贵 州	Guizhou							
云 南	Yunnan							
西 藏	Tibet							
陕 西	Shaanxi							
甘 肃	Gansu	2						
青 海	Qinghai							
宁 夏	Ningxia							
新 疆	Xinjiang							

8-14 分地区体育运动学校在聘专职教练员学历情况（2012年）

Educational Attainment of Coaches with Full-time Contracts in Physical Education and Sports Schools by Region (2012)

单位：人 (person)

地 区	Region	合 计 Total	研究生及以上 Postgraduates and Above	本 科 Undergraduates	专 科 Junior College	中专(中学)及以下 Secondary Technical Schools (Secondary Schools) and Below
全 国	**National Total**	**3231**	**36**	**1959**	**1009**	**227**
国家直属	Directly Under the Jurisdiction of State	6	3		3	
地区合计	Sub-total of Provinces	3225	33	1959	1006	227
北 京	Beijing	117	4	88	23	2
天 津	Tianjin	45	2	23	20	
河 北	Hebei	231	3	146	63	19
山 西	Shanxi	72		41	28	3
内蒙古	Inner Mongolia	99	1	59	32	7
辽 宁	Liaoning	206	4	93	100	9
吉 林	Jilin	38	2	27	6	3
黑龙江	Heilongjiang	132	1	104	23	4
上 海	Shanghai	135	2	102	29	2
江 苏	Jiangsu	163		120	35	8
浙 江	Zhejiang	145	1	100	35	9
安 徽	Anhui	67	1	27	35	4
福 建	Fujian	75		48	11	16
江 西	Jiangxi	67		35	28	4
山 东	Shandong	322		223	83	16
河 南	Henan	201	2	163	28	8
湖 北	Hubei	63		30	27	6
湖 南	Hunan	123		43	61	19
广 东	Guangdong	308	4	180	80	44
广 西	Guangxi	60		27	30	3
海 南	Hainan	4		3		1
重 庆	Chongqing	62	2	17	41	2
四 川	Sichuan	56		18	19	19
贵 州	Guizhou	23		4	19	
云 南	Yunnan	4			4	
西 藏	Tibet	52		22	28	2
陕 西	Shaanxi	125	1	69	53	2
甘 肃	Gansu	92		57	24	11
青 海	Qinghai					
宁 夏	Ningxia	22		19	2	1
新 疆	Xinjiang	115	3	71	39	2

8-15 分地区分文化程度在队优秀运动员人数（2012年）

Excellent Athletes with Contracts by Educational Attainment and Region (2012)

单位：人 (person)

地　区	Region	合 计 Total	大专以上 Junior College and Above	中 专 Secondary Technical Schools	高 中 Senior Secondary Schools	初 中 Junior Secondary Schools	小 学 Primary Schools
全　国	**National Total**	**23151**	**4498**	**6838**	**4212**	**5708**	**1895**
国家直属	Directly Under the Jurisdiction of State	471	273	53	75	58	12
地方合计	Sub-total of Provinces	22680	4225	6785	4137	5650	1883
北　京	Beijing	1037	180	556	76	189	36
天　津	Tianjin	462	93	273	3	69	24
河　北	Hebei	659	93	175	188	152	51
山　西	Shanxi	793	204	272	12	219	86
内蒙古	Inner Mongolia	680	27	600	1	52	
辽　宁	Liaoning	2084	370	769	85	677	183
吉　林	Jilin	605	428	167		6	4
黑龙江	Heilongjiang	1106	195	781	70	26	34
上　海	Shanghai	751	169	6	440	131	5
江　苏	Jiangsu	1423	177	137	728	339	42
浙　江	Zhejiang	936	252	1	280	310	93
安　徽	Anhui	488	106	238	31	98	15
福　建	Fujian	924	142	177	112	301	192
江　西	Jiangxi	608	99	245	86	166	12
山　东	Shandong	1298	443	452	222	153	28
河　南	Henan	691	232	148	26	285	
湖　北	Hubei	930	125	231	148	277	149
湖　南	Hunan	473	21	5	302	58	87
广　东	Guangdong	1331	71	34	431	739	56
广　西	Guangxi	1718	103	197	194	577	647
海　南	Hainan	120		29	35	24	32
重　庆	Chongqing	938	294	226	199	199	20
四　川	Sichuan	211	36	79	5	70	21
贵　州	Guizhou	271	114	59	64	28	6
云　南	Yunnan	122	24	15	29	44	10
西　藏	Tibet	413	38	32	164	179	
陕　西	Shaanxi	274	106	119	11	35	3
甘　肃	Gansu	538	11	434	4	87	2
青　海	Qinghai	44	8	13	13	10	
宁　夏	Ningxia	369	30	35	133	132	39
新　疆	Xinjiang	383	34	280	45	18	6

8-16 分项目分文化程度在队优秀运动员人数（2012年）

Excellent Athletes with Contracts by Educational Attainment and Sports Item (2012)

单位：人 (person)

项 目	Item	合 计 Total	研究生以上 Post-graduates and Above	大 学 Under-graduates	大 专 Junior College	中 专 Secondary Technical Schools	高 中 Senior Secondary Schools	初 中 Junior Secondary Schools	小学及以下 Primary Schools and Below
全国	**National Total**	**23151**	**44**	**3159**	**1295**	**6840**	**4212**	**5708**	**1893**
田径	Track and Field Events	2794	3	380	59	703	841	565	243
游泳	Swimming	1103	3	116	17	188	141	358	280
跳水	Diving	446		22	14	63	40	127	180
水球	Water Polo	136		27	20	9	54	18	8
花样游泳	Synchronized Swimming	131		19	6	23	24	39	20
体操	Gymnastics	570		35	10	109	51	166	199
艺术体操	Rhythmic Gymnastics	182	1	9		10	28	64	70
蹦床	Trampoline	262		27	1	48	39	90	57
举重	Weightlifting	1196	2	81	75	332	202	373	131
拳击	Boxing	814	3	154	24	282	69	263	19
国际式摔跤	International Wrestling	1522	1	146	115	739	103	376	42
中国式摔跤	Chinese Wrestling	92		8	4	48	13	19	
柔道	Judo	1025	3	110	131	493	77	177	34
跆拳道	Taekwondo	710	1	72	30	177	89	297	44
自行车	Bicycles	637	2	60	50	288	130	105	2
击剑	Fencing	499	6	134	81	101	120	57	
马术	Equestrian	123		10	17	77		19	
现代五项	Modern Pentathlon	78		11	16	25	12	14	
射击	Shooting	1431		169	159	616	162	291	34
射箭	Archery	441	1	40	25	141	61	165	8
赛艇	Rowing	769		133	31	139	211	241	14
皮划艇	Canoe Kayak	518		66	27	118	124	174	9
帆船	Sailing	271		17	23	59	68	74	30
足球	Football	615	1	110	1	117	188	197	1
篮球	Basketball	1047		127	23	294	275	287	41
排球	Volleyball	741	4	142	30	170	236	144	15
沙滩排球	Beach Volleyball	101		24	5	28	26	12	6
乒乓球	Table Tennis	717	1	41	21	179	63	289	123
羽毛球	Badminton	567		35	38	90	141	136	127
网球	Tennis	361		65	17	58	74	131	16
手球	Handball	343		72	20	153	59	39	
曲棍球	Hockey	329		48	26	220	9	21	5
棒球	Baseball	141	3	15	28	76	14	5	
垒球	Softball	114		17		59	5	20	13
速度滑冰	Speed Skating	137		55	5	61	16		
短道速滑	Short Track Speed Skating	118		29	5	79	5		
花样滑冰	Figure Skating	51	2	14		22	2	11	
冰球	Ice Hockey	105		37	4	18	40	6	
冰壶	Curling	21		16		5			
高山滑雪	Alpine Skiing	26		17		9			
越野滑雪	Cross-Country Skiing	28		20	1	7			
跳台滑雪	Ski Jumping	24		11	1	12			
自由式滑雪	Freestyle Skiing	43		16		24	3		
单板滑雪	Snowboard Skiing	33		18		12	3		
冬季两项	Biathlon	4		4					
技巧	Acrobatics	60		7	4	5	24	8	12

8-16 续表 continued

单位：人 (person)

项目	Item	合计 Total	研究生以上 Post-graduates and Above	大学 Under-graduates	大专 Junior College	中专 Secondary Technical Schools	高中 Senior Secondary Schools	初中 Junior Secondary Schools	小学及以下 Primary Schools and Below
健美操	Aerobics								
街舞	Hip Hop Dance								
软式网球	Soft Tennis	6	3	3					
武术	Wushu	923	1	222	36	191	210	212	51
滑水	Water-ski	5		1	1	1	1	1	
潜水	Dive								
蹼泳	Fin Swimming	71		6	7	9	8	11	30
摩托艇	Motorboat	34		16		2	15		1
围棋	Weiqi	98		13	3	37	20	18	7
国际象棋	Chess	74		36	4	5	17	12	
中国象棋	Chinese Chess	69		9	6	6	38	5	5
桥牌	Bridge								
登山	Mountaineering	25		1	12	1		1	10
摩托车	Motorcycles	10			1	2	1	5	1
汽车	Motor Vehicles								
铁人三项	Triathlon	63		16	1	28		16	2
高尔夫球	Golf	34		3	2	4	9	14	2
保龄球	Bowling								
掷球	Boules								
台球	Billiards								
藤球	Sepaktakraw								
壁球	Squash								
橄榄球	Rugby	112	3	24	4	44	35	2	
车辆模型	Model Car								
航海模型	Model Ship	26		10	13		3		
定向	Orienteering								
航空模型	Model Aeroplane	38		7	17	5	6	3	
跳伞	Parachuting	79		5	20	19	4	30	1
滑翔	Hang Gliding	1			1				
运动飞机	Sport Plane								
热气球	Fire Balloon								
轮滑	Roller Skating	7		1	3		3		
业余无线电	Amateur Radio								
毽球	Jianqiu								
门球	Gateball								
舞龙舞狮	Dragon and Lion Dance								
龙舟	Dragon Boat								
钓鱼	Fishing								
风筝	Kite								
信鸽	Carrier Pigeon								
体育舞蹈	Dance Sports								
健美	Bodybuilding								
拔河	Tug of War								
飞镖	Dart								
救生	Lifesaving								
健身气功	Qigong								
电子竞技	E-sports								

8-17 分地区分技术等级在队优秀运动员人数（2012年）

Excellent Athletes with Contracts by Technical Level and Region (2012)

单位：人 (person)

地　区	Region	合　计 Total	国际级 International Level	国家级 National Level	一　级 First Grade	二　级 Second Grade	三　级 Third Grade	无等级 No Grade
全　国	**National Total**	**23151**	**698**	**4456**	**6970**	**2772**	**386**	**7869**
国家直属	Directly Under the Jurisdiction of State	471	71	130	89	39		142
地方合计	Sub-total of Provinces	22680	627	4326	6881	2733	386	7727
北　京	Beijing	1037	29	282	355	44		327
天　津	Tianjin	462	34	163	167	3	18	77
河　北	Hebei	659	18	146	271	90		134
山　西	Shanxi	793	4	48	213	79		449
内蒙古	Inner Mongolia	680	9	54	203	256		158
辽　宁	Liaoning	2084	59	305	495	538		687
吉　林	Jilin	605	18	202	220	149	2	14
黑龙江	Heilongjiang	1106	18	228	464	49		347
上　海	Shanghai	751	52	475	108	10		106
江　苏	Jiangsu	1423	31	307	301	323	66	395
浙　江	Zhejiang	936	33	168	237	23	1	474
安　徽	Anhui	488	11	161	211	54		51
福　建	Fujian	924	22	149	319	82		352
江　西	Jiangxi	608	10	50	196	106	5	241
山　东	Shandong	1298	52	336	529	77		304
河　南	Henan	691	25	194	163	270		39
湖　北	Hubei	930	15	121	314	49		431
湖　南	Hunan	473	33	124	138			178
广　东	Guangdong	1331	20	160	315	12	1	823
广　西	Guangxi	1718	7	99	209	33	276	1094
海　南	Hainan	120	3	9	46	21		41
重　庆	Chongqing	938	56	224	502	119		37
四　川	Sichuan	211	6	30	116	33		26
贵　州	Guizhou	271	8	56	141	10		56
云　南	Yunnan	122	24	5	17			76
西　藏	Tibet	413	11	57	174	72		99
陕　西	Shaanxi	274	6	71	132	2		63
甘　肃	Gansu	538		45	114	40	13	326
青　海	Qinghai	44	5	6	10	1		22
宁　夏	Ningxia	369	2	15	105	21		226
新　疆	Xinjiang	383	6	36	96	167	4	74

8-18 分项目分性别和民族在队优秀运动员人数（2012年）

Excellent Athletes with Contracts by Sex, Nationality and Sports Item (2012)

单位：人 (person)

项 目	Item	合 计 Total	男 Male	女 Female	汉 族 Han Nationality	少数民族 Minority Nationalities
全国	**National Total**	**23151**	**12975**	**10176**	**20834**	**2317**
田径	Track and Field Events	2794	1576	1218	2498	296
游泳	Swimming	1103	611	492	1008	95
跳水	Diving	446	209	237	418	28
水球	Water Polo	136	93	43	120	16
花样游泳	Synchronized Swimming	131		131	128	3
体操	Gymnastics	570	304	266	540	30
艺术体操	Rhythmic Gymnastics	182	2	180	168	14
蹦床	Trampoline	262	124	138	249	13
举重	Weightlifting	1196	677	519	977	219
拳击	Boxing	814	588	226	702	112
国际式摔跤	International Wrestling	1522	1061	461	1090	432
中国式摔跤	Chinese Wrestling	92	57	35	81	11
柔道	Judo	1025	468	557	886	139
跆拳道	Taekwondo	710	419	291	576	134
自行车	Bicycles	637	366	271	602	35
击剑	Fencing	499	269	230	478	21
马术	Equestrian	123	96	27	35	88
现代五项	Modern Pentathlon	78	42	36	73	5
射击	Shooting	1431	819	612	1361	70
射箭	Archery	441	230	211	343	98
赛艇	Rowing	769	432	337	709	60
皮划艇	Canoe Kayak	518	369	149	477	41
帆船	Sailing	271	158	113	259	12
足球	Football	615	263	352	555	60
篮球	Basketball	1047	575	472	1006	41
排球	Volleyball	741	391	350	720	21
沙滩排球	Beach Volleyball	101	49	52	94	7
乒乓球	Table Tennis	717	382	335	699	18
羽毛球	Badminton	567	329	238	558	9
网球	Tennis	361	186	175	356	5
手球	Handball	343	138	205	319	24
曲棍球	Hockey	329	98	231	313	16
棒球	Baseball	141	141		138	3
垒球	Softball	114	2	112	109	5
速度滑冰	Speed Skating	137	73	64	135	2
短道速滑	Short Track Speed Skating	118	61	57	115	3
花样滑冰	Figure Skating	51	24	27	49	2
冰球	Ice Hockey	105	90	15	103	2
冰壶	Curling	21	9	12	20	1
高山滑雪	Alpine Skiing	26	12	14	24	2
越野滑雪	Cross-Country Skiing	28	12	16	27	1
跳台滑雪	Ski Jumping	24	17	7	22	2
自由式滑雪	Freestyle Skiing	43	22	21	43	
单板滑雪	Snowboard Skiing	33	19	14	32	1
冬季两项	Biathlon	4	3	1	4	
技巧	Acrobatics	60	33	27	58	2

8-18 续表 continued

单位：人 (person)

项目	Item	合计 Total	男 Male	女 Female	汉族 Han Nationality	少数民族 Minority Nationalities
健美操	Aerobics					
街舞	Hip Hop Dance					
软式网球	Soft Tennis	6	1	5	6	
武术	Wushu	923	620	303	867	56
滑水	Water-ski	5	2	3	5	
潜水	Dive					
蹼泳	Fin Swimming	71	35	36	68	3
摩托艇	Motorboat	34	24	10	32	2
围棋	Weiqi	98	77	21	91	7
国际象棋	Chess	74	42	32	73	1
中国象棋	Chinese Chess	69	46	23	66	3
桥牌	Bridge					
登山	Mountaineering	25	21	4		25
摩托车	Motorcycles	10	10		6	4
汽车	Motor Vehicles					
铁人三项	Triathlon	63	40	23	59	4
高尔夫球	Golf	34	14	20	31	3
保龄球	Bowling					
掷球	Boules					
台球	Billiards					
藤球	Sepaktakraw					
壁球	Squash					
橄榄球	Rugby	112	30	82	105	7
车辆模型	Model Car					
航海模型	Model Ship	26	25	1	25	1
定向	Orienteering					
航空模型	Model Aeroplane	38	38		37	1
跳伞	Parachuting	79	47	32	78	1
滑翔	Hang Gliding	1	1		1	
运动飞机	Sport Plane					
热气球	Fire Balloon					
轮滑	Roller Skating	7	3	4	7	
业余无线电	Amateur Radio					
毽球	Jianqiu					
门球	Gateball					
舞龙舞狮	Dragon and Lion Dance					
龙舟	Dragon Boat					
钓鱼	Fishing					
风筝	Kite					
信鸽	Carrier Pigeon					
体育舞蹈	Dance Sports					
健美	Bodybuilding					
拔河	Tug of War					
飞镖	Dart					
救生	Lifesaving					
健身气功	Qigong					
电子竞技	E-sports					

九、残疾人事业

Undertaking for Disabled Persons

9-1 分地区社区康复服务情况（2012年）
Community-based Rehabilitation by Region (2012)

单位：个 (unit)

地区	Region	开展社区康复服务工作的市辖区 Districts under Cities Where Community-based Rehabilitation Has Been Conducted		开展社区康复服务工作的县（市） Counties(Cities)Where Community-based Rehabilitation Has Been Conducted	
		本年新开展 Newly Introduced In the Year	累计数 Accumulative Number	本年新开展 Newly Introduced In the Year	累计数 Accumulative Number
全　国	**National Total**	**21**	**889**	**114**	**1905**
北　京	Beijing		14		2
天　津	Tianjin		13		3
河　北	Hebei		37	11	138
山　西	Shanxi		23	4	87
内蒙古	Inner Mongolia	1	22	11	81
辽　宁	Liaoning		62		44
吉　林	Jilin	7	30		40
黑龙江	Heilongjiang	1	57		62
上　海	Shanghai		16		1
江　苏	Jiangsu	3	59	1	49
浙　江	Zhejiang		32		54
安　徽	Anhui		43	3	56
福　建	Fujian		25		58
江　西	Jiangxi		23		77
山　东	Shandong		55		90
河　南	Henan		57		103
湖　北	Hubei		39		59
湖　南	Hunan	1	36	3	88
广　东	Guangdong		58		67
广　西	Guangxi		36		75
海　南	Hainan		3	1	8
重　庆	Chongqing	2	21		19
四　川	Sichuan		28	1	100
贵　州	Guizhou		10	24	62
云　南	Yunnan		11	4	93
西　藏	Tibet		1	8	9
陕　西	Shaanxi	4	26	33	83
甘　肃	Gansu		18		69
青　海	Qinghai		4		42
宁　夏	Ningxia		9		13
新　疆	Xinjiang		10	2	79
新疆兵团	Xinjiang Corps	2	11	8	73
黑龙江农垦	Heilongjiang Land Reclamation				21

9-2 分地区视力残疾康复（2012年）

Rehabilitation of Persons with Visual Disability by Region (2012)

单位：例、人 (case,person)

地 区	Region	白内障复明 Sight-Restoring Surgeries for Cataract Patients		低视力康复 Rehabilitation of Persons with Low-vision		盲人定向行走训练 Blind Persons Who Have Gtten Orientation Skills Training
		白内障复明手术 Sight-Restoring Surgeries for Cataract Patients	#贫困白内障患者免费手术 Free Surgeries for Poor Cataract Patients	低视力配用助视器 Persons Fitted with Vision-aids	培训低视力儿童家长 Trained Parents of Children with Low Vison	
全 国	**National Total**	**795932**	**334162**	**117214**	**36541**	**119844**
北 京	Beijing	10356	667	362	25	920
天 津	Tianjin	5744	1168	1868	138	1256
河 北	Hebei	32661	5676	13375	2322	6272
山 西	Shanxi	29124	7046	56	3829	6364
内蒙古	Inner Mongolia	10928	5749	1228	162	2038
辽 宁	Liaoning	20719	7418	5926	1610	6525
吉 林	Jilin	15085	2947	7254	2604	4493
黑龙江	Heilongjiang	12217	4300	1141	824	4676
上 海	Shanghai	50907	3004	4178	1062	1939
江 苏	Jiangsu	60046	17192	6501	1203	8081
浙 江	Zhejiang	34640	19001	2002	966	5790
安 徽	Anhui	26676	11584	3788	619	3853
福 建	Fujian	17677	12641	749	946	4255
江 西	Jiangxi	18088	4559	1697	460	4754
山 东	Shandong	58238	26806	2795	513	6432
河 南	Henan	24671	12165	14402	4843	8695
湖 北	Hubei	30000	7456	7297	7304	6668
湖 南	Hunan	29938	15606	4928	1115	5121
广 东	Guangdong	89302	23238	1442	122	4664
广 西	Guangxi	25975	12144	4358	1211	2571
海 南	Hainan	4779	3587	159	21	810
重 庆	Chongqing	16821	8188	2789	382	1140
四 川	Sichuan	45000	22870	2106	909	7353
贵 州	Guizhou	15258	8451	2891	402	2788
云 南	Yunnan	63415	61038	4191	1003	2593
西 藏	Tibet	1056	1056	66		106
陕 西	Shaanxi	15618	10349	9661	145	3659
甘 肃	Gansu	11126	7295	4988	985	2601
青 海	Qinghai	2501	2368	246	97	1152
宁 夏	Ningxia	2629	1884	2071	437	1127
新 疆	Xinjiang	12622	6197	1415	145	656
新疆兵团	Xinjiang Corps	1671	452	1004	17	212
黑龙江农垦	Heilongjiang Land Reclamation	444	60	280	120	280

9-3 分地区听力语言残疾康复（2012年）

Rehabilitation of Persons with Hearing and Speech Disabilities by Region (2012)

单位：人 (person)

地 区	Region	新收训聋儿 Newly Trained Deaf Children	培训聋儿家长 Parents Trained	培训专业人员 Professionals Trained	在岗专业人员 On-job Professionals		
					教师 Teachers	医技人员 Doctors and Technicians	管理人员 Managerial Personnel
全 国	**National Total**	**19659**	**38646**	**7731**	**9706**	**1635**	**2309**
中央级	Central Level	84	90	92	41	33	57
北 京	Beijing	187	498	300	262	35	44
天 津	Tianjin	56	134	16	84	9	18
河 北	Hebei	2346	2704	221	760	94	250
山 西	Shanxi	422	1027	381	497	47	106
内蒙古	Inner Mongolia	401	729	90	264	54	81
辽 宁	Liaoning	521	968	266	475	48	104
吉 林	Jilin	332	904	256	216	32	45
黑龙江	Heilongjiang	436	618	81	287	27	60
上 海	Shanghai	135	384	154	136	9	25
江 苏	Jiangsu	1179	2309	509	607	89	158
浙 江	Zhejiang	485	737	115	191	32	39
安 徽	Anhui	1476	3477	577	414	34	97
福 建	Fujian	545	988	197	268	75	57
江 西	Jiangxi	644	1022	73	173	79	51
山 东	Shandong	1176	2465	338	793	172	205
河 南	Henan	2324	2928	394	931	156	185
湖 北	Hubei	791	942	61	419	116	95
湖 南	Hunan	962	1754	77	502	67	117
广 东	Guangdong	1015	4128	2029	673	97	111
广 西	Guangxi	495	1063	53	157	33	57
海 南	Hainan	59	255		46	15	11
重 庆	Chongqing	206	686	390	104	13	25
四 川	Sichuan	974	1856	201	335	80	74
贵 州	Guizhou	542	719	19	213	27	41
云 南	Yunnan	607	1298	292	172	31	32
西 藏	Tibet	4	4		6	2	1
陕 西	Shaanxi	423	1253	105	431	66	101
甘 肃	Gansu	385	449	6	83	25	21
青 海	Qinghai	132	208	73	27	4	8
宁 夏	Ningxia	53	413	40	37	4	5
新 疆	Xinjiang	195	1510	325	102	29	28
新疆兵团	Xinjiang Corps	35	62				
黑龙江农垦	Heilongjiang Land Reclamation	32	64			1	

9-4 分地区肢体残疾康复（2012年）

Rehabilitation of Persons with Physical Disability by Region (2012)

单位：人 (person)

地 区	Region	肢体残疾康复训练 Persons with Physical Disability Receiving Rehabilitation Training	脑瘫儿童系统康复训练 Systematic Rehabilitation Training for Children with Cerebral Palsy	肢体残疾儿童社区、家庭康复训练 Children with Physical Disability Receiving Rehabilitation Training in Communities and Families	肢体残疾人社区、家庭康复训练 Persons with Physical Disability Receiving Rehabilitation Training in Communities and Families	贫困肢体残疾儿童矫治手术 Orthopedic Surgeries Conducted for Poor Children with Physical Disability	麻风畸残矫治手术（例） Orthopedic Surgeries Conducted for Persons with Leprosy-induced Disability (case)
全 国	**National Total**	**357081**	**29522**	**24017**	**303542**	**6221**	**458**
北 京	Beijing	5142	262	124	4756		
天 津	Tianjin	4472	99	212	4161	23	
河 北	Hebei	18710	430	2540	15740	169	
山 西	Shanxi	9854	654	342	8858	345	
内蒙古	Inner Mongolia	5451	369	1083	3999	91	
辽 宁	Liaoning	16699	666	1131	14902	265	
吉 林	Jilin	7583	376	91	7116	117	
黑龙江	Heilongjiang	4553	363	367	3823	75	
上 海	Shanghai	5650	581	218	4851	7	
江 苏	Jiangsu	33419	4085	1345	27989	99	
浙 江	Zhejiang	5973	512	402	5059	35	
安 徽	Anhui	13438	451	535	12452	406	
福 建	Fujian	9691	1374	837	7480	33	
江 西	Jiangxi	15105	553	1497	13055	89	
山 东	Shandong	50839	2280	1054	47505	447	
河 南	Henan	19185	2931	1228	15026	356	
湖 北	Hubei	14172	1602	1187	11383	177	118
湖 南	Hunan	9530	1136	571	7823	205	30
广 东	Guangdong	31250	2699	1998	26553	81	38
广 西	Guangxi	5837	705	1021	4111	140	7
海 南	Hainan	105	52	14	39	63	
重 庆	Chongqing	8366	256	575	7535	122	
四 川	Sichuan	26161	4774	1533	19854	778	112
贵 州	Guizhou	1174	303	188	683	239	
云 南	Yunnan	7325	353	1221	5751	1167	53
西 藏	Tibet	120	49	31	40	46	
陕 西	Shaanxi	7293	210	590	6493	201	100
甘 肃	Gansu	7029	533	1206	5290	234	
青 海	Qinghai	1301	129	223	949	60	
宁 夏	Ningxia	4869	183	96	4590	59	
新 疆	Xinjiang	5136	514	463	4159	71	
新疆兵团	Xinjiang Corps	1036	25	94	917	21	
黑龙江农垦	Heilongjiang Land Reclamation	613	13		600		

9-5 分地区智力残疾康复（2012年）

Rehabilitation of Persons with Intellectual Disability by Region (2012)

地 区	Region	智力残疾儿童训练（人）Poor Children with Intellectual Disability Receiving Rehabilitation Training (person)	机构康复训练 Trained in Institutions	社区、家庭康复训练 Trained in Communities and Families	康复、管理技术人员培训（人次）Training for Managerial and Technical Personnel (person-time)
全 国	**National Total**	**115218**	**20043**	**95175**	**17138**
北 京	Beijing	490	361	129	2987
天 津	Tianjin	1707	209	1498	59
河 北	Hebei	8246	525	7721	642
山 西	Shanxi	4407	429	3978	236
内蒙古	Inner Mongolia	1923	476	1447	172
辽 宁	Liaoning	3857	713	3144	2159
吉 林	Jilin	3387	319	3068	388
黑龙江	Heilongjiang	1949	373	1576	358
上 海	Shanghai	2806	634	2172	854
江 苏	Jiangsu	11359	2104	9255	2218
浙 江	Zhejiang	2308	764	1544	485
安 徽	Anhui	2128	448	1680	169
福 建	Fujian	5537	943	4594	164
江 西	Jiangxi	5181	200	4981	114
山 东	Shandong	4562	1893	2669	1093
河 南	Henan	11020	1675	9345	366
湖 北	Hubei	6376	735	5641	227
湖 南	Hunan	2040	858	1182	485
广 东	Guangdong	8070	2511	5559	1056
广 西	Guangxi	5519	620	4899	206
海 南	Hainan	47	40	7	30
重 庆	Chongqing	3334	310	3024	200
四 川	Sichuan	8543	877	7666	943
贵 州	Guizhou	540	253	287	62
云 南	Yunnan	2856	334	2522	538
西 藏	Tibet	71	39	32	1
陕 西	Shaanxi	1019	423	596	203
甘 肃	Gansu	2411	336	2075	59
青 海	Qinghai	753	95	658	466
宁 夏	Ningxia	854	145	709	6
新 疆	Xinjiang	1398	316	1082	192
新疆兵团	Xinjiang Corps	234	35	199	
黑龙江农垦	Heilongjiang Land Reclamation	286	50	236	

9-6 分地区精神病防治康复情况（2012年）

Prevention and Rehabilitation of Mental Illness by Region (2012)

地 区	Region	开展精防康复工作县(市、区)(个) Counties/cities/Districts Where Prevention and Rehabilitation of Mental Illness Have Been Conducted (unit)	精神病人数(万人) People with Mental Illness In These Counties/Cities/Districts (10 000 persons)	监护病人数(万人) People with Mental Illness Sunder Guardianship (10 000 persons)	显好病人数(万人) People with Mental Illness Who Have Gotten Effective Treatment (10 000 persons)	参与社会总人数(万人) People with Mental Illness Who Have Participated into Social Life after Rehabilitation (10 000 persons)	肇事率(%) Violent Events Rate (%)
全 国	**National Total**	**2586**	**593.6**	**449.0**	**301.8**	**236.4**	**0.19**
北 京	Beijing	15	4.3	4.3	2.7	1.7	0.03
天 津	Tianjin	16	6.2	5.9	4.8	4.1	0.01
河 北	Hebei	170	25.7	22.4	14.7	11.8	0.08
山 西	Shanxi	64	10.1	8.1	5.7	4.5	0.06
内蒙古	Inner Mongolia	84	7.0	5.7	3.7	3.2	0.08
辽 宁	Liaoning	107	26.9	23.9	15.9	12.6	0.01
吉 林	Jilin	63	15.9	15.5	11.0	9.1	0.04
黑龙江	Heilongjiang	111	18.5	15.6	10.0	6.7	0.05
上 海	Shanghai	17	11.0	10.6	9.8	9.0	0.02
江 苏	Jiangsu	108	53.0	43.0	31.9	26.9	0.02
浙 江	Zhejiang	74	18.6	17.3	12.3	10.3	0.26
安 徽	Anhui	85	26.5	19.6	11.1	9.4	0.04
福 建	Fujian	84	12.6	11.0	7.9	6.1	0.10
江 西	Jiangxi	101	18.4	13.9	8.4	6.3	1.67
山 东	Shandong	132	40.0	33.9	25.2	21.0	0.05
河 南	Henan	156	51.9	20.7	11.2	8.5	0.34
湖 北	Hubei	92	34.3	22.3	14.3	10.6	0.22
湖 南	Hunan	120	32.0	24.1	15.0	11.1	0.12
广 东	Guangdong	127	40.7	28.9	19.1	14.4	0.21
广 西	Guangxi	91	12.1	9.4	6.2	4.9	0.50
海 南	Hainan	12	4.4	1.1	0.3	0.1	0.33
重 庆	Chongqing	40	18.0	14.4	11.4	9.0	0.25
四 川	Sichuan	143	41.2	32.4	19.9	11.5	0.37
贵 州	Guizhou	76	7.9	6.5	4.3	3.6	0.33
云 南	Yunnan	118	15.1	9.5	5.8	4.7	0.25
西 藏	Tibet						
陕 西	Shaanxi	110	20.5	11.8	7.8	6.4	0.14
甘 肃	Gansu	60	12.1	10.8	7.4	5.8	0.12
青 海	Qinghai	33	0.4	0.3	0.2	0.1	
宁 夏	Ningxia	21	3.4	3.0	2.1	1.7	0.30
新 疆	Xinjiang	68	2.5	1.6	0.8	0.5	0.08
新疆兵团	Xinjiang Corps	6	1.0	0.7	0.4	0.3	0.44
黑龙江农垦	Heilongjiang Land Reclamation	82	1.4	0.7	0.2	0.1	

9-7 分地区孤独症儿童康复训练(2012年)

Rehabilitation Training for Children with Autism by Region (2012)

地 区	Region	孤独症儿童康复训练机构(个) Rehabilitation Institutions for Children with Autism (unit)	机构内教师(人) Teachers Working in Those Institutions (person)	机构内在训儿童(人) Children with Autism Trained in Those Institutions (person)	贫困孤独症儿童救助(人) Poor Children with Autism Supported (person)	儿童训练后走向 Directions in which Children Have Gone After Rehabilitation		
						普幼及普小 Ordinary Kindergartens or Primary Schools (person)	特殊教育学校 Special Education Schools (person)	其他 Other Directions (person)
全 国	**National Total**	**929**	**6679**	**11119**	**6809**	**838**	**649**	**1411**
北 京	Beijing	20	209	266	36	23	38	88
天 津	Tianjin	3	19	93	25	2	4	
河 北	Hebei	32	133	260	271	12	44	26
山 西	Shanxi	11	66	230	216	4		42
内蒙古	Inner Mongolia	25	92	248	171	31	16	32
辽 宁	Liaoning	42	296	568	295	82	77	21
吉 林	Jilin	36	423	354	220	27	16	31
黑龙江	Heilongjiang	23	168	212	96	37	10	19
上 海	Shanghai	26	136	250	227	13	80	67
江 苏	Jiangsu	87	631	821	457	59	40	59
浙 江	Zhejiang	35	301	278	135	14	20	34
安 徽	Anhui	34	184	228	193	25	41	20
福 建	Fujian	55	445	849	652	24	13	46
江 西	Jiangxi	28	67	373	13	44	61	89
山 东	Shandong	98	907	900	464	44	68	50
河 南	Henan	75	345	901	343	111	14	359
湖 北	Hubei	28	199	348	224	6	11	46
湖 南	Hunan	32	178	291	261	30	12	50
广 东	Guangdong	102	1064	2118	1385	100	50	182
广 西	Guangxi	11	117	285	228		12	12
海 南	Hainan	1	8	40	46	20		4
重 庆	Chongqing	15	75	222	180	2	4	26
四 川	Sichuan	39	137	226	85	46		30
贵 州	Guizhou	16	272	205	147	65	16	56
云 南	Yunnan	5	19	34	32			
西 藏	Tibet							
陕 西	Shaanxi	18	77	98	230	3		7
甘 肃	Gansu	10	41	27	55	4	1	12
青 海	Qinghai	5	3	57	13			1
宁 夏	Ningxia	11	29	103	48	9	1	2
新 疆	Xinjiang	6	38	215	61	1		
新疆兵团	Xinjiang Corps			19				
黑龙江农垦	Heilongjiang Land Reclamation							

9-8 分地区辅助器具供应服务（2012年）

Provision of Assistive Devices by Region (2012)

地 区	Region	辅助器具供应（件）Assistive Devices Provided (piece)	矫形器装配（例）Orthotic Devices Fitted (case)	#贫困残疾人矫形器装配 Orthoses Fittied for Poor PWDs	普及型假肢装配（例）Cost-effective Artificial Limbs Fitted (case)	#贫困残疾人假肢装配 Cost-effective Artificial Limbs Fittied for Poor PWDs	其他辅助器具供应（件）Other Assistive Devices Provided (piece)	#贫困残疾人免费发放 Assistive Devices Provided to PWDs by State Project
全 国	**National Total**	**1144774**	**40105**	**14372**	**38961**	**27032**	**1065708**	**296486**
北 京	Beijing	5693	97	51	263	107	5333	551
天 津	Tianjin	40289	365	341	258	239	39666	3966
河 北	Hebei	34167	434	413	970	894	32763	14717
山 西	Shanxi	37124			725	677	36399	6562
内蒙古	Inner Mongolia	15561	116	103	542	365	14903	3184
辽 宁	Liaoning	27928	468	399	2028	1194	25432	15256
吉 林	Jilin	25539	348	200	989	966	24202	18189
黑龙江	Heilongjiang	10424	120	89	589	430	9715	4868
上 海	Shanghai	153299	18718		532		134049	
江 苏	Jiangsu	83898	1918	1080	2052	1245	79928	12218
浙 江	Zhejiang	27789	153	101	1077	530	26559	6289
安 徽	Anhui	20956	799	601	912	750	19245	13300
福 建	Fujian	11635	417	406	674	568	10544	4006
江 西	Jiangxi	16499	1120	653	2624	1947	12755	7100
山 东	Shandong	82036	377	177	1263	624	80396	10358
河 南	Henan	122542	2770	659	4309	1866	115463	17216
湖 北	Hubei	31254	623	605	1910	1796	28721	18566
湖 南	Hunan	82477	1599	1113	2949	1620	77929	24505
广 东	Guangdong	50459	2526	1409	1702	1057	46231	8078
广 西	Guangxi	16471	662	613	2329	2080	13480	9640
海 南	Hainan	1591			218	218	1373	605
重 庆	Chongqing	14313	199	109	300	294	13814	7793
四 川	Sichuan	49496	2348	2257	2265	1781	44883	9942
贵 州	Guizhou	12640	66	65	1139	791	11435	6295
云 南	Yunnan	37405	561	362	1484	1245	35360	14355
西 藏	Tibet	937	239		155		543	481
陕 西	Shaanxi	53181	1352	1202	1473	1378	50356	31140
甘 肃	Gansu	18823	596	569	1066	1037	17161	10239
青 海	Qinghai	14999	501	423	480	393	14018	2190
宁 夏	Ningxia	24677	94	89	216	203	24367	7445
新 疆	Xinjiang	15851	476	240	1262	531	14113	3540
新疆兵团	Xinjiang Corps	2261	43	43	106	106	2112	1432
黑龙江农垦	Heilongjiang Land Reclamation	2560			100	100	2460	2460

9-9 分地区未入学学龄残疾儿童少年情况（2012年）

School-age Children with Disabilities Unable to Enter Schools by Region (2012)

单位：人 (person)

地 区	Region	未入学学龄残疾儿童少年合计 Total School-age Children with Disabilities Unable to Enter Schools	视力残疾 Visual Disability	听力残疾 Hearing Disability	言语残疾 Speech Disability	肢体残疾 Physical Disability	智力残疾 Mental Disability	精神残疾 Psychiatric Disability	多重残疾 Multiple Disability
全 国	**National Total**	**90960**	**5677**	**5754**	**5646**	**28624**	**28163**	**3529**	**13567**
北 京	Beijing	419		3	2	100	196	22	96
天 津	Tianjin	477	9	16	15	175	233	2	27
河 北	Hebei	1561	67	119	93	610	452	30	190
山 西	Shanxi	2435	126	173	163	759	863	58	293
内蒙古	Inner Mongolia	1471	57	59	86	459	510	43	257
辽 宁	Liaoning	3016	108	138	103	1087	1143	148	289
吉 林	Jilin	2710	76	125	145	864	1041	191	268
黑龙江	Heilongjiang	927	42	52	24	246	373	71	119
上 海	Shanghai	45	3	2		24	14		2
江 苏	Jiangsu	1498	59	130	27	494	660	45	83
浙 江	Zhejiang	918	26	67	14	313	345	48	105
安 徽	Anhui	3431	107	120	148	1015	1256	173	612
福 建	Fujian	1433	41	67	37	382	625	70	211
江 西	Jiangxi	5229	526	563	449	1176	1536	251	728
山 东	Shandong	3972	215	226	138	1255	1440	211	487
河 南	Henan	8345	425	657	623	3198	2607	121	714
湖 北	Hubei	2488	137	115	132	842	790	82	390
湖 南	Hunan	6401	315	244	394	2319	1740	156	1233
广 东	Guangdong	4631	193	205	208	1269	1556	357	843
广 西	Guangxi	5750	321	312	501	1728	1442	146	1300
海 南	Hainan	671	30	34	44	226	192	29	116
重 庆	Chongqing	1523	152	98	97	405	559	59	153
四 川	Sichuan	5017	393	335	353	1676	1473	225	562
贵 州	Guizhou	6912	949	733	593	1786	1530	270	1051
云 南	Yunnan	5441	389	357	401	1756	1423	100	1015
西 藏	Tibet	450	43	28	53	192	28	32	74
陕 西	Shaanxi	4874	417	356	240	1436	1292	230	903
甘 肃	Gansu	3329	179	186	171	1212	895	121	565
青 海	Qinghai	794	38	48	37	286	245	13	127
宁 夏	Ningxia	942	42	36	57	255	373	30	149
新 疆	Xinjiang	3692	189	145	286	1028	1260	190	594
新疆兵团	Xinjiang Corps								
黑龙江农垦	Heilongjiang Land Reclamation	158	3	5	12	51	71	5	11

9-10 分地区特殊教育普通高中情况（2012年）

Special Education Senior High Schools by Region (2012)

单位：个、人 (unit,person)

地 区	Region	盲普通高中 Senior High Schools for Students with Visual Disability	聋普通高中 Senior High Schools for Students with Hearing Disability	招生数 Newly Enrolled Students		在校生数 Students at Schools		毕业生数 Graduates	
				盲 Visual Disability	聋 Hearing Disability	盲 Visual Disability	聋 Hearing Disability	盲 Visual Disability	聋 Hearing Disability
全 国	**National Total**	**22**	**121**	**443**	**2322**	**1488**	**5555**	**136**	**1186**
北 京	Beijing	1	1	8		16		4	
天 津	Tianjin	1	1	12	27	30	102	9	49
河 北	Hebei	1	11	119	177	45	337	19	73
山 西	Shanxi	1	4	17	123	37	335	9	92
内蒙古	Inner Mongolia		5	3	91	3	93	7	40
辽 宁	Liaoning	1	8		56		125		8
吉 林	Jilin		4		11		39		4
黑龙江	Heilongjiang		1						
上 海	Shanghai	1				58	28	4	
江 苏	Jiangsu		4		149		392		126
浙 江	Zhejiang	1	5	17	81	38	380	15	82
安 徽	Anhui		3		210	9	437		79
福 建	Fujian	3	10	22	169	109	412	8	133
江 西	Jiangxi		4		58		138		22
山 东	Shandong	1	16	21	344	111	777	19	89
河 南	Henan	1	3	52	71	29	214	4	68
湖 北	Hubei		6		179		287		103
湖 南	IIunan	2	9	32	226	18	295	5	32
广 东	Guangdong		4		42	25	109		27
广 西	Guangxi	4	6	6	24	48	177	1	29
海 南	Hainan			6	3	615	3	2	
重 庆	Chongqing	1	1	70	14	188	14	20	4
四 川	Sichuan		4	10	48	22	111		23
贵 州	Guizhou		5	1	58	3	158	2	47
云 南	Yunnan								
西 藏	Tibet								
陕 西	Shaanxi	1	2		34	8	107		8
甘 肃	Gansu	1	1	30	90	40	125	8	27
青 海	Qinghai		2	14	1		54		
宁 夏	Ningxia	1			11	36	248		11
新 疆	Xinjiang		1	3	25		58		10
新疆兵团	Xinjiang Corps								
黑龙江农垦	Heilongjiang Land Reclamation								

9-11 分地区残疾人中等职业教育情况（2012年）

Secondary Vocational Schools for PWDs by by Region (2012)

单位：个、人 (unit,person)

地区	Region	残疾人中等职业学校（班） Secondary Vocational Schools/classes for PWDs	招生数 Newly Enrolled Students			在校生数 Students at Schools			毕业生数 Graduates		
			盲 Visual Disability	聋 Hearing Disability	肢残 Physical Disability	盲 Visual Disability	聋 Hearing Disability	肢残 Physical Disability	盲 Visual Disability	聋 Hearing Disability	肢残 Physical Disability
全 国	**National Total**	**152**	**1194**	**2024**	**2391**	**2495**	**4978**	**2969**	**1942**	**1395**	**4017**
北 京	Beijing	3	50	24	12	110	57	11	35	29	11
天 津	Tianjin	1						15			10
河 北	Hebei	3	35	11	52	31	7	46	9	4	41
山 西	Shanxi	3		15			36			17	
内蒙古	Inner Mongolia	4	15	9	17	98	12	37	71		20
辽 宁	Liaoning	6	30	28	2	204	56	2	45	12	
吉 林	Jilin	5	172	116		340	281		86	37	
黑龙江	Heilongjiang	6	1	59	10	1	89	13		13	
上 海	Shanghai	3	7	39		8	181		7	44	
江 苏	Jiangsu	15	49	324	65	136	602	206	25	125	84
浙 江	Zhejiang	1		120			488			123	
安 徽	Anhui	9	61	130	67	146	309	183	53	72	77
福 建	Fujian	6	9	86		10	101	9	8	23	1
江 西	Jiangxi	2									2
山 东	Shandong	17	158	244	134	370	733	294	202	349	126
河 南	Henan	7	41	87	13	44	207	17	51	58	17
湖 北	Hubei	7		10	69		26	106	1		37
湖 南	Hunan	11	96	180	135	264	432	328	77	98	79
广 东	Guangdong	6	44	52	69	171	126	218	40	36	109
广 西	Guangxi	5		1	49	13	68	111			71
海 南	Hainan	2			7			13			1
重 庆	Chongqing	4	52	25	88	50	79	121	950	15	2170
四 川	Sichuan	7	1	5	14	38	62	39	9	23	16
贵 州	Guizhou	1			10			7			10
云 南	Yunnan	6	89	91	39	89	325	200	74	132	70
西 藏	Tibet										
陕 西	Shaanxi	8	228	322	1506	208	594	685	127	123	1019
甘 肃	Gansu	1		30		14	30		14	24	
青 海	Qinghai	1					3	6			
宁 夏	Ningxia										
新 疆	Xinjiang	2	56	16	33	150	74	302	58	38	46
新疆兵团	Xinjiang Corps										
黑龙江农垦	Heilongjiang Land Reclamation										

9-12 分地区高等教育录取残疾学生情况（2012年）
Admission of Students with Disabilities of Higher Education Institutions by Region (2012)

单位：人 (person)

地区	Region	残疾考生达到普通高等院校录取分数线 Disabled Students Who Passed the Admission Line of Ordinary Higher Education Institutions	#录取人数 Students Enrolled	本科 Undergraduates	专科（高职） Postsecondary Specialised College (Vocational College)	高等特殊教育院校录取人数 Disabled Students Admitted into Higher Special Education Institutions	本科 Undergraduates	专科（高职） Postsecondary Specialised College (Vocational College)
全国	**National Total**	**7613**	**7229**	**3538**	**3691**	**1134**	**460**	**674**
北京	Beijing	126	125	66	59	20	12	8
天津	Tianjin	73	72	36	36	20	11	9
河北	Hebei	432	397	192	205	12	5	7
山西	Shanxi	183	183	61	122	51	13	38
内蒙古	Inner Mongolia	366	354	155	199			
辽宁	Liaoning	301	301	115	186	257	34	223
吉林	Jilin	193	193	147	46	207	204	3
黑龙江	Heilongjiang	153	153	104	49	2	1	1
上海	Shanghai	49	49	30	19			
江苏	Jiangsu	396	396	193	203	127	65	62
浙江	Zhejiang	204	189	83	106	78	27	51
安徽	Anhui	298	265	127	138	24	10	14
福建	Fujian	240	229	103	126	28	16	12
江西	Jiangxi	211	197	109	88	10	6	4
山东	Shandong	388	367	222	145	71	27	44
河南	Henan	400	400	206	194	17	2	15
湖北	Hubei	227	225	95	130	7	2	5
湖南	Hunan	237	231	115	116	19	9	10
广东	Guangdong	305	280	99	181	57		57
广西	Guangxi	197	189	80	109	11	3	8
海南	Hainan	61	61	24	37			
重庆	Chongqing	182	179	105	74	9	9	
四川	Sichuan	357	316	145	171	4	1	3
贵州	Guizhou	414	347	164	183	63	2	61
云南	Yunnan	420	359	195	164	38	1	37
西藏	Tibet	35	35	25	10			
陕西	Shaanxi	334	334	175	159			
甘肃	Gansu	272	272	73	199	1		1
青海	Qinghai	134	134	89	45			
宁夏	Ningxia	131	116	53	63	1		1
新疆	Xinjiang	252	239	145	94			
新疆兵团	Xinjiang Corps	42	42	7	35			
黑龙江农垦	Heilongjiang Land Reclamation							

9-13 分地区残疾人就业情况（2012年）

Employment of PWDs in Urban and Rural Areas by Region (2012)

单位：万人 (10 000 persons)

地 区	Region	城镇残疾人就业状况 Employment of PWDs in Urban Areas		农村残疾人就业状况 Employment of PWDs in Rural Areas		
		就业人数 合 计 PWDs Employed	#本年度安排 Newly Employed During the Year	实际就业人 数 PWDs Employed	#从事农业生产劳动 Engaged in Farming	#从事其他形式就业 Engaged in Other Forms of mployment
全 国	**National Total**	**444.8**	**32.2**	**1770.3**	**1389.9**	**380.4**
北 京	Beijing	7.3	0.3	4.5	3.0	1.5
天 津	Tianjin	3.5	0.3	6.7	4.8	2.0
河 北	Hebei	19.6	1.3	87.2	68.5	18.8
山 西	Shanxi	12.3	0.6	40.7	29.5	11.2
内蒙古	Inner Mongolia	11.7	0.8	28.0	22.8	5.3
辽 宁	Liaoning	31.6	1.4	40.1	29.1	11.0
吉 林	Jilin	15.7	1.1	30.6	25.5	5.0
黑龙江	Heilongjiang	12.9	0.9	24.5	20.1	4.4
上 海	Shanghai	6.9	0.3	2.6	0.4	2.2
江 苏	Jiangsu	30.5	2.1	69.9	52.4	17.5
浙 江	Zhejiang	19.9	1.4	31.1	20.5	10.5
安 徽	Anhui	18.9	1.5	108.0	86.1	21.9
福 建	Fujian	12.2	1.2	36.6	29.1	7.4
江 西	Jiangxi	14.9	1.5	55.6	41.9	13.7
山 东	Shandong	24.8	1.9	135.4	106.3	29.0
河 南	Henan	30.6	4.1	186.0	147.5	38.4
湖 北	Hubei	23.3	1.2	89.7	67.0	22.7
湖 南	Hunan	27.4	1.1	91.9	67.0	24.9
广 东	Guangdong	19.8	1.6	64.7	53.3	11.5
广 西	Guangxi	8.0	0.5	64.0	51.0	13.0
海 南	Hainan	1.0	0.1	6.5	5.5	0.9
重 庆	Chongqing	14.3	0.7	50.1	40.3	9.8
四 川	Sichuan	27.7	3.0	174.7	141.5	33.2
贵 州	Guizhou	7.8	0.4	77.3	61.1	16.2
云 南	Yunnan	7.4	0.5	103.4	88.4	15.0
西 藏	Tibet	0.1		3.0	2.9	0.1
陕 西	Shaanxi	10.4	0.7	72.5	54.3	18.2
甘 肃	Gansu	10.9	1.0	49.0	39.5	9.6
青 海	Qinghai	0.7	0.2	3.7	3.2	0.5
宁 夏	Ningxia	2.3	0.2	10.8	9.0	1.8
新 疆	Xinjiang	7.1	0.4	21.6	18.5	3.1
新疆兵团	Xinjiang Corps	1.6	0.1			
黑龙江农垦	Heilongjiang Land Reclamation	1.6				

9-14 分地区残疾人职业培训(2012)

Vocational Training for PWDs by Region (2012)

地 区	Region	职业培训基地 (个) Vocational Training Base (unit)	残联兴办 Established by Disabled Persons' Federations	依托社会机构兴办 Established by Social Organizations	本年度城镇职业培训 (人) PWDs in Urban Areas Receiving Vocational Training (person)
全 国	**National Total**	**5271**	**1927**	**3344**	**298618**
北 京	Beijing	45	8	37	4111
天 津	Tianjin	24	13	11	1780
河 北	Hebei	524	261	263	17274
山 西	Shanxi	300	72	228	7258
内蒙古	Inner Mongolia	65	21	44	11637
辽 宁	Liaoning	133	49	84	15586
吉 林	Jilin	172	49	123	17058
黑龙江	Heilongjiang	73	23	50	10806
上 海	Shanghai	93	84	9	7846
江 苏	Jiangsu	184	66	118	17636
浙 江	Zhejiang	294	68	226	13251
安 徽	Anhui	114	66	48	7647
福 建	Fujian	378	172	206	6989
江 西	Jiangxi	206	38	168	3992
山 东	Shandong	716	193	523	18319
河 南	Henan	203	41	162	26010
湖 北	Hubei	253	200	53	4811
湖 南	Hunan	172	74	98	5605
广 东	Guangdong	111	47	64	14247
广 西	Guangxi	63	34	29	5384
海 南	Hainan	7	1	6	567
重 庆	Chongqing	26	5	21	3184
四 川	Sichuan	441	196	245	26075
贵 州	Guizhou	115	8	107	4163
云 南	Yunnan	63	32	31	5771
西 藏	Tibet	1	1		56
陕 西	Shaanxi	64	15	49	12210
甘 肃	Gansu	38	18	20	17827
青 海	Qinghai	81	26	55	2816
宁 夏	Ningxia	28	3	25	2874
新 疆	Xinjiang	282	42	240	4793
新疆兵团	Xinjiang Corps	2	1	1	1035
黑龙江农垦	Heilongjiang Land Reclamation				

9-15 分地区城镇残疾人参加社会保险情况（2012年）

PWDs Covered by Social Insurance in Urban Areas by Region (2012)

单位：万人 (10 000 persons)

地区	Region	城镇残疾职工参加社会保险合计 Urban Workers with Disabilities Covered by Social Insurance	残疾居民参加城镇居民医疗保险 PWDs Covered by Medical Insurance for Urban Residents	残疾居民参加城镇居民养老保险试点 PWDs Covered by New Types of Pension Insurance Pilot for Urban Residents				
				实际参保残疾人 People Who Actually have the Endowment Insurance	享受养老金 PWDs Covered by the Insurance Pension	60周岁以下参保残疾人 PWDs under Age 60	全部代缴 Paid by Subsidy Totally	部分代缴 Paid by Subsidy Partially
全国	**National Total**	**280.9**	**498.6**	**325.3**	**133.7**	**191.6**	**60.7**	**46.2**
北京	Beijing	6.7	4.9	10.3		10.3	5.1	5.2
天津	Tianjin	3.6	7.1	1.8	0.9	0.9	0.7	0.2
河北	Hebei	9.3	15.1	12.5	4.2	8.3	1.2	2.4
山西	Shanxi	8.5	11.9	12.5	7.6	4.9	0.8	0.5
内蒙古	Inner Mongolia	6.1	11.9	5.1	1.5	3.6	1.2	0.9
辽宁	Liaoning	18.6	18.4	17.6	6.9	10.7	2.8	4.2
吉林	Jilin	6.6	21.5	7.1	1.3	5.8	2.6	1.0
黑龙江	Heilongjiang	6.4	13.9	4.2	1.7	2.4	0.5	0.7
上海	Shanghai	7.1	1.7	2.3	0.2	2.1	2.0	0.1
江苏	Jiangsu	26.8	37.8	23.2	14.6	8.5	2.6	1.0
浙江	Zhejiang	14.4	12.0	6.4	2.6	3.8	1.6	0.5
安徽	Anhui	8.3	27.1	15.9	6.7	9.2	3.0	0.4
福建	Fujian	4.8	11.5	6.2	2.2	4.0	1.5	1.4
江西	Jiangxi	10.7	22.6	11.1	5.7	5.4	1.2	2.9
山东	Shandong	19.0	14.9	22.5	13.0	9.5	3.6	2.2
河南	Henan	24.9	38.7	26.0	12.5	13.6	2.9	2.3
湖北	Hubei	15.9	27.9	21.4	6.2	15.2	7.8	4.2
湖南	Hunan	19.3	25.1	19.9	9.4	10.6	3.6	1.8
广东	Guangdong	13.6	28.8	7.3	2.3	5.0	1.3	1.5
广西	Guangxi	4.3	13.4	3.6	1.7	2.0	0.7	0.4
海南	Hainan	0.7	4.8	4.6	1.6	3.0	0.4	0.1
重庆	Chongqing	7.5	17.1	11.1	5.2	5.8	0.8	4.3
四川	Sichuan	11.1	28.7	22.0	5.3	16.7	3.7	0.6
贵州	Guizhou	3.6	11.0	7.7	5.6	2.1	0.8	0.7
云南	Yunnan	5.1	9.3	9.2	1.7	7.5	1.5	1.1
西藏	Tibet	0.3	0.2	0.2	0.1	0.1	0.1	
陕西	Shaanxi	6.0	19.7	8.9	4.0	4.9	1.6	2.4
甘肃	Gansu	2.8	19.8	11.5	4.2	7.3	2.9	0.5
青海	Qinghai	0.4	1.0	0.5	0.5	0.1		
宁夏	Ningxia	0.9	4.0	4.6	2.2	2.4	1.1	0.9
新疆	Xinjiang	4.8	9.2	7.5	1.8	5.7	0.8	1.8
新疆兵团	Xinjiang Corps	1.8	2.1	0.8	0.3	0.5	0.3	
黑龙江农垦	Heilongjiang Land Reclamation	0.8	5.6					

9-16 分地区残疾人参加新型农村社会养老保险(2012年)

PWDs Covered by New Types of Rural Pension Insurance by Region (2012)

单位：万人 (10 000 persons)

地 区	Region	参保残疾人 PWDs Covered by the Insurance	享受养老保金 PWDs Covered by the Insurance Pension	重度残疾人 Persons with Severe Disability	60周岁以下参保残疾人 PWDs under Age 60	重度残疾人 Persons with Severe Disability	全部或部分代缴 Paid by Subsidy Totally or Partially	其他残疾人 Other PWDs	全部或部分代缴 Paid by Subsidy Totally or Partially
全 国	**National Total**	**1333.8**	**507.4**	**136.1**	**826.4**	**236.6**	**224.6**	**589.8**	**150.0**
北 京	Beijing								
天 津	Tianjin	3.5	2.2	0.9	1.3	0.9	0.9	0.4	0.4
河 北	Hebei	114.5	35.6	7.9	78.9	15.3	15.3	63.6	20.2
山 西	Shanxi	58.5	28.8	3.6	29.7	10.8	8.9	19.0	2.1
内蒙古	Inner Mongolia	20.7	9.5	3.7	11.2	3.7	3.6	7.5	3.0
辽 宁	Liaoning	28.3	7.6	2.2	20.7	4.8	4.0	15.9	13.5
吉 林	Jilin	10.4	3.2	0.9	7.1	2.3	2.3	4.8	2.5
黑龙江	Heilongjiang	10.5	5.0	0.5	5.5	1.2	1.1	4.3	0.5
上 海	Shanghai	1.7	0.4	0.2	1.3	0.9	0.9		
江 苏	Jiangsu	33.8	13.9	4.5	19.9	5.3	4.9	14.6	1.6
浙 江	Zhejiang	25.9	12.9	3.5	13.0	4.5	4.4	8.5	4.3
安 徽	Anhui	67.1	26.3	10.2	40.8	12.8	12.3	28.0	7.1
福 建	Fujian	34.1	14.9	6.1	19.2	9.2	9.2	10.0	5.3
江 西	Jiangxi	46.5	24.8	3.9	21.7	5.9	5.5	15.8	2.9
山 东	Shandong	102.0	37.8	14.6	64.1	18.3	16.9	45.8	20.0
河 南	Henan	121.3	57.3	15.4	64.0	25.6	25.4	38.4	1.0
湖 北	Hubei	79.9	36.6	7.8	43.3	12.7	11.1	30.5	9.4
湖 南	Hunan	78.2	31.4	5.2	46.9	12.0	11.8	34.8	5.8
广 东	Guangdong	50.3	21.3	5.2	29.1	10.0	9.0	19.1	4.6
广 西	Guangxi	45.6	18.2	3.8	27.4	6.6	5.9	20.8	5.9
海 南	Hainan	11.9	3.8	0.9	8.1	2.0	2.0	6.1	
重 庆	Chongqing	22.3	10.6	2.5	11.7	4.6	4.6	7.1	4.9
四 川	Sichuan	142.5	28.2	9.3	114.2	22.7	22.0	91.6	3.2
贵 州	Guizhou	30.4	17.4	3.7	13.0	4.1	4.0	8.9	1.9
云 南	Yunnan	51.0	16.4	5.3	34.6	9.3	9.1	25.3	8.0
西 藏	Tibet	1.1	0.6	0.1	0.5	0.10	0.1	0.4	0.4
陕 西	Shaanxi	28.9	7.8	2.6	21.1	6.7	6.7	14.4	9.5
甘 肃	Gansu	79.8	23.5	6.6	56.3	16.7	15.3	39.6	3.0
青 海	Qinghai	2.2	0.7	0.2	1.5	0.9	0.9	0.5	0.2
宁 夏	Ningxia	13.6	5.2	3.6	8.3	3.2	3.2	5.1	2.1
新 疆	Xinjiang	17.5	5.6	1.3	11.9	3.5	3.3	8.4	5.7
新疆兵团	Xinjiang Corps								
黑龙江农垦	Heilongjiang Land Reclamation								

9-17 分地区残疾人社会救助与社会福利（2012年）
Social Relief and Welfare for PWDs by Region (2012)

单位：万人 (10 000 person)

地区	Region	社会救助 Social Relief						社会福利 Social Welfare	
		城镇 in Urban Areas			农村 in Rural Areas				
		已纳入最低生活保障范围 PWDs who Should be Covered by Basic Living Allowance System	集中供养 PWDs Living in Welfare Institutions	其他救助救济 Other Assistance and Relief	已纳入最低生活保障范围 PWDs who Should be Covered by Basic Living Allowance System	五保供养 PWDs Living in Welfare Institutions	其他救助救济 Other Assistance and Relief	享受生活补贴 PWDs with Living Allowance	享受护理补贴 PWDs with Personal Care Allowance
全国	**National Total**	**266.54**	**12.19**	**68.10**	**803.99**	**68.47**	**193.16**	**239.11**	**36.32**
北京	Beijing	4.75	0.03	0.50	2.34	0.09	1.40	12.39	0.88
天津	Tianjin	3.30	0.03	1.48	2.21	0.36	1.90	5.38	0.02
河北	Hebei	6.89	0.40	1.07	35.82	2.50	4.00	1.72	
山西	Shanxi	6.31	0.11	1.51	19.93	2.89	5.21	0.85	
内蒙古	Inner Mongolia	9.39	0.37	4.53	21.30	1.15	7.99	13.84	3.78
辽宁	Liaoning	16.36	0.48	1.98	18.79	2.35	3.06	0.50	0.20
吉林	Jilin	13.64	0.63	1.85	15.93	0.94	1.41		
黑龙江	Heilongjiang	15.60	0.33	2.00	13.03	0.97	3.00	0.54	
上海	Shanghai	1.37	0.01	5.10	0.50	0.01	0.67	1.58	0.35
江苏	Jiangsu	8.95	0.74	4.38	23.79	2.10	10.22	17.47	6.79
浙江	Zhejiang	3.01	0.45	1.35	15.71	0.67	8.49	14.66	3.30
安徽	Anhui	9.23	0.58	0.88	34.49	3.18	5.63	19.40	0.77
福建	Fujian	4.59	0.23	1.00	19.24	1.09	3.07	11.75	0.64
江西	Jiangxi	10.67	1.06	1.52	25.73	2.59	3.87	0.18	
山东	Shandong	7.96	0.90	1.93	33.06	3.14	6.93	13.88	1.24
河南	Henan	17.71	0.83	4.20	65.33	6.01	12.89	4.05	
湖北	Hubei	18.63	1.15	3.10	47.69	4.01	6.38	17.66	0.29
湖南	Hunan	21.62	0.77	4.26	55.20	7.12	10.61	9.96	0.52
广东	Guangdong	9.38	0.36	3.02	28.87	2.46	3.92	23.95	13.54
广西	Guangxi	7.66	0.31	0.71	45.08	6.88	4.07	2.06	0.08
海南	Hainan	2.07	0.02	0.74	4.49	0.15	0.99	0.18	2.39
重庆	Chongqing	5.99	0.36	2.36	14.31	1.74	5.81		0.16
四川	Sichuan	16.39	0.88	4.96	67.83	5.54	15.40	3.68	0.58
贵州	Guizhou	6.18	0.31	0.92	41.59	1.35	7.74	1.12	
云南	Yunnan	7.50	0.29	1.92	57.32	4.40	8.83	1.16	0.07
西藏	Tibet	0.42		0.06	2.96	0.07	0.15	0.03	
陕西	Shaanxi	6.98	0.30	5.94	30.74	2.03	37.19	57.11	0.09
甘肃	Gansu	11.05	0.09	1.24	35.71	1.87	9.01	1.08	0.12
青海	Qinghai	0.56	0.01	0.14	2.61	0.21	0.78	0.81	
宁夏	Ningxia	1.73	0.06	0.75	8.66	0.15	1.32	1.34	
新疆	Xinjiang	5.49	0.08	1.42	13.72	0.44	1.23	0.69	0.50
新疆兵团	Xinjiang Corps	2.08	0.02	0.86				0.09	
黑龙江农垦	Heilongjiang Land Reclamation	3.05	0.01	0.41					

9-18 分地区托养服务机构建设情况（2012年）

Development of Fostering Service Institutions by Region (2012)

地 区	Region	寄宿制托养服务 Boarding Fostering Services					
		寄宿制托养服务机构合计（个） Boarding Fostering Institutions (unit)	托养残疾人（人） PWDs in the Boarding Fostering Institutions (person)	智力残疾人 Persons with Intellectual Disability	精神残疾人 Persons with Psychiatric Disability	其他类别残疾人 Persons with Other Disabilities	#重度残疾人 Persons with Severe Disabilities
全 国	**National Total**	**3903**	**112850**	**32712**	**30882**	**49256**	**29322**
北 京	Beijing	89	2041	457	876	708	202
天 津	Tianjin	9	162	59	49	54	40
河 北	Hebei	129	3655	801	1575	1279	401
山 西	Shanxi	80	1371	502	489	380	240
内蒙古	Inner Mongolia	152	3572	1065	528	1979	1137
辽 宁	Liaoning	180	8312	2903	2329	3080	1796
吉 林	Jilin	41	828	536	236	56	34
黑龙江	Heilongjiang	105	4347	1034	1008	2305	2252
上 海	Shanghai	184	5764	2521	1500	1743	1081
江 苏	Jiangsu	745	15593	6067	2741	6785	3772
浙 江	Zhejiang	823	11950	2184	3045	6721	5187
安 徽	Anhui	105	1943	486	466	991	525
福 建	Fujian	79	2691	776	1253	662	494
江 西	Jiangxi	16	845	285	181	379	172
山 东	Shandong	447	15662	4873	3818	6971	3490
河 南	Henan	45	3597	1089	794	1714	954
湖 北	Hubei	112	1277	541	409	327	206
湖 南	Hunan	99	3552	1275	1159	1118	673
广 东	Guangdong	111	5863	1582	1789	2492	929
广 西	Guangxi	15	1141	282	587	272	118
海 南	Hainan	3	546	99	267	180	
重 庆	Chongqing	36	1199	204	653	342	291
四 川	Sichuan	61	2117	511	845	761	298
贵 州	Guizhou	13	868	73	657	138	87
云 南	Yunnan	26	1343	119	780	444	118
西 藏	Tibet						
陕 西	Shaanxi	78	3609	801	1028	1780	757
甘 肃	Gansu	38	1826	475	414	937	428
青 海	Qinghai	34	4020	425	157	3438	3222
宁 夏	Ningxia	8	263	102	77	84	45
新 疆	Xinjiang	16	1792	468	343	981	267
新疆兵团	Xinjiang Corps	18	780	101	539	140	104
黑龙江农垦	Heilongjiang Land Reclamation	6	321	16	290	15	2

9-18 续表 continued

地 区	Region	日间照料托养服务 Day-Care Fostering Service 日间照料托养服务机构（个）Day-Care Fostering Institutions (unit)	托养残疾人（人）PWDs in the Institutions (person)	智力残疾人 Persons with Intellectual Disability	精神残疾人 Persons with Psychiatric Disability	其他类别残疾人 Persons with Other Disabilities	#重度残疾人 Persons with Severe Disabilities	本年度享受居家托养服务残疾人（人）PWDs Enjoying Fostering Service at Home in 2011 (person)
全 国	**National Total**	**3372**	**73902**	**35140**	**17478**	**21284**	**9929**	**560127**
北 京	Beijing	257	1569	864	376	329	289	17584
天 津	Tianjin	70	1137	644	227	266	157	9985
河 北	Hebei	30	529	141	209	179	64	12102
山 西	Shanxi	41	556	152	151	253	223	8483
内蒙古	Inner Mongolia	60	482	157	51	274	184	14297
辽 宁	Liaoning	152	2681	1737	292	652	309	21813
吉 林	Jilin	25	203	65	23	115	94	13796
黑龙江	Heilongjiang	30	375	266	55	54	20	9346
上 海	Shanghai	430	13689	9990	2479	1220	68	17811
江 苏	Jiangsu	797	15175	6808	3247	5120	2784	58412
浙 江	Zhejiang	290	5149	1769	1419	1961	1709	42929
安 徽	Anhui	30	994	201	309	484	346	13075
福 建	Fujian	38	1152	649	133	370	151	17268
江 西	Jiangxi	2	113	69	26	18	18	9837
山 东	Shandong	105	2494	968	556	970	482	32922
河 南	Henan		160	60	35	65	59	12170
湖 北	Hubei	82	2832	1251	685	896	361	13472
湖 南	Hunan	44	1497	570	404	523	239	15814
广 东	Guangdong	442	12037	4474	3471	4092	1028	23952
广 西	Guangxi	26	1260	560	349	351	175	21228
海 南	Hainan	2	110	15	90	5	1	7688
重 庆	Chongqing	83	848	247	304	297	176	10689
四 川	Sichuan	185	4301	1768	1289	1244	278	45348
贵 州	Guizhou	2	50	14	5	31	18	11811
云 南	Yunnan	17	271	85	107	79	45	13457
西 藏	Tibet							7816
陕 西	Shaanxi	31	1870	800	375	695	264	18252
甘 肃	Gansu	14	711	292	208	211	66	13248
青 海	Qinghai	5	98	14	10	74	74	9730
宁 夏	Ningxia	33	906	248	452	206	189	11991
新 疆	Xinjiang	46	541	238	70	233	55	17820
新疆兵团	Xinjiang Corps	2	100	24	71	5	3	4820
黑龙江农垦	Heilongjiang Land Reclamation	1	12			12		1161

9-19 分地区农村残疾人扶贫开发（2012年）
Poverty Alleviation for PWDs in Rural Areas by Region (2012)

地区	Region	贫困残疾人扶持效果 Results of Assisting PWDs to Get Rid of Poverty			
		本年扶持贫困残疾人户（万户） Poor Households with Disabled Member Assisted in 2012 (10 000 households)	本年扶持贫困残疾人（万人） PWDs Assisted in 2012 (10 000 persons)	本年实际脱贫（万人） Rural PWDs who Got Rid of Poverty in 2012 (10 000 persons)	本年返贫（万人） Reimpoverished PWDs in 2012 (10 000 persons)
全国	**National Total**	**146.1**	**229.9**	**137.3**	**22.8**
北京	Beijing	0.4	0.5	0.4	0.1
天津	Tianjin	1.4	1.7		
河北	Hebei	16.8	19.9	13.6	1.7
山西	Shanxi	6.0	9.5	4.0	1.3
内蒙古	Inner Mongolia	2.0	4.3	4.0	0.7
辽宁	Liaoning	5.0	7.3	3.9	0.5
吉林	Jilin	1.6	2.2	1.4	0.2
黑龙江	Heilongjiang	1.5	2.1	1.4	0.1
上海	Shanghai	0.6	1.0		
江苏	Jiangsu	3.8	4.1	1.3	0.2
浙江	Zhejiang	14.1	17.7	1.9	0.5
安徽	Anhui	7.3	12.8	3.3	0.8
福建	Fujian	2.3	3.3	1.7	0.2
江西	Jiangxi	2.6	4.0	6.8	0.4
山东	Shandong	5.0	8.2	5.5	0.4
河南	Henan	6.2	17.6	9.7	1.0
湖北	Hubei	5.2	11.4	6.4	0.8
湖南	Hunan	4.3	7.9	4.1	1.2
广东	Guangdong	3.1	6.2	3.7	0.2
广西	Guangxi	1.8	3.8	8.7	0.6
海南	Hainan	0.3	0.6	0.2	0.1
重庆	Chongqing	3.9	5.6	8.2	1.5
四川	Sichuan	14.7	23.3	13.0	2.5
贵州	Guizhou	7.8	13.3	7.5	1.5
云南	Yunnan	5.6	7.4	3.4	2.0
西藏	Tibet		0.1		
陕西	Shaanxi	10.1	15.5	9.9	1.3
甘肃	Gansu	7.3	10.7	10.2	2.4
青海	Qinghai	1.1	1.3	0.7	0.2
宁夏	Ningxia	1.4	1.5	1.1	0.2
新疆	Xinjiang	1.8	2.7	0.8	0.2
新疆兵团	Xinjiang Corps	0.9	2.0	0.2	0.1
黑龙江农垦	Heilongjiang Land Reclamation	0.3	0.5	0.2	

9-19 续表 continued

地 区	Region	残疾人扶贫基地建设 Poverty Alleviation bases for PWDs			本年度危房改造实际完成 (户) Houses Reconstructed for PWDs in 2012 (household)	本年度危房改造项目受益贫困残疾人 (人) Poor PWDs who Benefited by House Renovation Project in 2012 (person)
		残疾人扶贫基地 (个) Poverty Alleviation Bases for PWDs (unit)	安置残疾人就业 (人) Providing Employment for Disabled Persons (person)	扶持带动贫困残疾人 (人) Supporting and Leading Disabled Persons (person)		
全 国	**National Total**	**5226**	**101963**	**257565**	**132368**	**157074**
北 京	Beijing	121	3646	5190	792	859
天 津	Tianjin	154	2010	2559	101	127
河 北	Hebei	126	2115	7363	5410	6586
山 西	Shanxi	305	5091	6746	4860	5594
内蒙古	Inner Mongolia	85	2229	3100	7685	8595
辽 宁	Liaoning	54	1018	2654	1790	2228
吉 林	Jilin	154	2232	7327	2365	2715
黑龙江	Heilongjiang	104	3387	2611	1687	2177
上 海	Shanghai	64	1504	3668	355	355
江 苏	Jiangsu	412	9651	13734	1072	1247
浙 江	Zhejiang	916	7464	29302	4496	5603
安 徽	Anhui	59	1594	2922	3887	4775
福 建	Fujian	141	5211	5130	2849	5274
江 西	Jiangxi	149	1753	2397	4416	5267
山 东	Shandong	787	16054	41786	4918	6452
河 南	Henan	190	8767	12430	5200	8133
湖 北	Hubei	100	2791	12104	1753	2364
湖 南	Hunan	157	3876	14311	4725	5657
广 东	Guangdong	87	3820	5947	2630	2992
广 西	Guangxi	122	1057	11347	12964	15823
海 南	Hainan	9	117	449	1406	1671
重 庆	Chongqing	56	933	1771	4847	5295
四 川	Sichuan	316	5306	25823	5161	5560
贵 州	Guizhou	62	544	4421	3267	3587
云 南	Yunnan	80	735	3520	6411	6857
西 藏	Tibet				500	514
陕 西	Shaanxi	210	3283	12277	2923	3815
甘 肃	Gansu	43	1806	8516	10235	12771
青 海	Qinghai	31	1121	993	2346	2593
宁 夏	Ningxia	24	685	3185	1560	1714
新 疆	Xinjiang	98	1918	3570	15214	15276
新疆兵团	Xinjiang Corps	8	100	346	3799	3849
黑龙江农垦	Heilongjiang Land Reclamation	2	145	66	744	749

9-20 分地区市和市辖区(不含直辖市、县级市)专门协会数（2012年）

Special Associations in Cities and Districts (Excluding Municipalities and Cities at County Level) by Region (2012)

单位：个 (unit)

地 区	Region	盲人协会 Associations of Persons with Visual Disability	聋人协会 Associations of Persons with Hearing Disability	肢残人协会 Associations of Persons with Physical Disability	智力残疾人及亲友协会 Associations of Persons with Intellectual Disability and Their Relatives and Friends	精神残疾人及亲友协会 Associations of Persons with Psychiatric Disability and Their Relatives and Friends
全 国	**National Total**	**1183**	**1181**	**1189**	**1142**	**1143**
北 京	Beijing	14	14	14	14	14
天 津	Tianjin	16	16	16	16	16
河 北	Hebei	47	47	47	46	46
山 西	Shanxi	27	27	28	25	25
内蒙古	Inner Mongolia	30	30	30	27	27
辽 宁	Liaoning	74	74	74	74	74
吉 林	Jilin	32	31	32	31	31
黑龙江	Heilongjiang	81	81	81	81	81
上 海	Shanghai	16	16	16	16	16
江 苏	Jiangsu	70	70	70	69	70
浙 江	Zhejiang	43	43	43	28	29
安 徽	Anhui	52	52	53	50	49
福 建	Fujian	34	34	34	28	28
江 西	Jiangxi	18	18	18	18	18
山 东	Shandong	70	70	70	67	67
河 南	Henan	69	69	69	69	69
湖 北	Hubei	47	47	47	42	42
湖 南	Hunan	49	49	49	49	49
广 东	Guangdong	75	75	75	75	75
广 西	Guangxi	48	48	48	48	48
海 南	Hainan	6	7	7	7	7
重 庆	Chongqing	20	20	20	19	19
四 川	Sichuan	61	61	61	61	61
贵 州	Guizhou	19	19	19	19	19
云 南	Yunnan	28	28	28	28	28
西 藏	Tibet	1		1		
陕 西	Shaanxi	35	35	35	35	35
甘 肃	Gansu	32	32	32	32	32
青 海	Qinghai	11	11	11	11	11
宁 夏	Ningxia	12	12	12	12	12
新 疆	Xinjiang	27	27	27	26	26
新疆兵团	Xinjiang Corps	10	9	13	10	10
黑龙江农垦	Heilongjiang Land Reclamation	9	9	9	9	9

9-21 分地区县(含县级市)专门协会数（2012年）

Special Associations in Counties (Inc. Cities at County Level) by Region (2012)

单位：个 (unit)

地 区	Region	盲人协会 Associations of Persons with Visual Disability	聋人协会 Associations of Persons with Hearing Disability	肢残人协会 Associations of Persons with Physical Disability	智力残疾人及亲友协会 Associations of Persons with Intellectual Disability and Their Relatives and Friends	精神残疾人及亲友协会 Associations of Persons with Psychiatric Disability and Their Relatives and Friends
全 国	**National Total**	**1906**	**1892**	**1924**	**1841**	**1842**
北 京	Beijing	2	2	2	2	2
天 津	Tianjin	3	3	3	3	3
河 北	Hebei	135	135	135	134	134
山 西	Shanxi	80	80	80	79	78
内蒙古	Inner Mongolia	82	82	82	76	76
辽 宁	Liaoning	44	44	44	44	44
吉 林	Jilin	40	40	40	40	40
黑龙江	Heilongjiang	64	64	64	64	64
上 海	Shanghai	1	1	1	1	1
江 苏	Jiangsu	49	49	49	49	49
浙 江	Zhejiang	56	56	58	44	43
安 徽	Anhui	50	48	53	47	48
福 建	Fujian	58	58	58	50	50
江 西	Jiangxi	61	60	61	60	59
山 东	Shandong	89	84	87	80	80
河 南	Henan	108	108	108	108	108
湖 北	Hubei	62	58	61	54	54
湖 南	Hunan	80	79	80	77	77
广 东	Guangdong	69	69	69	68	68
广 西	Guangxi	75	75	75	75	75
海 南	Hainan	15	15	15	15	15
重 庆	Chongqing	18	18	18	17	17
四 川	Sichuan	113	112	114	112	112
贵 州	Guizhou	71	70	72	70	70
云 南	Yunnan	108	108	112	102	102
西 藏	Tibet	1				
陕 西	Shaanxi	83	83	83	77	79
甘 肃	Gansu	69	69	69	69	69
青 海	Qinghai	37	37	37	37	36
宁 夏	Ningxia	13	13	13	12	12
新 疆	Xinjiang	83	83	83	80	80
新疆兵团	Xinjiang Corps					
黑龙江农垦	Heilongjiang Land Reclamation	87	89	98	95	97

9-22 分地区盲人按摩情况(2012年)

Blind Massage by Region (2012)

单位：人 (person)

地 区	Region	保健按摩人员培训 Blind Health-care Masseurs Trained	医疗按摩人员培训 Blind Therapeutical Masseurs Trained	按摩机构 Institutions of Blind Massage	
				医疗按摩机构 Therapeutical Blind Massage Clinics	保健按摩机构 Health-care Blind Massage Houses
全 国	**National Total**	**16514**	**4925**	**848**	**12887**
北 京	Beijing	509	98	2	489
天 津	Tianjin	36	25	4	159
河 北	Hebei	785	782	55	364
山 西	Shanxi	402	95	49	354
内蒙古	Inner Mongolia	272	142	29	205
辽 宁	Liaoning	635	138	22	1067
吉 林	Jilin	843	598	36	262
黑龙江	Heilongjiang	281	72	23	207
上 海	Shanghai	403	8		115
江 苏	Jiangsu	668	87	19	753
浙 江	Zhejiang	327	205	21	932
安 徽	Anhui	566	77	89	226
福 建	Fujian	854	166	4	273
江 西	Jiangxi	286	47	64	307
山 东	Shandong	665	284	81	1153
河 南	Henan	1193	624	86	444
湖 北	Hubei	596	62	41	720
湖 南	Hunan	1220	254	17	456
广 东	Guangdong	506	195	6	697
广 西	Guangxi	628	126	7	156
海 南	Hainan	183	75	2	120
重 庆	Chongqing	581	75	29	610
四 川	Sichuan	1131	60	36	1028
贵 州	Guizhou	368	17	3	329
云 南	Yunnan	564	83	11	623
西 藏	Tibet	22			17
陕 西	Shaanxi	1008	288	68	284
甘 肃	Gansu	236	64	26	182
青 海	Qinghai	270	58	1	146
宁 夏	Ningxia	289	22		104
新 疆	Xinjiang	149	98	9	77
新疆兵团	Xinjiang Corps	38		7	26
黑龙江农垦	Heilongjiang Land Reclamation			1	2

9-23 分地区省级文化体育情况（2012年）

Culture and Sports Activities at Provincial Level by Region (2012)

地区	Region	盲文及盲人有声读物阅览室（个）Reading Rooms with Braille and Audio Reading Materials (unit)	体育 Sports: 残疾人群众体育健身活动（次）Massive Sports and Fitness Activities for PWDs (time)	群体活动参加人数（人次）Participants in Mass Activities (person-time)	残疾人体育比赛（次）Sports Events for PWDs (time)	参赛残疾运动员（人次）Disabled Athletes Participating in the Sports Events (person-time)	残疾人体育基地（个）Sports Training Bases for PWDs (unit)	残疾人体育训练基地在编人员（人）Full-time Staff at Sports Training Bases for PWDs (person)	聘任教练员（人）Stable Coaches (person)
全国	**National Total**	**48**	**218**	**49384**	**80**	**12574**	**200**	**525**	**700**
北京	Beijing	5	8	4532	5	362	10	65	28
天津	Tianjin	2	8	4000	9	2300	3	42	14
河北	Hebei	1	15	630	10	660	16	50	53
山西	Shanxi	2	2	380	1	162			18
内蒙古	Inner Mongolia	1					3	18	6
辽宁	Liaoning	1					28	50	25
吉林	Jilin	5	2	5800			16	46	10
黑龙江	Heilongjiang	1	1	500			3		8
上海	Shanghai	1	25	4100	20	3900	5	16	160
江苏	Jiangsu	1	5	2560	1	400	1	20	31
浙江	Zhejiang	1	5	1500	1	800	4	50	20
安徽	Anhui	1			1	227	1	3	15
福建	Fujian	2	30	2800	1	200	15	38	58
江西	Jiangxi	1	3	650	1	218	2	8	13
山东	Shandong	1	1	50	1	45	4	36	12
河南	Henan	3	2	1200	2	200	6	6	20
湖北	Hubei	1	10	1500	1	80	10	10	24
湖南	Hunan	5	6	312	4	721	8	8	16
广东	Guangdong	2	10	1200	2	200	9		27
广西	Guangxi	1			2	305	1		6
海南	Hainan	1							
重庆	Chongqing	1	2	1800	1	39	5	5	15
四川	Sichuan		2	7000	2	500	5	5	30
贵州	Guizhou		1	80	2	245	4	8	11
云南	Yunnan	1	2	920					18
西藏	Tibet								
陕西	Shaanxi	1	49	4000	8	280	25	25	12
甘肃	Gansu	1	15	1900	2	410	9	9	26
青海	Qinghai	1	4	1000	3	320	1	1	5
宁夏	Ningxia	1	3	320			2	2	5
新疆	Xinjiang	3	6	600			4	4	12
新疆兵团	Xinjiang Corps		1	50					2
黑龙江农垦	Heilongjiang Land Reclamation								

9-24 分地区地市级文化体育情况（2012年）

Culture and Sports Activities at Prefecture Level by Region (2012)

地 区	Region	盲文及盲人有声读物阅览室（个）Reading Rooms with Braille and Audio Reading Materials (unit)	残疾人体育活动（次）Sports Activity of PWDs (time)	残疾人体育活动参加残疾人（人次）Participants with Disabilities in Sports Activity of PWDs (person-time)	残疾人群众体育活动示范点（个）Sports Activity Demonstration Sites for PWDs (unit)	残疾人体育健身指导员（人）Coaches for Fitness Activity for PWDs (person)
全 国	**National Total**	**431**	**3953**	**525485**	**1040**	**6616**
北 京	Beijing	14	1391	66594	68	455
天 津	Tianjin	19	156	6832	31	435
河 北	Hebei	15	107	10106	56	456
山 西	Shanxi	10	73	2047	18	130
内蒙古	InnerMongolia	16	42	1152	8	12
辽 宁	Liaoning	18	100	41837	40	358
吉 林	Jilin	9	56	5057	128	234
黑龙江	Heilongjiang	23	13	2043		140
上 海	Shanghai	24	610	266402	148	518
江 苏	Jiangsu	17	71	5722	92	58
浙 江	Zhejiang	13	74	6205	66	311
安 徽	Anhui	18	84	4102	41	56
福 建	Fujian	27	51	3425	23	251
江 西	Jiangxi	9	13	815	4	9
山 东	Shandong	20	82	5018	35	309
河 南	Henan	15	88	7314	18	426
湖 北	Hubei	8	180	6630	6	36
湖 南	Hunan	25	103	6757	36	140
广 东	Guangdong	19	103	10206	18	123
广 西	Guangxi	6	22	2559	8	249
海 南	Hainan		5	400	1	1
重 庆	Chongqing	13	278	26863	74	76
四 川	Sichuan	38	59	4913	58	1529
贵 州	Guizhou	11	14	1078	2	2
云 南	Yunnan	10	41	11454	15	58
西 藏	Tibet					
陕 西	Shaanxi	17	61	3386	23	73
甘 肃	Gansu	5	27	8332	9	96
青 海	Qinghai	2	2	346		1
宁 夏	Ningxia	5	9	390	10	48
新 疆	Xinjiang	5	31	6365	4	14
新疆兵团	Xinjiang Corps		7	1135		12
黑龙江农垦	Heilongjiang Land Reclamation					

9-25 分地区法规体系和政策文件(2012年)
Policy Laws and Regulations by Region (2012)

单位：个 (unit)

地 区	Region	制定或修改关于残疾人的专门法规、规章 Laws and Regulations Enacted or Reviewed Specially for PWDs	省级 at Provincial Level	地市级 at Prefectural/ City Level	制定或修改保障残疾人权益的规范性文件 Regulations Enacted Or Reviewed Directly Related to PWDs	省级 at Provincial Level	地市级 at Prefectural/ City Level	县级 at County Level
全 国	**National Total**	**30**	**5**	**25**	**706**	**61**	**109**	**536**
北 京	Beijing							
天 津	Tianjin				10	7		3
河 北	Hebei	4	1	3	36	6	5	25
山 西	Shanxi				19		4	15
内蒙古	Inner Mongolia				6	1		5
辽 宁	Liaoning	1		1	12		5	7
吉 林	Jilin	1		1	30		3	27
黑龙江	Heilongjiang	1		1	6		2	4
上 海	Shanghai				1			1
江 苏	Jiangsu				50		6	44
浙 江	Zhejiang	2		2	43	2	3	38
安 徽	Anhui				21	1	7	13
福 建	Fujian				26	3	7	16
江 西	Jiangxi	2		2	26		5	21
山 东	Shandong	3	1	2	51		7	44
河 南	Henan	2		2	23		11	12
湖 北	Hubei	1		1	26		2	24
湖 南	Hunan				21		2	19
广 东	Guangdong				20	2	9	9
广 西	Guangxi				9		2	7
海 南	Hainan				1			1
重 庆	Chongqing				36	1		35
四 川	Sichuan				61	3	4	54
贵 州	Guizhou	1	1		9	1		8
云 南	Yunnan				10		1	9
西 藏	Tibet				2	1		1
陕 西	Shaanxi	1		1	8		2	6
甘 肃	Gansu	2	1	1	119	22	18	79
青 海	Qinghai	1	1		14	11	1	2
宁 夏	Ningxia	7		7	6		3	3
新 疆	Xinjiang	1		1	4			4
新疆兵团	Xinjiang Corps							
黑龙江农垦	Heilongjiang Land Reclamation							

9-26 分地区执法检查情况（2012年）

Inspection on Law Enforcement by Region (2012)

单位：次 (time)

地 区	Region	人大执法检查或专题调研 Inspections and Investigations by Officials of People's Congresses				政协视察或专题调研 Inspection and Investigations by People's Political Consultative Conferences			
		合 计 Total	省 级 Provincial Level	地市级 Prefecture/City Level	县 级 County Level	合 计 Total	省 级 Provincial Level	地市级 Prefecture/City Level	县 级 County Level
全 国	**National Total**	**923**	**33**	**159**	**731**	**810**	**12**	**111**	**687**
北 京	Beijing	5			5	5			5
天 津	Tianjin	17	1		16	2			2
河 北	Hebei	76	1	10	65	69	1	9	59
山 西	Shanxi	55	1	10	44	33		4	29
内蒙古	Inner Mongolia	13		2	11	14			14
辽 宁	Liaoning	32		8	24	33		10	23
吉 林	Jilin	14	1	3	10	17		4	13
黑龙江	Heilongjiang	19	1	6	12	16	1	2	13
上 海	Shanghai	3	1		2	5	3		2
江 苏	Jiangsu	47	1	7	39	46		9	37
浙 江	Zhejiang	62	1	9	52	68		6	62
安 徽	Anhui	39	1	8	30	54		12	42
福 建	Fujian	41	1	7	33	33		2	31
江 西	Jiangxi	24	1	2	21	27	2	3	22
山 东	Shandong	77	5	10	62	57		5	52
河 南	Henan	32	1	12	19	28		4	24
湖 北	Hubei	35	1	7	27	35		8	27
湖 南	Hunan	42	1	5	36	43		3	40
广 东	Guangdong	20	1	3	16	14	1	7	6
广 西	Guangxi	15	1	5	9	7		3	4
海 南	Hainan	5	1	2	2	8		5	3
重 庆	Chongqing	28	1		27	30	1		29
四 川	Sichuan	48	1	7	40	53	1	5	47
贵 州	Guizhou	23	1	2	20	9	1	1	7
云 南	Yunnan	23	1	1	21	24		1	23
西 藏	Tibet	1	1						
陕 西	Shaanxi	20	1	4	15	14			14
甘 肃	Gansu	52	1	9	42	41		5	36
青 海	Qinghai	14	1	2	11	4		1	3
宁 夏	Ningxia	12	1	2	9	7		1	6
新 疆	Xinjiang	14	1	2	11	14	1	1	12
新疆兵团	Xinjiang Corps	15	1	14					
黑龙江农垦	Heilongjiang Land Reclamation								

9-27 分地区法律服务和法律援助（2012年）
Legal Service and Legal Aid by Region (2012)

地区	Region	残疾人法律援助中心(工作站)（个） Legal Aid Centers (Station) for PWDs (unit)				残疾人法律援助中心(工作站)办理的案件（件） Cases Handled by Legal Aid Centers(Stations) (case)			
		合计 Total	省级 Provincial Level	地市级 Prefecture/City Level	县级 County Level	合计 Total	省级 Provincial Level	地市级 Prefecture/City Level	县级 County Level
全国	**National Total**	**2979**	**29**	**326**	**2624**	**24550**	**328**	**5307**	**18915**
北京	Beijing	17	1		16	323	42		281
天津	Tianjin								
河北	Hebei	186	1	11	174	2626	27	1223	1376
山西	Shanxi	120		10	110	753		434	319
内蒙古	Inner Mongolia	102	1	12	89	370	1	73	296
辽宁	Liaoning	115	1	14	100	1016	1	236	779
吉林	Jilin	66	1	8	57	413	11	73	329
黑龙江	Heilongjiang	119	1	13	105	642	5	149	488
上海	Shanghai	18	1		17	228	2		226
江苏	Jiangsu	115	1	13	101	1038	1	163	874
浙江	Zhejiang	98	1	11	86	1069	15	171	883
安徽	Anhui	113	1	15	97	1180	14	202	964
福建	Fujian	93	1	9	83	1104	8	194	902
江西	Jiangxi	94	1	9	84	906	13	95	798
山东	Shandong	153	1	17	135	1454		377	1077
河南	Henan	165	1	17	147	705		232	473
湖北	Hubei	92	1	11	80	1187	126	230	831
湖南	Hunan	118	1	13	104	857	6	68	783
广东	Guangdong	123	1	21	101	529	12	157	360
广西	Guangxi	119	1	14	104	629	4	101	524
海南	Hainan	17		2	15	63		10	53
重庆	Chongqing	41	1		40	1403			1403
四川	Sichuan	136	1	15	120	1186	4	183	999
贵州	Guizhou	88	1	8	79	238	1	14	223
云南	Yunnan	135	1	15	119	1596	10	189	1397
西藏	Tibet	8	1	7		2		2	
陕西	Shaanxi	106	1	9	96	452	13	180	259
甘肃	Gansu	96	1	15	80	1077	5	70	1002
青海	Qinghai	55	1	8	46	197	4	15	178
宁夏	Ningxia	24	1	5	18	264	1	178	85
新疆	Xinjiang	86	1	8	77	844	2	186	656
新疆兵团	Xinjiang Corps	158	1	15	142	139		99	40
黑龙江农垦	Heilongjiang Land Reclamation	3		1	2	60		3	57

9-28 分地区无障碍建设情况(2012年)
Accessibility Environment Building by Region (2012)

单位：个 (unit)

地区	Region	无障碍建设与管理法规、政府令 Regulations and Decrees on Accessible Environment Building and Management				系统开展无障碍建设市、县 Cities (Prefectures) and Counties That Systematic Accessibility Construction Has Been Carried out		
		合计 Total	省级 Provincial Level	地市级 Prefecture/City Level	县级 County Level	合计 Total	地市级 Prefecture/City Level	县级 County Level
全国	**National Total**	**438**	**9**	**88**	**341**	**1084**	**165**	**919**
北京	Beijing	2			2	16		16
天津	Tianjin	9	1		8	16	16	
河北	Hebei	43	1	4	38	183	11	172
山西	Shanxi	16		4	12	66	11	55
内蒙古	Inner Mongolia	2			2			
辽宁	Liaoning	6		3	3	5	4	1
吉林	Jilin	12		4	8	12	4	8
黑龙江	Heilongjiang	3			3			
上海	Shanghai	5	1		4	17		17
江苏	Jiangsu	22		11	11	56	8	48
浙江	Zhejiang	21		2	19	26	2	24
安徽	Anhui	10	1	2	7	76	16	60
福建	Fujian	24		5	19			
江西	Jiangxi	7		2	5	58	11	47
山东	Shandong	33	1	5	27	6	5	1
河南	Henan	25		5	20	52	5	47
湖北	Hubei	6		3	3			
湖南	Hunan	19		3	16	6	6	
广东	Guangdong	28	1	9	18	6	6	
广西	Guangxi	10		2	8	126	14	112
海南	Hainan	6		6		2	2	
重庆	Chongqing	6			6	38		38
四川	Sichuan	22	2		20	35	7	28
贵州	Guizhou	14		2	12	26	2	24
云南	Yunnan	18		3	15	74	5	69
西藏	Tibet							
陕西	Shaanxi	13		2	11	43	3	40
甘肃	Gansu	39	1	8	30	101	15	86
青海	Qinghai	1			1	11	3	8
宁夏	Ningxia	5		1	4	23	5	18
新疆	Xinjiang	9			9	2	2	
新疆兵团	Xinjiang Corps							
黑龙江农垦	Heilongjiang Land Reclamation	2		2		2	2	

9-29 分地区贫困残疾人家庭无障碍改造(2012)

Accessibility Renovation for Homes of Poor Disabled Persons by Region (2012)

单位：户 (household)

地区	Region	贫困残疾人家庭无障碍改造 Accessibility Renovation for Homes of Poor Disabled Persons			
		合计 Total	省级 Provincial Level	地市级 Prefecture/City Level	县级 County Level
全国	**National Total**	**141471**	**20549**	**10333**	**110589**
北京	Beijing	11559			11559
天津	Tianjin	1487			1487
河北	Hebei	1357		160	1197
山西	Shanxi	1873		200	1673
内蒙古	Inner Mongolia	7167		1100	6067
辽宁	Liaoning	12147		812	11335
吉林	Jilin	1598			1598
黑龙江	Heilongjiang	2634		110	2524
上海	Shanghai	2848	450		2398
江苏	Jiangsu	17893		300	17593
浙江	Zhejiang	4112	300		3812
安徽	Anhui	2228		400	1828
福建	Fujian	2130		184	1946
江西	Jiangxi	1191		20	1171
山东	Shandong	11278	3243	1565	6470
河南	Henan	1552		519	1033
湖北	Hubei	1482		718	764
湖南	Hunan	2234		120	2114
广东	Guangdong	4718	103	2645	1970
广西	Guangxi	5251		3	5248
海南	Hainan	500		50	450
重庆	Chongqing	4960			4960
四川	Sichuan	27348	14388	400	12560
贵州	Guizhou	1694	1100	249	345
云南	Yunnan	697			697
西藏	Tibet	200		100	100
陕西	Shaanxi	1680		10	1670
甘肃	Gansu	1178		40	1138
青海	Qinghai	1985	965		1020
宁夏	Ningxia	1922		350	1572
新疆	Xinjiang	2070		30	2040
新疆兵团	Xinjiang Corps	348		248	100
黑龙江农垦	Heilongjiang Land Reclamation	150			150

9-30 分地区基层残疾人组织建设情况（2012年）
Disabled Persons' Federations at Grassroots Level by Region (2012)

地 区	Region	乡、镇、街道残联 Disabled Persons' Federations in Township (Town, Street)		村、社区残疾人组织 Disabled Persons' Organizations in Villages and Communities		
		残联数（个） Disabled Persons' Federations (unit)	助残志愿者登记在册数（万人） Registered Volunteers Assisting the Disabled (10 000 person)	村委会残疾人协会(小组)数（个） Disabled Persons' Associations in Villages (unit)	社区残疾人协会数（个） Disabled Persons' Associations in Communities (unit)	助残志愿者登记在册数（万人） Registered Volunteers Assisting the Disabled (10 000 person)
全 国	**National Total**	**39378**	**193.4**	**536952**	**70186**	**182.1**
北 京	Beijing	300	1.8	3716	2042	1.4
天 津	Tianjin	241	10.2	3518	1335	9.4
河 北	Hebei	2264	16.2	48413	2993	13.7
山 西	Shanxi	1463	1.6	23425	1770	1.9
内蒙古	Inner Mongolia	1057	0.5	10500	1767	0.3
辽 宁	Liaoning	1510	3.8	11453	3888	5.1
吉 林	Jilin	895	6.9	9280	1496	8.3
黑龙江	Heilongjiang	1279	15.2	7246	2162	10.2
上 海	Shanghai	218	0.8	1682	3515	1.4
江 苏	Jiangsu	1346	8.2	15837	4694	10.4
浙 江	Zhejiang	1337	7.0	22163	2839	3.7
安 徽	Anhui	1293	1.0	11827	2088	1.8
福 建	Fujian	1101	3.9	14626	2004	3.3
江 西	Jiangxi	1479	2.5	15618	2216	7.2
山 东	Shandong	1833	13.8	65883	4704	15.4
河 南	Henan	2351	11.8	43591	3345	14.9
湖 北	Hubei	1212	2.8	20878	2930	2.7
湖 南	Hunan	2395	8.8	36548	3014	11.3
广 东	Guangdong	1608	29.8	18585	5215	13.7
广 西	Guangxi	1234	5.4	14197	1588	5.2
海 南	Hainan	225	0.5	2137	324	0.7
重 庆	Chongqing	1005	1.4	8842	1854	4.0
四 川	Sichuan	4334	14.7	43463	4638	10.8
贵 州	Guizhou	1471	3.3	15525	1159	1.3
云 南	Yunnan	1354	0.9	12155	1370	0.6
西 藏	Tibet					
陕 西	Shaanxi	1536	11.3	26301	1777	14.8
甘 肃	Gansu	1374	5.9	16086	1121	5.7
青 海	Qinghai	403	0.2	4266	344	0.1
宁 夏	Ningxia	225	2.3	1759	391	1.3
新 疆	Xinjiang	1029	0.8	7421	1508	1.5
新疆兵团	Xinjiang Corps	6	0.1	11	92	0.1
黑龙江农垦	Heilongjiang Land Reclamation				3	0.0

9-31 分地区残疾人服务设施建设(2012年)
Service Facilities for PWDs by Region (2012)

地区	Region	综合服务设施 Comprehensive Service Facilities 已投入使用项目 Projects in Operation 项目个数(个) Number of Projects (unit)	建设规模(平方米) Construction Area (Square meters)	总投资(万元) Total Investment (10 000 Yuan)	康复设施 Rehabilitation Service Facilities 已投入使用项目 Projects in Operation 项目个数(个) Number of Projects (unit)	建设规模(平方米) Construction Area (Square meters)	总投资(万元) Total Investment (10 000 Yuan)	托养设施 Fostering Service Facilities 已投入使用项目 Projects in Operation 项目个数(个) Number of Projects (unit)	建设规模(平方米) Construction Area (Square meters)	总投资(万元) Total Investment (10 000 Yuan)
全 国	**National Total**	**1971**	**3557583**	**962140.7**	**231**	**670069**	**191917.2**	**155**	**431282**	**126435.6**
北 京	Beijing	1	4781	2914.8	3	13221	8273.7			
天 津	Tianjin	23	82485	39607.0	8	9550	2444.7	15	8729	3258.7
河 北	Hebei	150	151931	29363.7	5	12096	1678.1	3	10304	2315.0
山 西	Shanxi	47	101403	26927.0	31	68646	16693.4	1	2000	400.0
内蒙古	Inner Mongolia	63	52483	8330.8	2	4005	430.0	2	3320	270.0
辽 宁	Liaoning	128	252181	81898.7	12	41541	7101.9	16	48712	10083.5
吉 林	Jilin	39	56503	13016.4	6	22186	8611.0	1	3352	1400.0
黑龙江	Heilongjiang	99	64891	12942.5	3	4246	307.0	3	10818	3346.8
上 海	Shanghai	7	55903	52010.8						
江 苏	Jiangsu	64	206072	84520.4	36	86963	28539.9	20	84951	37537.0
浙 江	Zhejiang	56	342442	114007.5	14	109304	35100.9	16	45400	18900.0
安 徽	Anhui	67	98371	18254.8	2	1892	699.0			
福 建	Fujian	71	129586	43840.9	3	12507	2376.5	2	7451	550.0
江 西	Jiangxi	18	25056	5426.3	3	3850	190.0	1	500	60.0
山 东	Shandong	138	290773	64212.8	10	22629	2840.0	10	23463	10805.0
河 南	Henan	135	181445	28532.8	5	49912	7164.0	4	11186	1942.2
湖 北	Hubei	56	73970	14436.5	6	12077	1196.0	12	19006	3285.0
湖 南	Hunan	87	149580	21295.9	10	7102	978.0	11	4622	957.0
广 东	Guangdong	73	363136	97041.0	33	63032	16180.8	6	20026	12256.0
广 西	Guangxi	92	107566	14649.0	2	2260	335.0			
海 南	Hainan	7	7909	2804.0	1	400	400.0			
重 庆	Chongqing	27	79666	24114.2	3	3713	930.0	1	68	197.9
四 川	Sichuan	71	139843	39421.7	21	98369	44196.5	4	7932	2800.5
贵 州	Guizhou	58	49554	8281.0	2	1200	500.0	1	2000	40.0
云 南	Yunnan	120	126369	20478.1						
西 藏	Tibet				1	3513	927.1			
陕 西	Shaanxi	66	94570	24466.6	4	10884	2003.7	20	90338	8494.0
甘 肃	Gansu	92	95559	31680.6	2	1500	660.0	3	10801	1302.0
青 海	Qinghai	31	13001	3745.0	1	1592	830.0			
宁 夏	Ningxia	18	27676	6377.6						
新 疆	Xinjiang	51	120284	25606.6	2	1880	330.0	1	3023	888.0
新疆兵团	Xinjiang Corps	10	8102	1307.0						
黑龙江农垦	Heilongjiang Land Reclamation	6	4490	628.6				2	13281	5347.0

9-32 分地区残疾人人口基础数据库主要数据

Brief Data of the National Basic Information Database of Persons with Disabilities by Region

单位：人 (person)

地区	Region	入库残疾人 PWDs in the Database	已办理证件 PWDs with Disabled Persons Certificate	视力残疾人 Persons with Visual Disability	听力残疾人 Persons with Hearing Disability	言语残疾人 Persons with Speech Disability	肢体残疾人 Persons with Physical Disability	智力残疾人 Persons with Mental Disability	精神残疾人 Persons with Psychiatric Disability	多重残疾人 Persons with Multiple Disabilities
全国	**National Total**	**37951669**	**26515102**	**3163824**	**2044071**	**507746**	**15639618**	**2201847**	**1819521**	**1138475**
北京	Beijing	471500	436611	46533	28886	2707	247427	49275	45189	16594
天津	Tianjin	253625	232029	21444	14942	3480	140458	26888	22043	2774
河北	Hebei	2208397	1417293	129604	97960	38097	935742	108869	57275	49746
山西	Shanxi	1015597	748649	78612	57975	17193	471395	66948	32439	24087
内蒙古	Inner Mongolia	1054116	644933	67864	57988	15410	395482	52316	32163	23710
辽宁	Liaoning	1134277	802316	86095	59850	8395	447788	98386	74407	27395
吉林	Jilin	752262	616232	69645	49089	11578	364286	56351	45253	20030
黑龙江	Heilongjiang	855035	764050	80794	59758	10788	479428	62691	46190	24401
上海	Shanghai	535128	365488	67721	33804	4113	159120	56008	44142	580
江苏	Jiangsu	2844233	1345043	166031	82009	9080	754782	171735	120744	40662
浙江	Zhejiang	1010132	1008619	111386	118353	16240	539335	101270	93228	28807
安徽	Anhui	1998308	1308217	150521	84010	28081	704680	122893	133592	84440
福建	Fujian	1036936	986763	160639	154337	12076	475269	76177	64218	44047
江西	Jiangxi	1008536	841011	93741	65257	13012	491903	66771	67196	43131
山东	Shandong	2220962	1826849	154252	118507	24280	1165472	161343	123052	79943
河南	Henan	3431494	1526067	142495	113514	45370	994941	128176	58552	43019
湖北	Hubei	1461728	977689	127550	59786	27714	542023	81265	89338	50013
湖南	Hunan	2028004	1064197	134896	52344	22484	639221	79185	73571	62496
广东	Guangdong	1487528	1051031	105951	71889	19940	564047	105114	125756	58334
广西	Guangxi	1889222	1297544	181522	123827	21346	788538	60367	55527	66417
海南	Hainan	142005	126356	14178	4260	2576	73248	10380	15331	6383
重庆	Chongqing	828354	739813	120686	41573	12350	416491	58880	62695	27138
四川	Sichuan	2443375	1817923	267835	113334	34005	1111487	125331	110277	55654
贵州	Guizhou	1410608	738365	92847	37445	16508	490878	34815	22434	43438
云南	Yunnan	1237784	1038031	140974	73567	26787	637161	56930	56531	46081
西藏	Tibet	65951	64941	10853	6848	3419	31866	2012	3854	6089
陕西	Shaanxi	1375800	1301242	162120	144529	29695	763938	67054	61774	72132
甘肃	Gansu	735066	566277	61873	41184	10610	334138	45056	27416	46000
青海	Qinghai	143077	131395	16468	15524	3085	72603	10383	3361	9971
宁夏	Ningxia	259899	208884	26047	20239	4076	119689	17065	12378	9390
新疆	Xinjiang	512250	427200	61179	35214	11871	235772	32470	27897	22797
新疆兵团	Xinjiang Corps	36399	31265	3467	2145	566	17168	3242	3856	821
黑龙江农垦	Heilongjiang Land Reclamation	64081	62779	8001	4124	814	33842	6201	7842	1955

注：1.数据为截止到2013年6月3日全国残疾人人口基础数据库入库数据。
a)Data in this table is the data in the PWDs Database by June 3,2013.

十、公共管理和社会组织

Public Administration and Membership Organization

10-1 历届全国人民代表大会代表人数

Number of Deputies to National People's Congresses

单位：人 (person)

届别	Congress	年份 Year	代表总数 Total Number of Deputies	#女代表 Female Deputies	#少数民族代表 Minority Deputies	占代表总数比重(%) As Percentage to Total Deputies(%) #女代表 Female Deputies	#少数民族代表 Minority Deputies
一 届	First Congress	1954	1226	147	177	12.0	14.4
二 届	Second Congress	1959	1226	150	180	12.2	14.7
三 届	Third Congress	1964	3040	542	373	17.8	12.3
四 届	Fourth Congress	1975	2885	653	270	22.6	9.4
五 届	Fifth Congress	1978	3497	740	381	21.2	10.9
六 届	Sixth Congress	1983	2978	632	404	21.2	13.6
七 届	Seventh Congress	1988	2970	634	445	21.3	15.0
八 届	Eighth Congress	1993	2978	626	439	21.0	14.7
九 届	Ninth Congress	1998	2979	650	428	21.8	14.4
十 届	Tenth Congress	2003	2984	604	415	20.2	13.9
十一届	Eleventh Congress	2008	2987	637	411	21.3	13.8
十二届	Twelfth Congress	2013	2987	699	409	23.4	13.7

10-2 历届全国政治协商会议委员人数

Number of Deputies to All the Previous Chinese People's Political Consultative Conferences

单位：人 (person)

届别	Congress	年份 Year	委员总数 Total Number of Deputies	#中国共产党委员 Deputies from the Communist Party of China	#少数民族委员 Ethnic Minority Deputies	占委员总数比重(%) As Percentage to Total Deputies (%) 中国共产党委员 Deputies from the Communist Party of China	少数民族委员 Ethnic Minority Deputies
六 届	Sixth Congress	1983	2042	811	179	39.7	8.8
七 届	Seventh Congress	1988	2038	832	221	40.8	10.8
八 届	Eighth Congress	1993	2093	831	241	39.7	11.5
九 届	Ninth Congress	1998	2195	875	258	39.9	11.8
十 届	Tenth Congress	2003	2238	895	262	40.0	11.7
十一届	Eleventh Congress	2008	2237	892	250	39.9	11.2
十二届	Twelfth Congress	2013	2237	893	258	39.9	11.5

10-3 公安机关立案的刑事案件及构成

Criminal Cases Registered in Public Security Organs and Composition

案件类别	Category of Cases	立案（起）Number of Cases Registered (case)		构成（%）Composition (%)	
		2011	2012	2011	2012
合　计	**Total**	**6004951**	**6551440**	**100.00**	**100.00**
杀　人	Homicide	12015	11286	0.20	0.17
伤　害	Injury	165097	163620	2.75	2.50
抢　劫	Robbery	202623	180159	3.37	2.75
强　奸	Rape	33336	33835	0.56	0.52
拐卖妇女儿童	Trafficking Women or Children	13964	18532	0.23	0.28
盗　窃	Theft	4259484	4284670	70.93	65.40
诈　骗	Fraud	484813	555823	8.07	8.48
走　私	Smuggling	1350	1575	0.02	0.02
伪造、变造货币、出售、购买、运输、持有、使用假币	Counterfeiting the Currency and Selling,Buying Transporting, Holding and Using Counterfeit Currencies	688	2194	0.01	0.03
其　他	Others	831581	1299746	13.86	19.85

注：2011年共破获刑事案件2312832起。
a) The solved criminal cases in 2011 are 2312832 cases.

10-4 公安机关受理和查处治安案件数（2012年）

Offense Cases Against Public Order Handled by Public Security Organs (2012)

案件类别	Category of Cases	受理（起）Number of Cases Accepted (case)	查处（起）Number of Cases Investigated (case)	每万人口受理案件数（起）Number of Cases Accepted Per 10000 person (case)
合　计	**Total**	**13889480**	**13310741**	**102.3**
扰乱单位秩序	Disturbing Business Orders	138416	136616	1.0
扰乱公共场所秩序	Disturbing the Orders in Public Places	476836	475931	3.5
寻衅滋事	Creating Disturbances	115527	109609	0.9
阻碍执行职务	Obstructing State Functionaries from Performing Duty	38792	38014	0.3
非法携带枪支、弹药、管制工具	Violation of Firearms Control Regulations	78707	77782	0.6
违反危险物质管理规定	Violation of Explosives Control Regulations	28083	27615	0.2
殴打他人	Beating Others	4531863	4377838	33.4
故意伤害	Wilfully Injuring Others	306328	287543	2.3
盗　窃	Stealing Property	2052861	1832307	15.1
敲诈勒索	Extertion and Blackmail	19207	16978	0.1
抢　夺	Robbery and Snatch	37479	31241	0.3
盗窃、损毁公共设施	Stealing and Damaging Public Facilities	14705	12753	0.1
伪造、变造、倒卖有价票证、凭证	Forge/Alter/Scalp Valuable Coupons or Certificates	12774	12678	0.1
违反旅馆业管理	Violating the Hotel Management Regulations	163429	162237	1.2
违反房屋出租管理	Violating the Rent Control Regulations	236698	234863	1.7
诈　骗	Swindling, Seizing and Extorting Property	270114	233497	2.0
卖淫、嫖娼	Prostitution or Visiting Prostitutes	94938	94306	0.7
赌　博	Gambling	408919	404700	3.0
毒品违法活动	Illegal Drug Related Action	445180	441637	3.3
其　他	Others	4418624	4302596	32.6

10-5 交通事故情况（2012年）

Basic Statistics on Traffic Accidents (2012)

项　目	Item	发生数（起）Number of Traffic Accidents (case)	死亡人数（人）Number of Deaths (person)	受伤人数（人）Number of Injuries (person)	直接财产损失（万元）Direct Property Losses (10 000 yuan)
总　计	**Total**	**204196**	**59997**	**224327**	**117489.6**
#重大事故	Serious Accidents	24	325	364	262.8
#特大事故	Extraordinarily Serious Accidents	1	36	3	49.0
机动车	Vehicles	190756	57277	210554	114199.5
#汽　车	Motor Vehicles	142995	44679	152478	101244.6
摩托车	Motorcycles	42955	10643	53366	9977.8
拖拉机	Tractors	3370	1297	3341	1832.8
非机动车	Non-motor-driven Vehicles	11299	1628	12541	2116.0
#自行车	Bicycles	1433	279	1354	274.3
行人乘车人	Pedestrians and Passengers	2063	1075	1168	1160.0
其　他	Others	78	17	64	14.1

注：2012年根据《生产安全事故报告和调查处理条例》，重大、特大事故统计口径有调整。

a)The data in 2012 coverage for serious accidents and extraordinarily serions accidents have been adjusted according to the Regulations on the Reporting, Investigation and Disposition of Production Safety Accidents

10-6 火灾事故情况（2012年）

Basic Statistics on Fire Accidents (2012)

项　目	Item	合计 Total	特大 Extraordinarily Serious	重大 Serious	较大 Big	一般 Ordinary
发生（起）	Fire Accidents (case)	152157		2	60	152095
死亡（人）	Deaths (person)	1028		24	199	805
受伤（人）	Injuries (person)	575		7	45	523
直接经济损失（万元）	Direct Economic Losses (10 000 yuan)	217716		2699	19806	195211
平均每起事故损失（元）	Average Loss per Fire Accident (yuan)	14309		13494228	3301046	12835

10-7 分地区交通事故情况（2012年）

Basic Statistics on Traffic Accidents by Region (2012)

地　区	Region	发生数（起） Number of Traffic Accidents (case)	死亡人数（人） Number of Deaths (person)	受伤人数（人） Number of Injuries (person)	直接财产损失（万元） Direct Property Losses (10 000 yuan)
全　国	**National Total**	**204196**	**59997**	**224327**	**117489.6**
北　京	Beijing	3196	918	3613	3017.9
天　津	Tianjin	3101	848	3429	3396.9
河　北	Hebei	5285	2503	4738	5022.3
山　西	Shanxi	5587	2294	5982	3528.5
内蒙古	Inner Mongolia	3957	1202	4108	1878.1
辽　宁	Liaoning	5984	2024	5609	2914.7
吉　林	Jilin	2820	1388	2773	5128.4
黑龙江	Heilongjiang	3285	1192	3431	3962.0
上　海	Shanghai	2256	916	2053	1488.0
江　苏	Jiangsu	13517	4733	12478	7198.6
浙　江	Zhejiang	19270	4962	19729	8054.5
安　徽	Anhui	18076	2691	21109	10726.6
福　建	Fujian	9942	2473	11410	3939.7
江　西	Jiangxi	3103	1399	3394	4549.8
山　东	Shandong	13275	3838	12710	5260.3
河　南	Henan	6732	1636	7144	2825.7
湖　北	Hubei	6009	1822	6818	5391.1
湖　南	Hunan	8748	1956	11741	6685.1
广　东	Guangdong	25720	5714	29099	8005.2
广　西	Guangxi	3984	2184	4304	1543.7
海　南	Hainan	1752	457	2372	939.9
重　庆	Chongqing	5791	980	8548	1735.7
四　川	Sichuan	10024	2708	12046	6704.4
贵　州	Guizhou	1360	931	1982	1698.4
云　南	Yunnan	3941	1768	5053	2881.1
西　藏	Tibet	725	335	809	935.0
陕　西	Shaanxi	5996	1804	5505	4015.0
甘　肃	Gansu	2954	1438	3345	1659.7
青　海	Qinghai	1096	536	1410	453.2
宁　夏	Ningxia	1767	404	2122	707.2
新　疆	Xinjiang	4943	1943	5463	1242.6

10-8 分地区火灾事故情况（2012年）

Basic Statistics on Fire Accidents by Rogion (2012)

地 区	Rogion	发生数（起）Number of Fire Accidents (case)	死亡人数（人）Number of Deaths (person)	受伤人数（人）Number of Injuries (person)	直接经济损失（万元）Direct Economic Losses (10 000 yuan)	人口火灾发生率（1/10万人）Average Number of Fire Accidents Per 10 0000 Persons
全 国	**National Total**	**152157**	**1028**	**575**	**217716.3**	**11.21**
北 京	Beijing	3409	30	6	2967.9	26.22
天 津	Tianjin	2123	41	22	4742.7	21.31
河 北	Hebei	5012	16	13	9113.6	6.76
山 西	Shanxi	3897	12	3	6105.9	11.13
内蒙古	Inner Mongolia	7545	34	18	10131.3	30.67
辽 宁	Liaoning	8265	31	5	5564.7	19.47
吉 林	Jilin	5652	3	1	2718.5	20.92
黑龙江	Heilongjiang	5794	18	11	5417.6	15.20
上 海	Shanghai	4469	39	45	6924.0	31.32
江 苏	Jiangsu	7739	75	68	11896.1	10.25
浙 江	Zhejiang	3500	86	51	6545.3	7.29
安 徽	Anhui	5653	35	13	7220.9	8.18
福 建	Fujian	5698	43	9	8086.3	15.92
江 西	Jiangxi	3790	29	17	7312.6	7.89
山 东	Shandong	11918	20	12	8760.0	12.44
河 南	Henan	5110	23	16	5466.7	4.67
湖 北	Hubei	4962	16	11	5327.7	8.05
湖 南	Hunan	10399	45	19	16942.0	14.58
广 东	Guangdong	8154	131	61	21868.5	9.44
广 西	Guangxi	1386	45	26	5011.5	2.58
海 南	Hainan	688	6	1	1855.3	7.63
重 庆	Chongqing	3758	48	26	2577.0	11.24
四 川	Sichuan	6899	38	22	12840.9	7.58
贵 州	Guizhou	959	31	15	5147.2	2.32
云 南	Yunnan	1251	51	28	4496.0	2.73
西 藏	Tibet	192	6	3	611.4	6.20
陕 西	Shaanxi	7857	29	8	16172.9	20.01
甘 肃	Gansu	4434	8	1	4384.8	16.34
青 海	Qinghai	1054	5	5	1433.7	18.64
宁 夏	Ningxia	3304	1		487.1	50.13
新 疆	Xinjiang	7286	33	39	9586.3	32.73

10-9 人民检察院直接立案侦查案件情况（2012年）

Cases Directly Investigated by People's Procuratorate (2012)

案件类别	Category of Cases	受案（件）Cases Accepted (case)	立案件数（件）Number of Cases Registered (case)	#大案 Major Case	立案人数（人）Person of Cases Registered (person)	#要案 Key Case	结案件数（件）Number of Cases Settled (case)	结案人数（人）Person of Cases Settled (person)
合　计	**Total**	**46964**	**34326**	**24626**	**47338**	**2569**	**34922**	**48013**
贪污贿赂案件	Sub-total of Cases on Embezzlement and Bribery	35127	26247	20442	35648	2260	26783	36276
贪　污	Embezzlement	13460	8499	6029	14837	360	8790	15144
贿　赂	Bribery	18472	14946	12326	16919	1746	14989	16976
挪用公款	Misappropriation of Public Funds	2826	2607	2087	3414	88	2772	3607
集体私分	Collective Illegal Possession of Public Funds	253	180		453	63	212	516
巨额财产来源不明	Unstated Source of Large Properties	113	15		15	3	8	8
其　他	Others	3			10		12	25
渎职侵权案件	Sub-total of Cases on Dereliction of Duty and Infringement of Citizens' Right	11837	8079	4184	11690	309	8139	11737
滥用职权	Abuse of Power	4327	2960	1817	4145	200	2980	4153
玩忽职守	Dereliction of Duty	5175	3812	1858	5139	56	3851	5190
徇私舞弊	Malpractice	1457	792	323	1113	35	816	1130
其　他	Others	878	515	186	1293	18	492	1264

注：结案中含上年旧存(以下各表同)。
a) Data of cases settled include cases turned over from previous year. The same as in the following tables.

10-10 人民检察院审查批准、决定逮捕犯罪嫌疑人和提起公诉被告人情况（2012年）

Arrests of Criminal Suspects Approved and Decided by People's Procuratorate and Defendants Prosecuted by People's Procuratorate (2012)

案件类别	Category of Cases	批捕、决定逮捕 Total of Arrests Approved and Decided		提起公诉 Total of Initiating Public Prosecutions	
		（件）(case)	（人）(person)	（件）(case)	（人）(person)
合　计	**Total**	**680539**	**986056**	**979717**	**1435182**
公安、安全、监狱管理机关提请	Sub-total of Requests by Departments of State Security and Public Security and Prisons	666268	969905	947796	1390771
危害国家安全案	Cases of Endangering State Security	474	1105	385	1049
危害公共安全案	Cases of Endangering Public Security	52436	56931	178878	185738
破坏社会主义市场经济秩序案	Cases of Disrupting the Order of the Socialist Market Economy	38958	59724	67384	105024
侵犯公民人身、民主权利案	Cases of Infringing upon Citizens' Right of the Person and Democratic Right	132587	177052	180747	248618
侵犯财产案	Cases of Property Voilation	287195	422617	335940	506186
妨害社会管理秩序案	Cases of Obstructing the Adiminstration of the Public Order	154398	252199	184221	343816
危害国防利益案	Cases of Impairing the Interests of National Defense	219	276	240	339
军人违反职责案	Cases of Servicemen's Transgression of Duties	1	1	1	1
检察机关直接立案侦查案件	Sub-total of Cases Directly Investigated by Procuratorates	14271	16151	31921	44411
贪污贿赂案	Cases of Embazzlement and Bribery	12705	14331	25049	34354
渎职侵权案	Cases of Abuse and Dereliction of Duty	1566	1820	6872	10057

10-11 人民检察院出庭公诉情况（2012年）

Public Prosecutions Appearing in Court by People's Procuratorate (2012)

单位：件 (case)

案件类别	Category of Cases	适用简易程序 Summary Procedure Applied	出庭公诉 Public Prosecutions Appearing in Court	一审 First Instance	二审 Second Instance	上诉案 Appeal Cases	抗诉案 Procuratoral Appeal Cases	再审 Retrial
合计	**Total**	**404384**	**557410**	**538654**	**17906**	**14453**	**3453**	**850**
贪污贿赂	Embazzlement and Bribery	1397	25188	23570	1498	1034	464	120
渎职侵权	Dereliction of Duty and Infringement of Citizens' Right	681	6005	5816	169	107	62	20
刑事案件	Criminal Cases	402306	526216	509267	16239	13312	2927	710
军人违反职责	Servicemen's Transgression of Duties		1	1				

10-12 人民检察院办理刑事抗诉案件情况（2012年）

Criminal Appeals Handled by People's Procuratorate (2012)

案件类别	Category of Cases	提出抗诉（件） Presenting Procuratoral Appeal (case)	审判结果合计（件） Total Retrial of Procuratoral Appeal (case)	改判 Revising Judgment（件） (case)	改判 Revising Judgment（人） (person)	维持原判（件） Affirming Original Judgment (case)	发回重审（件） Remanding for Retrial (case)
合计	**Total**	**6196**	**4469**	**2122**	**2921**	**850**	**1497**
二审小计	Sub-total of Second Instance	5264	3627	1813	2513	779	1035
贪污贿赂案件	Embazzlement and Bribery Cases	617	470	164	215	138	168
渎职侵权案件	Dereliction of Duty and Infingement of Citizens' Right Cases	94	64	19	20	15	30
刑事案件	Criminal Cases	4553	3093	1630	2278	626	837
再审小计	Sub-total of Retrial	932	842	309	408	71	462
贪污贿赂案件	Embazzlement and Bribery Cases	91	83	32	43	15	36
渎职侵权案件	Dereliction of Duty and Infingement of Citizens' Right Cases	17	17	3	4	3	11
刑事案件	Criminal Cases	824	742	274	361	53	415

10-13 人民检察院办理民事、行政抗诉案件情况（2012年）

Civil and Administrative Appeals Handled by People's Procuratorate (2012)

单位:件 (case)

案件类别	Category of Cases	合计 Total	民事案件 Civil Cases	行政案件 Administrative Cases
立 案	Filing Cases	65366	61684	3682
提请抗诉	Submitting Procuratoral Appeal	14592	14068	524
抗 诉	Procuratoral Appeal	10506	10244	262
提出再审检察建议	Giving Retrial Procuratorate Suggestion	12188	11900	288
抗诉案件再审	Retrial of Procuratoral Appeal	7272	7122	150
改 判	Revising Judgment	2691	2644	47
发回重审	Remanding for Retrial	876	853	23
调 解	Mediation	2327	2319	8
维持原判	Affirming Original Judgment	1075	1010	65
其 他	Others	303	296	7

10-14 人民检察院纠正违法情况

Law-breaking Cases Rectified by People's Procuratorate

项目	Item	2011	2012
书面提出纠正	Written Rectification		
件次合计 (件次)	Total of Written Rectification (Case-times)	81634	119445
立案监督小计	Sub-total of Supervision of Cases Filing	33167	49842
监督立案	Supervision of Cases Filing	21201	29372
监督撤案	Supervision of Cases Withdrawed	11966	20470
侦查监督小计	Sub-total of Supervision of Investigation	39812	57280
审查批捕环节	Supervision of Investigation in the Process of Arrests Approved	20801	30584
审查起诉环节	Supervision of Investigation in the Process of Prosecution	19011	26696
刑事审判监督	Supervision of Criminal Trial	8655	12323
刑罚执行监督人次小计（人次）	Sub-total of Supervision of Punishment Execution (person-times)	36482	47911
监管活动	Administration of Prison and Custody	24075	32472
超期羁押	Excessive Custody	243	588
减刑、假释、保外就医	Commutation of Sentence, Parole and Released on Parole for Medical Treatment	12164	14851
已纠正	Rectified		
件次合计 (件次)	Total of Rectified (Case-times)	78030	115381
立案监督小计	Sub-total of Supervision of Cases Filing	31653	48000
监督立案	Supervision of Cases Filing	19786	27837
监督撤案	Supervision of Cases Withdrawed	11867	20163
侦查监督小计	Sub-total of Supervision of Investigation	38217	55582
审查批捕环节	Supervision of Investigation in the Process of Arrests Approved	20450	30238
审查起诉环节	Supervision of Investigation in the Process of Prosecution	17767	25344
刑事审判监督	Supervision of Criminal Trial	8160	11799
刑罚执行监督人次小计（人次）	Sub-total of Supervision of Punishment Execution (person-times)	35929	47253
监管活动	Administration of Prison and Custody	23888	32165
超期羁押	Excessive Custody	242	578
减刑、假释、保外就医	Commutation of Sentence, Parole and Released on Parole for Medical Treatment	11799	14510

10-15 人民检察院处理申诉案件情况（2012年）
Petitions Handled by People's Procuratorate (2012)

单位：件 (case)

案件分类	Category of Cases	受案 Cases Accepted	立案复查 Cases Registered for Reinvestigation	结案 Cases Settled	#改变原决定 Original Decision Changed
合　计	**Total**	**16649**	**11580**	**11337**	**1470**
不服检察机关处理决定	Petitions against Decision of Procuratorate's Offices	6664	4553	4518	1470
不服不批捕	Petitions against Disapproval of Arrest	2118	1336	1332	235
不服不起诉	Petitions against Not-initiating Prosecution	2405	1836	1814	232
不服撤案	Petitions against Dismissing the Cases	66	42	44	16
不服原免予起诉	Petitions against Original Exemption of Prosecution	58	40	41	8
其　他	Others	2017	1299	1287	979
不服法院刑事判决裁定	Petitions against Judgment or Orders of Criminal Cases	9985	7027	6819	
刑罚执行中被害人申诉	Petitions of the Victim at the Punishment	3792	2792	2709	
刑罚执行中被告人申诉	Petitions of the Defendant at the Punishment	3461	2398	2318	
刑罚执行完毕后被害人申诉	Petitions of the Victim after the Punishment	902	687	676	
刑罚执行完毕后被告人申诉	Petitions of the Defendant after the Punishment	1830	1150	1116	

10-16 人民检察院受理举报、控告和申诉案件情况（2012年）
Offences Reporting, Accusation and Petition Handled by People's Procuratorate (2012)

单位：件 (case)

案件类别	Category of Cases	受理 Cases Accepted	处理 Cases Handled	#分送检察机关 Handled by General Office of People's Procuratorate	#转其他机关 Transfering to Other Organs
合　计	**Total**	**323487**	**319029**	**185749**	**54894**
首次举报	First Report of an Offence	130743	130444	95781	8797
首次控告	First Accusation	71232	70851	25665	26549
首次申诉	First Petition	121512	117734	64303	19548

10-17 历年人民法院审理一审案件情况
First Trial Cases by Courts

单位: 件 (case)

年 份 Year	收 案 Cases Accepted	刑 事 Criminal	民 事 Civil	经济纠纷 Economic Disputes	行 政 Administrative	海事海商 Maritime and Marine
1978	447755	146968	300787			
1979	513789	123846	389943			
1980	763535	197856	565679			
1981	906051	232125	673926			
1982	1024160	245219	778941			
1983	1343164	542648	756436	43553	527	
1984	1355460	431357	838307	84813	983	
1985	1319741	246655	846391	225541	916	238
1986	1611282	299720	989409	321220	632	301
1987	1875229	289614	1213219	366110	5940	346
1988	2290624	313306	1455130	513046	8573	569
1989	2913515	392564	1815385	694907	9934	725
1990	2916774	459656	1851897	591462	13006	753
1991	2901685	427840	1880635	566592	25667	951
1992	3051157	422991	1948786	650601	27125	1654
1993	3414845	403267	2089257	892580	27911	1830
1994	3955475	482927	2383764	1051742	35083	1959
1995	4545676	495741	2718533	1275959	52596	2847
1996	5312580	618826	3093995	1515848	79966	3945
1997	5288379	436894	3277572	1478822	90557	4534
1998	5410798	482164	3375069	1450049	98350	5166
1999	5692434	540008	3519244	1529877	97569	5736
2000	5356294	560432	3412259	1290867	85760	6976
2001	5344934	628996	3459025	1149101	100921	6891
2002	5132199	631348	4420123		80728	
2003	5130760	632605	4410236		87919	
2004	5072881	647541	4332727		92613	
2005	5161170	684897	4380095		96178	
2006	5183794	702445	4385732		95617	
2007	5550062	724112	4724440		101510	
2008	6288831	767842	5412591		108398	
2009	6688963	768507	5800144		120312	
2010	6999350	779595	6090622		129133	
2011	7596116	845714	6614049		136353	
2012	8442657	996611	7316463		129583	

注：1.一审案件指人民法院按照诉讼级别管辖按第一审程序审理的案件。
2.2002年起经济纠纷和海事海商并入民事案件中。

a) First trial cases refer to the cases accepted by people's courts in accordance with the grade jurisdiction and the first trial proceedings.
b) Data of civil cases includes cases of economic disputes and maritime and marine since 2002.

10-18 人民法院审理刑事一审案件收结案情况（2012年）
First Trial Criminal Cases Accepted and Concluded by Courts (2012)

单位：件 (case)

项 目	Item	收 案 Cases Accepted	结 案 Cases Concluded
合 计	**Total**	**996611**	**986392**
危害公共安全罪	Crimes of Endangering Public Security	175439	174510
破坏社会主义市场经济秩序罪	Crimes of Disrupting the Order of the Socialist Market Economy	64963	62709
侵犯公民人身权利民主权利罪	Crimes of Infringing upon Citizens' Right of the Person and Democratic Rights	195816	194269
侵犯财产罪	Crimes of Property Violation	342667	339849
妨害社会管理秩序罪	Crimes of Obstructing Administration of Public Order	183841	182128
危害国防利益罪	Crimes of Impairing the Interests of National Defence	213	217
贪污贿赂罪	Crimes of Embezzlement and Bribery	26680	25886
渎职罪	Crimes of Dereliction of Duty	5596	5439
其 他	Others	1396	1385
合计中含自诉案件	Private Prosecution of Total	9905	10071

注：结案中含上年旧存(以下各表同)。
a) Data of cases settled include cases turned over from previous year.The same applies to the tables following.

10-19 历年人民法院审理刑事案件罪犯情况
Criminal Offenders Heard by Courts

单位：人 (person)

年 份 Year	刑事罪犯总 数 Number of Offenders	#青少年罪犯 Juvenile Offenders	不满18岁 Age 18 and Below	18岁至25岁 Age 18-25	青少年罪犯占刑事罪犯比重(%) Proportion of Juvenile Offenders to Total (%)
1997	526312	199212	30446	168766	37.9
1998	528301	208076	33612	174464	39.4
1999	602380	221153	40014	181139	36.7
2000	639814	220981	41709	179272	34.5
2001	746328	253465	49883	203582	34.0
2002	701858	217907	50030	167879	31.0
2003	742261	231715	58870	172845	31.2
2004	764441	248834	70086	178748	32.6
2005	842545	285801	82692	203109	33.9
2006	889042	303631	83697	219934	34.2
2007	931745	316298	87506	228792	33.9
2008	1007304	322061	88891	233170	32.0
2009	996666	302023	77604	224419	30.3
2010	1006420	287978	68193	219785	28.6
2011	1050747	282429	67280	215149	26.9
2012	1173406	282990	63782	219208	24.1

10-20 人民法院审理婚姻家庭、继承一审案件收结案情况（2012年）

First Trial Civil Cases of Marriages, Family Affairs and Inheritance Accepted and Concluded by Courts (2012)

单位：件 (case)

项　目	Item	收　案 Cases Accepted	结　案 Cases Concluded	调　解 Mediation	判　决 Judgement	驳　回 Reject	撤　诉 Withdrawal	其　他 Others
合　计	**Total**	**1686694**	**1647464**	**803919**	**412250**	**6624**	**413132**	**11539**
婚姻家庭	Marriages and Family Affairs	1518535	1500815	739240	372511	4926	373912	10226
离　婚	Divorce	1251234	1243877	612304	314468	3595	305692	7818
赡养纠纷	Support Disputes	23923	23834	10417	5458	75	7478	406
抚养、扶养关系纠纷	Upbringing and Maintenance Relationship Disputes	45980	45828	29014	7629	136	8760	289
抚育费纠纷	Upbringing Fee Disputes	25857	25664	12120	6901	124	6252	267
其　他	Others	171541	161612	75385	38055	996	45730	1446
继　承	Inheritance	168159	146649	64679	39739	1698	39220	1313
法定继承	Legal Inheritance	37044	36835	23794	6808	239	5792	202
遗嘱继承	Testament Inheritance	5254	5106	2286	1743	45	981	51
其　他	Others	125861	104708	38599	31188	1414	32447	1060

10-21 人民法院审理合同纠纷一审案件收结案情况（2012年）

First Trial Cases of Contract Disputes Accepted and Concluded by Courts (2012)

单位：件 (case)

项　目	Item	收　案 Cases Accepted	结　案 Cases Concluded	调　解 Mediation	判　决 Judgement	驳　回 Reject	撤　诉 Withdrawal	其　他 Others
合　计	**Total**	**3776137**	**3720160**	**1426117**	**1045527**	**43715**	**1149117**	**55684**
借款合同	Loan Contracts	1278712	1252009	470201	411369	14234	339866	16339
买卖合同	Trade Contracts	567008	559648	227450	161097	4574	158328	8199
电信合同	Telecom Contracts	149713	149305	56833	2015	257	89129	1071
租赁合同	Lease Contracts	139738	137512	44483	46638	1481	42989	1921
劳动争议	Labour Disputes	349770	345177	165358	99353	6149	67871	6446
房地产合同	Real Estate Contracts	139456	138222	56731	45073	1618	31747	3053
供用动力合同	Labor Contracts	75682	75345	25204	6058	399	43607	77
建设工程合同	Construction Contracts	86209	83448	26458	30836	1399	22500	2255
农村承包合同	Rural Contracts	27554	27457	9604	6331	410	10925	187
承揽合同	Contracts for Work	63819	63517	23664	19488	567	18529	1269
其　他	Others	898476	888520	320131	217269	12627	323626	14867

10-22 人民法院审理知识产权一审案件收结案情况（2012年）
First Trial Cases of Intellectual Property Rights Accepted and Concluded by Courts (2012)

单位：件 (case)

项 目	Item	收 案 Cases Accepted	结 案 Cases Concluded	调 解 Mediation	判 决 Judgement	驳回 Reject	撤 诉 Withdrawal	其他 Others
合 计	**Total**	**87419**	**83850**	**18496**	**22996**	**549**	**40413**	**1396**
著作权	Copyright	53848	51794	11823	13803	204	25130	834
商标权	Trademark Right	19815	19079	4349	5105	165	9200	260
专利权	Patent Right	9680	9173	1614	2676	104	4650	129
技术合同	Technical Contracts	746	710	174	255	11	239	31
植物新品种纠纷	Plant Variety Disputes	246	260	30	56	2	164	8
不正当竞争	Unfair Competition	1123	1092	215	387	42	397	51
其 他	Others	1961	1742	291	714	21	633	83

10-23 人民法院审理海事海商一审案件收结案情况（2012年）
First Trial Cases of Maritime and Marine Accepted and Concluded by Courts (2012)

单位：件 (case)

项 目	Item	收 案 Cases Accepted	结 案 Cases Concluded	调 解 Mediation	判 决 Judgement	驳 回 Reject	撤 诉 Withdrawal	其 他 Others
合 计	**Total**	**10807**	**10490**	**3233**	**3367**	**172**	**3540**	**178**
海事侵权纠纷	Maritime Tort Disputes	1074	1062	372	375	54	231	30
海上人身损害赔偿	Compensation for Maritime Personal Harm	541	541	196	222	13	105	5
其 他	Others	533	521	176	153	41	126	25
海商合同	Marine Contracts	9570	9307	2810	2949	113	3289	146
海上货物运输合同	Contracts of Carriage of Goods by Sea	1720	1614	462	377	22	731	22
海员劳务合同	Contrats of Employment with Mariners	3174	3100	1049	1242	57	699	53
船舶建造买卖合同	Contracts of Ship Building and Sale	521	491	128	195	7	144	17
船舶租用合同	Charter Party	249	227	42	92	4	78	11
海上保险合同	Marine Insurance Contracts	222	261	98	103	3	52	5
其 他	Others	3684	3614	1031	940	20	1585	38
其他海事海商纠纷	Other Maritime and Marine Disputes	163	121	51	43	5	20	2

10-24 人民法院审理权属、侵权纠纷及其他民事一审案件收结案情况(2012年)

First Trial Cases of Disputes of Right, Infringement of Right and Other Civil Affairs Accepted and Concluded by Courts (2012)

单位: 件 (case)

项 目	Item	收 案 Cases Accepted	结 案 Cases Concluded	调 解 Mediation	判 决 Judgement	驳 回 Reject	撤 诉 Withdrawal	其 他 Others
合 计	**Total**	**1853632**	**1838707**	**774943**	**521302**	**17994**	**344043**	**180425**
所有权及其相关权利	Ownership and Related Rights	269398	272606	97604	81721	6283	82597	4401
特别程序	Special Proceedings	221473	221762	7386	31535	6183	13745	162913
人身权纠纷	Personal Rights Disputes	1009651	1005177	548980	301963	2434	144248	7552
#人身损害赔偿	Compensation for Personal Harm	971043	966590	530732	290325	2183	136266	7084
特殊侵权纠纷	Disputes of Special Infringement	146323	139948	54860	54102	888	28577	1521
不当得利	Unjustified Enrichment	24079	23699	5891	7738	524	8977	569
票据、证券、股票纠纷	Disputes of Bills, Securities and Stocks	27350	26828	9885	8561	559	6764	1059
其 他	Others	155358	148687	50337	35682	1123	59135	2410

10-25 人民法院审理行政一审案件收结案情况(2012年)

First Trial Administrative Cases Accepted and Concluded by Courts (2012)

单位: 件 (case)

项 目	Item	收 案 Cases Accepted	结 案 Cases Concluded	维 持 Affirmation of Original Judgement	撤 销 Cancel Lation	驳 回 Reject	撤 诉 With-drawal	单独赔偿 Separate Compen-sation	其 他 Others
合 计	**Total**	**129583**	**128625**	**12072**	**6980**	**8544**	**64104**	**222**	**36703**
土地等资源	Land and Other Resources	20149	20104	1731	1744	1811	8839	17	5962
公 安	Public Security	10750	10665	1821	424	365	5874	37	2144
城 建	City Construction	23385	23337	1265	1264	1671	10772	40	8325
交通运输	Traffic and Transportation	2518	2480	133	30	177	1665	5	470
工 商	Industry and Commerce	4219	4192	214	143	190	2284		1361
环 保	Environmental Protection	1672	1673	65	9	30	1209	1	359
计划生育	Family Planning	10381	10343	90	23	140	6936	1	3153
税 务	Taxation	436	384	25	17	22	191		129
卫 生	Health	1035	1030	23	19	66	546		376
乡政府	Township Government	2336	2322	291	133	174	1341	7	376
劳动和社会保障	Labour and Social Security	11562	11484	2217	854	317	5194	4	2898
其 他	Others	41140	40611	4197	2320	3581	19253	110	11150

10-26 律师、公证和调解工作基本情况

Basic Statistics on Lawyers, Notarization and Mediation

项 目	Item	2008	2009	2010	2011	2012	2012年比2011年增减(%) Change in 2012 over 2011(%)
律师工作	**Lawyers**						
律师事务所 (个)	Number of Law Offices (unit)	14467	15888	17230	18235	19361	6.17
律师工作人员 (人)	Number of Lawyers (person)	156710	173327	195170	214968	232384	8.10
# 专职律师	Full-time Lawyers	140135	155457	176219	192546	208356	8.21
兼职律师	Part-time Lawyers	8116	8764	9294	9740	10108	3.78
聘请担任常年法律顾问的单位 (处)	Number of Units with Permanent Legal Advisors (unit)	314876	338179	369129	392456	447993	14.15
民事诉讼代理 (件)	Agent of Civil Cases (case)	1401147	1499105	1569043	1693635	1779118	5.05
刑事诉讼辩护及代理(件)	Agent and Defender of Criminal Cases (case)	511971	564204	530800	569330	576050	1.18
行政诉讼代理 (件)	Agent of Administrative Action (case)	54666	57286	51011	52136	43312	-16.92
非诉讼法律事务 (件)	Agent of Non-Litigious Legal Affairs (case)	729218	569304	549453	625229	585358	-6.38
解答法律询问 (万人次)	Agent of Legal Advisory Services (10 000 person-times)	350.9	383.1	474.5	513.6	436.9	-14.92
代写法律事务文书 (万件)	Agent of Legal Documents Written on Behalf of Clients (10 000 cases)	721.0	684.2	723.7	787.4	733.0	-6.90
公证工作	**Notarization**						
公证处 (个)	Number of Notary Offices (unit)	3035	3023	3026	3006	3007	0.03
公证人员 (人)	Notarial Personnel (person)	33462	23077	24185	25609	26527	3.58
# 公证员	Notaries	22284	11282	11457	12163	12333	1.40
公证员助理	Assistant Notaries	5469	5895	6678	7089	7650	7.91
办理公证文书 (万件)	Number of Notarized Documents (10 000 cases)	949.0	1075.1	1104.8	1076.6	1120.8	4.10
人民调解工作	**Number of People's Mediation**						
专职司法助理员 (人)	Number of Full-time Judicial Assistants (person)	74147	72704	72698	95430	95920	0.51
人民调解委员会 (万个)	Number of People's Mediation Committees (10 000 units)	82.7	82.4	81.8	81.1	81.7	0.75
调解人员 (万人)	Number of Mediators (10 000 persons)	479.3	493.9	466.9	433.6	428.1	-1.25
调解民间纠纷 (万件)	Number of Civil Disputes Mediated (10 000 cases)	498.1	579.7	841.8	893.5	926.6	3.70

注：2011年起，专职司法助理员统计口径有所调整，地方司法所事业编制专职司法助理员纳入统计。

a) Since 2011, statistical scope of Full-time Judicial Assistants was adjusted, full-time judicial assistants of local office of justice was included in.

10-27 律师人员构成情况

Basic Statistics on Composition of Lawyers

单位：人 (person)

项目	Item	2007	2008	2009	2010	2011	2012	2012年比2011年增减% Change in 2012 over 2011
律师数	Total Number	**143967**	**156710**	**173327**	**195170**	**214968**	**232384**	**8.10**
#博士	With Doctor's Degree	1673	1903	2092	2340	3242	3399	4.84
硕士、双学士	With Master's Degree and Dual Bachlors' Degree	18554	21046	24435	27081	31885	35612	11.69
法律专业本科	Undergraduates Majoring in Law	86416	94167	108657	124835	141230	150046	6.24
其他专业本科	Undergraduates Majoring in Other Subjects	16290	17699	19857	19634	19419	21760	12.06
女律师	Female	31768	33755	39018	47210	52262	61717	18.09
中共党员	Communist Party Members	44162	45033	50062	53991	62881	64576	2.70

10-28 国内公证业务分类(2012年)

Domestic Notarial Services by Type (2012)

项目	Item	办证件数(件) Number of Notarial Documents Issued (case)	比重(%) Percentage (%)
合计	**Total**	**7809905**	**100.00**
合同(协议)	Contracts (Agreements)	2647962	33.91
继承	Inheritance	646090	8.27
单方法律行为	Unilateral Legal Acts	2366136	30.30
现场监督	Field Supervision	207833	2.66
保全证据	Evidence Preservation	186452	2.39
公司章程	Corporation Constitutions	3145	0.04
组织资格	Organization Qualification	12597	0.16
财产权	Property Rights	18886	0.24
身份	Identity	5788	0.07
收养关系	Adoptive Relationship	7783	0.10
婚姻状况	Marital Status	12926	0.17
亲属关系	Kinship Confirmation	82998	1.06
有无违法犯罪记录	Illegal and Criminal Record Check	42709	0.55
其他有法律意义事实	Other Facts of Legal Significance	58499	0.75
证书(执照)	Certificate (Licence)	2621	0.03
签名(印章)	Signature (Seal)	216192	2.77
文本相符	Conformity of Documentation	183606	2.35
赋予执行效力	Executor Force	139354	1.78
执行证书	Certificate of Execution	14980	0.19
抵押登记	Mortgage Registration	117563	1.51
提存	Drawing	5602	0.07
保管	Storage	25	
其他	Others	830158	10.63

10-29 国内合同(协议)类公证业务分类(2012年)
Domestic Notarization of Contracts (Agreements) by Type (2012)

项　目	Item	办证件数(件) Number of Notarial Documents Issued (case)	比 重 (%) Percentage (%)
合　计	**Total**	**2647962**	**100.00**
买卖合同	Trade Contracts	318307	12.02
赠与合同	Gift Contracts	55079	2.08
借款合同	Contracts for Loan of Money	1170163	44.19
租赁合同	Leasing Contracts	17052	0.64
承揽合同	Contracts of Hired Work	527	0.02
建设工程合同	Contracts for Construction Projects	8555	0.32
委托合同	Agency Appointment Contracts	54699	2.07
担保合同	Guarantee Contracts	56328	2.13
土地使用合同	Land Use Contracts	22188	0.84
知识产权合同	Intellectual Property Contracts	331	0.01
承包合同	Contract Agreements	29193	1.10
企业经营合同	Enterprise Operating Contracts	12899	0.49
劳动(劳务)合同	Labor (Labor Service) Contracts	37842	1.43
其他合同	Other Contracts	193923	7.32
合伙协议	Partnership Agreements	7497	0.28
财产分割协议	Property Division Agreements	11374	0.43
财产约定协议	Property Agreement	50793	1.92
抚养协议	Child Support Agreements	16169	0.61
出国留学协议	Studying Abroad Agreement	14415	0.54
拆迁安置协议	Removal and Resettlement Agreements	60536	2.29
赔偿协议	Compensation Agreements	2024	0.08
还款协议	Payment Contracts	101746	3.84
其他	Others	406322	15.34

10-30 涉外公证文书分类(2012年)

Foreign-Related Notarial Documents by Type (2012)

项　目	Item	办证件数（件） Number of Notarial Documents Issued (case)	比 重 (%) Percentage (%)
合　计	**Total**	**3188293**	**100.00**
合同(协议)	Contracts (Agreements)	9299	0.29
继承	Inheritance	22362	0.70
委托	Power of Attorney	39599	1.24
声明	Declaration	72017	2.26
遗嘱	Testaments	1128	0.04
其他单方法律行为	Other Unilateral Legal Acts	3805	0.12
公司章程	Corporation Constitutions	2933	0.09
组织资格	Organization Qualification	7417	0.23
收养关系	Adoptive Relationship	7266	0.23
婚姻关系	Marital Relationship	154192	4.84
亲属关系	Kinship Confirmation	337163	10.58
出生	Births	444630	13.95
死亡	Deaths	20542	0.64
生存、居住	Survival and Residence	13853	0.43
学历(学位)	Education Background (Academic Degree)	188210	5.90
经历	Resume	26898	0.84
职务(职称)	Professional Titles	9176	0.29
身份	Identity	27543	0.86
有无违法犯罪记录	Illegal and Criminal Record Check	347767	10.91
其他有法律意义事实	Other Facts of Legal Significance	16447	0.52
证书(执照)	Certificate (Licence)	61359	1.92
签名(印章)	Signature (Seal)	148774	4.67
文本相符	Conformity of Documentation	679101	21.30
其他	Others	546812	17.15

10-31 调解民间纠纷分类

Categories of Civil Disputes Mediated

项　目	Item	调解纠纷（件） Civil Disputes Mediated (cases)		各类纠纷所占比重（%） Percentage (%)	
		2011	2012	2011	2012
合　计	**Total**	**8935341**	**9265855**	**100.0**	**100.0**
#婚姻家庭	Marriage and Family Disputes	1761612	1772695	19.7	19.1
房屋、宅基地	Housing and Premise	614109	626444	6.9	6.8
邻　里	Neighbor Disputes	2043793	2213346	22.9	23.9
损害赔偿	Compensation for Damages	727803	730610	8.1	7.9

10-32 在押服刑人员基本情况

Basic Statistics of Inmates in Custody

单位：人 (person)

项　目	Item	2008	2009	2010	2011	2012
年初在押服刑人数	Number of Inmates at the Beginning of the Year	1589222	1623394	1646593	1656773	1641931
#女性	Females	80951	85167	90322	93051	95770
#未成年	Juveniles	20772	20662	18450	16701	15429
释放人数	Released	378493	387172	391380	403106	395017
年末在押服刑人数	Number of Inmates at the End of the Year	1623394	1646593	1656773	1641931	1657963

注：1.本表未成年是指14-18岁服刑人员。
2.释放人员是指减刑释放、假释和刑满释放人员。
a) Juveniles in this table refers to inmates aged between 14 and 18.
b) The released refers to inmates whose sentence has been commuted, who are on parole, or released after serving the full term.

10-33 中国共产党及各民主党派成员情况

Basic Statistics on Membership of the Communist Party of China and Democratic Parties

单位：千人 (1 000 person)

党派名称	Name of Party	1980	1985	1990	1995	2000	2005	2009	2010	2011
中共党员	Communist Party of China	38920	44260	50320	57030	64520	70800	77995	80269	85127
民　革	Revolutionary Committee of the Chinese Kuomintang	9	24	40	50	62	77	92	95	100
民　盟	China Democratic League	22	54	102	123	148	175	204	214	225
民　建	China Democratic National Construction Association	19	31	52	65	81	100	123	129	136
民　进	China Association for Promoting Democracy	7	23	47	60	77	99	117	122	128
农　工	Chinese Peasants and Workers Democratic Party	5	20	46	59	77	95	113	118	123
致　公	China Zhi Gong Party	0.4	4	10	14	18	26	33	35	38
九　三	Jiu San Society	5	19	47	62	81	100	119	125	130
台　盟	Taiwan Democratic Self-government League	0.3	0.8	1	1	1	2	2	3	3

注：中共党员为2012年最新数据。
a) Members of Communist Party of China reach thousand persons till the end of 2012.

10-34 历年工会组织情况

Basic Statistics on Trade Unions

单位：万个、万人 (10 000 units,10 000 persons)

年份 Year	工会基层组织数 Number of Grassroot Trade Unions	全国已建工会组织的基层单位的职工与会员人数 Staff and Workers in Grassroot Units with Trade Unions				工会专职工作人员人数 Number of Full-time Personnel of Trade Unions
		职工人数 Staff and Workers	#女职工 Female	会员人数 Members	#女会员 Female	
1952	20.7	1393.2		1002.3		5.3
1957	16.5	2158.3		1746.7		
1962	16.5	2667.1		1922.0		8.6
1979	32.9	6897.2	2171.7	5147.3		17.9
1980	37.6	7448.2	2518.6	6116.5		24.3
1981	41.1	8183.0	2902.0	6843.9	2412.8	29.1
1982	43.3	8586.6	3065.9	7331.6	2629.3	32.2
1983	44.7	8845.7	3191.8	7693.4	2771.4	33.7
1984	46.6	9243.9	3370.3	8029.1	2950.3	41.9
1985	46.5	9643.0	3596.7	8525.8	3149.2	38.1
1986	50.2	9949.6	3664.3	8908.5	3309.2	45.9
1987	53.6	10411.8	3900.4	9336.5	3486.9	47.0
1988	56.4	10747.4	4434.9	9628.9	3647.0	47.4
1989	58.9	10998.6	4178.7	9909.2	3777.7	48.8
1990	60.6	11156.9	4291.0	10135.6	3897.7	55.6
1991	61.4	11351.4	4394.8	10389.1	3991.6	58.0
1992	61.7	11223.9	4377.1	10322.5	3974	58.0
1993	62.7	11103.8	4359.9	10176.1	3949.6	55.4
1994	58.3	11269.6	4483.2	10202.5	4018.1	56.0
1995	59.3	11321.4	4515.3	10399.6	4116.5	46.8
1996	58.6	11181.4	4500.0	10211.9	4093.1	60.5
1997	51.0	10111.5	4004.8	9131.0	3579.4	57.7
1998	50.4	9716.5	3882.0	8913.4	3546.7	48.4
1999	50.9	9683.0	3797.9	8689.9	3406.2	49.7
2000	85.9	11472.1	4534.5	10361.5	3917.3	48.2
2001	153.8	12997.0	5087.9	12152.3	4696.6	
2002	171.3	14461.5	5157.6	13397.8	4665.2	47.2
2003	90.6	13301.6	5079.3	12340.5	4601.2	46.5
2004	102.0	14436.7	5502.6	13694.9	5135.3	45.6
2005	117.4	15985.3	6016.3	15029.4	5574.8	47.7
2006	132.4	18143.6	6719.3	16994.2	6177.8	54.3
2007	150.8	20452.4	7494.5	19329.0	7042.2	60.2
2008	172.5	22487.5	8168.8	21217.1	7773.8	70.5
2009	184.5	24535.3	8652.6	22634.4	8248.4	74.6
2010	197.6	25345.4	9288.1	23996.5	8871.5	86.4
2011	232.0	27304.7	10211.2	25885.1	9763.6	99.8
2012	266.3	29371.5	11014.5	28021.3	10611.0	107.9

注：2003年起工会基层组织数统计口径有所调整。

a) Number of grassroot trade unions since 2003 has been adjusted due to change in coverage.

10-35 分地区按登记注册类型分基层工会组织情况（2012年）

单位：个

地区	Region	总计 Total	国有企业 State-owned Enterprises	集体企业 Collective-owned Enterprises	股份合作企业 Share-holding Enterprises	联营企业 Joint-owned Enterprises	有限责任公司 Limited Liability Corporations
全国	**National Total**	**2663437**	**80686**	**73697**	**39815**	**7909**	**170315**
北京	Beijing	30081	1538	1524	790	39	8142
天津	Tianjin	25384	1467	681	103	27	1206
河北	Hebei	127281	4002	4146	1047	417	3673
山西	Shanxi	59368	3957	3205	528	115	2497
内蒙古	Inner Mongolia	69735	1716	556	587	116	4749
辽宁	Liaoning	93971	2542	1805	839	158	5762
吉林	Jilin	47518	1619	692	388	66	2545
黑龙江	Heilongjiang	69289	6524	1449	575	100	4494
上海	Shanghai	55762	2154	2300	1245	66	3737
江苏	Jiangsu	136123	2369	2878	3589	560	9333
浙江	Zhejiang	143885	1985	1482	6761	292	15267
安徽	Anhui	104452	3226	6200	1778	365	6321
福建	Fujian	120946	3090	2226	1276	496	3276
江西	Jiangxi	73715	3452	1625	1747	364	3045
山东	Shandong	202435	4794	6672	2954	439	13439
河南	Henan	194186	5083	7122	2198	559	7719
湖北	Hubei	120561	2987	6739	1929	774	5788
湖南	Hunan	114123	3814	4825	2140	427	4725
广东	Guangdong	232330	5734	6176	1967	355	14729
广西	Guangxi	87373	2928	1626	455	942	3952
海南	Hainan	16485	982	599	214	66	5299
重庆	Chongqing	57881	879	930	913	253	4935
四川	Sichuan	149786	2718	1718	1481	194	11192
贵州	Guizhou	59046	2083	809	1535	211	3916
云南	Yunnan	96742	1468	959	696	136	6813
西藏	Tibet	3751	272	123	57	2	33
陕西	Shaanxi	87665	3528	3578	1131	263	8917
甘肃	Gansu	33196	1205	499	432	57	1302
青海	Qinghai	14549	439	129	123	26	487
宁夏	Ningxia	13136	412	128	82	8	828
新疆	Xinjiang	22682	1719	296	255	16	2194

注：北京市的各项数据中包括国家机关工委和中直机关工委的数据。

a) Data for Beijing include figures of Work Committee for Offices Directly under the CCCPC and State Organs Work Committee of the CPC.

Number of Grassroot Trade Unions by Region and Status of Registration (2012)

(unit)

股份有限公司 Share-holding Corporations Ltd.	私营企业 Private Enterprises	其他内资企业 Other Domestic Enterprises	个体经营户 Selfemployed Business	港澳台商投资企业 Hong Kong, Macao and Taiwan Funded Enterprises	外商投资企业 Foreign Funded Enterprises	事业 Institutions	机关 Government Agencies	其他 Others
63922	**1396722**	**12154**	**105574**	**36379**	**48585**	**307393**	**179701**	**140585**
1273	6436	104	561	335	795	4706	1529	2309
465	13755	53	407	323	1543	3009	1228	1117
2210	64680	3807	4473	241	663	13218	10617	14087
1627	23755	53	2422	115	347	12014	5511	3222
1003	42559	58	2661	47	179	8290	6328	886
2053	50959	154	4988	390	1974	11296	5031	6020
1054	31698	49	389	52	173	5881	2164	748
1964	33889	21	2114	133	397	8766	5603	3260
1416	28091	787	813	2660	5765	5340	1388	
4111	76438	274	2119	3688	7345	12283	5834	5302
5489	79827	259	1614	2267	3447	12296	6544	6355
2665	55067	136	6075	159	389	11545	6128	4398
2084	82324	1181	1936	3520	2735	9004	5294	2504
1187	36168	124	3094	279	1294	12016	7213	2107
5764	114263	657	11691	926	6940	17009	9451	7436
3355	115051	275	12058	141	296	23078	10312	6939
2358	61496	690	5744	339	668	16229	6948	7872
3563	57732	729	7081	155	275	13979	10029	4649
2849	134647	1080	9643	19258	10051	17646	8195	
2048	52015	175	3332	411	637	10055	6368	2429
659	4048	13	454	90	179	2171	1297	414
1703	30049	41	3015	82	238	6473	3721	4649
4119	51855	1114	7659	428	961	23746	17469	25132
2970	18610	134	1322	33	55	8989	5567	12812
2234	63430	60	1352	156	353	8443	8510	2132
32	566	1	74		1	479	1735	376
1879	36451	75	4233	83	685	12479	6526	7837
632	13654	32	903	27	78	7281	5633	1461
183	5389	2	1511	7	24	2259	2010	1960
227	6263	1	933	11	31	1759	1239	1214
746	5557	15	903	23	67	5654	4279	958

10-36 分地区各级工会劳动法律监督工作情况（2012年）

Legal Supervision on Labor Laws by Trade Unions at All Levels by Region (2012)

单位：个、件 (unit,case)

地 区	Region	基层工会劳动法律监督组织 Supervision Organizations in Grassroot Trade Unions		基层以上工会劳动法律监督组织 Supervision Organizations in Trade Unions above Grassroot Level	
		组织个数 Number of Organizations	提请劳动监察部门处理的违反劳动法律行为、事件件数 Cases Delivered to Labor Supervision Departments	受理职工举报件数 Number of Cases Accepted	提请劳动监察部门处理的违反劳动法律行为、事件件数 Cases Delivered to Labor Supervision Departments
全 国	**National Total**	**756520**	**15044**	**43311**	**8386**
北 京	Beijing	5613	55	421	79
天 津	Tianjin	16272	24	291	32
河 北	Hebei	58263	937	1276	213
山 西	Shanxi	18992	35	576	56
内蒙古	Inner Mongolia	17704	134	124	36
辽 宁	Liaoning	33253	532	3010	684
吉 林	Jilin	7325	56	445	61
黑龙江	Heilongjiang	16835	614	576	279
上 海	Shanghai	9384	58	1603	396
江 苏	Jiangsu	77785	509	3241	590
浙 江	Zhejiang	57646	668	7936	762
安 徽	Anhui	7000	1103	1476	638
福 建	Fujian	20132	1870	3282	235
江 西	Jiangxi	52479	834	652	206
山 东	Shandong	74556	1980	2339	390
河 南	Henan	18417	747	716	142
湖 北	Hubei	14167	272	1244	219
湖 南	Hunan	10714	138	910	256
广 东	Guangdong	51733	1586	4417	760
广 西	Guangxi	22016	287	474	102
海 南	Hainan	786	7	131	35
重 庆	Chongqing	11506	201	724	232
四 川	Sichuan	90221	1650	3952	991
贵 州	Guizhou	19212	158	408	73
云 南	Yunnan	17220	44	556	111
西 藏	Tibet	41	1	2	
陕 西	Shaanxi	11621	89	559	86
甘 肃	Gansu	6431	135	528	108
青 海	Qinghai	1064	5	22	8
宁 夏	Ningxia	4888	28	826	113
新 疆	Xinjiang	3244	287	594	493

注：北京市的各项数据中包括国家机关工委和中直机关工委的数据。

a) Data for Beijing include figures of Work Committee for Offices Directly under the CCCPC and State Organs Work Committee of the CPC.

10-37 妇联干部情况

Cadres of the Women's Federation

单位：人 (Person)

项　目	Item	1990	1995	2010	2011	2012
干部总数	**Total Number of Cadres**	**97566**	**82834**	**78122**	**89951**	**78074**
#少数民族干部	Number of Ethnic Minority Cadres	14638	10834	12118	14260	13603
按行政级别分	By Administration Level					
司局级	Department/Bureau Level	132	321	355	342	357
县处级	County Level	1013	2739	4013	4342	4213
科以下	Section Chief and Below	96421	79774	73754	85267	73504
按年龄分	By Age Group					
35岁及以下	35 and Below	56761	24570	31617	33976	31253
36-45岁	36-45	30332	47197	33682	39148	33007
46-55岁	46-55	9512	10349	11871	15233	12695
56岁及以上	56 and Over	961	718	952	1594	1119
按政治面貌分	By Political Status					
共产党员	Chinese Communist Party	59097	54038	63322	71782	62558
共青团员	Communist Youth League	21549	13271	3624	5186	4180
民主党派	Democratic Parties	1136	1281	385	521	574
群众	Mass	15784	14244	10791	12462	10762
按文化程度分	By Education Attainments					
博士研究生	Doctorate Degree			23	51	57
硕士研究生	Master Degree		698	2937	3184	3320
大学本科、大专学历	University / College	17615	30146	67057	76447	62808
高中、中专及以下	Senior Middle School and Below	79951	51990	8105	10269	11889
干部参加学历教育情况	Cadres Attending the Formal Education					
博士研究生	Doctorate Degree			8	8	65
硕士研究生	Master Degree		149	841	954	689
大学、大专学历	University / College	6676	4025	7064	8291	4354
干部参加非学历教育情况	Cadres Attending the Non-formal Education					
党校培训	Training at Party School			24022	10372	9786
参照公务员管理培训	Training for Civil Servant			17056	20977	32040
岗位培训	Vocational Training	37542	9391	16041	24790	22114
干部流动情况	Movement of Cadres					
调入	In	1273	2010	6151	8023	7051
调出	Out	8262	1629	5644	7479	6087
省（区、市)妇联领导进同级	Cadres at Provincial Level to the Same Grade					
党委	CCP Committee	22	13	14	16	24
人大	People's Congress	24	88	25	24	29
政协	CPPCC	24	33	25	19	22

注：妇联干部指在妇联系统工作的专职干部。

a) Cadres of the Women's Federation refer to the full-time cadres who are working in the system of the Women's Federation.

附　录
Appendix

附录1　主要统计指标解释

教育

普通高等学校　指通过国家普通高等教育招生考试，招收高中毕业生为主要培养对象，实施高等学历教育的全日制大学、独立设置的学院、独立学院和高等专科学校、高等职业学校及其他机构。

大学、独立设置的学院主要实施本科及本科层次以上的教育。独立学院主要实施本科层次的教育。高等专科学校、高等职业学校实施专科层次的教育。其他机构是指承担国家普通招生计划任务不计校数的机构，包括普通高等学校分校、大专班等。

独立学院　指由普通本科高校按新机制、新模式举办的本科层次的二级学院。一些普通本科高校按公办机制和模式建立的二级学院、"分校"或其他类似的二级办学机构不属此范畴。

成人高等学校　指通过国家成人高等教育招生考试，招收具有高中毕业或同等学力的人员为主要培养对象，利用函授、业余、脱产等多种形式，对其实施高等学历教育的学校。包括：职工高等学校、农民高等学校、管理干部学院、教育学院、独立函授学院、广播电视大学、其他机构。其他机构是指承担国家成人招生计划任务不计校数的机构。

民办的其他高等教育机构　指经省、自治区、直辖市教育行政部门审批并颁发办学许可证，不具有颁发普通本专科和成人本专科学历文凭资格的实施高等教育的单位。

中等职业教育　调整后的中等职业学校是指将普通中等专业学校（中等技术学校、中等师范学校）、成人中等专业学校、职业高中学校、其他机构等各种实施中等职业教育的办学类型，通过合并、共建、联办、划转等形式调整为统一的办学类型。

其他机构　指承担中等职业教育不计校数的教育机构（包括停办的学校和高等学校附设的中等职业教育机构）。

职业初中　指经县或县以上教育行政部门批准设立，招收小学毕业生实施初级中等职业技术教育的教学机构。

初等教育　指由县或县以上教育行政部门批准，招收学龄儿童实施初等教育的教学机构。

特殊教育　指独立设置的招收盲聋哑和智残儿童，以及其他特殊需要的儿童、青少年进行普通或职业初、中等教育的独立设置学校。

学前教育　包括幼儿园和学前班。学前班是指在部分不能满足学龄前幼儿三年入园的地区，组织学龄前儿童进行学前一年教育的一种组织形式。学前班是农村发展学前教育的重要形式，也是城市弥补幼儿园数量不足的一种辅助形式。

完全中学　指普通初、高中合设的教育机构。

在职人员攻读博士、硕士学位　指经国务院学位委员会批准的，为提高在职人员业务水平，通过攻读博士、硕士学位入学全国联考所招收的学生。培养的学生只有学位没有学历。

自考助学班学生　指为参加高等教育自学考试的学生举办的全日制教学辅导班所招收的学生。

学历文凭考试学生　指民办的其他高等教育机构中所招收参加高等教育学历文凭考试的全日制专科学生。

普通预科生　指经教育部和国家民委批准下达预科招生计划，招收的少数民族和港澳、华侨、台籍学生，经过一年的文化补习，合格者升入普通高等学校有关专业学习。

进修及培训　指在高等教育学校（机构）进行的各类非学历教育。

高等教育资格证书培训 指由各类高等教育机构举办的，招收具有高中毕业文化程度，从事专业技术工作或专业性较强的管理工作人员，经过学习及考试合格，取得达到岗位要求的专业知识水平的非学历教育。证书教育形式包括单科班和专业证书班。

高等教育岗位证书培训 指由各类高等教育机构举办的，以提高本职工作能力为目的的非学历教育和培训活动。接受培训的各类人员按要求经考核合格，颁发岗位合格证书和上岗任职聘任书。岗位培训形式包括资格性培训和适应性培训。

中等教育资格证书培训 指接受培训的各类人员经过学习及考试合格，取得达到岗位要求的职业资格证书。

中等教育岗位证书培训 指接受培训的各类人员经过学习及考试合格，颁发岗位合格证书和上岗任职聘任书。

小学学龄儿童净入学率 指调查范围内已入小学学习的学龄儿童占校内外学龄儿童总数的比重。

教职工（基础教育） 指编制在学校，并从事教学、管理和后勤保障工作的固定人员（不包括临时工和聘任教师）。

教职工按工作性质可分为教师、行政人员、教辅人员和工勤人员。

教职工（高等和中职教育） 指在学校（机构）工作并由学校（机构）支付工资的教职工人数，人员包括①在编人员，即根据原人事管理制度，人事关系和档案均在学校的人员；②聘任制人员，即人事制度改革后，高校（机构）招聘录用的长期、全时工作人员。聘任制人员的人事关系在学校但档案不在学校。

教职工数包括校本部教职工、科研机构人员、校办企业职工、其他附设机构人员。

专任教师 是指具有教师资格，专门从事教学工作的人员。

国家财政性教育经费 包括公共财政预算教育经费，各级政府征收用于教育的税费，企业办学中的企业拨款，校办产业和社会服务收入用于教育的经费，其他属于国家财政性教育经费。其中，企业办学中的企业拨款是指中央和地方所属企业在企业营业外资金列支或企业自有资金列支，并实际拨付所属学校的办学经费；校办产业和社会服务收入用于教育的经费是指学校举办的校办产业和各种经营取得的收益及投资收益中用于补充教育经费的部分。

公共财政预算内教育经费 指中央、地方各级财政或上级主管部门在年度内安排，并划拨到各级各类学校、教育行政单位、教育事业单位，列入国家预算支出科目的教育经费。包括教育事业拨款、科研拨款、基本建设拨款和其他拨款。

卫生

医疗卫生机构 指从卫生行政部门取得《医疗机构执业许可证》、《计划生育技术服务许可证》，或从民政、工商行政、机构编制管理部门取得法人单位登记证书，为社会提供医疗保健、疾病控制、卫生监督服务或从事医学科研和医学在职培训等工作的单位。医疗卫生机构包括医院、基层医疗卫生机构、专业公共卫生机构、其他医疗卫生机构。

医院 包括综合医院、中医医院、中西医结合医院、民族医院、各类专科医院和护理院，不包括专科疾病防治院、妇幼保健院和疗养院。

基层医疗卫生机构 包括社区卫生服务中心、社区卫生服务站、街道卫生院、乡镇卫生院、村卫生室、门诊部、诊所(医务室)。

专业公共卫生机构 包括疾病预防控制中心、专科疾病防治机构、妇幼保健机构（含妇幼保健计划生育服务中心)、健康教育机构、急救中心（站)、采供血机构、卫生监督机构、取得《医疗机构执业许可证》或《计划生育技术服务许可证》的计划生育技术服务机构。

其他医疗卫生机构 包括疗养院、临床检验中心、医学科研机构、医学在职教育机构、医学考试中心、农村改水中心、人才交流中心、统计信息中心等卫生事业单位。

卫生人员 指在医院、基层医疗卫生机构、专业公共卫生机构及其他医疗卫生机构工作的职工，包括卫生技术人员、乡村医生和卫生员、其他技术人员、管理人员和工勤人员。一律按支付年底工资的在岗职工统计，包括各类聘任人员(含合同工)及返聘本单位半年以上人员，不包括临时工、离退休人员、退职人员、离开本单位仍保留劳动关系人员、本单位返聘和临聘不足半年人员。

卫生技术人员 包括执业医师、执业助理医师、注册护士、药师（士）、检验技师（士）、影像技师、卫生监督员和见习医（药、护、技）师（士）等卫生专业人员。不包括从事管理工作的卫生技术人员(如院长、副院长、党委书记等)。

执业医师 指《医师执业证》“级别”为“执业医师”且实际从事医疗、预防保健工作的人员，不包括实际从事管理工作的执业医师。执业医师类别分为临床、中医、口腔和公共卫生四类。

执业(助理)医师 指《医师执业证》“级别”为“执业助理医师”且实际从事医疗、预防保健工作的人员，不包括实际从事管理工作的执业助理医师。执业助理医师类别分为临床、中医、口腔和公共卫生四类。

每千人口执业(助理)医师 每千人口执业(助理)医师=（执业医师数+执业助理医师数）/人口数×1000。人口数系年末常住人口。

每千人口卫生技术人员 每千人口卫生技术人员=卫生技术人员数/人口数×1000。人口数系年末常住人口。

每千人口医疗卫生机构床位 每千人口医疗卫生机构床位=医疗卫生机构床位数/人口数×1000。人口数系年末常住人口。

甲乙类法定报告传染病发病率 是指某年某地区每 10 万人口中甲、乙类法定报告传染病发病数。即甲乙类法定报告传染病发病率=甲、乙类法定报告传染病发病数/人口数×100000。

甲乙类法定报告传染病死亡率 是指某年某地区每 10 万人口中甲、乙类法定报告传染病死亡数。即甲乙类法定报告传染病死亡率=甲、乙类法定报告传染病死亡数/人口数×100000。

甲乙类法定报告传染病病死率 是指某年某地区甲、乙类法定报告传染病死亡数与发病数之比。即甲乙类法定报告传染病病死率=甲、乙类法定报告传染病死亡数/发病数×100%。

粗死亡率 指年内一定地区的死亡人数与同期平均人数之比，一般以‰表示。

病死率 表示一定时期内(通常为一年)，患某种疾病的死亡人数与患某种疾病发病人数之比，一般以%表示。

孕产妇死亡率 指年内每 10 万名孕产妇的死亡人数。孕产妇死亡指从妊娠期至产后 42 天内，由于任何妊娠或妊娠处理有关的原因导致的死亡，但不包括意外原因死亡者。按国际通用计算方法，“孕产妇总数”以“活产数”代替计算。

活产数 指年内妊娠满 28 周及以上（如孕周不清楚，可参考出生体重达 1000 克及以上），娩出后有心跳、呼吸、脐带搏动、随意肌收缩四项生命体征之一的新生儿数。

5 岁以下儿童死亡率 指年内未满 5 岁儿童死亡人数与 活产数之比，一般以‰表示。

新生儿死亡率 指年内新生儿死亡数与活产数之比。一般以‰表示。新生儿死亡指出生至 28 天以内(即 0-27 天)死亡人数。

参加新农合人数 指根据本地新农合实施方案到年内新农合筹资截止时已缴纳新农合资金的人口数。

新农合当年基金支出 指本年度实际从新农合基金帐户中支出用于新农合补偿的资金。

新农合补偿受益人次 指年内新农合参合人员因病就医获得补偿的人次数，包括住院、家庭帐户形式、门诊、特殊病种大额门诊、住院正常分娩、体检和其他补偿人次之和。

新农合本年度筹资总额 指为本年度筹集的、实际进入新农合专用帐户的基金数额。包括本年度中央及地方财政配套资金、农民个人缴纳资金（含民政部门及其他相关部门代缴的救助资金）、新农合基金本年度产生的全部利息收入及其他渠道实际筹集到的新农合基金额。筹资数额以进入新农合专用帐户的基金数额为准，不含上年结转资金。

卫生总费用 指一个国家或地区在一定时期内，为开展卫生服务活动从全社会筹集的卫生资源的货币总额，按来源法核算。它反映一定经济条件下，政府、社会和居民个人对卫生保健的重视程度和费用负担水平，以及卫生筹资模式的主要特征和卫生筹资的公平性合理性。

政府卫生支出 指各级政府用于医疗卫生服务、医疗保障补助、卫生和医疗保险行政管理、人口与计划生育事务支出等各项事业的经费。

社会卫生支出 指政府支出外的社会各界对卫生事业的资金投入。包括社会医疗保障支出、商业健康保险费、社会办医支出、社会捐赠援助、行政事业性收费收入等。

个人现金卫生支出 指城乡居民在接受各类医疗卫生服务时的现金支付，包括享受各种医疗保险制度的居民就医时自付的费用。可分为城镇居民、农村居民个人现金卫生支出，反映城乡居民医疗卫生费用的负担程度。

人均卫生费用 即某年卫生总费用与同期平均人口数之比。

卫生总费用占GDP比重 指某年卫生总费用与同期国内生产总值（GDP）之比。是用来反映一定时期国家对卫生事业的资金投入力度，以及政府和全社会对卫生事业、居民健康的重视程度。

社会服务

社会工作师 指通过全国社会工作师职业水平考试并取得社会工作师职业水平证书的人员。

城市老年收养性福利机构 指提供食宿的、不以盈利为目的、城市中主要收养社会“三无”对象和家庭无力照顾的老年人的社会福利事业单位的总称。

农村老年收养性福利机构（农村五保供养福利机构） 指提供食宿的、不以盈利为目的、农村（乡、镇）中主要收养“五保户”和家庭无力照顾的老年人的社会福利单位的总称。

社区服务机构数 指报告期末设立的社区服务指导中心、社区服务中心、社区服务站、其他社区服务机构的总和数。具有面向老人及其家庭的商品递送、医疗保健、家庭保洁、日间照料、陪伴服务等为社区居家养老服务的设施和突出综合服务的职能。包括党员活动室、就业保障网络、社区卫生服务站、文化活动室、图书室、“爱心超市”、社区捐助接收站点、警务站（室）、老年活动室、未成年人文化活动场所等具有综合服务功能的机构。

社区服务机构覆盖率 计算公式为：

$$社区服务机构覆盖率=\frac{社区服务机构数}{村委会数+居委会数}\times100\%$$

军供站 即军队供应管理单位，指地方政府委托民政部门管理的、独立核算的、为战时或平时军队来往服务的军用饮食供应站、军用供水站、军人转运接待站等单位的总称。

社会福利企业 指以集中安置有一定劳动能力的残疾人就业为目的（残疾职工占生产人员10%以上）、带有社会福利性质的企业总称。社会福利企业分类为：社会福利工厂、假肢厂、其他福利企业。性质分为：国有、集体和其他性质。

民办非企业 指企业事业单位、社会团体和其他社会力量以及公民个人利用非国有资产举办的，从事非营利性社会服务活动的社会组织。

每千人口社会服务床位数 指老年及残疾人床位数、智障和精神疾病床位数、儿童床位数、救助及其他社会服务床位数的总和除以当年期末人口数乘以1000。计算公式为：

$$每千人口社会服务床位数=\frac{社会服务床位数}{年末人口数}\times1000$$

其中，老年及残疾人床位数包括城市养老服务机构、农村养老服务机构、社会福利院、光荣院、荣誉军人康复医院、复员军人疗养院中的相关床位数；智障和精神疾病床位数包括复退军人精神病院和社会福利医院中的相关床位数；儿童床位数包括儿童福利院和流浪儿童救助保护中心中的相关床位数；救助及其他社会服务床位数包括社区养老服务中心、社区养老服务站、生活无着人员救助管理站、其他收养机构、军休所、军供站的相关床位数。

孤儿数 指失去父母或查找不到生父母的未满18周岁的未成年人的人数。由地方县级以上民政部门依据有关规定和条件认定。

家庭儿童收养登记总数 指中国公民收养查找不到生父母的弃婴、儿童和福利机构抚养的孤儿以及外国人收养中国儿童并在中国县级及以上民政部门办理儿童收养登记后取得合法收养关系的总件数。县级及以上民政部门办理儿童收养登记一次为一件。

中国公民收养登记 指收养人是中国公民（包括港澳台居民及华侨）的儿童收养登记。

外国公民收养登记 指收养人是具有外国国籍（包括无国籍人）的人员。夫妻共同收养有一方是外国人的，按外国人办理收养登记。

城市居民最低生活保障人数 指在报告期末家庭平均收入在当地规定的最低生活保障线以下的城镇居民数。包括“三无”对象，失业人员和在职、下岗、退休人员等。

农村居民最低生活保障人数 指报告期末在建立农村最低生活保障制度的地区，得到当地政府或集体给予最低生活保障的农业人口家庭人数。

五保户 指无法定抚养义务人，或者虽有法定抚养义务人，但是抚养人无抚养能力的；无劳动能力的；无生活来源的老年人、残疾人和未成年人。

传统救济人数 指国家规定由民政部门救济的特殊人员和60年代精简退职老职工救济人员。特殊人员包括麻风病人、原国民党起义、投诚人员、归侨、台胞台属、宽大释放人员、摘掉右派帽子人员、因公负伤的下乡知青、因计划生育手术事故造成死亡和丧失劳动能力人员等传统民政救济对象。

定期抚恤人数 指报告期末革命烈士家属、因公牺牲、病故军人家属中符合抚恤条件，国家给予定期发放抚恤金的人数。

定期补助人数 指报告期末由国家定期发放给带病回乡不能参加生产劳动、生活特别困难的复员、退伍军人，完全丧失劳动能力、生活困难的复员军人，红军失散人员，以及用抚恤费开支的其他享受定期发放的人员总和。

在乡红军老战士（红军失散人员、西路军）等 指1937年7月6日以前入伍参加中国工农红军（包括西路军、抗日联军和中国共产党领导的脱产游击队）；有退伍手续或确切的证明；没有投敌叛变行为，回到地方以后，继续保持革命传统的人员及因伤、因病、因战斗失利或组织动员分散隐蔽离队失散的红军失散人员，并在离队后表现较好，经当地群众公认，乡、镇人民政府审查，县、市人民政府批准的人员。

在乡复员军人 指在1954年11月1日以前自愿参军并复员的军士、兵，或虽系义务兵入伍，但后改志愿兵或干部按复员处理的人员。

零散烈士纪念建筑物数 指报告期末不设有烈士纪念建筑物管理单位的烈士纪念建筑物的总数。包括褒扬革命烈士的纪念碑、塔、馆、亭、祠和烈士陵园数。

精简退职老职工 指1957年底以前参加工作，在1961年到1965年6月9日期间被精简的老职工。

40%救济 指由民政部门对精简退职老职工中的老弱病残者给予本人原标准工资40%的救济。

精简退职职工定救 指对不符合40%救济条件而生活确有困难的精简退职职工由民政部门给予半年以上的生活救济。

福利彩票公益金 指根据国家有关规定发行中国福利彩票筹集的专项用于发展社会福利事业的预算外资金。社会福利基金收入包括：销售中国福利彩票总额扣除兑奖和管理费用后的净收入；彩票销售中的不设奖池的弃奖收入；社会福利基金的银行存款利息。

新闻出版

使用“中国标准书号”合计 使用统一书号的主要有两类：1.各级技术标准文献；2.年画、年历画、台历、无书名页的单张美术印刷品或折页美术印刷品，不另加封面的出版物（如活页文选、活页歌篇、小件印品）等。

不使用“中国标准书号”部分合计 指图片、图标（GB）、部标（BB）等标准类文件印品、活页文选、活页歌篇、小件印品等。

少年儿童读物类图书和课本出版种数 少年儿童读物指供初中及初中以下少年儿童阅读的书籍，课本指供大、中、小学生及业余教育使用的书籍。

档案

国家综合档案馆 指由中央或地方各级档案行政管理部门直接管理的，按行政区划或历史时期设置的，收集和管理所辖范围内多种门类档案的档案馆。

广播电视

公共广播节目套数 指经国家广电总局批准的、广播电视播出机构开办的不向听众收取收听费用，以为大众提供公共广播服务为主要目的，用固定频率播出，并编有整套自办节目时间表的广播节目套数。

全年制作广播节目时间 指广播电视节目制作机构全年自采、自编、自录的及合作制作、加工制作的各类广播节目，包括直播广播节目。

全年公共广播节目播出时间 指广播电视播出机构自办节目频率内公共节目全年播出的时间（含节目重复播出时间）。

公共电视节目套数 指经国家广电总局批准的、广播电视播出机构开办的不向观众收取收看费用，以为大众提供公共电视服务为主要目的，用固定频率播出的自办电视节目套数。

付费电视节目套数/时间 指经国家广电总局批准的、广播电视播出机构开办的向观众收取收看费用，以个性化、对象化、专业化为主的电视节目套数以及全年播出时间（含重复播出时间）。

全年制作电视节目时间 指广播电视节目制作机构全年自采、自编、自录的及合作制作、加工制作的各类电视节目，包括直播电视节目。

全年公共电视节目播出时间 指广播电视播出机构自办节目频道内全年播出公共电视节目的时间（含重复播出时间）。

中、短波转播发射台 指经省以上广电行政部门批准的有固定人员编制，固定频率和播出时间的中、短波发射台和转播台。

调频转播发射台 指经省以上广电行政部门批准的有固定人员编制，固定频率和播出时间的调频发射台和转播台。

电视转播发射台 指经省以上广电部门批准的有固定人员编制，固定频率和播出时间的电视发射台和转播台。

有线广播电视用户数 指通过广播电视有线传输网收看电视节目的家庭用户数，包括接收模拟信号和接收数字信号的有线电视用户数。

数字电视用户数 指通过广播电视有线传输网收看数字信号电视节目的家庭用户数。

广播节目综合人口覆盖率 指根据国家广电总局制定的《广播电视人口覆盖率统计技术标准和方法》

进行统计调查的，在对象区内能接收到由中央、省、地市或县通过无线、有线或卫星等各种技术方式转播的各级广播节目的人口数占全部总人口数的百分比。

电视发射转播台 经省以上广电部门批准的有固定人员编制，固定频率和播出时间的电视发射台和转播台。

电视节目综合人口覆盖率 根据国家广电总局制定的《广播电视人口覆盖率统计技术标准和方法》进行统计调查的，在对象区内能接收到由中央、省、地市、或县通过无线、有线或卫星等各种技术方式转播的中央电视节目的人口数占全部总人口数的百分比。

有线广播电视入户率 计算公式为:（有线广播电视用户数/全国总户数）×100%

文化

艺术表演团体 指由文化部门主办或实行行业管理（经文化市场行政部门审批或已申报登记并领取相关许可证），专门从事表演艺术等活动的各类专业艺术表演团体，含民间职业剧团。不包括群众业余文艺表演团体。

艺术表演场馆 指由文化部门主办或实行行业管理（经文化市场行政部门审批或已申报登记并领取相关许可证），有观众席、舞台、灯光设备，公开售票、专供文艺团体演出的文化活动场所。

文物及文化保护 指对具有历史、文化、艺术、科学价值，并经有关部门鉴定，列入文物保护范围的不可移动文物的保护和管理活动；对我国语言、文字、民间文化艺术、民俗等非物质遗产的文化保护和管理活动。包括近现代重要史迹及具有代表性、纪念性的建筑物的保护（含革命遗址、纪念碑、名人故居）；寺庙、清真寺、教学及各种祠、堂、碑遗址的保护；古文化遗址、古墓地、古建筑、石窟寺、石记得等的保护；民族语言、文字遗产保护；民间艺术（民间传说、神话、歌谣、故事、音乐、舞蹈、戏曲、曲艺皮影、绘画、剪纸等）遗产保护；民间、民俗传统活动（传统节日、庆典、民族艺术活动、民族体育活动等）遗产保护；民族制作（建筑风格、服饰、家具、木器、陶器、铜器等）遗产保护；其他未列明的文物与文化保护。

博物馆 指为了研究、教育、欣赏的目的，收藏、保护、展示人类活动和自然环境的见证物，向公众开放，非营利性、永久性社会服务机构，包括以博物馆（院）、纪念馆（舍）、美术（艺术）馆、科技馆、陈列馆等专有名称开展活动的单位。

总藏量 指图书馆已编目的古籍、图书、期刊和报纸的合订本、小册子、手稿，以及缩微制品、录像带、录音带、光盘等视听文献资料数量之和。

藏品 指文博机构根据收藏品的文化属性、自然属性等情况，所划分的文物藏品、标本藏品、模型藏品（含具有收藏、展示价值的雕塑、绘画等艺术作品）和复制品藏品的总和。本指标所统计的藏品是指报告期末，该机构已经整理并登记入账的藏品数。

体育

一线运动员 指在国家队、国家集训队、中青队和各省市自治区优秀运动队中的训练的运动员。

二线运动员 指在体育运动学校运动班中训练的运动员。

三线运动员 指在各类少年儿童业余体校中的训练的运动员。

等级运动员 指经考核正式批准授予运动员称号的运动员，分为国际级运动健将、运动健将、一级、二级运动员。

等级教练员 指经考核正式批准授予等级教练员职称的教练员，分为国家级、高级、中级、初级教练员。

残疾人事业

开展社区康复服务 指截止到本年 12 月 31 日开展规范化的社区康复服务，使各类残疾人得到基本康复服务的市辖区、县累计数。

新收训聋儿 指本年度（上年 9 月 1 日-本年 8 月 31 日）康复机构新收训聋儿数量。包括机构内康复和社区家庭指导聋儿数。

培训家长数 指本年内由各级康复机构、家长学校组织举办家长培训班培训的聋儿家长数。

专业人员培训数 指本年内由各级康复机构组织举办专业人员培训班培训的专业人员数。

肢体残疾康复 指本年度内肢体残疾儿童（脑瘫儿童）在机构系统训练、肢体残疾儿童在社区和家庭进行康复、成年肢体残疾人在社区和家庭康复任务完成数之和。

智力残疾康复 指年度内智力残疾儿童在机构进行系统康复训练、在社区家庭进行康复和成年智力残疾人社区家庭康复的任务完成数之和。

康复管理、技术人员培训 指本年度内按照《智力残疾康复“十二五”实施方案》，国家级、省、地（市）、县（市、区）培训智力残疾康复管理和技术人员的人次数。

开展精防康复工作县（市、区） 指“十二五”国家方案确定的开展精防康复工作的县（市、区）总数。

覆盖总人口 指开展精防康复工作县（市、区）覆盖人口的总和。

精神病人数 指经过摸底调查，已登记在册的精神病人总数，而不是根据发病率推算或估计得来的数字。

监护病人数 指通过各种方式得到有效监护的精神病人总数。

显好病人数 指经过采取有效的治疗康复措施，病情稳定，症状缓解的精神病人数。

参与社会总人数 指生活能自理、参加家务劳动、社会生产和社会活动的精神病人数。

孤独症儿童康复训练机构 指开展孤独症儿童康复训练的机构总数。

贫困孤独症儿童康复救助数 指本地区本年度贫困孤独症儿童康复救助总数，包括国家孤独症儿童抢救性康复项目和其他康复项目。

儿童训练后进入普幼普小 指机构本年度内经过康复训练后，进入普通小学或普通幼儿园的孤独症儿童数。

儿童训练后进入特教学校 指机构本年度内经过康复训练后，进入培智学校接受九年义务教育的孤独症儿童数。

儿童训练后进入其他康复机构 指机构本年度内经过康复训练后，其它走向的孤独症儿童数。

未入学学龄残疾儿童少年 指截止到本年度 12 月 31 日，《义务教育法》规定的入学年龄段（6-14 周岁或 7-15 周岁）内的，因各种原因未能入学的各类残疾儿童少年人数。

视力残疾、听力残疾、言语残疾、肢体残疾、智力残疾、精神残疾 指一人只患一类残疾的人员。残疾类别的判定标准使用2011年5月1日正式实施的《残疾人分类和分级》推荐性国家标准(GB/T26341-2010)。

多重残疾 指一人患两种及两种以上类别的残疾人员。

特殊教育普通高中机构 指截止到本年度 12 月 31 日，按国家规定的设置标准和审批程序批准成立的，专门招收盲、聋初中毕业生实施普通高级中等教育的全日制学校（部、班）。

其他 指招收盲、聋两类以上残疾学生的特殊教育普通高中。

残疾人中等职业教育机构 指截止到本年度 12 月 31 日，按国家规定的设置标准和审批程序批准成立的，专门招收各类残疾初中毕业生实施全日制中等职业学历教育的教育机构。即，教育部门所属特教学校举办的中等职业教育班（部），残联系统或其他部门举办的独立建制的中等职业学校。

高等特殊教育学院录取人数 指本年度被高等特殊教育学院（系、专业、班）录取的盲、聋新生人数。

达到录取分数线人数 指本年度各类残疾人高中毕业生参加全国普通高等教育统一招生考试，并达到当地录取分数线的实际学生人数。

普通高等院校录取人数 指本年度各类残疾人高中毕业生参加全国普通高等教育统一招生考试，并达到当地录取分数线且被普通高等院（校）录取的实际学生人数。

城镇残疾人就业人数合计 指城镇（非农业户口）残疾人集中就业、分散按比例就业（包括实施按比例就业前已在社会各单位就业的残疾人）、个体及其他形式就业，截止到本年度 12 月 31 日实际在业的残疾人数。

农村残疾人就业实际就业人数 指截止到本年度 12 月 31 日农村残疾人（农业户口）从事各种生产劳动，包括种植业、养殖业、家庭手工业及在各种类型企事业、服务业、商业及个体从业的实际人数。

其他形式就业 指在“农村残疾人就业实际就业人数”中，从事家庭手工业及在各种类型企事业、服务业、商业及个体从业的残疾人数。

职业培训基地数 指承担着残疾人就业前培训，在职培训、下岗失业人员转岗转业培训、农村务工人员培训等项职能的实体的个数。

残联兴办职业培训基地数 指残联系统创办或主要由残联系统投资的承担残疾人就业前培训，在职培训、下岗失业人员转岗转业培训、农村务工人员培训等项职能的实体的个数。

依托社会机构兴办职业培训基地数 指由非残联系统的社会机构主办或创办投资的承担着残疾人就业前培训，在职培训、下岗失业人员转岗转业培训、农村务工人员培训等项职能的实体的个数。

本年度城镇职业培训人数 指本年度城镇残疾人中在各类职业培训机构（基地）接受培训（含统计时正在接受培训）的实际人次数。

医疗按摩人员培训本年培训 指经过中专及中专以上学历培养并取得毕业证书的医疗按摩人员的本年培养人数。

医疗按摩机构 指截止到本年度 12 月 31 日，经卫生部门批准各级残联及同级卫生部门开设的以医疗按摩为主体的盲人按摩诊所、盲人按摩门诊部、盲人按摩医院及在社会医疗机构中的按摩（推拿）科室的实际达到数。

保健按摩机构 指截止到本年度 12 月 31 日，经当地工商行政部门注册登记领取营业执照，以保健按摩为主体的按摩院、所、中心等各种形式按摩机构的实际达到数。未经当地残联和工商部门批准取得营业执照者不统计。

实际参保的残疾居民人数 指在“符合参保条件的残疾居民人数”中实际缴费参加城镇居民社会养老保险并已建立缴费记录档案的残疾居民人数。包括城镇居民养老保险制度实施时，已年满 60 周岁、未享受城镇职工基本养老保险待遇，直接按月领取城镇居民社会养老保险基础养老金的残疾居民，不包括只登记未建立缴费记录档案的人数。

实际参保的残疾居民人数 指在“符合参保条件的残疾居民人数”中实际缴费参加新型农村社会养老保险并已建立缴费记录档案的农村残疾居民人数。包括新型农村社会养老保险制度实施时，已年满 60 周岁、未享受城镇职工基本养老保险待遇，直接按月领取新型农村社会养老保险基础养老金的农村残疾居民，不包括只登记未建立缴费记录档案的人数。

已纳入最低生活保障范围 指具有城镇户口的残疾人家庭人均收入低于当地城市居民最低生活保障标准，并已经纳入最低生活保障的残疾人数。

集中供养 指城镇“三无”残疾人员在社会福利院等社会福利机构集中供养的人数。

其他救助救济 指本年度具有城镇户口，定期或不定期享受政府、残联或社会捐助的资金和实物救助救济的残疾人数。

已纳入最低生活保障范围 指具有农村户口的残疾人家庭人均收入低于当地城市居民最低生活保障标准，并已经纳入最低生活保障的残疾人数。

五保供养 指符合农村“五保供养”条件，并实际享受“五保供养”的农村残疾人数。

其他救助救济 指本年度具有农村户口，定期或不定期享受政府、残联或社会捐助的资金和实物救助救济的残疾人数。

托养服务机构 指为有托养服务需求的智力、精神、无生活自理能力、长期需要专人照料或护理的残疾人提供基本生活照料和护理、生活自理能力训练、心理及行为辅导、康复训练及医疗保健、社会适应辅导、休闲生活辅导、劳动技能训练和职业康复等方面服务的场所。包括各级各类寄宿制集中托养机构和日间照料机构。

寄宿制托养服务机构合计 指截止本年度末，实际建立的可以对残疾人进行寄宿托养服务的托养服务机构总数。

日间照料托养服务机构合计 指截止本年度末，实际建立的可以对残疾人进行日间照料的托养服务的机构总数。

居家托养服务 指以社区（村）为依托，以社会服务组织、志愿服务人员、家庭邻里等为载体，采取派人包户、定期上门、临时陪护、发放服务券等多种形式，为居住在家。

享受居家托养服务残疾人 指居住在家并符合托养条件，获得政府和残联组织提供的多种形式的生活照料、康复护理、精神慰藉、安全保护的等上门服务的残疾人。

本年度危房改造实际完成 指本年度实际完成农村贫困残疾人危房改造数量（包括国家农村危房改造工程、地方政府农村危房改造项目中残疾人危房改造及彩票公益金专项、自筹资金自行开展的贫困残疾人危房改造数量）。

残疾人群众体育健身活动 指本年度内省级残疾人群众体育健身活动次数，主要指为推广普及群众体育健身活动而举办的健身展示交流、比赛和培训活动，不包括以选拔运动员参加全国残疾人运动会和单项赛事为主要目的的残疾人体育比赛。

残疾人体育比赛 指本年度内组织的以选拔运动员参加全国残疾人运动会（包括全国特奥运动会）和单项赛事（包括特奥比赛）为主要目的的省级残疾人运动会（选拔赛）次数。

参赛残疾人运动员 指本年度内本省、直辖市、自治区举办的省级“残疾人体育比赛”中参赛残疾人运动员人次。

制定或修改关于残疾人的专门法规、规章 指省、地市级人大或政府本年度制定或修改的关于残疾人的综合性或专项法规、规章有多少件。市指《中华人民共和国立法法》第63条第3款规定的较大的市。

制定或修改保障残疾人权益的规范性文件 指省、地市、县级政府木年度制定或修改的保障残疾人权益的规范性文件各是多少件。

人大执法检查或专题调研 指本年度省、市、县级人大对《残疾人保障法》及其他保障残疾人权益的法律、法规、规章、规范性文件进行执法检查或专题调研的次数各是多少次。

政协视察或专题调研 指本年度省、市、县级政协对《残疾人保障法》及其他保障残疾人权益对的法律、法规、规章、规范性文件开展视察或专题调研的次数各是多少次。

残疾人法律援助中心（工作站） 指省、市、县级司法行政部门和残联联合建立的残疾人法律援助中心（工作站）的数量各是多少个。

无障碍建设与管理法规、政府令 指促进本地区无障碍建设和管理的地方性法规或规章个数。

系统开展无障碍建设市、县 指省、地市、县级残联与同级建设等部门联合确定的依据中国残疾人事业“十二五”计划纲要及其配套实施方案和创建“十二五”全国无障碍建设市、县工作标准、无障碍建设有关技术规范要求，制定规划，系统开展无障碍建设的地市、县的累计数。

公共管理和社会组织

人民检察院直接立案侦查案件 指按照管辖的规定，由人民检察院直接立案侦查的贪污贿赂犯罪、渎职侵权犯罪、国家机关工作人员利用职权实施的侵犯公民人身权利和民主权利的犯罪以及经省级人民检察院决定立案侦查的国家机关工作人员利用职权实施的其他重大犯罪案件。

受案 指本年新受理的案件。

立案 指人民检察院对受理的案件进行初步调查后，认为存在职务犯罪事实，应追究刑事责任，并决定作为刑事案件进行侦查的诉讼活动，是追究犯罪的开始。该指标主要反映人民检察院依法将职务犯罪线索作为刑事案件进行侦查的诉讼活动。

结案 指侦查程序的结束。

大案 指贪污贿赂案件数额在五万元以上，挪用公款数额在十万元以上，以及按照《人民检察院直接受理立案侦查的渎职侵权重特大案件标准（试行）》认定的案件。该指标主要反映人民检察院立案查办的职务犯罪案件中经济损失大、社会危害严重的案件。

要案 指县、处级以上的干部犯罪案件。该指标主要反映职务犯罪案件中县、处级以上干部被人民检察院依法立案侦查的情况。

批准逮捕 指人民检察院对公安机关、国家安全机关、监狱管理机关提出逮捕的犯罪嫌疑人进行审查，根据事实，依法做出逮捕决定。该指标主要反映人民检察院对提请逮捕犯罪嫌疑人进行审查后依法做出批准逮捕决定的情况。

决定逮捕 指人民检察院对直接立案侦查的案件，认为需要逮捕犯罪嫌疑人时，依据法律作出的逮捕决定。该指标主要反映人民检察院对直接受理的案件行使决定逮捕权的情况。

提起公诉 指人民检察院对公安机关、国家安全机关、监狱管理机关和检察机关侦查部门等移送起诉的案件进行审查，根据事实，做出提起公诉的案件。该指标主要反映人民检察院对各种刑事案件向人民法院提起公诉的情况。

刑事案件 指按照管辖的规定由公安机关、国家安全机关、监狱管理机关侦查的案件。

适用简易程序 指人民法院对依法可能判处三年以下有期徒刑、拘役、管制、单处罚金的公诉案件，事实清楚，证据充分，人民检察院建议或者同意适用简易程序的案件；告诉才处理的案件；被害人起诉的有证据证明的轻微刑事案件。

一审 指公诉案件的第一审程序。

再审 指人民法院按照审判监督程序重新审判的案件。

提出抗诉 指人民检察院对人民法院的判决、裁定认为确有错误，向人民法院提出对案件重新进行审理的诉讼活动。包括按照第二审程序提出的抗诉和按照审判监督程序（再审程序）提出的抗诉。

撤回抗诉 指上级人民检察院对下级人民检察院按照第二审程序提出的抗诉，经审查，认为抗诉不当时向同级人民法院撤回抗诉，同时通知提出抗诉的下级人民检察院。

立案 指决定立案审查的案件。

立案监督 指人民检察院对侦查机关刑事立案活动的监督。包括对应当立案而不立案的监督和不应立案而立案的监督。

监督立案 包括侦查机关接到要求说明不立案理由后主动立案和执行通知立案两个内容。

监督撤案 指人民检察院对侦查机关不应当立案而立案的监督。

监管活动 指人民检察院对监狱等监管改造场所的管理活动进行的监督。

受理 指人民检察院接受申诉的情况。包括来信和来访。

立案复查 指人民检察院接受申诉后，经审查决定立案进行复查。

结案 指立案复查有结果的案件。

首次举报 指单位或个人以来信、来访形式检举国家工作人员涉嫌贪污、贿赂犯罪，国家机关工作人员涉嫌渎职、侵权犯罪。不包括重复举报数。

首次控告　指单位或个人以来信、来访形式检举国家工作人员违法或涉嫌刑事犯罪。不包括重复控告数。

首次申诉　不服人民检察院处理决定的或不服人民法院判决或裁定的以来信、来访形式的申诉。不包括重复申诉。

分送检察机关　指人民检察院对受理的举报、控告、申诉案件，经审查，分不同情况，或由控告申诉部门直接办理、或转本院有关业务部门、或转其他人民检察院。

附录2 教育部 国家统计局 财政部

关于2011年全国教育经费执行情况统计公告

一、全国教育经费情况

2011年，全国教育经费总投入为23869.29亿元，比上年的19561.85亿元增长22.02%。其中，国家财政性教育经费（主要包括公共财政预算教育经费，各级政府征收用于教育的税费，企业办学中的企业拨款，校办产业和社会服务收入用于教育的经费等）为18586.70亿元，比上年的14670.07亿元增长26.70%。

二、落实《教育法》规定的“三个增长”情况

1.中央和地方各级政府公共财政预算教育拨款(不包括教育费附加)为16804.56亿元,比上年的13489.56亿元增长24.57%。其中，中央财政教育支出3268.59亿元，按同口径比较，比上年增长28.31%，高于中央财政经常性收入16.15%的增长幅度。

2.各级教育生均公共财政预算教育事业费支出增长情况。2011年全国普通小学、普通初中、普通高中、中等职业学校、普通高等学校生均公共财政预算教育事业费支出情况是：

（1）全国普通小学为4966.04元，比上年的4012.51元增长23.76%。其中，农村为4764.65元，比上年的3802.91元增长25.29%。普通小学增长最快的是江西省（51.05%）。

（2）全国普通初中为6541.86元，比上年的5213.91元增长25.47%。其中，农村为6207.10元，比上年的4896.38元增长26.77%。普通初中增长最快的是江西省（44.23%）。

（3）全国普通高中为5999.60元，比上年的4509.54元增长33.04%，增长最快的是江西省（65.49%）。

（4）全国中等职业学校为6148.28元，比上年的4842.45元增长26.97%，增长最快的是江西省（76.32%）。

（5）全国普通高等学校为13877.53元，比上年的9589.73元增长44.71%，增长最快的是宁夏回族自治区（164.81%）。

3.各级教育生均公共财政预算公用经费支出增长情况。2011年全国普通小学、普通初中、普通高中、中等职业学校、普通高等学校生均公共财政预算公用经费支出情况是：

（1）全国普通小学为1366.41元，比上年的929.89元增长46.94%。其中，农村为1282.91元，比上年的862.08元增长48.82%。普通小学增长最快的是辽宁省（101.55%）。

（2）全国普通初中为2044.93元，比上年的1414.33元增长44.59%。其中，农村为1956.66元，比上年的1348.43元增长45.11%。普通初中增长最快的是陕西省（81.78%）。

（3）全国普通高中为1687.54元，比上年的1071.78元增长57.45%，增长最快的是河南省（172.80%）。

（4）全国中等职业学校为2212.85元，比上年的1468.03元增长50.74%，增长最快的是河南省（196.33%）。

（5）全国普通高等学校为7459.51元，比上年的4362.73元增长70.98%，增长最快的是宁夏回族自治区（392.86%）。

三、公共财政预算教育经费占公共财政支出比例情况

按公共财政预算教育经费包含教育费附加的口径计算，2011年全国公共财政预算教育经费为17821.74

亿元，占公共财政支出 109247.79 亿元的比例为 16.31%，比上年 15.76%增加了 0.55 个百分点。

四、国家财政性教育经费占国内生产总值比例情况

据统计，2011 年全国国内生产总值为 472882 亿元，国家财政性教育经费占国内生产总值比例为 3.93 %，比上年的 3.65%增加了 0.28 个百分点。

2011 年全国教育经费执行情况监测结果表明，政府教育投入总量继续增加，国家财政性教育经费占国内生产总值比例以及公共财政预算教育经费占公共财政支出比例均比上年有所增加。

教育部 国家统计局 财政部

2012 年 12 月 30 日

注：1.公告中所涉及的全国性统计数据，均不包括台湾省、香港特别行政区、澳门特别行政区。

2.公告中的 2011 年全国国内生产总值 472882 亿元和公共财政支出 109247.79 亿元等数据来源于《中国统计年鉴-2012》。